Zugänge zu biblischen Texten
Altes Testament

ZUGÄNGE ZU BIBLISCHEN TEXTEN

erarbeitet von
Hans Zirker, Georg Hilger, Tullio Aurelio,
Claus Bussmann, Hermann-Josef Perrar,
Franz Joseph Schierse, Karlheinz Sorger

ZUGÄNGE
ZU BIBLISCHEN TEXTEN

Eine Lesehilfe zur Bibel
für die Grundschule

Altes Testament

Beiträge von
Hans Zirker, Georg Hilger, Tullio Aurelio,
Hermann-Josef Perrar

PATMOS

CIP-Titelaufnahme der Deutschen Bibliothek

Zugänge zu biblischen Texten: e. Lesehilfe
zur Bibel für die Grundschule /
erarb. von Hans Zirker . . . – Düsseldorf: Patmos Verlag
NE: Zirker, Hans [Mitverf.]
Altes Testament / Beitr. von Hans Zirker . . . –
4. Aufl. – 2000.
ISBN 3-491-78014-4

4. Auflage 2000
Umschlagentwurf: Ralf Rudolph
Satz: Genreith + Gerards, Kaarst
Druck u. Bindung: Bercker GmbH, Kevelaer
ISBN 3-491-78014-4

Inhalt

Verzeichnis der Texte der „Bibel für die Grundschule“ 9

Vorwort *(H. Zirker)* 11

Die Urgeschichte *(T. Aurelio)* 13

Gott erschafft Himmel und Erde (Gen 1,1-2,4a: Nr. 1-4) 22
Lob des Schöpfers (Ps 104: Nr. 5) 29
Die Erschaffung des Menschen und seine Sünde (Gen 2,4 b-3,25: Nr. 6-10) 31
Kain und Abel (Gen 4,1-16: Nr. 11) 39
Die Sintflut und der Bund Gottes mit Noach (Gen 6,1-9,16: Nr. 12-14) 43
Der Turmbau zu Babel (Gen 11,1-9: Nr. 15) 48

Die Vätergeschichten *(H.-J. Perrar)* 53

Die Abraham-Geschichten 60

Gott gibt Abraham seine Verheißungen (Gen 12,1-8: Nr. 16) 63
Abraham und Lot (Gen 13,5-12.14-18: Nr. 17) 68
Melchisedek segnet Abraham (Gen 14: Nr. 18) 71
Gott schließt einen Bund mit Abraham (Gen 17,1-22: Nr. 19) 74
Gott weilt zu Gast bei Abraham (Gen 18,1-10.12-15: Nr. 20) 77
Abraham bittet für die Stadt Sodom (Gen 18,16-33: Nr. 21) 80
Gottes Gericht über Sodom (Gen 19,1-28: Nr. 22) 83
Gott prüft Abraham (Gen 21,1-4; 22,1-19: Nr. 23) 87

Die Jakob-Esau-Geschichten 91

Esau und Jakob (Gen 25,20-34: Nr. 24) 93
Jakobs Flucht und Gottes Verheißungen (Gen 28,11-19: Nr. 25) 95

Die Josefsgeschichten 98

Josef und seine Brüder (Gen 37,1-36: Nr. 26) 102
Josefs Aufstieg in Ägypten (Gen 39,1-41,57: Nr. 27-30) 106
Die Versöhnung zwischen Josef und seinen Brüdern
(Gen 42,1-47,12: Nr. 31-33) 110
Jakob segnet die beiden Söhne Josefs (Gen 48,1-50,1: Nr. 34) 117

Josef vergibt seinen Brüdern (Gen 50,14-26 : Nr. 36) 117
Der Herr ist mein Hirt (Ps 23 : Nr. 35) 120
Der Hüter Israels (Ps 121 : Nr. 37) 120

Der Auszug aus Ägypten *(G. Hilger)* 123

Die Israeliten werden unterdrückt (Ex 1,8-17.22 : Nr. 38) 133
Gott ist mit Mose (Ex 2,1-21 : Nr. 39) 136
Gott offenbart sich Mose am Horeb (Ex 3,1-8.10-15 : Nr. 40) 142
Die Israeliten feiern das Fest ihrer Erlösung
(Ex 12,1-8.11-14: Nr. 41) 146
Der Pharao verfolgt die Israeliten (Ex 13,18-22 : 42) 150
Gott rettet die Israeliten (Ex 14,5-11.13-31 : Nr. 43) 150
Dank für die Erlösung (Ps 124 : Nr. 44) 155
Brot vom Himmel (Ex 16,1-4.12-15: Nr. 45) 156
Wasser aus dem Felsen (Ex 17,1.3-7 : Nr. 46) 160
Mose betet für die Israeliten (Ex 17,8-13.15 : Nr. 47) 161
Gott begegnet den Israeliten am Sinai (Ex 19,1-9.16-19 : Nr. 48) 164
Gott gibt seinem Volk die Zehn Gebote
(Ex 20,1-16; Dtn 5,15-23 : Nr. 49) 170
Die Israeliten brechen den Bund (Ex 32,1-34; 34,1-29 : Nr. 50) 178

Der Einzug in das Land Kanaan 185

Die Kundschafter in Jericho (Jos 1,1-3; 2,1-24 : Nr. 51) 185
Die Israeliten ziehen durch den Jordan (Jos 3,1-16; 6,1-25 : Nr. 52) 189
Das Volk bekennt sich zu seinem Gott (Jos 24,1-25 : Nr. 53) 192

Die Richter 195

Israels Abfall, Not und Errettung (Ri 2,6-16 : Nr. 54) 195
Gideon wird vom Herrn berufen (Ri 6,11-14: Nr. 55) 199
Der Sieg über die Midianiter (Ri 6,33-35; 7,1-23; 8,22-28 : Nr. 56) 203

Die ersten Könige *(H. Zirker)* 209

Gott beruft Samuel (1 Sam 2,11-19; 3; 4 : Nr. 57) 218
Das Volk verlangt einen König (1 Sam 8,1-22 : Nr. 58) 222
Saul kommt zum Propheten Samuel (1 Sam 9,1-22 : Nr. 59) 226
Saul wird zum König gesalbt (1 Sam 9,25; 12,2 : Nr. 60) 226
Saul wird von Gott verworfen (1 Sam 13,5-14; 15,22-23 : Nr. 61) 227
David wird von Samuel zum König gesalbt (1 Sam 16,1.4-13 : Nr. 62) 230
Erfolg und Aufstieg Davids (1 Sam 16-30; 2 Sam 1-6 : Nr. 63-66) 232
Gottes Verheißungen an David (2 Sam 7,1–29 : Nr. 69) 234
Davids Sünde und Buße (2 Sam 11,1-27; 12,1-25: Nr. 67) 237
Bekenntnis und Vergebung (Ps 32,1-11; Nr. 68) 239

Die Erzählungen von Salomo (1 Kön 3-11: Nr. 70-72) 242
Salomos Reich zerfällt (1 Kön 12,1-33: Nr. 73) 243

Die Propheten *(H. Zirker)* 245

Elija und Elischa 245

Das Gottesgericht auf dem Karmel
(1 Kön 16,29-33; 17,1-7; 18,1-45: Nr. 74) 245
Der Herr offenbart sich dem Elija (1 Kön 19,1-18: Nr. 75) 250
Der Prophet Elischa heilt den Syrer Naaman
(1 Kön 19,19-21; 2 Kön 5,1-16: Nr. 76) 254

Jesaja und Jeremia 255

Jesaja wird zum Propheten berufen (Jes 6,1-8: Nr. 77) 255
Weissagungen des Propheten Jesaja
(2 Kön 16,1-8; Jes 7,1-14; 9,5-6; 11,1-2: Nr. 78-79) 260
Der Prophet Jeremia (Jer 1; 7; 26; 31; 37; 38: Nr. 80-84) 266

Strafe und Rettung von Gott *(H. Zirker)* 275

Die Verbannung des Gottesvolkes (2 Chr 36,14-21: Nr. 85) 275
Klage an den Strömen Babels (Ps 137,1-6: Nr. 86) 278
Die Heimkehr des Gottesvolkes (Esr 1,1-11; 5,14-16; 6,8-22: Nr. 87) ... 281

Das Buch Tobit *(G. Hilger)* 285

Einführung 285
Tobit wird verbannt (Tob 1,1-20: Nr. 88) 293
Tobit erblindet (Tob 2,1-14; 3,1-6: Nr. 89) 294
Tobit schickt seinen Sohn Tobias nach Medien
(Tob 4,1-20; 5,1-23; 6,1-9: Nr. 90) 296
Tobias heiratet seine Verwandte Sara (Tob 6,10-19; 7,1-19: Nr. 91) 297
Rafael und Tobias reisen heim (Tob 9,1-11; 11,1-19: Nr. 92) 298
Rafael gibt sich zu erkennen (Tob 12,1-22: Nr. 93) 299

Die Erzählungen aus dem Buch Daniel 301
(H. Zirker)

Daniel und seine Freunde in Babel (Dan 1; 3: Nr. 94-96) 301

Vereinzelte Texte von Hoffnung
und Rettung *(H. Zirker)* 307

Die Juden leben und leiden unter Fremdherrschaft
(2 Makk 6,18-30: Nr. 97) 307

Ein König wird kommen (Jes 32,1-2; 35,4-6.10: Nr. 98) 310
Der gerechte Herrscher (Ps 72: Nr. 99) 314

Kopiervorlage 1: Der Orient zur Zeit des Alten Testaments 320
Kopiervorlage 2: Palästina zur Zeit der Landnahme und der Könige 321

Verzeichnis der Texte der „Bibel für die Grundschule“

„Bibel für die Grundschule“ Nummer	Seite in diesem Buch	„Bibel für die Grundschule“ Nummer	Seite in diesem Buch	„Bibel für die Grundschule“ Nummer	Seite in diesem Buch
1	22	34	117	67	237
2	22	35	120	68	239
3	22	36	117	69	234
4	22	37	120	70	242
5	29	38	133	71	242
6	31	39	136	72	242
7	31	40	142	73	243
8	31	41	146	74	245
9	31	42	150	75	250
10	31	43	150	76	254
11	39	44	155	77	255
12	43	45	156	78	260
13	43	46	160	79	260
14	43	47	161	80	266
15	48	48	164	81	266
16	63	49	170	82	266
17	68	50	178	83	266
18	71	51	185	84	266
19	74	52	189	85	275
20	77	53	192	86	278
21	80	54	195	87	281
22	83	55	199	88	293
23	87	56	203	89	294
24	93	57	218	90	296
25	95	58	222	91	297
26	102	59	226	92	298
27	106	60	226	93	299
28	106	61	227	94	301
29	106	62	230	95	301
30	106	63	232	96	301
31	110	64	232	97	307
32	110	65	232	98	310
33	110	66	232	99	314

Vorwort

Dieses Buch wird im Untertitel absichtsvoll „eine Lesehilfe“ genannt – und nicht etwa „Kommentar“. Es kann ihm nicht darum gehen, alle Texte gleichermaßen detailliert und umfassend zu erläutern. Seine wesentliche Absicht ist es vielmehr, den Leser zu eigenständiger und weiterreichender Lektüre anzuregen. Deshalb ist es unbedingt erforderlich, die *methodische Einführung* im Blick zu behalten, die in den Band „Neues Testament“ (S. 17ff) aufgenommen ist. Sie weist einen Weg, auf dem man leicht einen differenzierten Zugang zu den biblischen Texten finden kann. Doch nicht bei jedem der folgenden Auslegungsbeispiele wird dieser Weg gleich intensiv, gelassen und ausführlich gegangen. Die Unterschiede sind aber zu verantworten, wenn man die Zielsetzung mitsieht: dem Leser seine eigene Lektüre nicht schon fertig zuzubereiten, sondern sie ihm methodisch zu eröffnen.

In dem Band zum Neuen Testament findet man darüber hinaus noch eine Würdigung der „Bibel für die Grundschule“ als ganzer (S. 11ff) und eine Zuordnung ihrer Texte zum „Zielfelderplan Primarstufe“ (S. 317ff).

Die Urgeschichte

Der Jahwist und die Priesterschrift innerhalb der Urgeschichte

Innerhalb der Bibelexegese hat sich die Auffassung durchgesetzt, daß verschiedene Bücher der Bibel keine selbständige Schöpfung eines einzigen Autors sind, sondern daß sie das Endergebnis eines längeren Prozesses darstellen. Man kann diesen Prozeß der Einfachheit halber auf drei Stufen reduzieren:

1. *Die mündliche Überlieferung,* ein beliebter, selbstverständlicher Brauch bei den alten Völkern: Ereignisse, Heldentaten, epische Erzählungen, Sagen, Volkslegenden wurden von Generation zu Generation weitererzählt.

2. *Die schriftliche Fixierung einzelner Überlieferungen,* durch einen Volksdichter oder Geschichtsschreiber.

3. *Die Redaktion von verschiedenen Überlieferungen.* Verschiedene schriftlich fixierte oder noch nicht geschriebene Überlieferungen eines einzigen Ereignisses werden von einem weiteren Dichter, Geschichtsschreiber, von einem sogenannten „Redaktor", miteinander in Verbindung gebracht: Es entsteht aus verschiedenen Überlieferungen eine neue zusammengesetzte redaktionelle Fassung.

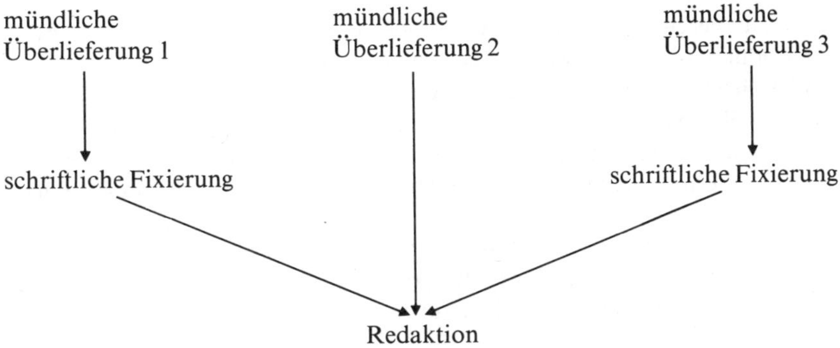

Der gegenwärtige Text von vielen Büchern der Bibel entspricht dieser dritten Stufe (z. B. die synoptischen Evangelien im Neuen Testament oder die Erzählungen der Urgeschichte Gen 1-11).

Mit „Priesterschrift“ und „Jahwist“ bezeichnen wir im Fall der Urgeschichte, aber auch im Fall anderer Bücher des Alten Testaments (etwa in Exodus, vgl. diesen Kommentar S. 123 ff), die zweite Stufe des geschilderten Prozesses.

1. Es gab also verschiedene *mündliche Traditionen* über Schöpfung, Sündenfall, Noach, Turm zu Babel;
2. diese wurden vom Jahwisten und von einer Priesterschule *schriftlich erfaßt;*
3. endlich brachte ein Redaktor, der wahrscheinlich selbst der Priestertradition angehörte, die zwei schriftlichen Traditionen miteinander in Verbindung, und so entstand *der jetzige Text* der Bibel.

Es gibt verschiedene Versuche der Exegeten, nicht nur die ursprünglichen schriftlichen, sondern sogar die mündlichen Überlieferungen, vom heutigen Text ausgehend, zu erfassen.

Mit unserem Kommentar versuchen wir vorwiegend, den Bibeltext so zu lesen, wie er uns vorliegt. Das hat sicher seine Berechtigung, denn

– erstens lesen wir heute den Text im Religionsunterricht und im Gottesdienst so, wie er ist: Wir müssen ihn demnach auch zu verstehen versuchen, ohne viel über die vorausgehenden Überlieferungen zu wissen;

– zweitens hat sich der sogenannte „Redaktor“ selber Gedanken gemacht, wie er die verschiedenen Überlieferungen so zusammenstellt, daß daraus eine zusammenhängende Erzählung entsteht.

Es ist aber dann und wann auch wichtig, etwas über die verschiedenen vorausgehenden Überlieferungen zu sagen, besonders dann, wenn das den Text verständlicher macht.

Das gilt auch für das erste Buch der Bibel:

1. Obwohl die ganze Urgeschichte (Gen 1-11) eine zusammenhängende Lektüre erlaubt, stößt der aufmerksame Leser doch sehr bald auf einige Schwierigkeiten, die Fragen aufwerfen.

– Er wundert sich, daß die Erschaffung des Menschen zweimal erzählt wird (1,26-27 und 2,7), daß Pflanzen und Tiere noch einmal erschaffen werden (2,8.19), nachdem Gott sie bereits hatte entstehen lassen (1,11.20-25). Man spricht in diesem Zusammenhang oft auch von einem ersten und einem zweiten Schöpfungsbericht (Gen 1,1-2,4 a und 2,4 a-25).

– Wer Hebräisch kann, merkt noch etwas, was bei der Übersetzung unseres Textes völlig verwischt wird: Unser Bibeltext spricht von „Gott“ in Gen 1,1-2,4 a und von „Gott, der Herr“ in Gen 2,4 b-25. Im Hebräischen steht für „Gott“ „Elohim“ und für „Gott, der Herr“ „Jahwe“ oder manchmal „Jahwe Elohim“.

Der Tatsache, daß ab dem Vers 4 b des zweiten Kapitels der Genesis am häufigsten der Name „Jahwe“ für Gott verwendet wird, verdankt die Überlieferung, die in diesem Text vor allem zur Sprache kommt, ihren Namen: *Jahwist.*

2. Die Erkenntnis, daß die Urgeschichte nicht von einem einzigen Autor stammt, bringt neues Licht für das Verständnis der Texte.

Wichtig ist beispielsweise zu wissen, wann die Priesterschrift und die jahwisti-

sche Tradition schriftlich fixiert wurden und welche theologische Richtung dahinterstand.
a) Die *Jahwistische Überlieferung* wurde mit großer Wahrscheinlichkeit in der Zeit Salomos (etwa 960 vor Christus) niedergeschrieben. Die *Priesterschrift* entstand während des Babylonischen Exils und danach (etwa 500 vor Chr.).
b) Wie das Wort sagt, stammte die *„Priesterschrift“* von einem Kreis von Priestern, die eine enge Beziehung zum Kult hatten und Gott als erhaben und fern betrachteten, anders als es beim Jahwisten der Fall war. Bei ihm war Gott ein fast innerweltliches Wesen.
Der Stil der Priesterschrift ist dementsprechend kultisch und lehrhaft, während der Jahwist anschaulicher und gegenständlicher erzählt.
Es scheint gesichert zu sein:
1. Einige Texteinheiten können eindeutig der einen oder der anderen Tradition zugeschrieben werden:

P	*J*
1,1-2,4 a: Die Erschaffung des Kosmos	2,4 b-4,26: Die Erschaffung des Menschen, der Sündenfall Adams, Kain und Abel, die Nachkommenschaft Kains und Sets
5,1-32: Die Genealogie der Patriarchen vor der Sintflut	
9,1-17: Die neue Ordnung der Welt	9,19-28: Noach und seine Söhne
	11,1-9: Der Turm zu Babel

2. Es gibt auch Texte, in denen die zwei Quellen miteinander verbunden werden:
6,1-8,22: Noach und die Sintflut
10,1-32: Die Nachkommen der Söhne Noachs.
Das Schema der Quellenscheidung ist allerdings auch auf eine andere Weise interessant. Es bezeugt nicht nur Fleißarbeit des Redaktors, sondern auch seine theologische Intelligenz. Die zwei miteinander verbundenen Quellen besagen in der jetzigen Komposition und Reihenfolge nicht das gleiche wie einzeln genommen:

Einzeln:

Jahwist (ältere Quelle)	*Priesterschrift* (jüngere Quelle)
	Gott gibt seiner Schöpfung Ordnung.
Gott schafft den Menschen, den Garten, die Frau. Der Mensch sündigt. Kain tötet seinen Bruder, Gott bestraft ihn.	

	Die Menschen haben Nachkommen,
Gott zerstört die Welt und rettet die Gerechten.	Gott zerstört die Verdorbenen und rettet den Gerechten.
	Er gibt der Welt eine neue Ordnung.
Söhne Noachs haben Nachkommen.	Söhne Noachs haben Nachkommen.
Menschen sündigen erneut, Gott bestraft sie.	

Wenn man den Verlauf der zwei Traditionen einzeln betrachtet, fällt auf, daß die Priesterschrift einen optimistischen Trend hat:
Gott kann ja auch zerstören, aber er gibt der Welt wieder eine neue Ordnung, die für die Nachkommen Noachs gilt.
Der Jahwist ist dagegen eher pessimistisch: Der Zuwendung Gottes für die Menschen entspricht die Abwendung des Menschen von Gott. Die erste Erfahrung (Adam) und die weiteren reichen nicht aus: Auch die Nachkommen Noachs, auch die Menschen nach der Sintflut wenden sich von Gott ab.
Die theologische Kunst und Intelligenz des Redaktors bestand in der Verzahnung der zwei Überlieferungen: P – J – PJ – P – PJ – J.
Sie korrigieren sich gegenseitig. Der Gesamtsinn ändert sich.
Wenn man aber bedenkt, daß die zwei Überlieferungen wahrscheinlich viel umfangreicher waren, als uns bekannt, dann bestand die Arbeit des Redaktors nicht nur in der Verzahnung, sondern auch und primär in der Auswahl des Materials. Das konnte er nur tun, weil er seiner Arbeit eine eigene theologische Reflexion zugrunde legte.
Diese Erkenntnis rechtfertigt den Versuch, die Urgeschichte – sowie auch alle anderen Texte der Bibel – so zu betrachten, wie sie nun letztlich sind.
Der Versuch wird sogar zwingend erfordert: Die redaktionelle Zusammenstellung der verschiedenen Traditionen gibt dem neu entstandenen Text einen neuen Sinn.

Strukturen des Textes

Verlaufsstrukturen

Den ganzen Erzählzyklus der Urgeschichte kann man, legt man die volle Bibel zugrunde, in sechs Erzählungen gliedern:

1. Die Erschaffung von Himmel und Erde, vom Gestirn bis zum Menschen (1,1-2,4 a)
2. Die Erschaffung des Menschen und des Gartens und die Übertretung des Gebotes Gottes (2,4 b-3,24)

3. Kain und Abel; Nachkommen Kains (4,1-24)
4. Set, der Ersatz für Abel; Nachkommen Adams und Evas (4,25-5,32)
5. Die Sintflut, der Bund Gottes mit Noach, die Söhne Noachs und ihre Nachkommen (6,1-10,32)
6. Der Turm zu Babel (11,1-9).

Raum und Zeit

Der *Raum* wird erst erschaffen, geordnet, eingeteilt. Am Anfang steht das Chaos (1,1-2). Gott schafft den Raum für Sterne, Sonne und Mond, für Tiere, Fische und Pflanzen, für die Wasser unterhalb und oberhalb (1,3-2,4 a).
Ein *Garten* im Osten ist der Schauplatz der ersten Menschengeschichte (2,4 b bis 3,24).
Es ist sicher eine Strafe, wenn der Mensch, nach seinem Sündenfall, aus dem Garten vertrieben wird (3, 24).
Die *Felder,* östlich vom Eden, die Adam und seine Nachfolger bebauen müssen, sind stumme Zeugen des ersten Brudermords (4,8). Aus diesen Feldern wird Kain verbannt, und er läßt sich in *Nod* nieder. Kain muß seine Familie verlassen. Sein Ortswechsel bedeutet zugleich Verlust der Zugehörigkeit zur Familie Adams. Adam und Eva erhalten einen Ersatz für Abel (4,25).
Set ersetzt aber auch Kain: Unter Adams Nachkommen (5,1-32) kommt Kain nicht mehr vor. Er hat selber eigene Nachfahren (4,17-24).
Das heißt: Der Raum ist oft ein Träger von Sinn; die Beobachtung von Raumbeschreibungen in einer Erzählung kann oft Bedeutung erschließen.
Wo Noach wohnt, wird nicht näher erklärt: irgendwo, im Osten, auf unserer Erde. Die *Erde,* die Gott am Anfang aus dem Chaoszustand herausgebracht hat, wird durch die Sintflut wieder zum Chaos (7,11-24). Noach aber lebt in der *Arche,* wo alles geordnet ist.
Der vom Wasser wieder befreite Raum erhält eine neue Ordnung (9,1 ff), Noach lebt wieder in ihm. *Die Erde* wird zum zweiten Mal gesegnet (vgl. 1,1 bis 2,4 a).
Die Nachkommen Noachs empfangen ihre eigene Lebensstätte.
Dem Jafet wird weiterer Raum gegeben (9,27): Er soll in den Zelten Sems wohnen, der von Noach gesegnet wird. Cham dagegen wird nicht in dessen Zelten wohnen. Er ist verflucht, so wie früher Kain.
Babel, der Ort der Einheit, wird zum Ausgangspunkt der Zerstreuung der Menschen in *alle Welt* (11,9).

Die Raumkategorien können wir also folgenderweise zusammenfassen:

Chaos	←→	geordnete Erde
Eden	←→	außerhalb von Eden
Raum Adams	←→	Raum Kains
geordnete Erde	←→	neues Chaos
überflutete Erde	←→	Arche
chaotische Erde	←→	neue geordnete Erde
Raum Sems und Jafets	←→	Raum Chams
Babel (Einheit)	←→	Welt (Zerstreuung)

Die Zeit wird erschaffen, wie der Raum: das Licht macht es erst möglich, daß es Abend und Morgen wird (1,3), vorher war es ein zeitloses „am Anfang" (1,1). In sechs Tagen entsteht die Schöpfung, der siebte ist Ruhetag auch für Gott, ein gesegneter Tag: Sabbat (2,2-3).
Gegenüber dieser Fülle von Zeitangaben erscheint die nachfolgende Geschichte (ab 2,4) ohne Zeit. Nur die Genealogien geben uns den Eindruck, daß Zeit vergeht.
Im sechshundertsten Lebensjahr des Noach (7,7.11) kommt die vernichtende Flut. So wie bei der Schöpfung, so jetzt bei der Zerstörung häufen sich wieder Zeitangaben. Die Tage der Vernichtung werden gezählt: 40 Tage ergoß sich die Flut (7,17), nach hundertfünfzig Tagen ging das Wasser zurück (8,3), im sechshundertsten Lebensjahr des Noach, im ersten Monat, war Leben wieder möglich (8,13.14).

Die Akteure und ihre Beziehungen

Kommunikation besteht erst dann, wenn Partner dafür vorhanden sind, Sprechen genügt nicht. Und doch: Gott spricht, und „es wird". Etwas reagiert, kommt zustande.
Das ist sicher eine Art von Kommunikation. Aber ein richtiges Gespräch ist das noch nicht. Gott erschafft den Menschen nach seinem Bild, ihm ähnlich (1,26). Erst dann kann ein Dialog entstehen (2,16). Aus dem tiefen Schlaf erwachend, kann der Mensch antworten, Bewunderung und Zufriedenheit aussprechen (2,23).
Seitdem der Mensch ist, gibt es Verständigung.
Erstaunlich, befremdend ist für uns die direkte Kommunikation der ersten Menschen mit Gott höchstpersönlich. Er ist der immerwährende Gesprächspartner des Menschen. Vor ihm muß dieser sich verantworten (3,8-13; 4,9), ihm opfert er (4,3-4; 8,20). Gott antwortet seinerseits: er straft (3,14-19), schaut gnädig oder unlustig auf das Opfer der Menschen (4,4-5) oder erfreut sich an dessen Duft (8,21).
Er bietet dem Menschen einen Bund an (9,9-17) oder verwirrt seine Sprache und zerstreut die Menschheit in die Welt (11,8).
Es dürfte hier nicht die Frage sein, ob das alles erfunden ist. Wichtig ist

festzuhalten: Für den gläubigen Verfasser dieser Geschichte gibt es keine Welt ohne Gott. Gott weiß, wo und warum sich der Mensch vor ihm verbirgt (3,8).

Der Lebensraum Gottes ist „Himmel und Erde“, die ganze Schöpfung. Wo der Mensch ist, dort ist er auch anzutreffen. Erst die Erzählung vom Turm zu Babel erwähnt die obere Zone (den Himmel) als die Wohnung Gottes (11,5).

Der Gott der Urgeschichte kann wie ein Künstler in das Chaos Ordnung, Licht und Farbe bringen (1,1-2,4 a), aber es auch bereuen, den Menschen und die Erde erschaffen zu haben (6,6). In seinem Unmut will er alles vernichten (6,7).

Der Mensch kann nicht mit Tieren reden. Er gibt ihnen wohl einen Namen (2,20), genauso wie wir aber konnte Adam mit ihnen kein echtes Gespräch aufnehmen.

Es überrascht deshalb der Dialog mit der *Schlange* (3,1 ff) – ein mythischer Rest sicherlich, aber nicht ohne Sinn.

Die listige Schlange (3,1) verführt. Der Mensch ist also nicht allein schuldig am Auftreten des Bösen in der Welt. Die Schlange war listig (3,1): Sie ist auch schuldig.

Der Mensch braucht als Partner den Mitmenschen. Daran hat sich seit damals nichts geändert. Mann und Frau sind „der Mensch“. Die intimste Kommunikation entsteht zwischen ihnen. Sie allein können „ein Fleisch“ werden (2,24), im Guten wie im Bösen (3,6-7), in der Freude wie in der Angst (3,8 ff).

Der Mensch wird aber auch Vater und Mutter; so entsteht auch eine Kommunikation zwischen Kindern und Eltern, zwischen Bruder und Bruder.

Gerade diese zwischenmenschliche Kommunikation ist folgenschwer. So verleitet Eva Adam zur Sünde, so tötet Kain seinen Bruder Abel.

Über jeder Art von Beziehung steht Gott.

Ob der Mensch mit der Schlange spricht oder seinen Bruder tötet, ob er einen Turm baut oder eine Arche, das alles hat mit Gott zu tun.

Gott ist der Herr, der Gebieter, derjenige, der über den Menschen und die Schöpfung verfügt. Der Mensch soll ihm gegenüber gehorsam sein.

Zwischen Menschen besteht die Gleichrangigkeit. Gott bildet eine Frau als Gefährtin des Mannes (2,18-23).

Der Mensch gibt andererseits den Tieren einen Namen (2,20), das heißt, er ist ihr Herrscher (vgl. auch 1,28-39). Er kann sie sogar auf dem Altar opfern (4,4; 8,20), sich von ihnen ernähren (9,3).

Die in der antiken Welt bestehenden Kommunikationsstrukturen werden durch die Erzählung der Urgeschichte begründet und durch Gottes Wort eingesetzt.

Werte

Chaos und Schöpfung

Das *Chaos* steht am Anfang, Gott überwindet es, er bringt *Ordnung* in das Chaos (1,1 ff).

Die *Schöpfung* ist geordnet. Gott kann aber wiederum Chaos entstehen lassen (6,5 ff). Gott schafft freiwillig, und freiwillig zerstört er die Ordnung seiner Schöpfung (6,5-8). Im neuen Chaos gibt es aber eine Oase der Ordnung, die auf dem Chaos schwimmt (die Arche). Das geordnete Leben steigt aus der Arche, und Gott gibt der verwüsteten Erde *eine neue Ordnung*. Es ist eine neue Schöpfung (9,1 ff), die durch einen *Bund* bestätigt wird. Was nun wieder eins und einig ist (11,1), wird wieder zerstört in der Geschichte des Turms zu Babel (11,1-9).

Chaos → Ordnung → Chaos → neue Ordnung → Chaos

↕

Arche

Gut und Böse

Das Chaos ist böse. Die Schöpfung ist gut (1,31). So ist auch Ungehorsam böse (3,1 ff), weil er die Ordnung zerstört.
Kain tötet seinen Bruder (4,8): Eine Tat der Zerstörung des erschaffenen Lebens. Kain wird von Gott bestraft (4,11 ff), er darf aber nicht getötet werden (4,15). Die Erinnerung an die Schöpfung verbietet ihre Vernichtung.
Wenn die Menschen immer böser werden (6,1-6), so daß die Ordnung und die Güte der Schöpfung nicht mehr zu erkennen sind, wird die Erinnerung Gottes an seine Schöpfung schmerzhaft. Er erkennt sie nicht mehr. Er will die böse gewordene Schöpfung tilgen, nur den retten, der gut geblieben ist (Noach: 6,9 ff). Mit ihm will er neu anfangen. Mit Noach setzt Gott auch eine neue Ordnung (9,1 ff) nach der Unordnung der Welt. Segnungen, Gebote, Aussagen, die Gott am Anfang gemacht hat (1,27 ff), werden nun für Noach und die neue Erde wiederholt (9,1-7).
Die neue Schöpfung bleibt aber nicht lange gut. Cham ist der erste Lästerer der neuen Ordnung (9,18 ff). Ein Erstling, dem die ganze Menschheit (11,1-9) auf dem Weg des Bösen folgte. Der Turm zu Babel war eine Tat gegen Gott: ein Versuch, aus dem Rahmen der Schöpfung und des Geschaffenseins auszubrechen, den „Himmel", die Stätte Gottes zu berühren (11,4). Sie wollten wie Gott werden, genau wie Adam und Eva (3,5). Gut ist die von Gott gegebene und geschaffene Ordnung. Böse ist die Störung dieser Ordnung, ein Schritt zurück in das Chaos. Das Böse, das die Urgeschichte am häufigsten anprangert, ist der Versuch des Menschen, „wie Gott zu werden". Dies ist die radikalste Zerstörung der von Gott gegebenen Ordnung.
Von Gott kommt das Gute. Wenn er seine Schöpfung zerstört, dann deshalb, weil der Mensch die gute Ordnung bereits zerstört hat. Vom Menschen kommt das Böse. Auch wenn äußere Reize (Schlange, Gottessöhne) dabei eine Rolle spielen.

Erde und Garten

Die Erde ist gut, weil sie Schöpfung Gottes ist. Der Garten ist die gute Wohnstätte des Menschen.
Weil der Mensch aber ungehorsam wurde, wird er aus dem Garten vertrieben. Er soll nun unter Mühsal und im Schweiß seines Angesichts die Felder einer ihm fremd gewordenen Erde bebauen.

Gott und Mensch in der katastrophalen Abfolge

Gott	*Mensch*
überwindet das Chaos: Schöpfung (1,1-2,4 a), schafft einen Garten für den Menschen (2,8 ff),	
	verletzt die Ordnung des Gartens (3,1 ff), macht die Schöpfung böse (6,5-8),
zerstört die böse gewordene Schöpfung, rettet aber den guten Noach (6,5-7,24), schafft eine neue Ordnung (9,1 ff),	
	verletzt die neue Ordnung, will aus dieser Ordnung ausbrechen (11,1-9).
zerstreut die Menschheit, verwirrt ihre Sprache (11,1-9).	

Strafe und Gnade. Ein immer neuer Anfang

Gott straft diejenigen, die seine Schöpfung und seine Ordnung zerstören: Adam, Eva, Kain, die Menschheit zur Zeit Noachs, Ham durch seinen Vater Noach.
Die Natur trägt mit an der Strafe. Auch die Nachkommen tragen die Konsequenzen der Strafe des Stammvaters, ohne daß sie selber schuldig zu werden brauchen.
Die Nachkommen Kains werden nicht mehr als Nachkommen Adams gezählt (vgl. 5,1 ff). Sein Platz wird von Set eingenommen. Seine Nachkommen nehmen den Platz der Nachkommen Kains ein.

Cham wird auch der Bund Gottes mit seinem Vater nicht zugute kommen. Er wird verflucht; mit ihm auch seine Nachkommen. Gott straft aber nicht nur, er will auch retten.

Nach dem ersten Anfang gibt es eine erste Zerstörung, nach der Sintflut einen neuen Anfang. Nach der neuen Ordnung eine neue Zerstörung. Die Menschen werden auch in Babel nicht vernichtet, sie werden nur sich selbst überlassen, als ob sie Gott nichts angingen.
Gott fängt aber wieder an. Die Urgeschichte endet nicht mit einer Katastrophe. Das anfängliche Chaos herrscht nicht ewig.
Gott fängt von neuem an mit dem Stamm Terachs, Vater des Volkes Israel.

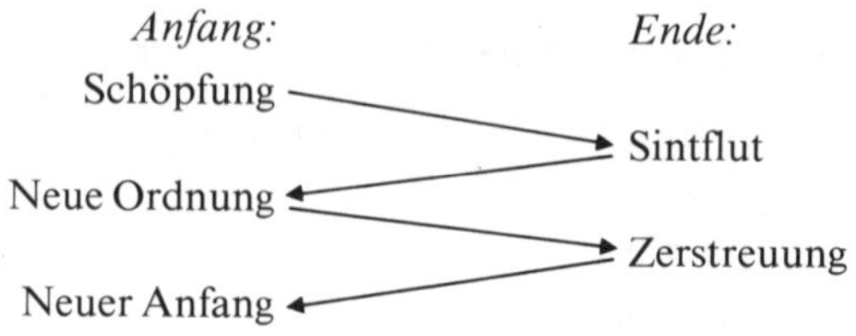

Die guten und die schlechten Menschen

In dieser Abfolge entsteht eine Engführung der Geschichte. Ein jeder neuer Anfang wird mit den guten Menschen gemacht. Die anderen werden ausgeschieden. Die Guten sind direkte Nachkommen Adams und Noachs (der zwei ersten Menschen in der ersten und zweiten Schöpfung).
Abraham, der Vater Israels, ist Nachkomme Terachs (11,27), Terach Nachkomme Sems (11,10-26), Sem ist Sohn des Noach (9,18), Noach ist Nachkomme Adams (5,1-32).
Die zahlreichen Genealogien in der Urgeschichte (4,17-26; 5,1-32; 10,1-32) und die abschließende in 11,10-27 haben einen doppelten Zweck: Sie zeigen die Abfolge der Guten, aus denen Israel stammt; sie zeigen auch die Abfolge der Bösen, die keinen Anteil am Bund Gottes mit Noach und an der Verheißung für das Menschengeschlecht haben werden.

Gen 1,1-2,4 a — Nr. 1-4
Gott erschafft Himmel und Erde

Naheliegende Verständnisvoraussetzungen

Der heutige naturwissenschaftlich geprägte Mensch ist versucht, den sogenannten Schöpfungs„bericht“ mit den Ergebnissen der Naturwissenschaft zu vergleichen. Der Vergleich ist fast zu einer Denknotwendigkeit geworden. Ihm kann man sich heute kaum entziehen. Man kann ihn aber getrost wagen,

in der Gewißheit, daß Bibel und Naturwissenschaft sich nicht widersprechen können, weil Glaube und Wissenschaft jeweils verschiedene Interessen haben und verschiedene Ziele verfolgen.
Die Naturwissenschaft ist an dem Wie der Entstehung der Welt interessiert, die Bibel dagegen versucht, den Glauben an den Schöpfer zu vermitteln.
Der Bibel geht es um das Verhältnis zwischen Gott und dem Menschen. Der Schöpfungsbericht ist einerseits Offenbarung Gottes als des Schöpfers, er ist aber auch die Antwort der Menschen auf die Frage nach dem Sinn des Lebens in dieser Welt.
Wenn man den Schöpfungsbericht so betrachtet, trifft man seinen Kern. Auch dann können ihm noch typische Einstellungen des heutigen Menschen entgegenstehen:
Der verzweifelte Mensch, aber auch der „aufgeklärte" oder gar der zynische werden an der Güte der Schöpfung und des Schöpfers zweifeln.
Der gläubige Mensch ist seinerseits zwiespältig: Er kann die Einstellung seiner Mitmenschen wohl verstehen, weil er selber manchmal sehr verzweifelt, aufgeklärt, zynisch ist. Anderseits ahnt er, was es heißt, daß Gott die Welt, also ihn selbst, erschuf und deshalb mit ihr und mit ihm in Beziehung steht.

Strukturen des Textes

Verlaufsstrukturen

Rein formal gibt es im ersten Schöpfungsbericht drei auffallende Formeln:

a) „Es wurde Abend, und es wurde Morgen". Sie wird sechsmal wiederholt: 1,5.7.13.19.23.31.
b) „Und Gott sah, daß es gut war" wird siebenmal wiederholt: 1,4.10. 12.18.21.25.30.
c) Interessanter ist die Wiederholung einer komplizierten Formel:

1. und Gott sprach
2. und es wurde
3. und Gott nannte (vornehmlich für die ersten Tage)

oder

und Gott segnete (öfter bei den letzten Schöpfungswerken).

Jede dieser drei Formeln (a – c) könnte als Maßstab für die Verlaufsstruktur des Textes genommen werden. Sicher hat jede eine eigene Bedeutung.
Am geeignetesten für die Struktur des Textes scheint aber die dritte Formel zu sein:
Es ist die stereotype Formel des Erschaffens: Gott spricht,
es geschieht so,
Gott nennt oder segnet
das Geschaffene.

Diese Formel gibt den genauen Takt der Schöpfung wieder: Ein Werk am ersten Tag, eins am zweiten, zwei am dritten, ein Werk jeweils in den darauffolgenden zwei Tagen und zwei am sechsten Tag: insgesamt 8 Werke. Was vorher war („Am Anfang") oder nachher geschieht (die Ruhe am siebten Tag), gehört nicht zur Schöpfungstätigkeit Gottes.
Am Anfang ist das Chaos. Am Ende die Ruhe. Dazwischen die Schöpfung.
Der Schöpfungsbericht kann demnach in seinen Verlaufsstrukturen folgenderweise gegliedert werden:

1,1	Überschrift		
1,2	Der Ausgangspunkt: Das Chaos		
1,3-31	Die Schöpfung:	1. Werk	1. Tag
		2. Werk	2. Tag
		3. Werk	
		4. Werk	3. Tag
		5. Werk	4. Tag
		6. Werk	5. Tag
		7. Werk	
		8. Werk	6. Tag
2,1	Die Schöpfung wird als vollendet erklärt.		
2,2-4 a	Der Endpunkt: die Ruhe des Sabbats.		

Was ist „Schöpfung"?

Die Schöpfung geschieht nicht aus dem Nichts.
Am Anfang war das Chaos. Das Chaos ist aber nicht das Nichts. Der Vers 1,1 ist wie eine Überschrift: „Im Anfang schuf Gott Himmel und Erde". Wir könnten umschreiben: „Wie Gott alles erschuf" oder „Die Schöpfung".
„Himmel und Erde" ist ein feststehender Begriff für „Welt", „Kosmos", „alles, was existiert".
Der V. 2 beschreibt den Ausgangspunkt:

> „Die Erde war wüst und wirr,
> Finsternis lag über der Urflut,
> Gottes Wind schwebte über dem Wasser".

Etwas ist vorhanden: eine leere, ungeordnete Erde, die Finsternis, die Urflut, ein zielloser Wind. (Der hebräische Ausdruck „ruach elohim" ist nicht ganz treffend mit „Gottes Geist" zu übersetzen. „ruach" heißt „Atem", „Wind", „Hauch" und auch „Geist". In diesem Fall kann man aber den Ausdruck nur mit „Wind Gottes" übersetzen. Damit ist ein geheimnisvoller und mächtiger Wind gemeint.)
Schöpfung heißt die Überwindung des Chaotischen. (Auch zeitgenössische Schöpfungsmythen hatten das gleiche Verständnis.)

Die Überwindung des Chaotischen hieß:
Das Chaos *ordnen*, damit es nicht mehr wirr,
und es *füllen*, damit es nicht mehr wüst sei.

Schöpfung heißt also Leben und Ordnung in das Chaos bringen. Eine genauere Teilung der Verse des Schöpfungstextes (1,3-31) in „Tage der Scheidung" (etwa 1,3-13) und „Tage der Ausstattung" (etwa 1,14-31) ist nicht möglich. Denn jedes Schöpfungswerk ist bereits Ausstattung. Das Licht „trennt" nicht nur, es füllt bereits „Himmel und Erde", so ist auch das Firmament bereits eine Ausstattung des Kosmos und zugleich ein trennendes Element. Beides geschieht gleichzeitig. Der Kosmos entsteht aus dem Chaos, indem es gefüllt und geordnet wird:

Das Chaos ist	⟷	*Der Kosmos ist*
wüst, leer		ausgestattet, gefüllt
wirr		geordnet

Raum und Zeit

Im Chaos gibt es keinen Raum und keine Zeit. Diese werden erst erschaffen. Die Leere ist noch kein Raum. Erst die Gegenstände können durch Kontrast den Raum entstehen lassen.

Die Finsternis kann allein die Zeit nicht ausmachen. Erst der Kontrast zwischen Licht und Finsternis läßt Zeit entstehen. Das Licht und die Finsternis erhalten einen Namen: Tag und Nacht. Somit ist die Zeit da und der erste Tag der Schöpfung. Die Zeit bestimmt nun den Takt. Gott schafft am Tag und nicht in der Nacht. Sechs Tage dauert die Schöpfung: die sechs Werktage Gottes. Ein siebter Tag (2,2-3) gilt der Ruhe Gottes. Er ist deshalb ein heiliger Tag.

Der Raum entsteht nach der Zeit. Wasser wird von Wasser getrennt, eine Wölbung steht „oben", die Erde „unten". Das Trockenland hat einen „Platz" und das Wasser seinen „Ort". Die Sterne sind „am" Firmament usw.

Durch Schaffung und Scheidung von Gegenständen entsteht der Raum.

Geordneter und ausgestatteter Raum, geordnete und durch Arbeit und Ruhe gefüllte Zeit: Das ist Schöpfung, das ist der Kosmos.

Die Akteure und ihre Beziehungen

Das Subjekt der Erzählung, der Autor der Schöpfung, ist Gott. Er spricht, und es wird. Er scheidet, er macht, er schafft, er gibt seinen Geschöpfen einen Namen, er ordnet sie in den Kosmos ein, er gibt ihnen eine Funktion innerhalb der Schöpfung, er segnet sie.

Von ihm nicht verursacht, vor jeder Schöpfung bereits bestehend ist das Chaos mit seinen Elementen.

Bereits hier kommt ein gewisser Dualismus zum Ausdruck:

Chaos ⟷ Gott

Werte

Weil Gott Autor und Ursache der Schöpfung ist, deshalb ist alles gut, was er macht.

Die Formel „und Gott sah, daß es gut war", wird – mit einer Ausnahme – nach jedem Werk wiederholt. Aber man muß beachten:

a) Gott schafft das Licht und heißt es gut (1,4). Nicht aber die Finsternis. Diese ist nicht sein Geschöpf, sie existierte vor der Schöpfung (1,2), sie war eine Element des Chaos.

Das Licht ist gut. Ist die Finsternis schlecht? Man muß die Frage bejahen. Wenn die Schöpfung gut ist, dann ist das nicht geschaffene, durch die gute Schöpfung überwundene Chaos schlecht, sonst hätte Gott keine Schöpfung gebraucht.

Die zeitliche Trennung zwischen Tag und Nacht ist auch eine Trennung von zwei Welten: Der Tag ist gut, die Nacht ist bedrohlich. Gott schafft am Tag, nicht in der Nacht. Gott herrscht aber über die Finsternis. Er gibt ihr einen Namen und setzt leuchtende Sterne und den leuchtenden Mond ans Firmament, damit sie in der Finsternis Licht abgeben.

b) Am Ende des zweiten Werkes wird die Formel ebenfalls nicht wiederholt. (1,6-8). In diesem Fall heißt es aber nicht, daß das Werk des zweiten Tages böse ist. Es ist vielmehr noch nicht vollendet: Gott trennt den Himmel von der Erde. Er mußte aber noch das Wasser unterhalb des Firmaments vom trockenen Land trennen. Erst nachdem das Werk vollkommen ist, wird die Formel wiederholt (V.10).

Die Schöpfung insgesamt ist sogar „sehr gut" (1,31).

Der bereits anvisierte Dualismus wird demnach bewertet:

Das Chaos ist schlecht. ⟷ Die Schöpfung ist gut.

Als Schöpfer steht Gott höher als seine Schöpfung.

Auf sein Wort, auf seinen Befehl hin entsteht der Kosmos.

Das Zeichen seiner Herrschaft ist, daß er den Geschöpfen den Namen gibt. Dies tat in der Antike der Herrscher.

Als derjenige, der alles in die Existenz ruft, segnet Gott die Geschöpfe. Dabei fällt auf: Bei den ersten Werken benennt Gott seine Geschöpfe, bei den letzteren segnete er sie. Das genauere Hinsehen enthüllt uns, daß die gesegneten Werke Lebewesen sind (1,22.28).

Höheren Wert als alle anderen Geschöpfe hat der Mensch. Er ist nach dem Bild Gottes geschaffen. Als Bild ist er weniger als Gott selber, als solches aber ist er sein Stellvertreter. Gott herrscht über die Schöpfung, der Mensch soll auch über sie herrschen. Alles ist ihm untertan (1,28 ff).

Die Gottebenbildlichkeit des Menschen besteht nicht darin, daß Gott so beschaffen ist wie er, oder darin, daß der Mensch auch Geist ist. Sie besteht darin, daß der Mensch Gott in seiner Schöpfung vertreten soll.

Er gibt auch den Tieren einen Namen.

Diese Herrschaft ist aber als Mitverantwortung zu verstehen. Der Mensch ist nicht *der* Herrscher der Natur, sondern ihr Verwalter. Er darf sich an ihr nicht vergehen. Er darf sie aber benutzen.
So gut und so mächtig Gott sein mag: Er besiegt trotzdem die Spuren des Bösen nicht vollständig. Die Finsternis bleibt. Sie nimmt die Hälfte der Zeit in Anspruch.
So wird sich die Macht der Finsternis in der Geschichte des Kosmos auswirken.
Was für eine Schöpfung wäre geworden, wenn die Spuren des Bösen vollständig verschwunden wären?

Erwartungen

Der Text schließt radikalere Möglichkeiten aus:
Man könnte sich denken: Die Welt, die Ordnung, der Mensch hätten immer existiert. Sie wären nicht von Gott geschaffen. Oder: Der Mensch als ihr Hauptakteur hätte sogar Gott geschaffen.
Die erste Möglichkeit würde die Welt von Gott unabhängig, selbständig machen. Gott und die Welt wären parallele Existenzen, die sich treffen könnten oder auch nicht.
Die zweite Möglichkeit ist die eigentlich atheistische Auffassung, die zwar erst heute thematisiert wird, aber immer schon gelebt werden konnte.
Der Schöpfungsbericht ist ein Glaubensbekenntnis: Er besagt, daß Gott existiert, daß er der Schöpfer ist, daß wir aus seiner Hand stammen, von seiner Hand geführt werden, daß seine Schöpfung gut ist.

Innerbiblische Beziehungen

Gott ist bereits „am Anfang" (Gen 1,1; Joh 1,1). Deshalb ist er „der erste und der letzte" (Jes 41,4; 44,6; 48,12). Über seinen Ursprung wird nicht geredet. Er ist. Er ist der Schöpfer der *Welt.* Er hat sie „mit Weisheit gegründet" (Spr 3,19; vgl. Ps 104,24: Nr. 5).
Die *Schöpfung* ist der Anfang der Geschichte Gottes mit den Menschen. Die Errettung des Menschen wird wie eine zweite Schöpfung dargestellt (Jes 45,8). Gott wird einen neuen Himmel und eine neue Erde erschaffen (Jes 65,16; 66,22 f; Offb 21: Nr. 193). Daß Gott den Menschen erschuf, heißt, daß der Mensch sich auf Gott verlassen kann (vgl. Jes 44,24-28; 51,9): Ihm kommt „Hilfe von Jahwe, der Himmel und Erde erschaffen hat" (Ps 121,2).
Das *Chaos* hat in unserem Text das Dramatische der babylonischen Mythen verloren. Doch Gott muß es überwinden. Elemente des mythischen Chaos waren das Meer, die Tiere des Meeres (der Drache Tiamat). Diese Elemente sind auch in der Bibel in Zusammenhang mit der Schöpfung gebracht: Die Urflut (Gen 1,2; vgl. Jes 51,10), der Drachen (Jes 51,9; vgl. Ps 74,14), die Tiere des Meeres (Ps 74,14). Gott überwindet sie alle und setzt allen ihre Grenzen.

Die *Finsternis* ist auch eine Element des Chaos. Sie und ihr Reich, die Nacht, sind der Ort der bösen Taten. Gott, als Schöpfer des Lichtes, grenzt die Finsternis ein. Licht und Finsternis werden zum Symbol für Christus (Gott) und das Böse (vgl. besonders das Johannesevangelium, etwa den Prolog).

Die *Namengebung* ist ein Zeichen für Herrschaft. Gott gibt Abraham den neuen Namen (Gen 17,5), auch Jesus gibt Simon den Namen Petrus (Mt 16,18). Der Name ist das vom Besitzer gegebene Mal und kann die Funktion zum Ausdruck bringen, die der Herrscher seinem Untergebenen zuweist.

Der *Sabbat* ist der heilige Tag. Ein Tag der Ruhe, der Freude und des Kults (Hos 2,13; Zehn Gebote: Nr. 49; 2 Kön 4,23).

Am Sabbat durfte man nicht arbeiten, weil der Tag Gott geweiht war (Zehn Gebote: Nr. 49; Ex 23,12; 31,13; Ez 20,12).

Die vielen minuziösen Vorschriften, die den Sabbat regelten, hatten diesen Hintergrund. Die Ruhe am Sabbat hatte sicher auch einen sozialen Grund. Wenn Jesus dagegen zu rebellieren scheint (Mk 2,27), so bestimmt nicht mit der Absicht, die religiöse Intention der Sabbatvorschriften zu widerlegen, sondern um des Menschen willen. Auch für Jesus war der Sabbat ein heiliger Tag. Am Sabbat verkündigte er sein Evangelium in der Synagoge (Lk 4,16 ff).

Anschlüsse an die Welt des Lesers

Die Bibel will mit dem Schöpfungsbericht nicht mit den Naturwissenschaften konkurrieren.

Sie will ein Glaubensbekenntnis ablegen: Gott hat die Welt erschaffen, er hat sie gut erschaffen, er hat dem Menschen die Verantwortung für seine Schöpfung übertragen.

Das wiederum heißt:

Gott ist gut.

Die Welt liegt in seiner Hand, und er mag sie.

Der Mensch ist sein Lieblingsgeschöpf.

Der Mensch ist ein Ebenbild Gottes, wenn er die Welt nach den von Gott gegebenen Gesetzen bestehen läßt. Durch Krieg, Bosheit, Unverantwortlichkeit, Nachlässigkeit, Egoismus kann aus dem geordneten Kosmos wieder das Chaos entstehen. Das Gegenteil von Schöpfung ist Zerstörung. Der Mensch soll Gott als den Ersten, den Schöpfer verehren. Die Welt selber ist sein Geschöpf und soll innerhalb der ihr vorgegebenen Grenzen respektiert, aber nicht angebetet werden.

Das alles ist heute aktuell.

Verantwortung für die Welt zeigt sich vor allem im Zusammenhang mit Krieg, Elend und Zerstörung der natürlichen Lebensbedingungen.

Das Problem des Bösen in der Welt drängt sich auf: Wenn Gott alles „gut" erschaffen hat, woher das Böse (vgl. Gen 3)?

Man lebt oft, als ob es Gott nicht gäbe. Viele glauben nicht mehr. Wie steht man dann zum Schöpfungsbericht?

Ps 104 Nr. 5
Lob des Schöpfers

Strukturen des Textes

Die Zeit

Gott hat *am Anfang* die Erde gegründet (V.5) und den Mond gemacht (V.19), aber seine Schöpfung ist kein in der Vergangenheit vollendetes Werk: Er spannt *heute noch* den Himmel aus (V.2), er läßt Quellen hervorsprudeln (V.10), Gras wachsen (V.14), er sendet Finsternis, und es wird Nacht (V.20). Gott sorgt für die Schöpfung, und sie ist ein Werk, das *Zukunft* hat: Die Erde wird in alle Ewigkeit nicht wanken (V.5).

Vergangenheit ——→ Gegenwart ——→ Zukunft

Gott wirkt heute aber nicht nur direkt: Er läßt die Zeit von seinen Geschöpfen regeln (Mond, Sonne, Finsternis). Die allumfassende Sorge Gottes will der Psalmist mit einem Lobpreis erwidern: „Ich will dem Herrn singen, *solange* ich lebe, will meinem Gott spielen, *solange* ich da bin" (V.33).

Der Raum

Gott füllt *die höhere Sphäre* der Welt: Er ist mit Hoheit bekleidet, in Licht gehüllt (V.1-2), der Himmel ist seine Wohnung. Aber er wirkt auch *auf Erden:* Er ordnet die Schöpfung, sorgt für sie, schafft Neues. Die Erde ist deshalb voll von Gottes Geschöpfen, und diese warten auf ihn, daß er ihnen Speise gibt. Der Abstand zwischen Gott und seinen Geschöpfen wird überbrückt: von Gott durch seine Fürsorge, von den Geschöpfen durch ihre Erwartungshaltung und ihr Lob.

Gott im Himmel —— Fürsorge ——→ Geschöpfe auf Erden
Gott im Himmel ←—— Lob, Erwartung —— Geschöpfe auf Erden

Die Akteure und ihre Beziehungen

Das Verhältnis Gott/Schöpfung, das durch die Fürsorge Gottes und den Lobpreis der Schöpfung charakterisiert wird, erschöpft keineswegs den Reichtum der Beziehungen, die in diesem Psalm zur Sprache kommen:

Eine gegenseitige Fürsorge – wohl eine Widerspiegelung und eine Folge der Fürsorge Gottes für seine Schöpfung – entwickelt sich unter allen Geschöpfen: das Wasser gibt Trank den Tieren, das Gras wächst für das Vieh, die Pflanzen wachsen für den Menschen, Sonne und Mond regeln das Leben der Tiere und der Menschen.

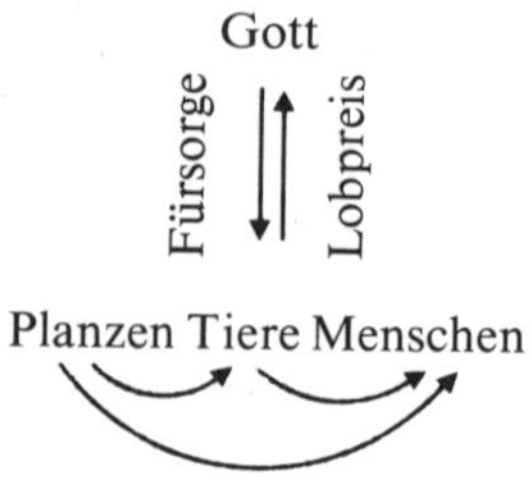

Werte

Die Zweckmäßigkeit der Schöpfung, die Zuordnung der Geschöpfe aufeinander, die Fürsorge Gottes sind positive Werte, die einen dynamischen Charakter besitzen. Die Schöpfung selbst ist kein Ereignis, das der Vergangenheit allein zuzurechnen ist. So sind die Geschöpfe verpflichtet, diese Werte zu erfüllen, damit Schöpfung auch in der Gegenwart geschieht, damit sie ihre Zweckmäßigkeit erfüllt. Nur wenn die Menschen füreinander sorgen, wie Gott für sie sorgt, bleibt die Schöpfung das Werk, das von Gott gewollt ist. Die Schöpfung ist von Grund auf gut. Sie ist mit Gott stets verbunden: Gott wendet sich ihr zu und gibt ihr Geborgenheit. Sie erwidert die Zuwendung Gottes mit einem Lobpreis und mit der Erfüllung der ihr zugedachten Zweckmäßigkeit.

Innerbiblische Beziehungen

Ein Vergleich mit dem ersten Schöpfungsbericht (Gen 1,1-2,4a) weist sehr viele Ähnlichkeiten auf: Die Vielfalt und die Güte der Schöpfung kommen in beiden Texten klar zur Sprache.
Diese Entsprechung ist auch dadurch möglich, weil der Psalm in der „Bibel für die Grundschule" einiges ausläßt, was auch Unterschiede zu Tage gebracht hätte. So erwähnt der Psalm in seiner ursprünglichen Form auch die Anwesenheit des Bösen: Im Meer wohnt auch der Leviatan (Symbol des Bösen, des Chaos), der aber selbst ein Geschöpf Gottes ist (V.26). Nicht nur die Zuwendung und die Fürsorge Gottes, sondern auch seine Abwendung von der Schöpfung werden in Betracht gezogen: Verbirgt Gott sein Angesicht, entzieht er den Geschöpfen seinen Atem, so fürchten sie sich oder verschwinden sie in den Staub (V.29). Und der Psalmist rechnet mit Sündern und Gottlosen ab, die in der Schöpfung Gottes leben: Sie mögen nicht mehr sein.

So gesehen würde der Psalm eher dem zweiten Schöpfungsbericht entsprechen, der in einem Atemzug Schöpfung und Sünde erwähnt. Ist in der Genesis Schöpfung eine Tat der Anfänge, so ist sie im Psalm ein nie endendes Werk. Das kommt zwar auch in der gekürzten Form vor; in der „Bibel für die Grundschule" wird aber gerade die deutlichste Formulierung ausgelassen: „Sendest du deinen Geist aus, so werden sie alle erschaffen, und du erneuerst das Antlitz der Erde" (V.30).

Gen 2,4 b-3,25 — Nr. 6-10
Die Erschaffung des Menschen und seine Sünde

Naheliegende Verständnisvoraussetzungen

Die gleichen Schwierigkeiten, die bei dem ersten „Schöpfungsbericht" (Gen 1,1-2,4 a) zu erwarten sind, gelten auch für diese Texte. Hinzu kommt die Schwierigkeit, daß dieser „zweite Schöpfungsbericht" in vielen Zügen vom ersten abweicht. Ein Vergleich der zwei Texte ist für Grundschüler nicht ergiebig; es reicht aus, wenn jeder dieser Texte in seiner Absicht verstanden wird.

Strukturen des Textes

Verlaufsstrukturen

Gen 2-3 bildet einen größeren Erzählzusammenhang. Man könnte versucht sein, die Erschaffung des Menschen und des Gartens und die Erzählung der Sünde getrennt zu behandeln. Folgende Gründe sprechen aber für eine gemeinsame Analyse und Behandlung der zwei Erzählungen:

1. Die jahwistische Tradition wird hier nicht unterbrochen. Ein Zeichen dafür, daß Kap. 2 und 3 eng zusammengehören.
2. Die zwei Erzählungen werden als zwei gegensätzliche Elemente desselben Erzählzusammenhangs angesehen.

Die Akteure und ihre Handlungen entsprechen sich auf eine konträre Weise.
Die Hauptfigur der Erschaffung des Menschen (2,4a-25) ist Gott. Er ist das Subjekt der entscheidenden Handlungen: Er schafft den Menschen aus dem Erdboden, pflanzt einen Garten im Eden, läßt Pflanzen wachsen, einen Strom entstehen, setzt den Menschen in den Garten, damit er ihn bebaue, gibt ihm das Gebot, vom Baum der Erkenntnis nicht zu essen, schafft Tiere, bildet die Frau als Gefährtin des Mannes.

Die zweite Erzählung hat dagegen vier Hauptfiguren, die als Gesprächs- und Handlungspartner auftreten: die Schlange, Eva, Adam, Gott.
Das plötzliche Auftreten der Schlange bringt einen Wechsel der Szene mit sich. Aber die zwei kleineren Erzählungen (2,4a-25 und 3) sind von der Schlange selbst miteinander in Beziehung gebracht: Ihre erste Frage (3,1) knüpft an das Gebot/Verbot Gottes an, vom Baum nicht zu essen (2,17). Diese Frage schafft die syntaktische Verzahnung zwischen den zwei Erzählungen und verbindet sie in einer neuen, größeren Einheit:

I Gott schafft den Menschen
und den Garten.
Er setzt den Menschen in den Garten.
Er verbietet ihm, vom Baum der Erkenntnis zu essen.
Er erschafft die Tiere
und die Frau.

II Die Schlange erkundigt sich nach dem Verbot Gottes.
Sie verführt die Frau.
Die Frau verführt Adam.
Adam und die Frau übertreten das Verbot.
Sie verstecken sich vor Gott.
Gott entlarvt sie.
Sie gestehen ihre Sünde.
Gott bestraft sie.

Die Akteure und ihre Beziehungen/Werte

Die Beziehung zwischen Gott und dem Menschen kann man so zusammenfassen: Gott wendet sich dem Menschen zu, der Mensch wendet sich von Gott ab, Gott bestraft ihn wegen seiner Abwendung.

a) *Die Zuwendung Gottes zum Menschen* (2,4 b-25)
Der Mensch ist nicht nur die Krönung der Schöpfung wie in der Priesterschrift (1,1-2,4a). Er ist ihr Maßstab. Gott schafft zuerst den Menschen, und dann schafft er den zu ihm passenden Lebensraum. Dies ist der Garten im Eden. Der Mensch soll ihn bebauen (1,15); alles steht ihm zur Verfügung (1,16).
Der Mensch ist allein. Gott will ihm eine Hilfe bieten. Der erste Versuch, ihm Tiere als Partner zu bieten, ist unvollkommen. Aber die Tiere sind bereits eine „Hilfe“, er kann ihnen einen Namen geben.
Doch die Frau erst ist „Fleisch von seinem Fleisch“. Hier wird die Gemeinschaft als Zweigeschlechtergemeinschaft verstanden. Der Ruf der Geschlechter ist stärker als der Ruf der Verwandtschaft (2,24). Ihre unbekümmerte Nacktheit zeigt ihre Vertrautheit und die Ungestörtheit ihrer Gemeinschaft (2,25).

Gott sorgt für den Menschen. Er zeigt ihm seine Zuwendung. Ein einziges scheint diese Zuwendung zu stören: das Verbot, vom Baum der Erkenntnis zu essen. Gott stellt den Menschen auf die Probe. Aber durch die Befolgung des Verbotes kann der Mensch seinerseits Zuwendung zu Gott zeigen. Die Übertretung des Verbotes dagegen würde eine Abwendung des Menschen von Gott bedeuten.

b) *Die Abwendung des Menschen von Gott*

Das Vertrauen des Menschen zu Gott (3,2f). das Eva der listigen Schlange anfänglich zu erkennen gibt, ist ein Zeichen, daß die Zuwendung Gottes zum Menschen bislang einen fruchtbaren Boden gefunden hatte.

Der Zweifel, der sich durch die Versuchung der Schlange in das Herz des Menschen einschleicht (3,4-6), ist der Anfang der Abwendung. Die Übertretung des Gebotes zerstört die von Gott gestiftete Gemeinschaft: Sie bedeutet Abwendung von Gott.

Die von Gott erschaffene Gemeinschaft wird zerstört:

– Das *Verhältnis zu Gott:* Der Mensch muß sich vor ihm verbergen (3,8).

– Die *Gemeinschaft zwischen Mann und Frau:* Die Frau hilft nicht dem Mann, sondern verführt ihn (3,6); die beiden schämen sich, daß sie nackt sind (3,7); der Mann beschuldigt seine Frau (2,12).

– Die *Gemeinschaft zwischen dem Menschen und den Tieren:* Die Schlange ist sein Feind, sie verführt ihn (3,1-5); er beschuldigt sie (3,13).

– Das *Verhältnis zum Garten:* Er dient ihm nicht mehr als Lebensraum, sondern als der Ort, wo er sich verstecken muß.

c) *Die Strafe*

Die lange Rede Gottes (3,14-24: Nr. 10) ist zunächst eine Feststellung der geschehenen Entfremdung und Zerstörung der Gemeinschaft, sie verdeutlicht diese aber in den Einzelheiten. Sie ist ein Gericht.

Die Entfremdung zwischen Gott und dem Menschen wird am deutlichsten in ihrer veränderten Beziehung. Gott ist nicht mehr der sorgende Schöpfer, sondern der fragende Richter. Er ist derjenige, der verflucht und bestraft. War der Garten der Ort, wo Mensch und Gott ihre Gemeinschaft lebten, so zeigt die Ausweisung der Menschen aus dem Garten die Endgültigkeit der Entfremdung.

Die Entfremdung zwischen Mann und Frau führt dazu, daß ihre ursprüngliche Unbeschwertheit (2,25) fast zu einem Kampf der Geschlechter wird (3,16).

Die Feindschaft zwischen der Schlange und dem Menschen (3,15) ist das Gegenteil der anfänglichen Gemeinschaft mit den Tieren (2,18-20).

Die Verweisung aus dem Garten ist sowohl ein Zeichen der Entfremdung von Gott und Mensch (vgl. oben) als auch der Entfremdung des Menschen von seinem Ursprung. Er wurde aus der Erde geformt; der Garten war für ihn ein fruchtbarer Boden gewesen. Er wird nun vom Garten verwiesen. Die Mutter-Erde wird ihm von nun an Disteln und Dornen (3,18) geben, von ihm Schweiß abverlangen. Der Erdboden, der Ursprung des Menschen, wird verflucht (3,17).

Eine Liste kann die Ergebnisse über Gen 2,4 a-3,25 zusammenfassen:

Beziehungen zwischen	Gen 2,4 a-25	Gen 3,1-13	Gen 3,14-24
Mensch und Gott	Zuwendung Gottes zum Menschen, Gemeinschaft (im Garten), Prüfung des Menschen.	Abwendung von Gott, Übertretung des Gebotes, Angst, sich verstecken.	Verurteilung des Menschen, Verweisung aus dem Garten.
Mensch und Erdboden	Gemeinschaft, Ursprung des Menschen, sein Lebensbezug.	Abwendung: Wie Gott werden wollen.	Verfluchung des Erdbodens, Verweisung aus dem Garten.
Mensch und Tier	Gemeinschaft, Tier als Hilfe für Menschen, Namensgebung durch den Menschen.	Entfremdung: Verführung durch die Schlange.	Kampf zwischen Schlange und Menschen.
Mann und Frau	Gemeinschaft, Frau als Gefährtin des Mannes.	Entfremdung, Verführung des Mannes durch die Frau, Beschuldigung der Frau durch den Mann.	Kampf der Geschlechter, Schwierigkeiten bei der Geburt der Kinder, Herrschaft des Mannes.

Zeit und Raum

Raum und Zeit sind in der Erzählung miteinander verbunden.
Es gibt ein „Früher" und ein „Später" in der Erzählung. Das „Früher" spielt sich im Garten, das „Später" außerhalb des Gartens ab (Raumkomponente).
Das *„Früher"* ist durch die *Zuwendung* Gottes zum Menschen, sein Glück und seliges Dasein in der Gemeinschaft mit Gott und der Schöpfung *(„Paradies")* gekennzeichnet.
Das *„Später"* dagegen durch den Fluch, die *Verweisung* aus dem Garten, den Kampf mit der Natur und mit sich selbst.
„Dazwischen" liegt die *Stunde der Prüfung,* der Verführung und der Schuld, die die „Augen aufgehen" ließ.
Das Schicksal des Menschen entscheidet sich in dieser Zeit, die zwischen dem „Früher" und dem „Später" liegt. Diese Stunde hat ein „Später" erst verursacht und gewollt.

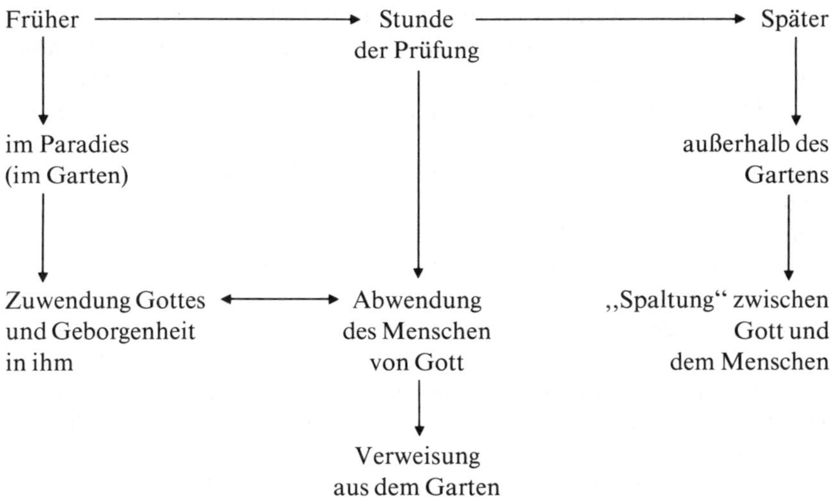

Sachinformationen und innerbiblische Beziehungen

Adam ist nicht immer als Eigenname gebraucht. „Adam“ bedeutet einfach „Mensch“. Unser Text sagt, Gott habe „Adam, den Menschen“ geformt (2,7). Der hebräische Text sagt natürlich nur „den Menschen“ (d. h. auf Hebräisch „Adam“). Die Übersetzer wollen „Adam“ als Eigenname benutzt wissen, aber gleichzeitig die Bedeutung des Wortes mitangeben.
Die Art seiner Erschaffung „aus Erde vom Ackerboden“ sollte nicht naturwissenschaftlich gedeutet werden. Viel interessanter ist die Bedeutung, die der hebräische Ausdruck besitzt. Der Ackerboden heißt im Hebräischen „adamah“, der Mensch „adam“. Wenn die Bibel nun sagt, daß der Mensch (adam) vom Ackerboden (adamah) stammt, so will der Erzähler nicht nur ein Wortspiel machen, sondern eher die Verbundenheit des Menschen mit der Erde zum Ausdruck bringen. So wie Mensch und Erde zusammengehören, so gehören auch Mann und Frau zusammen. Der Mensch wird aus der Erde geformt, die Frau aus einer Rippe des Mannes (V. 22). Die Erzählung des Ursprungs erklärt die Gegenwart.
Die Entstehung des Menschen aus dem Erdboden ist dabei auch Ausdruck seiner Sterblichkeit. Er wird zu ihm zurückkehren (3,19).
Der Garten in Eden. Man hat oft Gen 2,4b-25 als den zweiten Schöpfungsbericht bezeichnet. Einiges spricht sicher dafür: Der Mensch wird noch einmal erschaffen, als es ihn, nach 1,26ff, bereits gibt.
Es handelt sich aber keinesfalls um eine bloße Wiederholung. Die Absicht des Jahwisten ist nicht, die Schöpfung der Welt zweimal zu erzählen, sondern die Beziehungen zwischen Gott und dem Menschen zum Ausdruck zu bringen. Ein Beispiel dafür gibt die Erschaffung des Gartens in Eden. Hier han-

delt es sich nicht um eine Wiederholung der Erschaffung der Pflanzen und des Wassers (vgl. 1,9-12), sondern um die Schaffung des Lebensraumes des Menschen. Der Garten ist nicht die Erde, sondern nur ein Teil, im Osten der Erde. Der Garten wird in Mesopotamien angesiedelt, wie aus den Namen der vier Flüsse zu ersehen ist (2,10-14).

Das Verbot, vom Baum der Erkenntnis zu essen, kann Verständnisschwierigkeiten bieten.

Man sieht nicht deutlich, was der Zweck des Verbotes soll. Denn die Erkenntnis von Gut und Böse scheint etwas Gutes zu sein.

Die heute üblich gewordene Deutung des Verbotes lautet folgenderweise: Es handelt sich weniger um das „Wissen", was gut und was böse ist, sondern darum, daß der Mensch durch die Erkenntnis zur Entscheidungsfreiheit gelangen würde und sich deshalb als Herr über sich selbst fühlen könnte. Gott wollte also, daß der Mensch nie diese Entscheidungsfähigkeit erlangen sollte.

Doch dieses Textverständnis reicht nicht aus. Wenn die Bibel von „Erkenntnis", „erkennen", redet, dann meint sie weniger die intellektuelle Tätigkeit der Vernunft, sondern eher eine Erkenntnis, die vom ganzen Menschen als geistigem und leiblichem Wesen gemacht wird (vgl. 4,1: Adam erkennt seine Frau. Die Frau gebärt ein Kind!). Das Wort „Erkenntnis" sollte man deshalb eher mit „Erfahrung" übersetzen.

Gott wollte also nicht, daß der Mensch Gut und Böse erlebt und erfährt. Denn das Erlebnis und die Erfahrung des Bösen kann zugleich „etwas Böses tun" bedeuten. Sobald der Mensch die Unterscheidung zwischen Gut und Böse erlebt, kommt er in Berührung mit dem Bösen.

Diese moralische Deutung des Verbotes ist aber nicht die einzig mögliche. Einige meinen, das Verbot wolle die Grenzen zwischen Gott und dem Menschen festlegen: Nur Gott kann über Gut und Böse entscheiden und verfügen, so wie Gott allein ewig leben kann (vgl. 3,23, wo gesagt wird, daß Gott den Menschen vom Garten vertreibt, damit er nicht vom Baum des Lebens esse und ewig lebe!). Versucht der Mensch diese Grenzen zu überschreiten, so rebelliert er gegen Gott.

Viele Gründe sprechen für die moralische und für die letzte Deutung des Verbotes, Einzelheiten bleiben trotzdem ungeklärt, und eine klare Linie zu ziehen, ist unmöglich.

Gott droht dem Menschen den Tod im Fall des Ungehorsams an (2,17). Die Schlange behauptet dagegen, er werde nicht sterben (3,3). Tatsächlich läßt Gott später die Menschen nicht gleich sterben, sondern er sagt ihnen den Tod an (3,19).

Die Frage, ob es ursprünglich einen unsterblichen Menschen gegeben habe, ist überflüssig. Als Ätiologie will die Erzählung die Erfahrung und das Phänomen des Todes erklären. Angesichts des menschlichen Wunsches nach Unsterblichkeit wird der Tod als Strafe für die Sünde gegen den ursprünglichen Plan Gottes angesehen.

Die Schlange (3,1) ist zwar ein Geschöpf Gottes, ein Tier des Feldes, sie wird hier aber als symbolische Gestalt nicht weiter definiert. Sie ist ein Symbol für die Kräfte, die den Menschen von außen zum Bösen verführen. Erst nachträglich wurde sie mit Satan (das heißt Widersacher) identifiziert (Weish 2,24). Ihre Identifizierung mit dem Teufel ist nur ein kleiner weiterer Schritt in der frühchristlichen Theologie.
Der Symbolismus Schlange – Satan kann folgenderweise vervollständigt werden. Die Schlange erinnert an den Urdrachen, den Gott in den mythischen Erzählungen und auch in Jes 27,1; 51,9; Ijob 7,12; Ps 74,13-14 überwinden mußte, um aus dem ursprünglichen Chaos den Kosmos zu schaffen. Der Drache ist dort der Widersacher Gottes am Anfang der Welt. Die Schlange tritt hier auch als Widersacher Gottes auf. Sie verführt die Menschen zum Bösen, damit aus der guten Schöpfung wieder das Chaos entsteht.

Die erste Sünde des Menschen wird theologisch „Erbsünde" genannt. Die Bibel kennt diese Bezeichnung nicht. Für sie handelt es sich bestimmt um eine Sünde, die auch für die Nachkommen Adams Folgen hatte. Das drückt die symbolische Sprache der Bibel aus: Adam und Eva werden aus dem Garten vertrieben, und ihre Nachkommen finden (bis jetzt!) keinen Einlaß in den Garten. Auch die Störungen, die in der Kommunikation zwischen Gott und den Menschen eintreten, der Zerfall der ursprünglichen Gemeinschaft, werden als Folgen der Sünde angesehen. Es wäre aber vielleicht nicht ganz im Sinn der Bibel, zu behaupten, daß die Sünde selbst (also nicht die Folgen der Sünde allein) von den Menschen geerbt würde. Es stimmt zwar, daß alle Menschen Sünder sind (Ps 14, 1-3; Röm 5,12), doch nicht einfach und allein aufgrund der Sünde Adams, sondern weil sie, in der von ihm eingeleiteten unheilvollen Geschichte persönlich sündigen (vgl. Röm 5,12). Aus diesen Gründen spricht man heute auch von einer „Ur-Sünde".

Der Kampf zwischen dem Menschen und der Schlange (3,15) ist auch eine Folge der Sünde Adams.
Er symbolisiert die ständige Spannung zwischen dem Menschen und dem Bösen mit seiner Verlockung und seiner Verführungskraft. Der Mensch wird seinen Fuß auf den Kopf der Schlange halten. Er wird versuchen, ihr den Kopf zu zermalmen. Die Schlange wird ihrerseits versuchen, den Menschen an der Ferse zu treffen. Wer als Sieger hervorgehen wird, wird hier nicht gesagt: Es ist eine ewige Feindschaft. Das klingt in Offb 12,2-17 nach. Hier werden die Gestalten von Gen 3,15 messianisch gedeutet. Der Kampf ist hier zwischen dem Drachen einerseits und dem „Kind", das „alle Völker weiden wird" (Offb 12,5) mit seiner Mutter andererseits. Diese messianisch-christologische Umdeutung muß Hieronymus, den Übersetzer der Bibel ins Latein, dazu veranlaßt haben, in der „Vulgata" (Gen 3,15 b) so zu übersetzen: „Sie (Maria) wird dir den Kopf zermalmen, und du wirst auf ihre Ferse lauern."

Der biblische Zusammenhang zwischen Schöpfung, Sünde und Errettung. Der *Schöpfer* Israels wird sein Volk von seiner Sünde, von dem Exil und der Knechtschaft erretten. Jahwe ist der Schöpfer Israels (Jes 43,1; 49,1). Israel ist das Kind Jahwes (Jes 43,6-7). Deshalb ist Jahwe Vater seines Volkes. Israel hat zwar Gott vergessen, seinen Schöpfer verlassen (Jes 51,13-14), aber wenn es sich bekehrt und ihn als seinen Schöpfer anruft (Jes 51,9-10), wird er es erretten.

Der Exodus aus Babel, eine Wiederholung des Exodus aus Ägypten, ist eine neue Schöpfung (Jes 48,6-7). Die Errettung des Volkes wird später als neue Schöpfung (Jer 31,22) angesehen, und das Symbol der neuen Schöpfung wird das neue Jerusalem (Jes 65,18), eschatologisches Symbol des Gartens in Eden (Vgl. Ez 36,26-35), ja, ein neuer Himmel und eine neue Erde (Jes 65,17). Dieser enge Zusammenhang zwischen Schöpfung – Sünde – Errettung des Menschen wurde im Neuen Testament auf Jesus übertragen. Jesus – durch den alles erschaffen wurde (Joh 1,3; Kol 1,16), stirbt für die Sünden der Menschen (1 Kor 15,3; Apg 2,22) und rettet die Menschen vor dem Fluch (vgl. den Fluch Gottes in Gen 3,14-24).

Christus ist der Anti-Adam (vgl. auch das Stichwort ,,Adam"). Was Adam falsch gemacht hatte, macht Jesus wieder gut (Röm 5,12 ff). Sein Kreuz ist der neue *Baum des Lebens.* Er nimmt den Fluch für die Menschen auf sich (Gal 3,31). Er schreibt unsere Todesstrafe auf sein Kreuz (Gal 2,14). Dadurch wird uns der Weg eröffnet in das neue Paradies, wo wir vom Baum des Lebens essen dürfen (Offb 22,2.14).

Anschlüsse an die Welt des Lesers

Die Schöpfungserzählungen und auch die Urgeschichte insgesamt wollen keine Wiedergabe von einmal – am Anfang – geschehenen Ereignissen sein. Vielmehr versuchen sie, menschliche Grunderfahrungen durch den Glauben zu deuten, sie mit Gott zu konfrontieren. Die Deutungen, die in Form von Erzählungen gegeben werden, sind eher als Glaubensbekenntnisse zu verstehen.

Die Erzählungen der Urgeschichte, besonders die der Erschaffung des Menschen und seiner Sünde, besitzen ätiologischen Charakter.

So werden in Gen 2-3 folgende Erfahrungen gedeutet:

der Mensch in seiner Existenz vor Gott: als sein Geschöpf,

die Sehnsucht, die Zuwendung Gottes zu erfahren,

die Tatsache des Bösen: Wo kommt es her? Warum wendet man sich von Gott ab?

die Tatsache, daß man stirbt, obwohl der Wunsch nach Unsterblichkeit in uns ist,

die Mühsal der Arbeit,

die Zwiespältigkeit des Geschlechtslebens,

die Mühsal des Gebärens.
Diese Erfahrungen sind alltäglich, besonders die Erfahrungen von Zuwendung/Abwendung, Geborgenheit, Leid, Tod, Schuld sind Grunderfahrungen der Menschen.
Ziel eines jeden Bibelunterrichtes ist die Vermittlung der Absicht des Textes, das heißt eine Konfrontation zwischen dem Leser und dem Text, zwischen dem Anspruch des Textes und der Welt des Lesers.
Das kann nicht schon durch die Lektüre des Textes geschehen.
Für die Begegnung der Schüler mit den Erzählungen von Gen 2-3, ist es notwendig, die Erzählungen symbolisch zu verstehen. Dazu bieten sich als Hilfe Grundsymbole und Metaphern an: der Garten des Glücks, Mann und Frau, Mensch und Tier, der Baum der Erkenntnis, der Baum des Lebens, die Schlange, die Strafe Gottes.
Durch den Versuch, die Symbole sprechen zu lassen, die vom Text verwendeten Bilder zu entfalten, kann man die Welt des Textes und die des Kindes in Berührung bringen und eine Betrachtung und Meditation über die eigene Existenz vor Gott und in der Gemeinschaft der Geschöpfe durchführen.

Gen 4,1-16 — Nr. 11
Kain und Abel

Naheliegende Verständnisvoraussetzungen

Der Leser – ob Erwachsener oder Kind – dürfte sicher an der Tatsache Anstoß nehmen, daß Gott das Opfer des Abel guthieß, nicht aber das Opfer des Kain: Ist Gott denn nicht gerecht? Hat er einige lieb, andere dagegen nicht?
Man hat versucht, das Opfer des Kain als unvollkommen darzustellen: Eine solche Deutung scheint auf den ersten Blick sogar die Unterstützung des Textes zu haben: Da wird gesagt, daß Abel von dem Fett der Erstlinge seiner Herde opferte (V. 4), während von Kain fast distanziert erzählt wird, daß er von den Früchten des Feldes (V. 3) darbrachte.
Es könnte sogar sein, daß der späte Redaktor der Bibel selbst diese Schwierigkeit hatte und versuchte, die Geschichte seinem – bzw. auch unserem heutigen – Gottesbild anzupassen.
Alles in allem dürfte aber diese Deutung eine Trivialisierung der Erzählung sein. Die Erzählung selbst wertet das Opfer der zwei Brüder nicht. Aber Gott hatte das Opfer Abels lieber als das Kains.
Diese Aussage verständlich zu machen, dürfte die größte Schwierigkeit der Geschichte sein.

Strukturen des Textes

Verlaufsstrukturen

Erwähnenswert ist die Abfolge der formalen Elemente:

Es ist eine Abfolge von *Ereignissen* und *Gesprächen:*

Ereignis (4,1-5):	Kain und Abel werden geboren.
	Kain und Abel ergreifen einen Beruf.
	Kain und Abel bringen Gott ein Opfer dar.
	Gott bevorzugt das Opfer Abels.
	Kain wird zornig.
Gespräch (4,6-7)	zwischen Gott und Kain
Ereignis (4,8):	Kain erschlägt Abel.
Gespräch (4,9-15)	zwischen Gott und Kain
Ereignis (4,16):	Kain trennt sich vom Ackerboden und von Gott.

Die Akteure und ihre Beziehungen

Die formale Abfolge von Ereignissen und Gesprächen hebt die *Kommunikationsstruktur* der Erzählung hervor: *Gott ist immer noch* in der Geschichte des Menschen *anwesend.* Die Menschen sind vom Garten Eden verwiesen worden, das bedeutet aber für sie nicht, daß sie von Gott entfernt bleiben. Sie bleiben in Beziehung zu ihm, im Gespräch mit ihm, ,,vor seinem Angesicht".
Ihre erste Schuld hat nicht die Gleichgültigkeit Gottes zur Folge gehabt.
Die Ereignisse erzählen auch von dieser Beziehung der Menschen zu Gott (Opfer) und von seinem Interesse an ihren Taten.
Der Mord aber bewirkt etwas Schreckliches: Kain muß sich vom ,,Angesicht Gottes" entfernen. Seine Schuld bewirkt einen Bruch mit Gott, wie er bei der ersten Schuld der Menschen nicht erzählt wird:

Schuld Adams	bewirkte	Entfernung von Eden
Schuld Kains	bewirkte	Entfernung von Gott

Die Beziehungen zwischen den Menschen werden reicher geschildert als in den ersten drei Genesiskapiteln: Da ist von der gegenseitigen ,,Erkenntnis" von Mann und Frau (das ist in der ,,Bibel für die Grundschule"nicht vermerkt), von Geburt, von Berufen, von Neid und Mord die Rede. Die Beziehung zwischen den zwei Brüdern endet mit einer Katastrophe.
Eben diese innermenschlichen Verhältnisse spiegeln sich in den sozialen Strukturen unseres Textes wider.
Mehr als der Beruf Kains – Ackerbauer – und Abels – Schafhirt – bezeugen andere Einzelheiten der Erzählung ein fortgeschrittenes soziales Bild der Menschenwelt: Menschen haben einen Kult zu Gott entwickelt, sie haben

auch Formen der Kultur erlernt, wie man den Acker bebaut ... Dies sind spätere Kulturformen; der Text erzählt also nicht vom Ursprung der Menschheit. Der Sinn der Erzählung ist aber urmenschlich, er gilt also für alle Menschen. Deshalb ist der Platz innerhalb der Urgeschichte gerechtfertigt.

Werte

Die Geschichte erzählt zunächst von Menschen, die etwas erwerben, bekommen, besitzen; dann, wie sie das verlieren und aus welchen Gründen.

Anfangssituation: Wer hat was?

Adam und Eva haben zwei Kinder.
Kain hat einen Acker.
Abel hat eine Herde.
Gott hat Menschen, mit denen er sprechen kann.
Menschen haben Gott, mit dem sie in Kontakt treten können.

Die Endsituation: Wer verliert was?

Adam und Eva verlieren ihre zwei Kinder.
Gott verliert Abel.
Kain verliert seinen Bruder, den er ermordet.
Kain verliert seinen Ackerboden.
Kain verliert Gott; er muß sich von Gottes Angesicht entfernen.
Gott verliert Kain.

Der Verlust ist in jedem Punkt gravierend. Es handelt sich ja um Verluste von „Kindern" oder von „Vater und Mutter", um eine Abwendung von Gott und Zerstörung von Leben. Der Verlust vom Ackerboden hat eine besondere Bedeutung: Er besagt Entwurzelung Kains von seinem Ursprung. Kain verliert alles, nur sein Leben nicht.

Schuldige und Unschuldige

Die Gründe für diesen Verlust sind verschieden. Schuld an dem Verlust aller hat nur Kain, die anderen sind unschuldig.
Der Grund der Schuld Kains ist der Zorn. Der Grund des Zornes ist die Tatsache, daß Gott eine Vorliebe für das Opfer Abels hat. Kain erfährt sich gegenüber seinem Bruder von Gott zurückgewiesen, erfährt die Abwendung Gottes gerade in dem Augenblick, in dem er sich durch sein Opfer Gott zuwendet.
War dabei Gott ungerecht? Wenn wir von Gott in unseren menschlichen Kategorien denken, bekommen wir diesen Eindruck. Doch ist Gott in unserer Erzählung undurchsichtig. Es werden keine Gründe angegeben, warum er sich von Kain abwendet und Abel zuwendet. Entzieht sich Gott jeder Beurteilung? Das Merkwürdige an der Erzählung ist eben die Tatsache, daß sie Gott Recht

gibt, ohne daß sie das Opfer Kains bewertet. Gott behält die Freiheit, zu wählen, was er will.

Strafe und Ersatz des Verlustes

Die Strafe stellt sich als Wegnahme dar, als Verlust von bereichernden Dingen. Hatte Kain bereits durch seine Schuld den Bruder verloren, so erleidet er nun den Verlust der Eltern (er muß wegziehen),
des Ackerbodens,
Gottes (er entfernt sich von seinem Angesicht).

Die Strafe ist ein „Fluch". Die Trennung von seinen Eltern, vom Ackerboden, von Gott, sein Weggang nach Nod bedeuten, daß er für seine Eltern und für Gott „abgeschrieben" ist.

Seine Eltern werden einen „Ersatz" bekommen, weil sie unschuldig sind: Set (Gen 4,25), ihr dritter Sohn, ist ein Ersatz für den guten Sohn Abel (Gen 4,25). Set wird selber die Sippe Adams fortpflanzen: Aus ihm werden Noach, Sem, Terach, Abraham und das Volk Israel hervorgehen. Seine Nachkommen werden die Verheißung Gottes empfangen.

Kain hat durch seine Schuld einen nicht wiedergutzumachenden Verlust erlitten. Er wird eigene Nachkommen haben (Gen 4,17-24), die Keniter, die keine Verheißung Gottes empfangen. Das alles bedeutet: Kain „ging vom Angesicht Jahwes weg" (4,16).

Die Freiheit Gottes und die Unantastbarkeit des Lebens

Innerhalb dieser Bewegung zwischen Besitzen und Verlieren, zwischen Strafe und Schuld werden zwei Grundwerte bestätigt: *Gott ist frei:* Er kann wählen, wen er will, und tun, was er will. *Das Leben des Menschen ist unantastbar.* Die Frage in V. 9: „Was hast du getan?", bringt die Ungeheuerlichkeit der Tat Kains zum Ausdruck. Aber auch das Leben des Schuldigen ist unantastbar. Trotz seiner Schuld wird das Leben Kains von Gott geschützt: „Jeder, der Kain erschlägt, soll siebenfach gestraft werden" (V.15).

Innerbiblische Beziehungen

Die *Auserwählung* des Menschen durch Gott ist nicht an natürlichen Eigenschaften, wie Erbe und Erstgeburt, auch nicht an persönliche Verdienste gebunden. Nicht Ismael (Gen 21) oder Esau (Gen 27) oder Ruben (Gen 49), sondern Isaak, Jakob und Juda werden auserwählt. Gott ist frei zu handeln, wie er will.

Der *Neid* ist der Ursprung des Todes (Weish 2,23). Der Neid, der Tod verursacht, ist etwas Satanisches: Ein Widerstand gegen Gott.

Das *Angesicht* Gottes wohnt mitten in seinem Volk (Ex 33,14).
Die Gerechten werden das Angesicht Gottes schauen (Ps 11,7).

Anschlüsse an die Welt des Lesers

Unsere Unzulänglichkeit, unsere Unfähigkeit, Gott zu verstehen, begegnet uns in dieser Erzählung. Sie weist auf das „Anderssein" Gottes hin. Gott wählt frei.
Der Text erzählt von Mord. Mord und Totschlag ereignen sich oft in unserer Welt. Die Zerstörung des Lebens wird hier als eine schreckliche Tat dargestellt. Nicht alle Menschen bewerten sie so wie die Bibel.
Der Text spricht auch von Zorn und Zwietracht als Grund für Mord: Diese kommen bei allen und auch bei anderen vor. Wie Kain kann jeder auch Ablehnung und Abwendung erfahren. Sie entschuldigen die Zerstörung des Lebens nicht. Sie können aber deutlich Mitleid hervorrufen.

Gen 6,1-9,16 Nr. 12-14
Die Sintflut und der Bund Gottes mit Noach

Naheliegende Verständnisvoraussetzungen

Eine der bekanntesten Erzählungen der ganzen Bibel dürfte wohl die Geschichte der Errettung Noachs vor der Flut sein. Außergewöhnlich spannende und faszinierende Züge regen die Phantasie der Kinder an.
Das Herausarbeiten der grundlegenden theologischen Gedanken fällt zudem nicht schwer, weil sie in ihren Grundzügen offenkundig sind.

Sachinformationen

Die zwei Überlieferungen, des Jahwists und der Priesterschrift, kommen hier nicht getrennt vor wie in den ersten zwei Kapiteln der Genesis. Sie sind vom Redaktor zu einer einzigen Erzählung zusammengefügt worden. Den Urzustand der zwei Überlieferungen kann man heute nicht mehr rekonstruieren. Leichter ist dagegen die Quellenscheidung in dem heute vorhandenen vollständigen Bibeltext. Eine Thematisierung dieses Problems scheint hier aber nicht wie in den Schöpfungsberichten notwendig und ergiebig.

Erzählungen von einer Sintflut waren in verschiedenen Völkern der Antike bekannt. Am nächsten zur biblischen Erzählung liegt das sumerische Epos von

Gilgamesch. Vieles ist dort ähnlich: die Errettung eines einzigen Menschen mit den Verwandten und mit vielen Tieren, die Darbringung eines Opfers nach der Errettung usw. Der große Unterschied besteht darin, daß die Götter des Gilgamesch-Epos, die Sintflut aus reiner Laune und aus Argwohn (sie fühlten sich vom Lärm der Menschen belästigt) verursachten, Jahwe sie aber als Strafe für die Bosheit der Menschen bestellte.

Strukturen des Textes

Verlaufsstrukturen

Drei größere Erzähleinheiten stellen drei Stufen der Erzählung dar:
- der Entschluß Jahwes, die Schöpfung zu vernichten und Noach zu retten
- die Sintflut
- der Bund Gottes mit Noach.

Diesen drei Erzähleinheiten entsprechen in der „Bibel für die Grundschule" die drei Texte: Nr. 12,13,14.

Eine detailliertere Strukturierung der Erzählung müßte wohl noch anderes in Betracht ziehen:

a) – die Feststellung der Bosheit der Menschen und der Gerechtigkeit Noachs
   – der Entschluß Gottes, die Schöpfung zu vernichten, Noach aber zu retten
   – der Befehl Gottes an Noach, eine Arche zu bauen
   – der Befehl Gottes an Noach, mit seiner Familie und den Tierpaaren in die Arche zu steigen

b) – die Beschreibung der großen Flut
   – die Beendigung der Flut
   – die Senkung des Wassers
   – der Befehl Gottes an Noach, aus der Arche herauszugehen
   – der Bau des Altars und das Opfer Noachs

c) – der neue Segen für die Schöpfung
   – das Versprechen Gottes
   – das Zeichen des Bundes.

Die Akteure und ihre Beziehungen

Die Hauptakteure der Erzählung sind Gott und Noach.

Gott ist derjenige, der straft und rettet, der sich über das Opfer Noachs freut und ihm einen Bund anbietet.

Noach ist gerecht und Gott wohlgefällig. Er wird vor der Zerstörung gerettet wegen seiner Gerechtigkeit.

Die übrigen Menschen sind nur vorausgesetzte Handlungsträger: Sie sind böse. Im übrigen sind sie passive Empfänger der Strafe Gottes.

Auch die Verwandten Noachs und die Tiere sind als passive Zuschauer dargestellt. Es wird nicht erzählt, ob die Verwandten gerecht oder böse waren. Sie werden aber mit Noach gerettet. Die Tiere folgen dem Schicksal der Menschen. Die allermeisten werden vernichtet. Nur jeweils ein Paar von jeder Tierart wird gerettet.

Eine Welt ohne das Eingreifen Gottes in das Schicksal der Menschen ist hier nicht denkbar. Gott lenkt die Geschichte und verfügt und bestimmt über Leben und Tod. Die Handlungen der Menschen, besonders ihre Gesinnung, sind ihm nicht gleichgültig. Er ist den Menschen nah, und die Menschen sind ihm nah. Man kann „mit Gott gehen" wie Noach, oder auch gegen ihn rebellieren, wie die anderen Menschen in ihrer Bosheit taten.

Raum und Zeit

Im Gegensatz zu der Erzählung von Kain und Abel und sogar zu der Geschichte von Adam und Eva liegt hier nicht eine Erzählung vor, die nur von zwei Menschen redet, deren Handlungen nur dadurch eine universale Bedeutung zukommt, daß sie „am Anfang" geschieht, also typisch, tief- und urmenschlich ist. Hier werden *alle Menschen* in Betracht gezogen. Die vielen werden einem einzigen gegenübergestellt. Das Wasser überflutet die *ganze Erde* und vernichtet die *ganze* Schöpfung. Es gibt aber die einzige Ausnahme: Noach. Gerade diese Ausnahme erlaubt ein Weitergehen, *einen neuen Anfang der Geschichte der Erde.*

Es gibt also ein *Vorher* und ein *Nachher.* Vor der Sintflut waren alle Menschen böse, nur einer war gut. Nach der Sintflut gibt es nur den Gerechten. Die Flut wird zum Wendepunkt der Geschichte der Menschheit. Die Flut bereitet der ausweglosen Situation der Bosheit ein Ende, sie gibt aber auch die Möglichkeit eines neuen Anfangs:

(Schöpfung) ⟶ Bosheit der Menschen ⟶ Flut ⟶ Noach überlebt ⟶ (neuer Anfang)

Werte

Die Bosheit der Menschen und die Gerechtigkeit Noachs

Die erste Gegenüberstellung fällt gleich auf:

Alle Menschen sind böse. ⟷ Allein Noach ist gerecht.

In dem vollständigen Bibeltext gehen der Erzählung der Sintflut vier Verse (Gen 6,1-4) voran, die die Bosheit der Menschen erklären und begründen.

Dort wird erzählt, daß sich Gottessöhne, also göttliche Wesen – wie sie auch im Buch Ijob dargestellt werden (1,6 ff) –, mit den Menschentöchtern vereinigen. Daraus entstehen Halbgötter, die Riesen.

Zorn und Barmherzigkeit Gottes
Vernichtung und Errettung

So gesehen, wird der Zorn Gottes verständlich. Wegen der Sünde hatte er Adam aus Eden vertrieben, Kain vom Erdboden verflucht, deswegen wird er die Menschen zu Babel zerstreuen und ihre Sprache verwirren.

„Da tat es Gott leid, den Menschen gemacht zu haben.“ Dieser Satz und der Beschluß Gottes, die ganze Schöpfung auszurotten, können nicht durch „normale“, „zufällige“ Alltagssünden erklärt werden. Es handelt sich um die Sünde der Sünden. Der Reue Gottes, die Menschen gemacht zu haben, entspricht sein Entschluß, sie zu vernichten.

Gott bereut. ⟶ Gott vernichtet.

Noach aber ist Gott wohlgefällig wegen seiner Gerechtigkeit. Gott will ihn verschonen, nicht nur ihn, sondern auch seine Verwandten, und sogar ein Paar jeder Tierart soll gerettet werden.

Gotte reute es, den Menschen gemacht zu haben. Er beschließt, alles zu vernichten.	⟷	Gott sieht die Gerechtigkeit Noachs. Er beschließt, nicht alles zu vernichten.

Untergang der Schöpfung und neuer Anfang
Der Bund Gottes mit Noach

Die große Flut vernichtet die Bosheit der Menschen. Das Wasser hat sie verschlungen. Über dem Wasser, in der Arche, ist der gerettete Gerechte, unter dem Wasser liegen alle Menschen mit ihrer Bosheit:

Noach
Wasser
Menschen

„Da dachte Gott an Noach und an alles Vieh, das bei der Arche war“ (8,1). Gottes Gedenken, seine Erinnerung an den Menschen bringen Errettung und Heil. Sein Gedenken hatte die Geborgenheit der Arche möglich gemacht, sein Gedenken bringt Noach wieder auf die gereinigte Erde zurück. Der Wind (ruach), den Gott sendet, erinnert an den Gotteswind, der über der Urflut am Anfang, vor Beginn der Schöpfung, schwebte. Er trocknet jetzt das Wasser. Als die Erde trocken war, stand fest:

Die Bosheit der Menschen war vernichtet.	⟷	Der einzige Gerechte war gerettet.

Das Wasser wirkte zerstörerisch, aber auch reinigend. Gott hatte aus dem ursprünglichen Chaos den geordneten Kosmos erschaffen; die Bosheit der Menschen hatte ein neues Chaos entstehen lassen; das zweite Chaos wurde überwunden, und ein neuer Anfang war möglich:

Chaos ⟶ Schöpfung ⟶ Chaos ⟶ Neuer Anfang

Der neue Anfang kann sogar als neue Schöpfung bezeichnet werden. Noach weiht die neue Erde Gott: Er baut einen Altar und bringt ihm ein Opfer dar.
Der *Bund,* den Gott mit Noach schließt, enthält fast wortwörtlich den Segen (9,1-3.7), den Gott Adam und Eva (1,28-30) gegeben hatte. Es ist eine neue Schöpfung. Ihr gibt Gott eine neue Ordnung, ihr gegenüber verpflichtet sich Gott feierlich mit einem Bund, sie nicht mehr zu zerstören. In diesem Bund wird – anders als bei der Schöpfung – die Möglichkeit des Bösen einkalkuliert (8,11).

Innerbiblische Beziehungen

Die *Auserwählung* und die Errettung Noachs ist zugleich der Anfang und die Ermöglichung der *neuen Schöpfung.*
Die Auserwählung des Volkes Israel, seine Befreiung aus der Sklaverei, sein Auszug aus Ägypten sind eine neue Schöpfung (Jes 43,1-19). Man könnte sagen: Noach ist das Symbol für Israel. Er ist vor dem Wasser gerettet worden, wie Mose (Ex 2: Nr. 39), wie Israel selbst (Ex 14: Nr. 42). Es ist sicher nicht abwegig, zu denken, daß die biblischen Schriftsteller bei der Niederschrift der Erzählung des Noach an die Geschichte ihrer Befreiung aus Ägypten dachten.
Die Sintflut läßt sich zusammen mit dem Schilfmeer sehen. Aus und durch das Wasser wird Gott sich einen „kleinen Rest“ bewahren, der mit ihm gehen wird.
Das Wasser ist hier ein Symbol der Zerstörung, aber auch der Reinheit. Es zerstört die Bosheit und läßt den Gerechten leben. Auch das Wasser der Taufe befreit aus der Macht des Bösen und läßt den Menschen am Bund Gottes teilhaben (1 Petr 3,18-21).

Anschlüsse an die Welt des Lesers

Eine gute Hilfe für den Unterricht bieten die bereits erwähnten Gegenüberstellungen:

Bosheit der Menschen	⟷	Gerechtigkeit Noachs
Zorn Gottes	⟷	Barmherzigkeit Gottes
Vernichtung	⟷	Errettung
erste Schöpfung	⟷	neue Schöpfung

Am Ende dieser Erzählung haben wir den Eindruck, daß die neue Erde eine nicht gefährdete Welt ist. Aber die Möglichkeit des Bösen ist bereits im Bund mit Noach mit einkalkuliert. Das Böse wird aber Gott nicht mehr dazu führen, die Erde zu zerstören.

Eine weitere Hilfe für den Unterricht könnte die Erarbeitung der zahlreichen Symbole bieten, die in der Erzählung vorkommen:

das Wasser, Symbol von Chaos und Zerstörung, aber auch von Reinheit und „Befreiung",

die Arche, Symbol des Heils und der Geborgenheit bei Gott, Zufluchtstätte vor dem Einbruch der Zerstörung,

die Erinnerung Gottes, Symbol der Liebe Gottes zu dem Menschen,

der Wind Gottes, Symbol der Macht Gottes,

die Taube mit dem Olivenzweig, Symbol des Friedens,

der Regenbogen, Symbol des Bundes und der neuen Harmonie zwischen Gott und der Schöpfung.

Die Erzählung spricht die Beziehung des Menschen zu Gott stark an. Dem Kind sollte der Eindruck vermittelt werden, daß Gott Herr über Leben und Tod ist. Es sollte aber nicht in Angst vor Gott leben: Gottes Barmherzigkeit gibt dem Menschen immer Hoffnung, daß er ihn auch in einer „Sintflut" nicht untergehen läßt. Die Bosheit ist etwas Radikales und keine zufällige Schwäche oder Sünde. Wenn man „mit Gott geht" und nicht „wie Gott sein" will, wenn der Mensch also nicht gegen Gott rebelliert, darf er immer mit dem „Wohlgefallen" Gottes rechnen. Es ist zwar richtig, daß das Heil ein Geschenk Gottes ist, ihm ist aber unsere Bosheit oder Gerechtigkeit nicht gleichgültig. Wir sind alle ein Teil seiner Schöpfung, die er „gut" geschaffen hat.

Gott verspricht die Aufrechterhaltung der Schöpfung. Er wird sein Wort sicher halten. Wir können sie aber selbst zerstören. Nicht nur Erdbeben und Katastrophen zerstören Teile der Erde, auch die Mißachtung der Schöpfung durch die Menschen trägt dazu bei.

Gen 11,1-9 Nr. 15
Der Turmbau zu Babel

Naheliegende Verständnisvoraussetzungen

Diese Erzählung ist leicht verständlich: Es geht um die Vermessenheit der Menschen, einen Turm zu bauen, der bis zum Himmel reicht, also um den Versuch des Menschen, über seine Grenzen hinauszugelangen und die Höhe Gottes zu erreichen. Darum wird er bestraft.

Man sollte hier nicht vergessen, daß diese Erzählung in einem größeren Zusammenhang steht. Sie stellt den Abschluß der Urgeschichte dar. Sie ist der letzte Stein des großen Erzählzyklus der Urgeschichte, die immer von Sünde und Strafe, aber auch vom Erbarmen Gottes für den Menschen erzählt.
Ursprünglich wird es sich um eine ätiologische Erzählung gehandelt haben, die den Ursprung der verschiedenen Sprachen, der verschiedenen Völker, den Namen der Stadt „Babel", den hohen, aber unvollendeten Turm Zikkurat Etemenanki zu Babel erklären wollte.
Im Zusammenhang der Urgeschichte erhält die Erzählung eine neue theologische Bedeutung.

Strukturen des Textes

Der Handlungsablauf

Die Anfangssituation (11,1-2): Einheit der Sprache (V.1). Durch Wanderung kommen die Menschen zu *einem Ort,* wo sie sich als *ein* Volk bilden (V.2). Diese Situation wird auch durch die Worte Gottes wiedergegeben (V.6).
Die Handlungen der Menschen: Sie brennen Ziegelsteine und bauen einen Turm (V. 3-4).
Die Handlungen Gottes (V.5-8): Er steigt vom Himmel herab (V.6), verwirrt die Sprache und zerstreut die Menschen (V.8).
Endsituation (V.9): Verwirrung und Zerstreuung.

Raum und Zeit

Es ist die *Zeit* nach dem Fall Adams, nach der Sünde Kains, nach der Verdorbenheit der Menschen vor der Flut, aber auch die Zeit nach dem Bund Gottes mit Noach, in dem er versprochen hat, die Menschheit nicht mehr zu vernichten.

Sünde Adams → Sünde Kains → Sintflut ——→ Versprechen Gottes, die Erde nicht zu vernichten

Die Menschen brechen von *Osten* auf, wo die Wiege der Menschheit war, und begeben sich in Richtung *Westen:* die Menschheit geht neue Wege. In der *Gegend von Babel* angekommen, errichten sie einen Turm, der *bis in den Himmel* reichen soll. *Vom Himmel* steigt aber Gott *herunter,* um zu sehen, was die Menschen vorhaben. Gott zerstreut die Menschen in alle Richtungen der Welt:

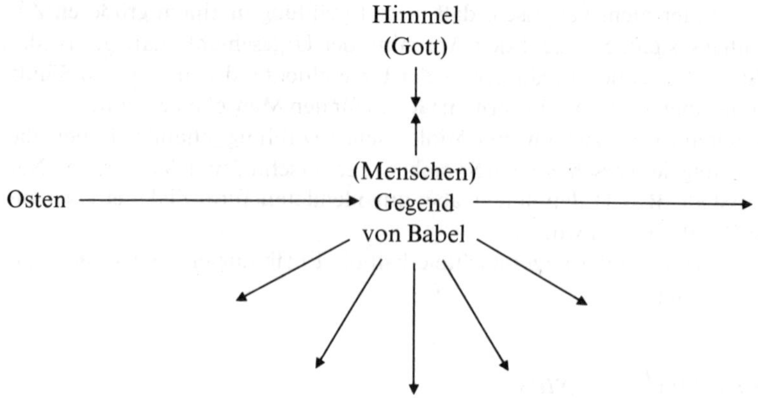

Die Akteure und ihre Beziehungen

Die Menschen sind noch ein Volk, und sie haben eine einzige Sprache. Sie haben darüber hinaus einen gemeinsamen Plan, einen Turm zu bauen und eine Stadt, damit sie ein Volk bleiben und eine einzige Sprache sprechen (V.4).
Innerhalb der Urgeschichte ist auffällig, daß die Menschen keinen direkten Dialog mit Gott führen. Sie haben mit ihm zwar zu tun, aber sie reden nicht mit ihm, und Gott spricht sie auch nicht an.
Zum Schluß ist die Gemeinschaft der Menschen zerstört: sie verstehen sich nicht, sie bilden kein einziges Volk mehr.

Werte

Eine erste bedeutungsvolle Gegenüberstellung zeigt uns den Sinn dieser Erzählung: Die Menschen haben eine Sprache und sind ein Volk. Sie wollen zusammen leben, deshalb bauen sie eine Stadt. Sie werden aber zerstreut, und ihre Sprache wird verwirrt:

ein Volk eine Sprache	←→	zerstreute Völker verwirrte Sprachen

Die Anfangssituation der Menschheit ist gut, ihr Wunsch, zusammenzubleiben, ist auch gut. Die Endsituation ist genau das Gegenteil von dem, was die Menschen wollten. Das hat Gott bewirkt. Warum?
Weil die Menschen nicht nur den Wunsch hatten, zusammenzubleiben, sondern auch den Wunsch, über ihre Grenzen hinaus wie Gott zu werden. Das wird durch den Turm symbolisiert, der bis in den Himmel reichen sollte. Sie wollten das tun, damit sie „einen großen Namen haben".
Trotz aller Anstrengungen gelingt es ihnen aber nicht. Gott ist viel höher und größer als die Menschen. Der gewaltige Turm ist für Gott so niedrig, daß er vom Himmel herabsteigen muß, um ihn aus der Nähe zu betrachten:

Der Turm soll bis in den Himmel reichen.	⟷	Gott steigt vom Himmel herab, um den Turm zu sehen.

Diese erzählerische Ironie zeigt den Wahnsinn der Vermessenheit der Menschen. Gott hatte diese Sünde bereits bei Adam, Kain und den Zeitgenossen Noachs bestraft. Er bestraft sie auch jetzt.
Er hat aber Noach versprochen, die Menschen nicht mehr zu vernichten, deshalb verwirrt er nur ihre Sprache und zerstreut sie in alle Welt.

Innerbiblische Beziehungen

Zu dem Wunsch, wie Gott zu werden, vgl. ausdrücklich Gen 3, mit ähnlicher Tendenz auch Gen 4 und 6-9. Gott ist der erste und der letzte (Jes 41,4; 44,6; 48,12):
„Ich bin Gott und kein Mensch" (Hos 11,6), sagt Jahwe.
Die Menschen zu Babel wollten „einen großen Namen haben" (V.4). Dabei bekennt der gläubige Mensch vor Gott: *„Deinen Namen* will ich loben" (Ps 145,2). Jesus lehrte seine Jünger beten: „Vater unser im Himmel, geheiligt werde *dein Name"* (Mt 6,9: Nr. 153).
Der Himmel ist die Wohnstätte Gottes, dort hat er seine Wohnung (Ps 104,2); Gott lacht über die Erde und ihre Vermessenheit (Ps 2,2-3).
Als eine Sprachen-Geschichte steht unsere Erzählung im Kontrast zur Pfingsterzählung der Apostelgeschichte (Nr. 169).

Anschlüsse an die Welt des Lesers

Auch bei uns ist das Bedürfnis vorhanden, „sich einen großen Namen zu machen", und die Folgen sind auch wie damals zu erkennen: das Sich-nicht-mehr-Verstehen, das Aneinander-Vorbeireden, das Auseinanderlaufen.
Für den Erzähler ist dies zugleich ein Fehlverhalten gegenüber Gott: der Mensch erkennt nicht die Grenzen und den Unterschied zwischen Schöpfer und Geschöpf.
Somit ist die Erzählung vom Turmbau zu Babel eine grundlegende Symbolgeschichte menschlicher Verfehlung. Die einzelnen Symbolelemente „große Stadt", „Turm", „Himmel", „Herabsteigen Gottes" usw. können zum rechten Verständnis viel beitragen.

Der Anschluß an die Vätergeschichte

Die Struktur „Strafe-Erbarmen" hat sich durch die ganze Urgeschichte durchgehalten, von der Bestrafung von Adam und Eva bis zur Sintflut. Gott zeigte immer sein Erbarmen, sogar Kain gegenüber. Immer wieder gab es einen neuen Anfang.

Und jetzt?

Die Antwort darauf gibt der weitere Verlauf von Kap. 11 an.

Gen 11,10-32 gehört sinngemäß nicht mehr zur Urgeschichte, sondern bereits zur Vätergeschichte.

Die Verse sind aber als Übergang zu verstehen zwischen der Urgeschichte und der Geschichte der Väter Israels. Die Genealogien der Väter nach der Sintflut (11,10-32) zählen die Glieder der Kette zwischen dem Sohn Noachs, Sem, und dem Vater des Abraham, Terach.

Nach der Zerstreuung der Menschen (V.9) wird doch noch auf ein Volk hingewiesen, das eine besondere Zukunft haben wird. Es sind die Vorfahren Abrahams. Abraham ist selbst der „Vater vieler Völker", besonders aber der Stammvater des Volkes Israel. Auch nach der letzten Bestrafung der Menschen zeigt Gott sein Erbarmen. Ein Volk wird aus der Verwirrung und aus der Zerstreuung herausgerufen: Terach verläßt Ur und zieht nach Haran (V.31). Abraham verläßt Haran und zieht in das verheißene Land, Kanaan.

Der neue Anfang ist gegeben.

Die Vätergeschichten

Naheliegende Verständnisvoraussetzungen

Genesis 12,1-50,26 läßt sich in drei große Erzählzusammenhänge gliedern:
12,1-25,18 die Abraham-Geschichten
25,19-36,43 die Jakob – Esau-Geschichten
37,1-50,26 die Josef-Geschichten
Diese Erzählungen können dem Leser zunächst den Eindruck vermitteln, daß er hier eine Familienchronik vor sich hat, die die geschichtliche Zeit von vier Generationen umfaßt.

Abraham (1. Generation)
↓
Isaak (2. Generation)
↓
Esau – Jakob (3. Generation)
↓
12 Söhne Jakobs (4. Generation)

In Gen 12,1-50,26 haben wir aber *keine Familienchronik* oder *Biographien* von Mitgliedern einer Familie vor uns. Vielmehr sind in diesen Kapiteln die *vielen* Geschichten verschiedener Familien, die Vorfahren Israels waren, in *einer* Familiengeschichte *exemplarisch* zusammengefaßt worden.
Bevor die Vätergeschichten die literarische Gestalt erhielten, die heute vorliegt, haben sie verschiedene mündliche und schriftliche Überlieferungsstadien durchlaufen. Die erste literarische Fassung dürfte in die frühe Königszeit Israels – etwa ab 930 v. Chr. – zu datieren sein. Diese frühe literarische Überlieferung bezeichnet man wegen des in ihr verwendeten Gottesnamens „Jahwe" als die jahwistische Überlieferung (J). Die „Schriftsteller" dieser frühen Königszeit, die in ihrem alltäglichen Leben die Wirksamkeit Gottes unter neuen – politischen, kultischen, ökonomischen – Perspektiven erlebt und erfahren hatten, fragten nach der Wirksamkeit Gottes in der *vorstaatlichen* Zeit: Wo und wie wirkte die Gottheit bei ihren Vorfahren? Die ersten biblischen „Schriftsteller" fragten nach der *Kontinuität* des göttlichen Wirkens innerhalb der vielfältigen und vielschichtigen Beziehungswirklichkeiten der Vorfahren.

Indem die „Schriftsteller" an die Erinnerungen der Vorfahren anknüpften, die ihnen auf mannigfache Weise mündlich über Jahrhunderte hinweg überliefert worden waren, versuchten sie, die Kontinuität des göttlichen Wirkens innerhalb der Geschichte bewußtzumachen und aufzuzeigen. Die Kontinuität des göttlichen Wirkens erkannten sie darin, daß Gott von Anfang an lenkend und führend in die Geschichte der Vorfahren und in ihre eigene Geschichte eingegriffen hat und auch jetzt noch eingreift.
In den mündlichen Überlieferungen haben die Vorfahren sich bemüht, sowohl den Beziehungen innerhalb der Familien- und Sippenverbände als auch der in diesen sich ereignenden göttlichen Wirksamkeit *sprachlich Gestalt* zu geben und *nicht sie protokollarisch abzubilden.* Mit dieser Sehweise wird es verständlich, daß die uns schriftlich überlieferten Vätergeschichten *nicht* als *historische Protokolle* zu lesen sind.
Es ist möglich, die Vätergeschichten der Genesis – wie auch viele andere Teile der Bibel, die ebenfalls einen langen Überlieferungsprozeß durchlaufen haben – mit einem *Teppich* zu vergleichen, an dem viele Generationen über viele Jahrhunderte mit den verschiedensten Farben und Mustern *geknüpft* haben. Solche Farben und Muster finden wir etwa in den Erzählarten der Vätergeschichte.

Erzählarten in den Vätergeschichten

Elemente der *Familiensage:* Da sich in der Genesis der soziologische Horizont von Familie und Gesellschaft decken, ist es nicht verwunderlich, wenn wir Elementen der Familiensage begegnen. Das Erzählen über mehrere Generationen verweist auf Familiensagen (vgl. Gen 12,1-50,26).
Ätiologische Sage und ätiologischer Schluß: In einer ätiologischen Erzählung beantwortet der Erzähler die Frage: Warum ist heute ein Gegenstand, ein Ort, ein Verhalten so, wie es dem Fragenden heute begegnet? In seiner Erklärung greift der Erzähler auf ein Ereignis in der Vergangenheit zurück und deutet von dorther das Gegenwärtige (vgl. etwa Gen 16,14). Manche Genesiserzählungen enden mit einem formelhaften ätiologischen Schluß „bis auf den heutigen Tag" (Gen 22,14).
Ortssage und *Stammessage:* In der Ortssage (Vgl. Gen 19,26) und Stammessage (vgl. Gen 19,30-38) wird die ätiologische Fragestellung in der Form einer selbständigen Geschichte beantwortet. Diese ätiologischen Erzählungen dürften in der vorstaatlichen Zeit Israels entstanden sein.
Märchen: In der ganzen Bibel finden wir kein Märchen, das den verschiedenen Märchentypen zuzurechnen wäre (Zaubermärchen, Tiermärchen . . .), wohl aber *Erzählmotive,* denen wir auch im Märchen begegnen. Solche Erzählmotive finden wir auch in den Vätergeschichten:

Gen 11,30; 16,1 ff	die Kinderlosigkeit eines Paares oder die Unfruchtbarkeit einer Frau;

Gen 18,1-15	die inkognito wandernde Gottheit
Gen 19,26	das Zu-Stein-Werden eines Menschen
Gen 25,29-35 27, 1-45	der listige Bruder
Gen 29,15-30	der überlistete Bräutigam, oder der Alte überlistet den Jungen
Gen 30,14-16	die Liebesäpfel
Gen 30,25-42	der Junge überlistet den Alten
Gen 37,1-50,26	der jüngste Sohn, der den höchsten sozialen Aufstieg schafft.

Strukturen des Textes

Die Akteure und ihre Beziehungen

Wir können unterscheiden:
Die Beziehungen Mensch – Mensch
Die Beziehungen Mensch – Gott

Die Beziehungen Mensch – Mensch

In vielfältiger Weise umkreisen die Vätergeschichten erzählend das Leben innerhalb eines Familien- bzw. Sippenverbandes.
Schwerpunkthaft können folgende Beziehungen unterschieden werden:

- die Beziehung der Eltern zu einem sehnlichst erwarteten Kind (12,1-25,18);
- die Beziehungen zwischen zwei Brüdern (25,19-36,47);
- die Beziehungen zwischen mehreren Geschwistern (37,1-50,26);
- die Beziehung des Mannes zur Frau (12,10-20; 20,1-18; 26,1-11; 24,1-67; 29,1-30);
- die Beziehungen der Frau zur Nebenfrau (16,1-16; 21,8-20; 30,1-24);
- die Beziehungen der Sippen untereinander (13,1-18; 31,1-55).

Der soziale Hintergrund, der sich in diesen Geschichten widerspiegelt, ist der von Familien- und Sippenverbänden, die vor der Seßhaftwerdung in Kanaan – ca. 2 200 – 1 200 v. Chr. – als Kleinviehnomaden ihr Dasein bewältigten. Kleinviehnomaden waren Besitzer von Ziegen- und Schafsherden. Zur Regenzeit (November – März) weideten sie mit ihren Herden in der Steppe, die sie zur Sommerzeit wegen der Dürre verlassen mußten. Um nicht zu verhungern, wechselten sie auf die abgeernteten Felder bzw. freien Weideplätze der Kulturlandbewohner. Beim Beginn der Regenzeit zogen sie wieder in die Steppe zurück. Der Lebensrhythmus der Kleinviehnomaden war von diesem Weidewechsel und dem Suchen nach neuen Weideplätzen und Wasserstellen bestimmt.
In dieser *alltäglichen* Lebenswelt und *nicht in einer Sonderwelt* wird das

Wirken der Gottheit erlebt, erfahren und bezeugt. Die Erzeuger idealisieren das Leben der Väter nicht, sondern erzählen uns vom Gelingen, von den Konflikten und vom Scheitern ihres Lebens. In den Vätergeschichten wird unter der *Perspektive des Glaubens* das vielfältige und vielschichtige Verstricktsein von Menschen in Leben erzählt.

Die Beziehungen Mensch – Gott

a) Das Sprechen Gottes zum Menschen.
Nach den Erzählungen der Genesis kann Jahwe sich *unmittelbar* oder *mittelbar* dem Menschen zuwenden.
Einmal rufen Vätergeschichten in uns die Vorstellung wach, daß Gott und die Väter miteinander „von Angesicht zu Angesicht" gesprochen haben. Wir heutigen Menschen aber erleben in unserem Alltag nicht das *unmittelbare* Angesprochenwerden von Gott, so sehr wir uns auch manchmal danach sehnen.
In dem Sprechen von „Angesicht zu Angesicht" begegnet uns ein sprachliches Gestaltungsmittel der biblischen Erzähler, mit dem sie auf die mögliche *Intensität und Dichte* der Beziehung Gott – Mensch verweisen wollen.
Durch unmittelbares Sprechen kann Gott den Menschen zum Handeln auffordern (vgl. Gen 12,1; 22,2; 31,3), in ihm Erwartungen auf neue Lebensmöglichkeiten wecken (vgl. Gen 12,2; 13,41-18) oder ihm seinen Beistand zusagen (vgl. 31,3).
Das Sprechen Gottes kann sich aber auch in den Vätergeschichten mittelbar durch ein Medium ereignen:
- einen Traum (20,3; 28,10-13; 31,11ff)
- einen Boten Gottes (16,7-12; 22,11.12.15-18).

Spiegelt sich im unmittelbaren Sprechen Gott – Mensch die intensive Nähe zwischen beiden, so wird im *mittelbaren* Sprechen bei aller Zuwendung Gottes zum Menschen die unüberbrückbare Distanz zwischen beiden hörbar.
Weitere Medien des Sprechens Gottes zum Menschen können sein:
- das Omen (vgl. Num 23,3ff. 15ff; 24,1ff)
- das Losorakel (vgl. 1 Sam 10,17; 14,41; 28,6)
- der Seher oder Prophet (vgl. Bileam, Samuel, die Propheten)
- das Gesetz (vgl. Ex 20,1-17)
- die Taten Gottes in der Schöpfung und Geschichte (vgl. Gen 1,1ff; Ex 13,17-15,31).

Das Sprechen Gottes wird als Zuwendung *zum Menschen,* das Schweigen Gottes als Abwendung *von* ihm gedeutet.
b) Die Erwartungen, die Gott im Menschen weckt
Die Beziehungen Gott – Mensch finden innerhalb der Vätererzählungen ihren stärksten sprachlichen Ausdruck in den Verheißungsreden (vgl. Gen 18,1-15). Durch sie weckt Gott in den Vätern Erwartungen und fordert sie heraus. Gott wendet sich *direkt* an den Menschen, ohne daß ein wie auch immer gearteter menschlicher Vermittler zwischen ihnen tätig wird (vgl. dagegen im

Buch Exodus die Gestalt des Mose; in den Prophetenbüchern die der Propheten und Priester). Durch die verschiedenen Verheißungen eröffnet Gott den Menschen der Vätergeschichten neue lebenswerte, aber bisher noch nicht verwirklichte Lebensmöglichkeiten. Verheißungen Gottes wollen den Empfänger anstoßen, sich auf ihre Impulse handelnd einzulassen, um so die Grenzen, in denen er eingeschlossen ist, zu überschreiten.
Durch die Verheißungen werden die Beziehungen des Menschen in den Spannungsbogen „Verheißung – Erfüllung" eingebunden. Eine an einen Menschen ergangene göttliche Verheißung führt nicht zwangsläufig zu deren Erfüllung, vielmehr kann die Erfüllung durch den Menschen verhindert werden (vgl. Gen 12,10 ff). Es ist möglich, zwischen einer Verheißung zu unterscheiden, die sich in einem *einmaligen punktuellen* Ereignis zu Lebzeiten des Verheißungsempfängers erfüllt (etwa die Sohnesverheißung Gen 18,1-15), und einer Verheißung, die sich in einer zielgerichteten und wechselhaften Geschichte immer wieder von neuem erfüllen kann (vgl. die Land-, Mehrungs-, Segens- und Beistandsverheißungen Gen 12,2 f; 28,13-15).
In diesem *prozeßhaften* Charakter von Verheißung und Erfüllung liegt es einerseits begründet, daß diese Verheißungen auch zu späteren Zeiten von neuem aufgegriffen werden konnten, um die Beziehung Gott – Mensch zu deuten (vgl. das Aufgreifen der Verheißungen in der priesterschriftlichen Überlieferung); andererseits liegt es hier begründet, daß solche Verheißungen die Vätergeschichte mit der Stammes-, der Volks- und der Völkergeschichte verbinden können (vgl. Gen 12,1-3). Gerade der prozeßorientierte Charakter solcher Verheißungen und deren Erfüllungen ermöglicht es den Nachfahren, *aus* den in den Verheißungen wohnenden *Hoffnungen* ihr Leben zu wagen, ihre Beziehung zu Gott zu gestalten und zu entfalten.
Verheißungen können dem Menschen in bestimmten Situationen gegeben werden (etwa: Notsituationen, Todesnot: 16,10, Kinderlosigkeit: 18,1ff), so daß durch sie eine drohende bzw. bestehende Notsituation gewendet werden kann. Beim Geben von Verheißungen werden vom Empfänger keine Bedingungen verlangt, die er erfüllt haben müßte, um eine Verheißung zu empfangen (vgl. Jakob-Esau-Geschichten). Die Verheißungen der Vätergeschichten sind ein *un-bedingtes* Geschenk Gottes an den Menschen, der dieses Geschenk annehmen oder sich ihm verweigern kann.

Folgende Arten von Verheißungen begegnen uns in den Vätergeschichten:
- die Sohnesverheißung (vgl. 18,1-16: Nr. 20)
- die Landverheißung (vgl. 12,7; 15,7-21: Nr. 16)
- die Mehrungsverheißung (vgl. 13,14-17: Nr. 17)
- die Segensverheißung (vgl. 12,2f; 22,15-18: Nr. 16 und 23)
- die Beistandsverheißung (vgl. 28,13-15; 31,3: Nr. 25).

Diese Verheißungen können *allein* vorkommen, das gilt nur für die Sohnesverheißung (18,1-15) und die Landverheißung (12,7; 15,7-21). Alle übrigen Verheißungen kommen in Kombination mit einer anderen vor (vgl. 28,13-15; 28,13: Landverheißung; 28,14: Mehrungsverheißung; 28,15: Beistandsverheißung).

Werte

Die Verheißungen haben für die Väter deshalb solch eine Bedeutung, weil in ihnen Werte ausgesprochen werden, von denen sie sich in ihrem Leben leiten lassen. Es sind dies der Wert

- der Nachkommenschaft
- des Landbesitzes
- der Stamm- und Volkswerdung
- der Fruchtbarkeit von Frau, Land und Vieh, in dem sich Segen und Mitsein Gottes spiegelt
- des Gottvertrauens
- des Selbstvertrauens
- der gegenseitigen Verpflichtung von Gott und Mensch (Bundestreue).

Zeit und Raum

Durch die Gestaltungsmittel der Genealogien – d. h. Aufzählung der Geschlechterfolge – und der Itinerare – d. h. Aufzählung von Wegstationen – bleibt die zeitliche und räumliche Dimension der erzählten Geschehensabfolge nicht im Unbestimmten. Genealogien und Itinerare sind Gliederungselemente der Erzählung, um die *Kontinuität* in Zeit und Raum zu verdeutlichen.

Genealogie

Durch das Stilmittel der Genealogie wird die *Kontinuität* innerhalb einer *zeitlichen* Geschehensabfolge sprachlich gestaltet; es wird der Bogen *vom Damals zum Heute* geschlagen. In der Geschlechterabfolge – die durch die Geschehensabfolge: Zeugung/Geburt/Lebensdauer/Tod geprägt ist – zeigen sich unter anderem die Wirkkräfte des von Gott dem Menschen zugesagten Segens (vgl. Segens- und Mehrungsverheißungen 12,2f; 18,18f; 22,15-18).

Itinerar

In den Itineraren der Vätergeschichten spiegelt sich deutlich die Lebensweise der Väter als wandernde Kleinviehnomaden wieder. Itinerare können von folgender Geschehensabfolge geprägt sein und dadurch Erzählzusammenhänge gliedern:
– von einem Ort aufbrechen/ unterwegs rasten/ an einem Ort ankommen/ dort einige Zeit verweilen/ von neuem aufbrechen (vgl. Gen 12,5-10); in diesem Itinerar zeigt sich die Notwendigkeit der Kleinviehnomaden, immer wieder von neuem aufbrechen zu müssen;

– von einem Ort aufbrechen – an einem Ort ankommen – sich dort niederlassen (Gen 13,18)
– von einem Ort zu einem bekannten Ziel aufbrechen – am erstrebten Ziel ankommen – dort einen Auftrag ausführen – zum Ausgangspunkt zurückkehren (vgl. Gen 24,1ff), das Itinerar einer Reise;
– von einem Ort zu einem bekannten Ziel fliehen – unterwegs rasten – am erstrebten Zielort ankommen – dort lange Zeit verweilen – nach Jahren wieder zum Ausgangspunkt der Flucht zurückkehren (vgl. die Jakob-Esau-Geschichten 27-33).
Zu beachten gilt nun, daß die wandernden Kleinviehnomaden bzw. die jeweilige Person *nicht* aufbrechen, um auf ihrer Wanderung bzw. Flucht *die Gottheit zu suchen,* vielmehr begegnet (widerfährt) ihnen die Gottheit unverhofft (vgl. Gen 12,7; 28,10-22; 32,22-32). *Auf dem Wege* sagt die Gottheit ihr *Dasein für* den und ihr *Mitsein mit* dem Wandernden immer wieder von neuem zu (vgl. welche Verheißungen vor dem Aufbruch und auf dem Weg gegeben werden). Nicht in einer Sonderwelt, sondern in ihrem Alltag erkennen die Wandernden den ihnen begegnenden Gott und lassen sich auf ihn ein.

Die Abraham-Geschichten

Naheliegende Verständnisvoraussetzungen

Die Abraham-Geschichten können den Eindruck erwecken, daß in den Beziehungen Abrahams zu Gott eine Unmittelbarkeit vorherrscht, die es Abraham leicht macht, sich auf die Forderungen Gottes einzulassen (vgl. Gen 12,1 und 22,2). Dieser unmittelbare Umgang mit Gott ist den meisten heutigen Menschen fremd. Bei näherem Hinsehen auf die uns überlieferten Texte erkennen wir aber, daß die Beziehungen Abraham – Gott vielschichtiger dargestellt sind, als der erste Eindruck vermuten läßt.
Bei einem Vergleich der Texte der „Bibel für die Grundschule" mit den ursprünglichen Texten fällt auf, daß die Schulbibel die biblischen Texte stellenweise so paraphrasiert und kürzt, daß der Lehrer leicht einen falschen Eindruck erhalten kann. Aus diesem Grunde ist der Ausgangspunkt der von mir angebotenen Lesehilfen nicht der in der Schulbibel abgedruckte Text, sondern der der Vollbibel.

Strukturen der Texte

Die uns überlieferten Abraham-Geschichten bilden keine in sich geschlossene Erzähleinheit. Genealogien, Itinerare und Verheißungen verbinden die verschiedensten Erzählungen aus den unterschiedlichsten Überlieferungsträgern (J, E, P) *lose* miteinander.

Die Zeit

Gerahmt werden diese Erzählungen von zwei Genealogien:
- 11,27-32 zählt die Herkunft Abrahams auf und die Familien- und Sippenmitglieder, zu denen er in Beziehung stand;
- 25,1-18 zählt auf, in welchen Menschen die Abrahamsippe weiterlebt.

Die Zeitspanne zwischen dem Aufbruch Abrahams von Haran (Gen 12,4) und seinem Begräbnis in der Höhle von Machpela (Gen 25,9) beträgt laut den Erzählungen 100 Jahre.

Der Raum

Die Itinerare – das Aufzählen von Wegstationen – verweisen darauf, daß das Leben der Abrahamsippe sehr stark vom Rhythmus der Kleinviehnomaden beherrscht ist:

- aufbrechen – wandern – rasten – ankommen – verweilen – aufbrechen:
- aufbrechen von Haran – ankommen im Land Kanaan (Gen 12,1-9: Nr. 16);
- aufbrechen von Kanaan – ankommen und verweilen in Ägypten (Gen 12, 10-20; Gen 20,1-18 hier nur mit anderen Ortsangaben);
- aufbrechen von Ägypten – ankommen in Kanaan – wandern durch Kanaan – seßhaft werden bei Mamre (Gen 13,1-18: vgl. Nr. 17).

Die Akteure und ihre Beziehungen

Zwei Beziehungen lassen sich in den Texten deutlich erkennen:
- Abraham – Gott
- Abraham – Sippenmitglieder.

Beide Beziehungsebenen stehen nicht isoliert nebeneinander, sondern durchdringen einander. Um der Verdeutlichung willen werden sie hier hintereinander aufgeführt.

Beziehung Gott – Abraham

– Gott ist es, der Abraham durch Aufforderung auf den Weg bringt und ihm auf diesem Weg immer wieder begegnet (Gen 12,1-9: Nr. 16)
– Gott ist es, der in Abraham Erwartungen weckt (Verheißungen gibt), durch die dieser ermutigt wird, sich in das Wagnis des Aufbrechens einzulassen (vgl. Sohnes-, Segens-, Mehrungs- und Beistandsverheißung)
– Gott ist es, der die erweckten Erwartungen erfüllt (Geburt des Sohnes Isaak Gen 21,1-7: Nr. 23)
– Gott ist es, der von Abraham nicht nur das Loslassen der Vergangenheit (Gen 12,1ff: Nr. 16), sondern auch der Zukunft (Gen 22,1ff: Nr. 23) fordert
– durch Gott werden im Leben Abrahams zwei menschliche Fähigkeiten besonders herausgefordert: Vertrauensvorschuß leisten und loslassen können.

Beziehung Abraham – Sippenmitglieder

Die Beziehungen Gott – Abraham haben ihre Auswirkungen auf die zwischenmenschlichen Beziehungen Abrahams.

Abraham ⟶	Sara ⟶	Isaak	(Gen 12,10-20/20,1-18; 15,1-5; 18,1-16; 21,1-7)
Abraham ⟶	Hagar ⟶	Ismael	(Gen 16,1-16; 21,8-21)
Abraham ⟶	Lot		(Gen 13,1-18; 14,12-15; 18,17-33)

Werte

Die Beziehungen Abrahams zu Gott und seiner Frau Sara sind geprägt von dem Wert der *Nachkommenschaft.* Alle Erzählungen scheinen auf die Geburt des Sohnes Isaak hin und von dieser wieder wegzuführen. Die Geburt des Sohnes ist der Wert,

- nach dessen Verwirklichung Abraham sich sehnt (vgl. Gen 15,1-6);
- an dessen Nichtverwirklichung er leidet (vgl. Gen 15,1-6);
- um dessentwillen er und Sara sich Nachkommenschaft von der Magd Hagar zu verschaffen suchen (Gen 16,1-16);
- an dessen Verwirklichung sie trotz göttlicher Zusage nicht mehr glauben können (Gen 15,2; 18,10ff);
- der erst im hohen Alter verwirklicht wird (Gen 21,1-7);
- der seine größte Bedrohung durch den Geber selbst (Gott) erfährt (Gen 22,1-19).

Es ist möglich zu sagen: Zunächst trauen Abraham und Sara sich zu, den erstrebten Wert zu verwirklichen; je länger aber seine Verwirklichung auf sich warten läßt, desto mehr schwindet in ihnen die Kraft, sich die Verwirklichung zuzutrauen. Das Verwirklichen des erstrebten Wertes erschöpft sich aber nicht im *einseitigen* Handeln Gottes an Abraham und Sara, sondern erfordert auch von beiden den Einsatz ihrer schöpferischen Kräfte.
Als weitere Werte, die eng mit Erwartungen (Verheißungen) verbunden sind, lassen sich aufzeigen:

- fruchtbares Land
- Viehreichtum
- Segen
- Bund (vgl. Gen 12,1-4; 17,1ff)
- Verantwortung
- Friedfertigkeit
- Großzügigkeit
- Gerechtigkeit (vgl. Gen 13,1-13; 14,12-16; 18,17-33).

Innerbiblische Beziehungen

Dem Motiv der kinderlosen Frau, die nach langem Warten durch Gott schließlich doch ein Kind bekommt, begegnen wir in der Bibel mehrmals:

- die kinderlose Rebbeka (Gen 25,21: Nr. 24)
- die kinderlose Rachel (Gen 30,1ff)
- die kinderlose Frau des Manoah (Ri 13,1ff)
- die kinderlose Hanna (1 Sam 1,1ff)
- die kinderlose Elisabet (Lk 1,5ff: Nr. 100)

In der neutestamentlichen Briefliteratur wird auf die Glaubenshaltung (Röm 4; Hebr 11), die Opferbereitschaft (Röm 8,32), das gläubige Handeln (Jak 2,21-23) Abrahams Bezug genommen. In Hebr 7 nimmt der Schreiber die Begegnung zwischen Abraham und Melchisedek zum Ausgangspunkt seiner theologischen Überlegungen.

Gen 12,1-8 — Nr. 16
Gott gibt Abraham seine Verheißungen

Naheliegende Verständnisvoraussetzungen

Der Text kann im Leser den Eindruck hervorrufen, Abraham habe es in seiner Beziehung zu Gott viel leichter als wir heutigen Menschen: er kann mit Gott direkt sprechen, braucht der Aufforderung Gottes nur zu folgen, und schon ist es ein erfülltes Leben: er wird Kinder und Land haben, berühmt und reich sein. Wenn wir uns aber näher auf den Text einlassen, erkennen wir, daß dieser Eindruck täuscht.
Die Verse Gen 12,1-8 (besonders 12,1-3) leiten die Geschichte Gottes sowohl mit Abraham als auch mit den Vätern und dem späteren Volk Israel ein. Will sich der Leser vor einer einseitigen Interpretation dieser einleitenden Verse bewahren, so ist es hilfreich, Gen 12,1-8 im Kontext von Gen 11,27-32 und 12,9 zu lesen.

Strukturen des Textes

Die Zeit

Durch die Genealogie der Terachsippe (Gen 11,27) verbindet der biblische Redaktor die Vätergeschichten mit den Urgeschichten. Jene sind aber nicht eine kontinuierliche Fortsetzung von diesen, vielmehr wird in den Vätergeschichten von einem neuen Handeln Gottes am Menschen erzählt. Die Kontinuität zwischen Urgeschichten und Vätergeschichten besteht darin, *daß* Gott handelt, die Diskontinuität, *wie* Gott handelt.
Des weiteren verweist der Text auf die *Zukunft:* Die Kräfte des Segens, deren Abraham in seinem Leben teilhaftig wird, werden auch bei seinen Nachkommen und allen Völkern der Erde wirksam sein.
Die Altersangabe „war 75 Jahre alt“ (Gen 12,4) dürfte als ein Zeichen außergewöhnlicher Lebensfülle gelesen werden, nicht einfach als historische Auskunft.

Der Raum

Das Itinerar in 11,31 verweist auf die nomadische Herkunft Abrahams. Als wandernder Kleinviehnomade widerfährt ihm das Wort Jahwes (Gen 12, 1-3,7). In 12,9 spiegelt sich die Tatsache, daß für den Kleinviehnomaden und dessen Vieh eine Rast und nach jeder Rast ein neuer Aufbruch notwendig sind.

Im

Aufbrechen – Wandern – Rasten – Aufbrechen

spiegelt sich der nomadische Lebensrhythmus.
Die Verse 12,1-8 sind in die Abfolge eines Weges eingebettet und in diesem Zusammenhang zu deuten:

11,27-32; 12,1-3	aufbrechen – ankommen – rasten – Aufforderung zum Aufbrechen ohne eine Zielangabe
12,4-7	aufbrechen – ankommen – rasten
12,8.9	aufbrechen – ankommen – rasten – aufbrechen

Die Akteure in diesen Versen brechen aus *Ur* in Chaldäa auf und gelangen nach einem Aufenthalt in *Haran*/Mesopotamien in das Land *Kanaan*. In *Kanaan,* dem *Zielland,* bleibt Abraham zuerst noch der Wandernde. Dem durch das Land ziehenden Abraham wendet sich Jahwe zu und erneuert seine Zusagen. Abraham begegnet uns als einer, der nicht auf ein bestimmtes Ziel fixiert ist; dadurch ist er nicht blind und taub gegenüber dem ihm auf dem Weg Begegnenden. Den Ort, an dem Gott ihm begegnet, heiligt Abraham durch einen Altarbau.
Vieh und Hirte müssen rasten, um neue Kräfte für das Weiterziehen zu schöpfen. Neue Kräfte werden aber auch durch die *Hinwendung* des Menschen zu dem ihm begleitenden Gott gegeben – durch das Beten zu Jahwe (12,8). Ein endgültiges Rasten gibt es aber noch nicht, immer wieder von neuem müssen die „Zeltpflöcke herausgerissen" werden (12,9).

Die Akteure und ihre Beziehungen

Die Handlungsträger sind Jahwe und Abraham. Es wird uns nicht erzählt, in welchen konkreten Situationen beide sich begegnen, es wird unmittelbar mit einer Rede eingesetzt, in der Gott der Auffordernde und Abraham der Aufgeforderte ist.

Gott	⇄	*Abraham*
Auffordernder: Er *will* am aufbrechenden Abraham handeln: „Ich will" (12, 2f).		Aufgeforderter: „Zieh fort" (hebr. wörtlich: *„Geh für dich")*

Entgegen der üblichen Auffassung, daß Abraham *nur* im Vertrauen *auf Gott* aufbricht, gilt zu beachten, daß er auch im Vertrauen *auf sich selbst* fortzieht. Darauf verweist die von mir hier unter dem Einfluß jüdischer Traditionen vorgenommene wörtliche Übersetzung von 12,1a.
„Geh für dich – um deinetwillen".
Beachten wir dies und tun diese Textstelle nicht voreilig als einen unübersetzbaren Hebraismus ab, dann fällt durch sie ein Licht auf die beim Aufgeforder-

ten herausgeforderten Fähigkeiten: Herausgefordert sind das *Vertrauen* in die *eigenen* Fähigkeiten und das Hoffen, daß durch den Einsatz dieser Fähigkeiten bisher ungelebtes Leben Wirklichkeit werden kann. Gleichzeitig aber wird der sich Selbstvertrauende herausgefordert, dem Sprecher (hier Gott) *Vertrauensvorschuß* zu leisten. Damit sind wir auf das Wechselspiel verwiesen von

Selbstvertrauen und Gottvertrauen

Beides schließt sich nicht aus. Der seinen Fähigkeiten Vertrauende setzt diese im Vertrauen auf Gott ein: Das Vertrauen auf Gott beinhaltet keine Garantie, vor Krisen, Gefahren oder tödlichen Bedrohungen gesichert zu sein.

Werte und Erwartungen

Dadurch, daß Abraham herausgefordert ist, sich selbst und Gott zu vertrauen, soll er fähig werden *loszulassen* – Land, Verwandtschaft, Vaterhaus, alles loszulassen, was bisher Schutz, Geborgenheit und Sicherheit gab. Der zum Aufbrechen aufgeforderte Abraham ist herausgefordert, seine *Vergangenheit* um einer *ungewissen Zukunft* willen aufzugeben, denn weder die Richtung noch das Ziel des Aufbruches werden ihm genannt.

loslassen	←→	festhalten
Aufbruch	←→	? (nicht bekannt: wann, wie, wo Abraham ankommen soll)

Die geweckten neuen Lebensmöglichkeiten verlangen von ihm Vertrauensvorschuß

- der Unbekannte soll berühmt werden,
- der Kinderlose soll kinderreich werden.

Abraham ist herausgefordert, an Lebensmöglichkeiten zu glauben, die ihm und seiner Frau bisher verschlossen waren. Durch die von Gott verliehene Lebenskraft – dem Segen – sollen die eröffneten Lebensmöglichkeiten gelingen und geschützt werden (12,2f).

Die dem Abraham von Gott gewährte Lebenskraft – Segen – erschöpft sich nicht in einem einmaligen Ereignis, vielmehr ist sie eine *stetige Kraft,* die im Leben Abrahams und seiner Nachkommen wirkt.

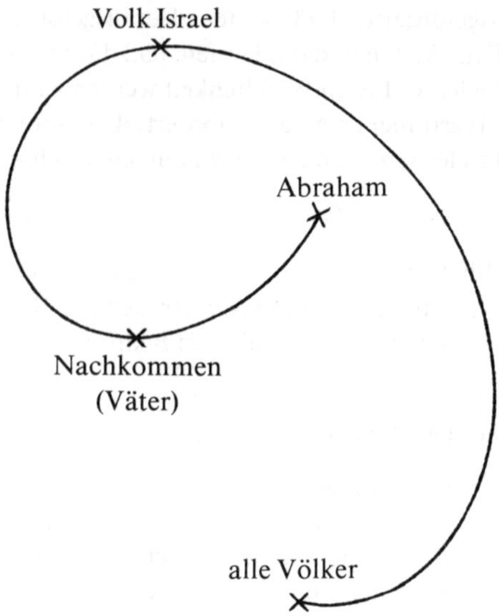

Die Verbindung von
- Aufforderung zum Aufbrechen
- Verheißungen
- Segenszusagen

kann man wie folgt deuten: Durch Aufbrechen können lebensstiftende Kräfte freigesetzt werden, die helfen, neue, bisher ungelebte Lebensmöglichkeiten zu verwirklichen. Von diesem verwirklichten Leben können stetige Kräfte ausgehen, die anderen Mut und Kraft zum Leben geben können (vgl. 12,3). Im Aufbrechen – Verwirklichen von lebenswertem Leben, von stetig wirkender Lebenskraft – kann das *Wirken Gottes am Menschen sichtbar werden.*

Innerbiblische Beziehungen

Am Anfang der Geschichte Gottes mit Abraham stehen die Aufforderungen zum Aufbruch und die Verheißung des *Segens* und dessen Wirkkräfte (12,1-3) – am Anfang der Geschichte des Volkes Israel stehen die Aufforderung, aus der Knechtschaft auszubrechen, und die Verheißung der *Rettung* (Ex 1-15: Nr. 38-43). Immer wieder erzählt uns die Bibel, daß Gott Menschen berufen hat, z. B. Mose (Ex 3,1ff: Nr. 40), Gideon (Ri 6: Nr. 55), Samuel (1 Sam 3: Nr. 57), Jesaja (Jes 6: Nr. 77) u. a. m. Des weiteren erinnert die Bibel daran, daß Israel Licht und Segen für die anderen Völker ist (Jes 11,10; Ps 72: Nr. 99; Hebr 11).

Anschlüsse an die Welt des Lesers

Das Leben Abrahams ist vom Rhythmus:

aufbrechen – ziehen – ankommen – rasten – aufbrechen

bestimmt. Der Text erzählt uns, daß Gott dem Menschen in diesem Lebensrhythmus begegnen *kann, nicht muß.* Da Gott in jeder Lebensweise dem Menschen begegnen kann, ist es notwendig, den Schüler immer wieder von neuem auf die Vielfalt und Vielschichtigkeit von Lebensweisen aufmerksam zu machen, um nicht durch die Verabsolutierung einer im Text erzählten Lebensweise – hier die des wandernden Kleinviehnomaden – unnötige Barrieren beim Schüler aufzubauen. Von dieser Einsicht her kann nicht gefragt werden:
Wo *muß* dieser Lebensrhythmus das Leben des heutigen Menschen bestimmen? Vielmehr: Wo *kann* dieser Lebensrhythmus das Leben des heutigen Menschen bestimmen?
Abraham zieht ins Ungewisse, aber bei aller Ungewißheit über den möglichen Ausgang *schweift* er nicht planlos umher. Jahwe gibt ihm auf dem Weg die notwendige Orientierung. Diese Orientierung ist nicht an *Bedingungen,* wohl aber an die *Aufmerksamkeit* und die *Bereitschaft* des Menschen gebunden, damit sie wirksam werden kann. Die Wirksamkeit der göttlichen Orientierungshilfen ist an einen *gegenseitigen* Vertrauensvorschuß gebunden:
den Jahwes zum Menschen
und den des Menschen zu Jahwe

sich selbst vertrauen ⟷ anderen vertrauen

Durch diesen gegenseitigen Vertrauensvorschuß können Kräfte freigesetzt werden, die Leben gelingen lassen. Durch Vertrauen kann der Mensch befähigt werden:
- sich selbst loszulassen
- andere loszulassen
- anderes loszulassen.

Durch Loslassen kann *neues Leben gewonnen* werden.
Gen 12,1-8 kann den Schüler anstoßen, sich mit folgenden Fähigkeiten auseinanderzusetzen:
- aufmerksam sein
- bereit sein
- vertrauen
- loslassen
- aufbrechen.

Durch das Aktivieren dieser Fähigkeiten kann er *Spuren Gottes* in *seinem* Leben begegnen.
All die aufgezeigten Möglichkeiten können durch ein überbetontes Streben nach Sicherheit behindert, ja als unmöglich und bedrohlich verstanden werden.

Gen 13,5-12.14-18 Nr. 17
Abraham und Lot

Naheliegende Verständnisvoraussetzungen

Die „Bibel für die Grundschule“ wählt aus Gen 13 zwei Schwerpunkte heraus:

- die Streiterzählung zwischen den Hirten Lots und Abrahams (Gen 13,5-12.18)
- die Verheißungen an Abraham (Gen 13,14-17)

Unberücksichtigt bleiben die Verse Gen 13,1-4.13. In 13,1-4 werden die Stationen des Weges aufgezählt, den Abraham und Lot gemeinsam zurückgelegt haben; 13,13 enthält einen Kommentar des Erzählers über Sodom.
Folgende Gliederung des Kapitels ist möglich:
13,1-4 Itinerar
13,5-13 Lot und Abraham trennen sich
13,14-17 Verheißung Jahwes an Abraham
13,18 Abraham wird seßhaft.
Der Leser wird mit einem Familienstreit konfrontiert. In dieser Streiterzählung spiegelt sich die Lebenswirklichkeit nomadisierender Sippenverbände wieder. Dort wo die Herden zweier Sippen zu groß werden, kann es leicht dazu kommen, daß sie sich gegenseitig das nötige Weideland und die Wasserstellen streitig machen, so daß es zu einer Lebensbedrohung kommt. Von einer solchen erzählt der Text einerseits; andererseits erzählt der Text aber auch, daß Gott Abraham in dieser Existenzgefährdung nicht allein läßt, sondern ihm neue Lebensmöglichkeit eröffnet (Verheißungen).

Strukturen des Textes

Der Raum

Berücksichtigen wir Gen 13,1.5, dann wird deutlich, daß die Streiterzählung im Kontext eines zurückgelegten Weges zu sehen ist. Es streiten sich zwei Sippenverbände, die bisher *gemeinsam* nach guten Weideplätzen für ihr Vieh gesucht hatten. Nach dem Streit entschließen sie sich, *getrennte* Wege zu ziehen.

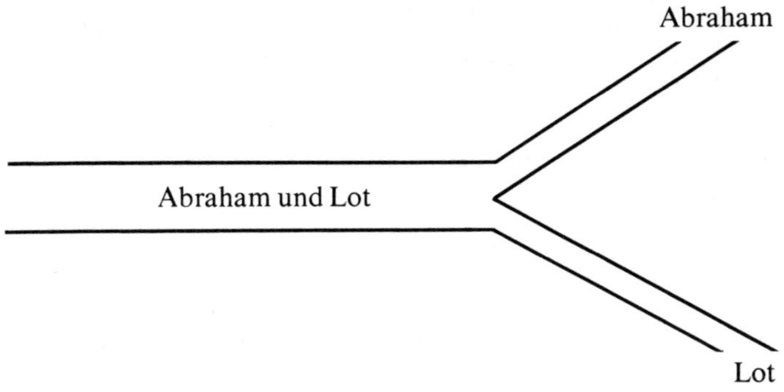

Lot blickt bei seiner Wahl nur in eine Himmelsrichtung – nach Osten. Abraham wird von Gott aufgefordert, in alle vier Himmelsrichtungen zu sehen, dabei verheißt Gott Abraham und seinen Nachkommen das *ganze* Land.

Die Akteure und ihre Beziehungen

Die Akteure in 13,5-12 sind Abraham, Lot und deren Hirten; in 13,14-18 Jahwe und Abraham.
Das „Zuwenig" an Wasserstellen und Weideland wird Anlaß zu einem Streit zwischen den Hirten Abrahams und Lots. Der Text erzählt uns nur den Grund, nicht aber den Vorgang des Streitens. In 13, 6 heißt es wörtlich:
„Und das Land *ertrug* nicht ihrer beider Zusammenbleiben". Es ist möglich zu sagen: da das Land sie *nicht mehr tragen* kann, können sie sich gegenseitig *nicht mehr ertragen – vertragen,* und es kommt zum Konflikt. Abraham will den existentiellen Konflikt gewaltlos lösen, weil eine gewaltsame Lösung selbstzerstörerische Folgen für beide Sippen zur Folge haben kann.

Hirten Abrahams und Hirten Lots	⟷	Abraham und Lot
streiten sich		sprechen miteinander
gewaltsame Lösung		gewaltlose Lösung

Die gewaltlose Lösung bemüht sich, die Interessen *beider* Sippen zu berücksichtigen, während bei einer gewaltsamen die eine Sippe ihre Interessen auf Kosten der anderen durchzusetzen versucht.
Im *Sich-Trennen* sieht Abraham die Möglichkeit des Über- und Weiterlebens.

Zusammenbleiben	⟷	zerstörerische Folgen
sich trennen	⟷	neue Lebensmöglichkeiten

Wenn sich auch Abraham und Lot auf gemeinsamen Wunsch hin trennen, so bleibt dennoch eine gewisse Einheit zwischen beiden bestehen (vgl. die Loterzählungen Gen 14,1ff; 18,16ff). Der Vorschlag zur gewaltlosen Konfliktlösung wird von Lot angenommen. Abraham läßt Lot den Vortritt bei der Wahl. Lot läßt sich von dem Land, das er sieht, faszinieren und bricht zu ihm auf. Vorläufig kann er nur die Lebensmöglichkeiten erkennen – noch nicht die drohende Lebensgefahr, die der Erzähler in 13,13 anklingen läßt und 19,1 (Nr. 22) ausführlich erzählt.

Werte und Erwartungen

Um der *Gewaltlosigkeit* willen läßt Abraham dem Lot den Vortritt bei der Wahl, verzichtet Abraham auf die Möglichkeit, sich das bessere Land zu wählen.

Angesichts des erlittenen Verlustes – der Text spricht nur über das Faktum des Verlustes, die Trennung, nicht über die inneren Vorgänge der Betroffenen – werden dem Abraham von Gott durch eine Land- und Mehrungsverheißung neue Lebensmöglichkeiten eröffnet, durch die sein Leben neue Dimensionen gewinnen kann.

Abraham verliert zuvor das bessere Land, erhält aber die Zusage, daß er und seine Nachkommen in Zukunft *das ganze Land* besitzen werden – Lot gewinnt zwar das bessere Land, erhält aber keine Zusage für die Zukunft.

Abraham	⟷	*Lot*
verliert Land		gewinnt Land
gewinnt die Verheißung		verliert die Verheißung
Abraham bleibt in der Verheißung		Lot fällt aus der Verheißung heraus.

Im Vertrauen auf diese Verheißung bricht Abraham auf und wird im Süden des Landes seßhaft. Den Ort, an dem er seßhaft wird, heiligt er wiederum durch einen Altarbau.

Innerbiblische Beziehungen

Es ist möglich, hier Texte heranzuziehen, in denen der Vorgang des *Zusammenkommens und Trennens* erzählt wird z. B. Gott kommt mit Abraham zusammen und beide trennen sich nach einem ausführlichen Gespräch über mögliche Gerechte in Sodom (Gen 18,23-33 Nr. 21). Jakob und Esau haben sich nach jahrelanger Feindschaft versöhnt und trennen sich wieder (Gen 33,1.17).

In Konfliktsituationen „die Augen erheben" kann zur Konfliktlösung bzw. Bewältigung von Verlusten beitragen. Das gilt nicht nur für den vorliegenden Text (13,10.14), sondern die gleiche Situation finden wir auch bei der Opferung des Isaak (Gen 22,4.13: Nr. 23) und der Versöhnung Jakobs mit Esau (Gen 33,1).

Anschlüsse an die Welt des Lesers

Wo stoßen in unseren Beziehungen bzw. in denen der Schüler elementare Lebensinteressen so aufeinander, daß sie zu existentiellen Konflikten führen? Welche Konfliktlösungen werden bevorzugt: gewaltsame oder gewaltlose? Ist es möglich, die eigenen Interessen zu behaupten, ohne dadurch die des anderen zu vergewaltigen?

- Sich behaupten, ohne den *anderen* zu vergewaltigen;
- Rücksicht auf den anderen nehmen, ohne *sich* zu vergewaltigen.

Wo hat der Konflikt unseren Blick so eingeengt, daß wir unfähig geworden sind, unsere ,,Augen zu erheben", um eine andere Perspektive wahrzunehmen, die uns helfen könnte, den Konflikt *gewaltlos* zu lösen? Einen Konflikt gewaltlos lösen beinhaltet *nicht* von vornherein eine schmerzlose Lösung.

Auch in diesem Text begegnen wir bei Abraham der Fähigkeit des Loslassens: hier in der Form des Sich-Trennens; Sich-Trennen kann neues Leben ermöglichen.

Wo leiden Menschen so aneinander, daß Trennung der bestmögliche Weg zur Versöhnung ist?

Kann dieses Trennen ohne gegenseitige Entwertung vor sich gehen?

Wo ist in der Trennung zwischen Menschen ,,keine Spur von Einheit mehr enthalten"?

Wo bleibt trotz Trennung noch Einheit, Gemeinsamkeit bestehen?

Gen 14 — Nr. 18
Melchisedek segnet Abraham

Naheliegende Verständnisvoraussetzungen

Um den in der ,,Bibel für die Grundschule" aufgenommenen Text zu verstehen, ist es notwendig, einen Blick auf Gen 14,1-24 als Ganzes zu werfen. In diesem Kapitel sind drei verschiedene Textfragmente miteinander verknüpft:

14,1-11: Ein Feldzugsbericht kanaanäischer Könige, der sich in seinem annalistischen Stil an assyrisch-babylonische Königsschriften anlehnt. In diesem Feldzugsbericht werden Abraham und Lot nicht erwähnt.

14,12-17.21-24: Diese Verse erzählen den Befreiungskampf Abrahams. Er wird uns in dieser Heldenerzählung wie eine Rettergestalt aus der Richterzeit vorgestellt.

14,18-20: Die Begegnung mit Melchisedek. Sie wurde in die Erzählung nachträglich eingefügt.

In Gen 14,1-24 begegnen wir den verschiedenen Wirkungen der Gestalt Abrahams auf seine Nachwelt. Er wird aus dem Boden seiner Lebenswelt – Kleinviehnomaden – herausgelöst und in die Bezüge von seßhaften Menschen gesetzt.

Er begegnet:

- als rettende Richtergestalt
- als einer, der kultische Vermittler anerkennt
- als einer, der zum Lebensunterhalt von Priestern beiträgt.

Strukturen des Textes

Der Raum

Die Orte der kriegerischen Auseinandersetzung und deren erfolgreicher Abschluß durch Abraham liegen mehrere hundert Kilometer nördlich von Abrahams Wohnort „bei der Eiche des Amoriters Mamre“ (14,13) entfernt. Kein Weg scheint Abraham zu weit zu sein, seinen in Gefangenschaft geratenen Verwandten Lot zu befreien.

Auf dem *Rückweg* kommen Abraham der König von Sodom und der Priesterkönig Melchisedek von Jerusalem entgegen. Abraham ist ein Gesegneter des Gottes, der den ganzen Raum beherrscht: „Schöpfer des Himmels und der Erde“ (14,19).

Die Akteure und ihre Beziehungen

Abraham wird durch die Not seines entführten Neffen Lot motiviert, diesen zu befreien. Gegen die Übermacht wagt Abraham seinen kriegerischen Einsatz:

er mustert erprobte Leute
jagt Königen nach
überfällt bei Nacht
schlägt die Überfallenen und verfolgt die Fliehenden
erringt einen Sieg
bringt das geraubte Gut und Lot zurück.

Dem siegreichen Retter Abraham ziehen der Stadtkönig von Sodom und der Priesterkönig von Salem (Jerusalem), Melchisedek, entgegen. Beide kommen in verschiedener Absicht:

- der Stadtkönig von Sodom *als Bittender*
- der Stadtkönig von Jerusalem, Melchisedek, *als Segnender.*

Dem Bittenden verschließt sich Abraham nicht. Er gewährt nicht nur das Erbetene, sondern gibt ihm auch das, worum er nicht gebeten wurde. Abraham – hier der charismatische Retter – verzichtet freiwillig auf die ihm zustehenden Beuteanteile, weil er sich nicht am Besitz anderer bereichern will. Abraham will sein Ansehen nicht durch Besitzstreben schmälern.

Abraham	⇄	*der König von Sodom*
Sieger		Besiegter
Gebetener		Bittender
Geber		Empfänger
Schenker		Beschenkter

In der Erzählung wird aus dem gewaltlosen und friedliebenden Abraham ein siegreicher Heerführer, der auf die errungene Beute großzügig verzichtet und sich von einem Priesterkönig segnen läßt.
Zwischen dem König von Sodom und Abraham kommt es zum Wechselgespräch, nicht aber zwischen Melchisedek und Abraham. In der überlieferten Begegnungsszene ist Melchisedek der Sprechende – Abraham der Hörende und schweigend Handelnde. Der erfolgreiche Abraham läßt sich segnen.

Melchisedek	⇄	*Abraham*
Sprecher		Hörer
Priester		Krieger
Spender des Segens		Empfänger des Segens
Empfänger des Zehnten		Geber des Zehnten

Der Segen Melchisedeks, der bei Brot und Wein gesprochen wird, geht in ein Lob auf den „Höchsten Gott" über; der Sieg wird zum Anlaß eines Gotteslobes. Das nonverbale Tun des Abraham – „er gab ihm den Zehnten von allem" – zeigt auch hier, daß Abraham sich von seinen materiellen Besitztümern lösen kann.
Der siegreiche Abraham wird von dem Priesterkönig Melchisedek gesegnet, dem Abraham sich unterwirft.

Werte

Abraham läßt sich in seinem Verhalten von folgenden Werten leiten:
- *Freiheit:* Er befreit einen in Unfreiheit geratenen Verwandten;
- *Großzügigkeit:* er behandelt einen Bittsteller großzügig;
- *Segen:* er nimmt auch als erfolgreich Handelnder die lebensspendenden Kräfte des Segens.

Innerbiblische Beziehungen

Zunächst fallen die Parallelen zwischen Abraham (Gen 14,12-17. 21-24) und Gideon (Ri 7,16-22: Nr. 56) und zwischen Melchisedek (Gen 14,20) und Jitro (Ex 18,10f) auf.
Wenn auch für uns die Vorgeschichte der einzelnen Textfragmente im Dunkeln liegt, so können wir doch die Wirkungsgeschichte der Verse 14,18-20 an zwei Stellen der Bibel aufzeigen: in Ps 110,4 und im Hebr 7,1ff (bezogen auf Jesus, den Christus). In beiden Texten wird auf das Priesteramt des Melchisedek Bezug genommen.
Innerhalb jüdischer Tradition sieht man im Verhalten des Melchisedek einen symbolischen Hinweis auf den Kiddusch – das Segensgebet, mit dem der Sabbat begrüßt wird: „Gesegnet seist du Ewiger, unser Gott, König der Welt, Schöpfer der Frucht des Weinstockes . . .“

Anschlüsse an die Welt des Lesers

In welchen Beziehungen können wir herausgefordert sein:
- Uns für einen in Not Geratenen – auch wenn er sich von uns getrennt hat – bedingungslos einzusetzen, um ihm durch unseren Einsatz zu helfen?
- Auf unseren uns rechtmäßig zustehenden Anteil zu verzichten, um durch den Verzicht anderen Leben zu ermöglichen?

Wo bedürfen wir in unserem erfolgreichen Handeln der Kräfte des Segens? Warum? Wozu?

Gen 17,1-22 **Nr. 19**
Gott schließt einen Bund mit Abraham

Naheliegende Verständnisvoraussetzungen

Das direkte Sprechen zwischen Gott und Abraham kann den Eindruck vermitteln, Abraham brauche sich nur an die Anweisungen Gottes zu halten und das Zugesagte werde sich an Abraham, seinen Familien- und Sippenmitgliedern, den Nachkommen *zwangsläufig* einstellen. Die Zukunft Abrahams und seiner Sippe scheint durch ihr Verhalten *gesichert werden* zu können.

Ein grober Überblick über den Aufbau von Gen 17,1ff kann helfen, die Zusammenhänge zwischen Verheißung, Bund und Beschneidung besser zu erkennen.
Gen 17,1-27 wird übereinstimmend dem priesterlichen Überlieferungsstrang (P) zugeschrieben. In dem ganzen Kapitel bezieht sich P auf vorgegebene Traditionen der Verheißungen an Abraham und *verbindet* diese mit der theologischen Reflexion über Bund und Beschneidung. Das Sprechen Gottes zu Abraham prägt dieses Kapitel.
Die „Bibel für die Grundschule" bezieht sich auf folgende Verse von Kap. 17: 1-4.6-8.10.12.16.19.
Der Text macht eine genaue Zeitangabe über das Alter Abrahams. Wie in Gen 12,4 dürfte sie symbolisch die außergewöhnliche Lebensfülle Abrahams anzeigen.

Strukturen des Textes

Zeit und Raum

Abraham ist an das Ende seiner bisherigen Möglichkeiten gekommen. In dieser Situation eröffnet Gott ihm durch Verheißungen neue Lebensmöglichkeiten für die weitere Zukunft. Gott sagt dem Abraham zu, daß er in Zukunft an ihm handeln wird: „ich mache", „ich will . . . fruchtbar machen", „ich richte meinen Bund auf", „ich gebe dir", vgl. 17,5-7. Aufgrund des zugesagten Handelns werden Abraham und seine Nachkommen „ganz Kanaan für immer zu eigen" (V. 8) erhalten.

Die Akteure und ihre Beziehungen

Im Gespräch zwischen Gott und Abraham ist es Gott, der das Gespräch eröffnet und seinen Gang bestimmt. Der redende Gott stellt sich dem angeredeten Abraham mit einem Gottesnamen vor: „der Allmächtige". Abraham wird aufgefordert, sich in seinem ganzen Verhalten, das nicht auf moralisches Verhalten eingeschränkt werden darf, auf Gott einzulassen. Durch dieses Einlassen besteht die Möglichkeit des *Ganz-werdens.*
Dem Aufgeforderten bietet Gott einen Neuanfang zwischen ihnen beiden an: *einen Bund.* In diesem Bund – das Wort kommt in 17,1-21 dreizehnmal vor – sagt sich Gott dem Menschen zu; Gott geht eine *dauerhafte* Selbstverpflichtung gegenüber dem Menschen ein, die sich *nicht nur* auf Abraham und seine Nachkommen, sondern *auf alle* späteren Generationen bezieht.
Dieser Bund ist inhaltlich gefüllt: einerseits durch die *Verheißung* an den Menschen (Sohnes-, Mehrungs- und Landverheißung) und das *Angebot,* dem Menschen *Gott sein zu wollen,* andererseits durch das *Gebot* der Beschneidung.

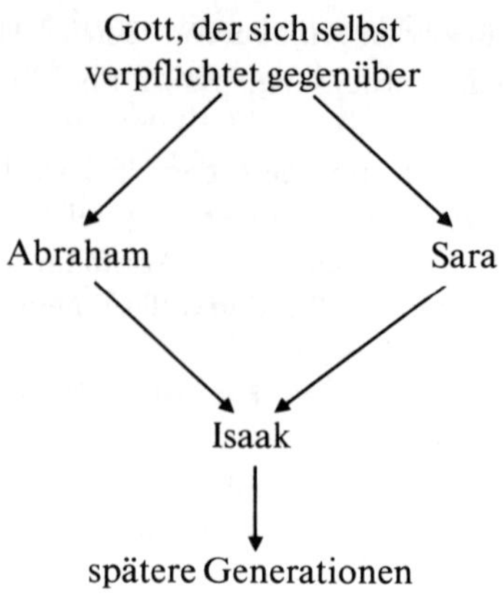

Wie aber sind *Angebot* und *Gebot* miteinander vereinbar?
Der Bund ist Gabe Gottes an den Menschen; soll das Angebot wirksam werden, muß der Mensch dieses annehmen. Als Zeichen der Annahme wird von Gott das Zeichen der Beschneidung gesetzt, die am männlichen Zeugungsglied vollzogen werden soll. Die Beschneidung ist eine *religiös-symbolische Form,* durch die Israel als Gottesvolk gekennzeichnet wird.

Werte und Erwartungen

Der Text verweist seine Hörer/Leser auf das *Angebot* Gottes an den Menschen, das *alle Generationen* und *Zerstörungen* überdauert: die *dauerhafte Selbstverpflichtung Gottes gegenüber dem Menschen.*
In ihr besteht die Möglichkeit, daß es immer wieder von neuem zu einer positiven Gegenseitigkeit innerhalb der Beziehung Gott – Mensch kommen kann.
Gott erweckt in Abraham die Erwartung, daß mit ihm (Abraham) ein neuer Abschnitt in der Geschichte Gottes mit dem Menschen beginnt:
- Abraham wird der Vater vieler Völker werden
- von ihm werden Könige abstammen
- er und seine Nachkommen werden das ganze Land besitzen.

Innerbiblische Beziehungen

Der Selbstverpflichtung Gottes gegenüber Abraham, den Vätern und dem Volk Israel (17,1 ff) korrespondiert der Bund Gottes mit Noach, den Gott mit ihm am Ende der Sintflut schloß (Gen 9,8-17: Nr. 14).
In dem Bund, den Gott mit dem Volk Israel am Sinai schließt, wird die gegenseitige Verpflichtung der Bündnispartner hervorgehoben (vgl. Ex 19 und 20: Nr. 48 und 49).

Die Propheten Jeremia und Ezechiel greifen den Bundesgedanken auf und sprechen von einem „neuen Bund“ den Gott mit dem Volk Israel schließen wird: Gott wird das Gesetz des neuen Bundes dem Bündnispartner Israel „ins Herz schreiben“ (vgl. Jer 31,31-34: Nr. 82) und „das steinerne Herz aus eurem Leib herausnehmen und euch ein fleischernes Herz geben“ (vgl. Ez 36,24-28).
Daß es sehr schwer ist, im hohen Alter an einen Neuanfang zu glauben, zeigt uns auch die Erzählung von Zacharias, dem Mann der Elisabet und dem Vater Johannes' des Täufers, der nicht an die ihm prophezeite Geburt des Sohns glauben kann (vgl. Lk 1,5 ff: Nr. 100).

Anschlüsse an die Welt des Lesers

Gott versteht sich als Angebot an den Menschen.
Der Mensch kann dieses Angebot
- annehmen oder ablehnen
- sich darauf einlassen oder sich ihm verweigern.

Welche Formen des Einlassens bzw. des Verweigerns gibt es?
Was kann ein Einlassen ermutigen bzw. verhindern?
Wo erkennen wir das Angebot, wo erkennen wir es an, und schließlich: Wo bekennen wir uns zu ihm?

Angebot Gottes – erkennen
– anerkennen
– bekennen.

Gen 18,1-10.12-15 Nr. 20
Gott weilt zu Gast bei Abraham

Naheliegende Verständnisvoraussetzungen

Der Leser tut sich schwer, sich Gott als Wanderer auf der Erde vorzustellen. In Gen 18,1-15 wird aber in anthropomorpher Weise von Gott erzählt, der dem Abraham als Wanderer *inkognito* begegnet, ihm und seiner Frau Sara persönlich einen Sohn verheißt. Beide erkennen den Gast nicht als Gott. Hätte sonst Sara gelacht?
Der Leser aber erfährt schon in 18,1, daß Jahwe es ist, der dem Abraham in Mamre erscheint. Zu beachten aber bleibt, daß im Verlauf der Er-

zählung nirgendwo gesagt wird, daß Abraham und Sara die fremden Männer als eine Erscheinung der Gottheit erkannt haben. In 18,1-16 fehlt ein *Erkennungsvorgang,* wie wir ihn z. B. Tob 12,16 (Nr. 93) finden.
Warum in diesem Text von den drei Männern das eine Mal im Plural (18,2.4.5.8.9.16) und das andere Mal im Singular (18,3.10.13-15) gesprochen wird, läßt sich nicht feststellen.

Strukturen des Textes

Die Zeit

Die erzählte Handlung ereignet sich zu einer bestimmten *Tageszeit:* „zur Zeit der Mittagshitze". Die Erzählung legt die Vermutung nahe, daß die Mittagshitze der Grund dafür ist, daß Abraham den ihm fremden Wanderern seine Gastfreundschaft anbietet.
Die Ankündigung eines Sohnes verweist das bis jetzt kinderlose Paar – Sara und Abraham – auf eine *beglückende Zukunft.*

Die Akteure und ihre Beziehungen

Abraham nimmt die nicht erwartete Ankunft von *drei Männern* wahr und ist bereit, die Ankommenden in Gastfreundschaft aufzunehmen. Er bietet ihnen die Annehmlichkeiten von Wasser und Schatten, von Essen und Trinken an. Die Eingeladenen nehmen die Angebote Abrahams an (18,1.8). *Abraham* bittet die Wanderer, seine Gastfreundschaft anzunehmen, nicht diese den Abraham, ihnen Gastfreundschaft zu gewähren. Den Fremden öffnet *Abraham* ungefragt und selbstlos den Zutritt in den Lebensbereich seiner Sippe.
Die durch die Gastfreundschaft Abrahams beschenkten Fremden wollen nun ihrerseits *Abraham und Sara* beschenken. Sie eröffnen dem kinderlosen Paar die bisher verschlossene Lebensmöglichkeit, einen Sohn zu erhalten. Weil Sara sich ihrer physischen Unmöglichkeit bewußt ist, kann sie sich über das Verheißene *nicht* freuen, sondern nur skeptisch und abweisend lachen. Damit trifft sie nicht nur die Verheißung, sondern auch die drei Gäste. Zwischen Verheißungs*geber* und Verheißungs*empfänger* kommt es darum zu einer Art Streitgespräch. Sara möchte ihr zweifelndes Lachen nicht wahrhaben, muß aber dennoch dazu stehen.

Werte und Erwartungen

Sicher gehört zu den Werten dieses Textes die ungefragte und selbstlose Gastfreundschaft Abrahams. Zentral steht aber anderes:
Die Geburt eines Sohnes haben Abraham und Sara bisher vergeblich

erwartet. Als Sara die Erfüllung ihres Kinderwunsches zugesagt wird, kann sie aufgrund der faktischen Gegebenheiten als Realistin nicht mehr an seine Erfüllung glauben. Es ist ihr nicht möglich, angesichts des „Unmöglichen“ an die eröffnete Möglichkeit, die Geburt eines Sohnes in ihrem Alter, zu glauben.

Jetzt	⟷	*Zukunft*
unmöglich		möglich
verschlossen sein		eröffnet werden
kinderlos sein		Kind bekommen
unfruchtbar		fruchtbar
sich verbraucht fühlen		unverbraucht sein
zweifeln		vertrauen

Innerbiblische Beziehungen

Das Motiv der Sohnesverheißung an eine bisher kinderlose Frau finden wir noch an anderen Stellen der Bibel: z. B. Ri 13,2-5 (Simson); 1 Sam 1,17 (Samuel); 2 Kön 4,8-17 (der Prophet Elischa verheißt seiner Gastgeberin einen Sohn); Lk 1,5-25: Nr. 100 (Zacharias und Elisabet wird die Geburt eines Sohnes verheißen). Zum Motiv des inkognito wandernden Gottesboten vgl. auch das Buch Tobit (Nr. 88-93).
Gen 18,1-15 hat auch seine Auswirkungen auf die Ikonenmalerei der Ostkirche gehabt. Hier bildet diese Erzählung die Grundlage für die bildliche Darstellung der Dreifaltigkeit.
(Außerbiblisch begegnen wir beiden Motiven in verschiedenen Märchen und Mythen z. B. „der inkognito wandernde Gott“ im griechischen Mythos von Philemon und Baucis oder im Grimmschen Märchen: Der Arme und der Reiche [Kinder- und Hausmärchen 87]).

Anschlüsse an die Welt des Lesers

In welchen Beziehungen ist es möglich, Gastfreundschaft anzubieten und sie anzunehmen oder zu verweigern? – Unverhofft ankommen, – aufnehmen (aufgenommen werden), – bewirten (bewirtet werden).
Welche Motive können uns leiten, Gastfreundschaft anzubieten, sie anzunehmen oder zu verweigern?
In welchen unserer Beziehungen können wir herausgefordert sein oder werden, an das Lebbare angesichts bisher ungelebter Lebensmöglichkeiten zu glauben, ihm zu vertrauen?
Was kann uns hindern, die Herausforderung anzunehmen? Von welchem Wunsch erwarten wir sehnsüchtig, daß er erfüllt werde? Wo hat uns das vergebliche Warten auf Erfüllung müde, krank gemacht?

Gen 18,16-33 — Nr. 21
Abraham bittet für die Stadt Sodom

Naheliegende Verständnisvoraussetzungen

Der Text vermittelt den Eindruck, daß Gott Abraham als seinen intimen Freund betrachtet und ihn deshalb an seinen Plänen teilhaben läßt. Dies nimmt Abraham zum Anlaß, mit Gott über dessen Pläne zu diskutieren. Ist Gott gegen die Gerechten gerecht, oder vernichtet er sie ohne weiteres mit den Frevlern? Diese Frage nach der Gerechtigkeit Gottes ist eine den gläubigen Menschen zutiefst bedrängende Frage.
Auch der Text gibt keine *endgültige* Antwort, im Gegenteil: die gegebene Antwort wirft nicht nur für Abraham, sondern auch für den heutigen Leser neue Fragen auf.
Gibt Gott seiner richtenden und vernichtenden Gerechtigkeit den Vorzug vor möglicher Barmherzigkeit?

Strukturen des Textes

Zeit und Raum

Das Gespräch zwischen Gott und Abraham findet statt:
- nach der von Abraham gewährten Gastfreundschaft
- auf dem Weg der drei Männer nach Sodom.

Im Gespräch zwischen Gott und Abraham fällt der Wechsel auf zwischen:

Gehen (18,16-22a)	– stehen (18,22-32)	– gehen (18,33)
Aufbrechen	– stehen	– sich trennen.

Gott zeigt sich hier als Richter über eine ganze Stadt. Als dieser Richter bestimmt er die Zukunft der Frevler und Gerechten. Die Zukunft der Frevler heißt Verderben – die Zukunft der Gerechten heißt Leben. Von wessen bisherigem Verhalten läßt Gott sich in seinem Richten leiten: von dem der Frevler oder dem der Gerechten?

Die Akteure und ihre Beziehungen

Die Hauptakteure in dieser Erzählung sind Jahwe und Abraham. Auch in diesem Text ist es rätselhaft, daß zuerst von drei Männern und dann wiederum von Jahwe allein die Rede ist. In einem Selbstgespräch erinnert sich Jahwe der Verheißungen und ihrer erwünschten Folgen für Abraham und seine

Nachkommen. Aufgrund dieser Erinnerung entschließt sich Jahwe, Abraham in seinen Plan einzuweihen, deshalb eröffnet Gott das Gespräch mit ihm (18,17-19). In diesem Gespräch erfahren wir nichts von einer möglichen Zerstörung von Sodom; diese läßt sich nur indirekt aus 19,1-29 erschließen.
Nachdem Abraham den Plan Gottes vernommen hat, eröffnet er das Gespräch mit Gott, das sich wie folgt gliedern läßt:

18,23	Frage Abrahams an Gott
18,24-26	Zweifache Frage an Gott als Richter – Antwort Gottes
18,27f	Gegenfrage an Gott – Antwort Gottes
18,29	Gegenfrage an Gott – Antwort Gottes
18,30	Gegenfrage an Gott – Antwort Gottes
18,31	Gegenfrage an Gott – Antwort Gottes
18,32	Gegenfrage an Gott – Antwort Gottes

Abraham begegnet uns hier als der *Fragende* – Gott als der *Befragte.* Sechsmal wagt es Abraham – wenn man die zaghaften Anfänge des Fragens in 18,27.30.31 nicht mitzählt – Gott zu befragen. Jede Antwort Gottes ruft eine neue Frage Abrahams hervor. Durch das Fragen Abrahams werden die Maßstäbe erkennbar, nach denen der Befragte handelt. Alle Fragen drehen sich um eine Frage:
Welches Gewicht haben Gerechte in einem Gemeinwesen, das von Ungerechtigkeit geprägt ist? Können Gerechte die drohende Zerstörung eines Gemeinwesens, das doch auch ihr Lebensraum ist, abwenden? Können Gerechte durch ihre Existenz das strafende Handeln Gottes innerhalb der Geschichte zu ihren Gunsten beeinflussen? Oder sind sie ohnmächtig dem richtenden Handeln Gottes ausgesetzt?

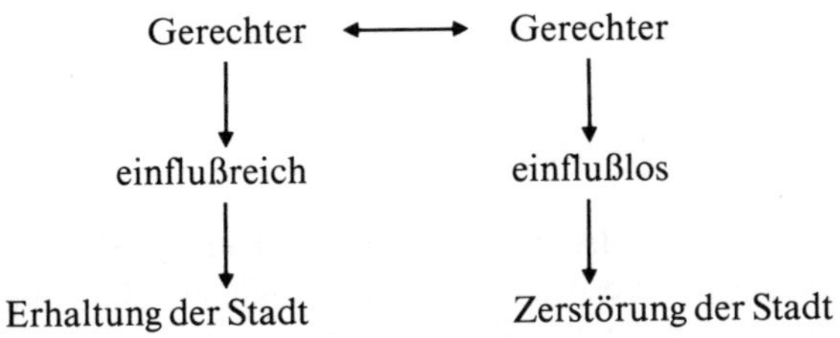

In unserer Erzählung wird sechsmal die einflußreiche Bedeutung der Gerechten bejaht.
Je geringer die Anzahl der Gerechten ist, desto deutlicher wird deren Einfluß:

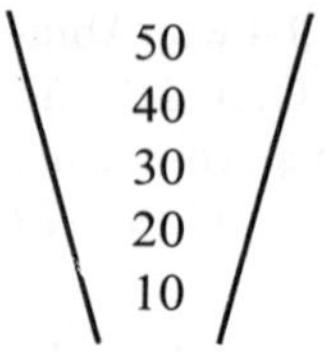

Anzahl

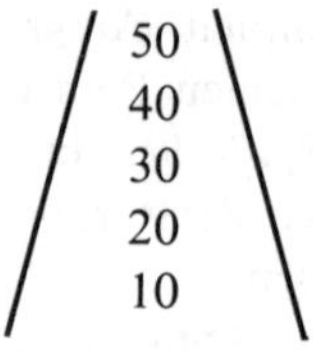

Einfluß

Warum aber hört Abraham bei zehn Gerechten auf? Vielleicht spiegelt sich hier die Auffassung, daß ein kleinere Gruppe als zehn keinen wirksamen Einfluß auf ein überschaubares Gemeinwesen ausüben kann.
Ist die Zahl unter zehn, so werden die Gerechten einzeln gerettet, wie ja die Errettung des Lot zeigt (vgl. Gen 19,1ff: Nr. 22).

Werte

Es geht um die Frage: Inwieweit berücksichtigt Gott in seinem Handeln das Handeln der Gerechten? Ist ihr Handeln Kriterium seines Handelns?
Der Text verweist auf die Möglichkeit, daß Gott bereit ist, durch das Handeln des Gerechten sich in seinem Handeln beeinflussen zu lassen. Der Gerechte soll nicht dem zerstörerischen Handeln Gottes zum Opfer fallen.
Desweiteren verweist der Text darauf, daß es menschliche Werte gibt, die nicht folgenlos überschritten werden können.
Im Text stehen folgende Elemente einander gegenüber:

Ruchlose ⟷ Gerechte
Sünde ⟷ Weg des Herrn

Das „Klagegeschrei" ist Ausdruck der Empörung über diesen Gegensatz der erfahrenen Realität.

Innerbiblische Beziehungen

Die Frage nach dem Verhältnis des Gerechten und Frevlers vor Gott hat die Jahwegläubigen besonders nach dem Jahre 587 bewegt. Lohnt es sich überhaupt – durch den Glauben an Jahwe motiviert – „gerecht" zu leben, wenn es den „Frevlern" nicht nur gut, sondern sogar noch besser geht?

Wahrhaftig, so sind die Frevler:
Immer im Glück, häufen sie Reichtum auf Reichtum.
Also hielt ich umsonst mein Herz rein
und wusch meine Hände in Unschuld.
Und doch war ich alle Tage geplagt
und wurde jeden Morgen gezüchtigt. (Ps 73,12-14)

Wurden nicht mit den Gottlosen auch die Gottgläubigen und Gerechten heimgesucht? Lohnt es sich überhaupt, angesichts dieser Tatsache an Gott

festzuhalten? (Z.B. 722 bei der Zerstörung des Nordstaates; 587 bei der Zerstörung des Südstaates.)
Die Bibel kennt *keine endgültige* Antwort auf diese Fragen, wohl *mögliche* Antworten, die dem von Leid heimgesuchten Jahwegläubigen eine Antwort geben *können,* aber *nicht müssen.* Eine Antwort versucht unser Text, eine andere Antwort der Prophet Jesaja (Deuterojesaja) mit seinem vierten Gottesknechtslied 52,13-53,12; oder das Buch Ijob. Für uns Menschen können diese biblischen Antworten *plausible Antworten* sein, die uns helfen, Leid zu bewältigen. Diese *plausiblen Antworten* sind aber *nicht* für alle Menschen zwangsläufig *zwingende Antworten.*

Anschlüsse an die Welt des Lesers

Wir können mit der Frage nach der Gerechtigkeit Gottes vor allen Dingen dann konfrontiert werden, wenn wir von Verlusterlebnissen betroffen werden. Die Fragenden fühlen sich in ihrem Leben von Gott ungerecht behandelt. Spiegelt sich in diesen Fragen nicht die unbewußte Vorstellung, der Glaube an Gott wäre eine *Versicherungsgarantie* vor möglichen Verlusterlebnissen in diesem Leben? In solchen Glaubensvorstellungen liegen die Wurzeln für möglichen späteren Unglauben.
Wo verleitet uns unser Lohn – Strafe – Denken:

tue ich Gutes ⟶ werde ich belohnt
tue ich Böses ⟶ werde ich bestraft

dazu, den Blick für unschuldig bedrohte Menschen zu verlieren?
Wo können wir für bedrohte Menschen Fürsprecher sein? Fürsprecher sein heißt: sich mit dem, für den ich Fürsprache einlege, zu solidarisieren.

Gen 19,1-28 Nr. 22
Gottes Gericht über Sodom

Naheliegende Verständnisvoraussetzungen

Der Text der „Bibel für die Grundschule" legt den Eindruck nahe, daß Gott die Stadt Sodom vernichtet, weil es in ihr keine zehn Gerechten gibt, daß er aber Lot, seine Frau und seine Töchter um Abrahams willen aus der Katastrophe rettet. Die Auswahl verkürzt hier die ursprüngliche Loterzählung

derart, daß ihre charakteristischen Züge verloren gehen, z. B. daß Lot auch den Boten Gastfreundschaft anbietet, diese gegen die Einwohner Sodoms verteidigt (vgl. 19,1-11), daß er Rettung aus der drohenden Katastrophe angeboten bekommt, aber noch zögert, sie anzunehmen (19,12-17), daß das Verbot des Zurückschauens überschritten und sofort bestraft wird (vgl. 19,17.26 – ein Märchenmotiv).
Die folgende Auslegung hält sich an den Volltext von Gen 19,1-28.

Strukturen des Textes

Zeit und Raum

Die Handlung spielt in der Gegend, die in Gen 13,10 als „bewässert wie der Garten des Herrn" bezeichnet wird. Damals ermöglichte diese Gegend mit ihren lebensspendenden Kräften Lot das Überleben, jetzt ist er bedroht. Der zögernde Lot erhält die Anweisung, aus dem bedrohten Lebensraum *aufzubrechen,* beim Gehen *nicht stehen zu bleiben* – sich *nicht* nach dem zurückgelassenen Ort *umzudrehen.* Ein Zuwiderhandeln ist tödlich. Lot begegnet uns als Stadtbewohner, dem es schwerfällt, aus der Stadt aufzubrechen, sich ins Gebirge zu retten; er will möglichst bald wieder in den Schutzraum einer Stadt gelangen. Hat das Stadtleben in Lot die Fähigkeit verkümmern lassen aufzubrechen, sich auf den Weg zu machen? (Vgl. Gen 19,19f).
Vergleiche:

Abraham	⟷	*Lot*
bricht auf,		zögert aufzubrechen,
geht ins Ungewisse,		hat Angst, in bedrohliche Gebirge zu gehen,
geht ohne Ziel und Richtungsangabe.		betrachtet die nächste Stadt als sein Ziel.

Die Zeit

Die erzählte Handlung ereignet sich in der Zeit zwischen Sonnenuntergang und Sonnenaufgang. Aufgrund der knappen Zeitspanne drängen die Boten zum Aufbruch:

rechten Zeitpunkt
↙ ↘
nützen verpassen

Die Akteure und ihre Beziehungen

Der Fremdling Lot bietet den in der Stadt ankommenden Fremden seine Gastfreundschaft an. Gastfreundschaft will dem ankommenden Fremden Schutz gewähren. Die Männer geraten aber gerade durch die Annahme der ihnen aufgedrängten Einladung in Gefahr (19,3). Die Männer von Sodom äußern bezüglich der angekommenen Fremden das Begehren, mit diesen geschlechtlich zu verkehren. Das Erfüllen dieses Verlangens würde aber das Gebot der Gastfreundschaft verletzen. Lot versucht die Begehrenden von ihrem Wunsch abzubringen, aufgrund dieser Verweigerung werden sie gegen Lot und die Fremden gewalttätig. Gegen diese Gewalttätigkeit wehren sich die Bedrohten mit Gewalt (Blendung des Gegners). Die (durch die Einwohner Sodoms) widerfahrende Bedrohung ist der Anlaß, daß die Fremden Lot über die noch größere Bedrohung informieren. Lot und seine Sippe sollen aus der bevorstehenden Katastrophe gerettet werden.
Lot wird zum Aufbruch aus der Stadt aufgefordert. Der zum Aufbruch bereite Lot will auch seine Schwiegersöhne zum Aufbrechen überreden, diese aber glauben seiner Warnung nicht (19,1ff).

Lot	←→	*Schwiegersöhne*
den Boten glauben		den Boten mißtrauen
die Gefahr erkennen		die Gefahr verkennen
aufbrechen		bleiben
Errettung		Vernichtung

Die Übertretung des Verbotes „nicht zurückzuschauen" ist für Lots Frau tödlich. Die Zurückschauende erstarrt zu Stein, bleibt auf der Strecke, erreicht das rettende Ziel nicht.
In dieser Erzählung erfahren die Menschen Gott als rettend und vernichtend.

Werte

Für Lot ist die Gastfreundschaft ein Wert, der keine Verletzung erlaubt und verteidigt werden muß; für die Sodomiter ist er kein Wert mehr, und deshalb kommt es zur gewaltsamen Auseinandersetzung zwischen ihnen und Lot. Lots Festhalten am Wert der Gastfreundschaft wird von den Einwohnern als Anmaßung ausgelegt (vgl. 19,9).

Gastfreundschaft beachten	←→	Gastfreundschaft verachten
Gäste aufnehmen und beschützen	←→	Gäste mißbrauchen wollen

Innerbiblische Beziehungen

Auch in den Sintflutgeschichten wird uns vom strafenden Gott erzählt, der die Bosheit der Menschen nicht mehr ertragen kann (Gen 6-9: Nr. 12.13).

Nach den Vätererzählungen erfährt Abraham Gott als segnenden (vgl. Gen 12,1ff: Nr. 16) und zerstörenden (vgl. Gen 19,27), sie sprechen nicht einseitig nur vom sogenannten „lieben Gott".
Auf das *Strafgericht* an Sodom und Gomorra bezieht sich unter vielen anderen biblischen Schriftstellern der Prophet Jesaja (Jes 1,9 f; 13,19 f); auf das *ausschweifende Verhalten* der Sodomiter der Prophet Ezechiel (Ez 16,46-50).
Gott kann durch Feuer, das vom Himmel fällt, sich als der *strafende* Gott erweisen, aber auch als der *wahre* Gott, wie uns in der Geschichte vom Gottesurteil auf dem Berg Karmel erzählt wird (vgl. 1Kön 18,22-40: Nr. 74).
Der Bedeutung der Gastfreundschaft und ihrer Bedrohung durch Stadtbewohner begegnen wir in der Erzählung von den ruchlosen Taten der Benjaminiten in der Stadt Gibea an der Frau eines Leviten (Ri 19,14-25).

Anschlüsse an die Welt des Lesers

– Welche Lebenssituationen können von uns fordern, daß wir aus der Geborgenheit, die bedrohenden und verschlingenden Charakter angenommen hat, aufbrechen – beim Gehen nicht stehenbleiben – nach vorne und nicht zurückschauen?
– Welche Umstände und Gegebenheiten können in uns das Zutrauen zu Fähigkeiten verkümmern lassen, z. B. zu der Fähigkeit aufzubrechen, zu vertrauen, auf ungewisse mühsam zu erreichende Ziele zuzugehen?
– Wo stehen wir in der Gefahr, den richtigen Zeitpunkt für die Verwirklichung eines lebensnotwendigen Planes durch unser Zögern zu verpassen?
– Aufgrund welcher Wünsche geraten wir mit unseren Mitmenschen in einen Konflikt? Wie tragen wir ihn aus? Gewaltsam – gewaltlos?
– Wo begegnen wir Boten, die uns zum Handeln drängen?
– Wo lassen wir uns von ihnen an die Hand nehmen, um neues Leben zu erreichen?
– Wo begegnen wir in all diesen Situationen Gott als einem, der rettet bzw. richtet und vernichtet?
– Gen 19,1ff kann uns die Augen dafür öffnen, daß Menschen das Handeln Gottes in der Geschichte *nicht nur* als ein segnendes, sondern auch als ein richtendes und vernichtendes gedeutet haben.

Gott prüft Abraham

Naheliegende Verständnisvoraussetzungen

Der Text wirft auf Gott ein sehr zwiespältiges Licht. Gott kann hier dem Leser als willkürlicher Tyrann erscheinen, der mit dem Menschen als seinem Untergebenen nach Belieben umspringt und dessen widerspruchslose Unterwerfung fordert. Zuerst verspricht er Abraham und Sara die Erfüllung ihres sehnsüchtigen Wunsches, einen Sohn zu bekommen. Nachdem der Wunsch wider alle Erwartung erfüllt worden ist, fordert der Geber vom Beschenkten, das Geschenk zurückzugeben.
Gott verlangt von Abraham die Zerstörung einer menschlichen Grundbeziehung, die zwischen Vater und Sohn. Abraham ist – für den Leser wiederum sehr unverständlich – widerspruchslos zur geforderten Tat bereit. Erst im letzten Augenblick beendet Gott das grausame Spiel. Obwohl der Text keine Emotionen der Akteure zur Sprache bringt, kann er im Leser Ablehnung hervorrufen.
Vom Einsatz dieser Erzählung in der Grundschule ist abzuraten, weil sie die Schüler überfordert. Außerdem könnte sie ein belastendes Gottesbild hervorrufen.

Strukturen des Textes

Raum und Zeit

Die Verlaufsstruktur des Textes läßt deutlich erkennen, daß ein Hin- und ein Rückweg zurückgelegt werden, die ihre Zeit brauchen (vgl. die Zeitangabe in 22,4) und sich in verschiedene Phasen gliedern lassen: Aufbrechen – gehen (22,3) zurücklassen (22,4) – weitergehen (22,5-8) – ankommen – verweilen (22,9-18) – heimkehren (22,19).
Frühmorgens macht sich Abraham mit den Knechten und Isaak auf den Weg. Nach drei Tagen gelangen sie an den von Gott bestimmten Zielort. Auf den Berg gehen Abraham und Isaak allein. Es ist möglich zu sagen: Das Gehen und die Zeitdauer des Weges verweisen auf das Sich-Einlassen und Durchmachen, Durchstehen eines Prozesses zwischen Abraham und Gott. Was aber ist der Inhalt und das Ziel dieses Prozesses?

Die Akteure und ihre Beziehungen

Dreimal wird Abraham angesprochen:

von Gott:	„Abraham" (22,1)
von Isaak:	„Vater" (22,7)
von einem Boten Jahwes:	„Abraham, Abraham" (22,11)

Dreimal antwortet Abraham mit „Hier bin ich" (22,1.7.11).
Der Anrede folgt entweder eine Aufforderung (22,2.12) oder eine Frage (22,7).

Aufforderung Gottes an Abraham (22,2)	nonverbale Antwort Abrahams (22,3f)
Isaaks Frage an Abraham (22,7)	verbale Antwort Abrahams (22,8)
Aufforderung eines Boten Jahwes an Abraham (22,12)	nonverbale Antwort Abrahams (22,13)
erneute Verheißungszusagen an Abraham (22,16-18)	nonverbale Antwort Abrahams (22,19)

Der Text erzählt uns nichts über die möglichen Wirkungen, die die Aufforderung bzw. die Frage und die Verheißungszusage in Abraham hervorrufen. Das Schweigen, in das Abraham sich bei seinem Handeln hüllt, und die ausweichende dennoch von Hoffnung getragene Antwort auf die Frage seines Sohnes sind provozierend.
Die beiden Aufforderungen: den Sohn zu opfern (22,2) – den Sohn nicht zu opfern (22,12), bestimmen die Handlungen Abrahams, in denen ein Grundverhalten Abrahams sichtbar wird.

Abraham wird gerufen ⟶ er hört das Rufen ⟶ befolgt das Gehörte

Aber ist dieses Befolgen nicht Ausdruck eines *blinden Gehorsams* einem *autoritären Gott* gegenüber? Ein Vergleich zwischen Gen 12,1 (Nr. 16) und 22,2 kann uns helfen, *eine mögliche Antwort* auf unsere Frage zu finden.
Auffallend ist, daß sowohl in 12,1 wie auch in 22,2 die wörtliche Übersetzung heißt: *„geh für dich", das heißt etwa: um deinetwillen.*

Gen 12,1	*Gen 22,2*
Da *sprach* der Herr zu Abraham	Da *sprach* er: Nimm deinen Sohn, deinen einzigen, den du liebst, den Isaak, und *geh für dich*
Geh für dich aus deinem Lande, deinem Geburtsort, deinem Vaterhaus *in das Land.*	
	in das Land Morija, und bringe ihn dort zum Opfer auf einem Berge, *den ich dir sagen werde.*

Welches Verhalten wird in beiden Versen von Abraham gefordert, und welche Konsequenzen hat es jeweils für ihn?

12,1	*22,2*
gefordertes Verhalten	
aufbrechen	aufbrechen
vertrauen	vertrauen
loslassen (Land, Geburtsort, Vaterhaus = Vergangenheit)	loslassen (seinen einzigen geliebten Sohn = Zukunft)
Konsequenzen	
Abraham *läßt* andere und anderes *zurück.*	Abraham ist auf sich zurückgeworfen.
Leben *stiftende* Aufforderung.	Leben *zerstörende* Aufforderung.
Im Befolgen der Aufforderung *eröffnet* sich Abrahams Zukunft.	Im Befolgen der Aufforderung scheint sich für Abraham *Zukunft zu verschließen.*

Wie aber ist in beiden Versen das „für dich" – „um deinetwillen" zu verstehen? Beide Aufforderungen verweisen auf ein Ziel, das nur dadurch erreicht werden kann, daß Abraham sich selbst losläßt. Diesen Prozeß muß er *allein* durchstehen, kann kein anderer für ihn durchmachen.
Solche schmerzhaften Prozesse des Loslassens, in denen der Betroffene auf sich allein zurückgeworfen wird, können für ihn zur Versuchung werden. So ist Abraham herausgefordert, erst recht an seinem Glauben, an Gott festzuhalten und sich dem Prozeß zu stellen, will er *sich selbst treu bleiben.* Darauf scheinen das widerspruchslose Verhalten Abrahams und sein zaghaftes Hoffen zu verweisen: „Gott wird sich das Opferlamm aussuchen" (22,8). Gott erspart Abraham diese Herausforderung nicht, aber er sendet ihm schließlich seinen Boten, der ihm den weiteren Weg zu neuem lebenswertem Leben weist.

Innerbiblische Beziehungen

Die Bibel erzählt uns auch von anderen Jahwegläubigen, denen die Erfahrung der Einsamkeit und Überforderung nicht erspart bleiben: z. B. der Prophet Elija, der aufgrund seines Einsatzes für Jahwe von der Königin Isebel mit dem Tod bedroht wird und deshalb vor ihr in die Wüste flieht (1 Kön 19,1ff: Nr. 75); der Prophet Jeremia, der an seiner Berufung schwer zu tragen hat (Jer 20,7-18); Ijob, dem viele Verlusterlebnisse widerfahren (vgl. Ijob 1,1-2,13); Jesus von Nazaret, der allein und verlassen am Kreuz stirbt (Mt 27,46).

Anschlüsse an die Welt des Lesers

– In welchen Lebenssituationen können wir herausgefordert sein, uns schmerzhafter Prozesse des Loslassens zu stellen, in denen wir auf uns selbst zurückgeworfen werden?
Z. B. wenn Kinder aus dem Elternhaus weggehen; Kinder ihre Eltern durch Trennung, Scheidung, Tod verlieren; wenn Freundschaft, Partnerschaft zerbricht; beim Widerfahren einer unheilbaren Krankheit.
– Kann unser Glaube an Gott uns helfen, solche Verlusterlebnisse, in denen wir alleine zurückbleiben, anzunehmen, zu bewältigen, um nicht nur zu überleben, sondern wieder neu anzufangen zu leben?
– Welche Auswirkungen hat die von Gen 22,1ff vermittelte Erkenntnis, daß Gott uns vor Verlusterlebnissen und scheinbarer Ausweglosigkeit nicht bewahren, wohl aber in ihnen uns beistehen kann, auf unser Verständnis von Gott?

Die Jakob-Esau-Geschichten

Naheliegende Verständnisvoraussetzungen

Im Mittelpunkt der Jakob-Esau-Geschichten steht die Auseinandersetzung zweier Brüder (Gen 25,19-34; 27,1-46; 33,1-20), des Schwiegersohnes Jakob mit dem Schwiegervater – Laban – (29,1-29; 30,25-31,55) und zweier Schwestern – Rachel und Lea – um ihren Mann Jakob (29,13-30,24).
Die Geschichten können den Eindruck erwecken, daß es sich lohnt, in zwischenmenschlichen Konflikten zu List und Betrug zu greifen, denn sie führen zum erstrebten Erfolg und der durch Betrug Erfolgreiche wird von Gott gesegnet.
Die „Bibel für die Grundschule“ wählt nur zwei Texte aus den Jakob-Esau-Geschichten aus:

Gen 25,19-34; 27,41-46	Nr. 24 Esau und Jakob
Gen 28,11-19	Nr. 25 Jakobs Flucht und Gottes Verheißungen

Da die „Bibel für die Grundschule“ die ursprünglichen Texte stellenweise so paraphrasiert und kürzt, daß ein falscher Eindruck entsteht, sind auch hier die ursprünglichen Bibeltexte der Ausgangspunkt der angebotenen Lesehilfe.

Strukturen des Textes

Raum und Zeit

Der Aufbau der Jakob-Esau-Geschichten läßt eindeutig eine *Wegstruktur* erkennen. Der Weg läßt sich wie folgt visualisieren:

Flucht vor dem Bruder Esau	Gottesbegegnung auf dem Fluchtweg „Bet-El“	
aufbrechen →	rasten →	ankommen aufgenommen werden verweilen ↓
ankommen seßhaft werden ←	rasten ←	aufbrechen
Begegnung und Versöhnung mit dem Bruder Esau in Kanaan	Gottesbegegnung auf dem Heimweg „Penuel“	Flucht vor Laban Vertrag mit Laban

Jakob flieht vor der Morddrohung seines Bruders Esau, den er betrogen hat, aus seiner Heimat und gelangt als Flüchtling zu den Verwandten seiner Mutter. Nach 20jährigem Aufenthalt bei diesen flieht er vor seinem Schwiegervater, von dem er sich bedroht fühlt, in seine Heimat Kanaan. Auf dem Hin- und Rückweg widerfährt dem Flüchtenden jeweils die Gottesbegegnung, die ihm Orientierung und Kraft für sein Weitergehen geben. Der von Gott gesegnete Jakob muß 20 Jahre lang als Flüchtling und Gastarbeiter leben, ehe er in seiner Heimat seßhaft werden kann. Als Jakob in seine Heimat zurückkehrt, ist er nicht nur 20 Jahre älter, sondern auch ein anderer geworden. Er kommt als ein Gewandelter nach Hause (dies bringt besonders die Erzählung vom Kampf am Jabbok zum Ausdruck Gen 32,22ff).

Die Akteure und ihre Beziehungen

Genauso wie in den Abraham-Geschichten durchdringen sich in den Jakob-Esau-Geschichten die Beziehungsebenen: Mensch – Gott; Mensch – Mitmensch.

Die Beziehungen Jakob – Gott

Gott begegnet Jakob auf dem Weg (28,10-22; 32,22-32) im fremden Land (31,33) in den Formen des Traumes, des direkten Sprechens, der Gestalt eines ringenden Mannes. In der Beziehung Jakob – Gott fällt auf, daß Gott den *Betrüger Jakob segnet,* ohne daß Jakob vorher wegen seines Betruges zur Rechenschaft gezogen wird. Wenn auch eine Verurteilung Jakobs unterbleibt, so läßt das nicht die Schlußfolgerung zu, daß die Erzählungen zum Betrug auffordern. Nirgends steht: ,,Geh hin und tue desgleichen". Das Unterlassen einer Verurteilung scheint mir auf folgendes innerhalb der Beziehung Gott – Mensch zu verweisen: *Gott begegnet dem Menschen bedingungslos.* Träger seiner Verheißungen sind nicht vollkommene, sondern *fehlerhafte Menschen* (vgl. Mose, David). In einem langandauernden Prozeß wird aus dem Betrüger Jakob der Gottesstreiter „Israel". „Aus Krummem wird Gerades."

Die Beziehungen Jakob – Sippenmitglieder

Die Beziehungen der Akteure untereinander sind beherrscht von der *Rivalität.*

Jakob ⟷ Esau
Jakob ⟷ Laban
Lea ⟷ Rachel

Aufgrund der Rivalität kommt es zum Streit zwischen den Akteuren. Der Unterlegene versucht jeweils das Verlorene gewaltsam zurückzuerlangen. Esau den Segen, Laban das Vieh, die kinderreiche Lea die Liebe Jakobs, die kinderlose Rachel Kinder. Auf die gewaltsame Bedrohung reagiert Jakob jeweils mit Flucht. Schließlich wird die zunächst angestrebte gewaltsame Lösung des Konfliktes durch eine gewaltlose ersetzt: zwischen Bedrohendem und Bedrohten kommt es zum Vertrag (Laban – Jakob 31,46-55) bzw. zur Versöhnung (Esau – Jakob 33,1-20) d. h. die verschiedenen Gegensätze werden nicht einseitig zugunsten eines Beteiligten aufgelöst, sondern in eine Balance gebracht.

Werte und Erwartungen

Die Beziehungen der Akteure untereinander sind geprägt vom Wert des *Segens*. Um diesen Wert rivalisiert Jakob mit Esau. Damit Jakob die Kräfte des Segens erlangt, greift er zu List und zum Betrug (27,1-29).
Der Verlust des Segens setzt in Esau zerstörerische Kräfte frei, mit deren Hilfe er den verlorenen Wert wiedererlangen will (vgl. 27,41-46). Die Auswirkungen des Segens – hier in der Gestalt der Fruchtbarkeit, Kinderreichtum, Viehreichtum – erfährt Jakob außerhalb seiner Heimat (29,1-31, 52).
In der Beziehung Jakob zu Rachel spielt die *Liebe* zu ihr eine sehr große Rolle. Diese Liebe zu Rachel befähigt ihn, ihretwegen 7 Jahre lang Laban zu dienen, und als dieser ihn um seinen erwarteten Lohn betrügt – aus dem Betrüger Jakob wird der Betrogene –, ist er noch einmal bereit, weitere 7 Jahre um die geliebte Frau zu dienen. Diese Liebe Jakobs ist auch der erstrebte, aber nie erreichte Wert Leas; dafür besitzt sie einen Wert, der Rachel lange Zeit versagt bleibt: Kinder. Wir verkürzen uns den Blick für die verschiedenen Dimensionen der Erzählung, wenn wir in sie unsere individual-ethischen Wertmaßstäbe hineintragen.

Gen 25,20-34 Nr. 24
Esau und Jakob

Naheliegende Verständnisvoraussetzungen

Der in der „Bibel für die Grundschule“ vorliegende Text vermittelt den Eindruck, daß Esau derjenige ist, der den unschuldigen Jakob zu Unrecht mit dem Tod bedroht. Dieser Eindruck kann dadurch entstehen, daß es im Text heißt: „Später tat es ihm leid; er war seinem Bruder Jakob feind und wollte ihn umbringen.“ Dieser Satz aber lehnt sich an Gen 27,41 an und gibt die Reaktion des *von Jakob* um den väterlichen Segen *betrogenen* Esau wieder (vgl. Gen 27,1-46).
Das Verhalten Esaus nach dem Linsengemüse kommentiert der biblische Erzähler anders: „So achtete Esau die Erstgeburt gering.“ Leider fehlt dieser Satz.

Nur die Berücksichtigung der Vollbibel kann uns die richtigen Zusammenhänge aufzeigen, um nicht einem Trugschluß aufzusitzen. In Nr. 24 „Esau und Jakob" wird auf folgende Bibelstellen Bezug genommen: 25,20-34; 27,41-45.
Ich beschränke mich auf Gen 25,20-34; diese Verse enthalten die Geburtsgeschichte von Esau und Jakob (25,21-26) und die Geschichte vom Linsengericht (25,27-34).
In der „Bibel für die Grundschule" liegt in der Stellenangabe ein Druckfehler vor.

Strukturen des Textes

Die Zeit

Der Text Gen 25,20-34 erzählt von dem Geschehen
- vor der Geburt (25,20-23)
- während der Geburt (25,24-26)
- nach der Geburt (25,27-34)

von Esau und Jakob.
Isaak und Rebekka müssen 20 Jahre auf die Geburt der Kinder warten. Esau ist der *vor* Jakob geborene Zwilling und hat damit den Anspruch auf die Rechte des Erstgeborenen. Dieses Erstgeburtsrecht aber ist der Anlaß dafür, daß Jakob mit Esau rivalisiert.
Für Esau hat der *Augenblick* Vorrang vor der *Dauer:* für einen Augenblick gibt er Zukunft auf.

Die Akteure und ihre Beziehungen

Die Geburt der Kinder ist die Antwort Gottes auf die Fürbitte Isaaks für seine Frau Rebekka. Zwischen beiden Söhnen herrscht aber vom Mutterleib an Rivalität. Jakob wird zum *Gegenspieler* Esaus. Um dessen Position einnehmen zu können, ist ihm jedes Mittel recht. Jakob nützt die Schwächen des Bruders aus: Müdigkeit – Hunger – Ungeduld. Um der augenblicklichen Befriedigung willen ist Esau im Rahmen eines *Tauschgeschäftes* bereit, auf sein ihm angeborenes Recht zu verzichten, das für seine Zukunft von großer Bedeutung ist: die Erstgeburt.
Es ist nicht zu verleugnen, daß sich in der Geschwisterrivalität auch die *Rivalität zwischen Jäger (Esau)* und *Hirte (Jakob)* spiegelt.

Werte

In der Geschichte vom Linsengericht stehen sich zwei Werte gegenüber, die Objekte eines Tauschgeschäftes sind:

Linsengericht ⟷ Erstgeburt
Augenblick ⟷ Dauer

Dieses Tauschgeschäft zwischen zwei ungleichen Werten ist deshalb möglich, weil Esau das von ihm verlangte Tauschobjekt gering und das begehrte sehr hoch schätzt. „So achtete Esau die Erstgeburt gering“ (Gen 25,34). Esau sieht nur den augenblicklichen Gewinn, nicht den Verlust, den er sich selbst auf Dauer für die Zukunft zufügt. Über die Folgen dieses Tauschgeschäftes erzählt der Text nichts.

Innerbiblische Beziehungen

Die Rivalität zwischen zwei bzw. mehreren Brüdern begegnet uns in der Bibel, außer bei Esau und Jakob, mehrmals: Kain und Abel (Gen 4,1ff: Nr. 11); die Josefsgeschichten (Gen 37-50: Nr. 26-36). Der durch die Rivalität entstandene Konflikt wird jeweils gewaltsam ausgetragen.

Anschlüsse an die Welt des Lesers

Welche Vorzugsrechte – welche besonderen Gaben wurden uns bei unserer Geburt mitgegeben? Haben wir diese Gaben angenommen?
Welchen Wert legen wir auf sie? Achten oder mißachten wir sie? Warum schätzen wir sie gering? Wo stehen wir in der Gefahr, durch den Genuß des Augenblickes Zukunftsmöglichkeiten zu verspielen, uns selbst zu verlieren?
Erkennen wir *ohne* Rivalität die Gaben der anderen an, ohne dabei die eigenen gering zu schätzen?

Gen 28,11-19 — Nr. 25
Jakobs Flucht und Gottes Verheißungen

Naheliegende Verständnisvoraussetzungen

Der vorliegende Text der „Bibel für die Grundschule“ kann die Meinung hervorrufen, daß dem *unschuldigen* Jakob Gott auf dem Weg begegnet und ihm für die Zukunft seine Hilfe und seinen Schutz zusagt. Berücksichtigt man aber den Kontext der Vollbibel, dann wird deutlich, daß Gott hier dem Betrüger Jakob begegnet und sich ihm zusagt. Leider wird dieser Zusammenhang in der Schulbibel unterschlagen.

Strukturen des Textes

Raum und Zeit

Verlaufsstruktur von Gen 28,10-22

28,10f	Aufbruch von *Beerscheba* nach *Haran* und die Rast unterwegs
28,12	Traum in der Nacht von der Himmelsleiter „Bet-El"
28,13-15	Verheißungen Gottes an Jakob
28,16-19	Jakob benennt den Ort und gründet ein Heiligtum
28,20-22	Jakobs Gelübde

Die Verlaufsstruktur läßt eine *Wegstruktur* erkennen:
– *ohne Gepäck* bricht Jakob aus der Heimat in die Fremde auf, – beim Rasten widerfährt Jakob im Traum eine nächtliche Gottesbegegnung, die ihm Orientierung für sein *Gehen in die Fremde* und seine *Rückkehr in die Heimat* gibt.

Heimat ⟶ Bet-El ⟶ Fremde

Im Jetzt wird Jakob der Blick für die Zukunft geöffnet. Das Widerfahrnis der Gottesbegegnung macht den Ort zum *heiligen Ort*. Dieser Heiligkeit wird sich Jakob bewußt; erkennt, anerkennt sie und bekennt sich zu dem hier erscheinenden Gott. Diese Distanz zwischen Himmel und Erde wird an diesem Ort durch eine Leiter überbrückt.

Die Akteure und ihre Beziehungen

Auf dem Weg begegnet Gott dem Jakob als der Gott seiner Vorfahren „Gott deines Vaters Abraham und der Gott Isaaks". Dieser Gott ist *Geber* von Verheißungen; er verheißt:
- Land 28,13
- zahlreiche Nachkommen 28,14
- Segen 28,14
- Schutz, Beistand 28,15
- der aus dem Land Flüchtende soll das *zurückgelassene* Land erhalten
- der *Unverheiratete* soll Stammvater zahlreicher Nachkommen werden
- dem *allein-gehenden* Jakob sagt Gott sich als Begleiter und Beschützer zu
- der *Flüchtende* soll heimkehren

Wenn Jakob allein aufbrechen und in die Fremde ziehen muß, so ist er dennoch nicht allein: Gott zeigt sich dem Jakob als ein *mitgehender* Gott, dem Jakob vertraut und zu dem er sich bekennt (28,20-22).

Werte und Erwartungen

Die Verheißungen erwecken in Jakob Erwartungen; sie eröffnen ihm aufgrund der in ihnen enthaltenen Werte – Land, Nachkommen, Segen, Schutz – Zukunft. Diese Werte gewinnen auf dem Hintergrund der erfahrenen Unwerte – Flucht, Alleinsein – an Bedeutung und Gewicht.

Innerbiblische Beziehungen

Die Jakob gegebenen Verheißungen verweisen auf die Verheißungen, die Gott Abraham und Isaak gegeben hat (vgl. Gen 12,1-3.7: Nr. 16; 13,14-17: Nr. 17; 26,4.24. u. ö).
In der Geschichte der israelitischen Stämme und des Volkes Israel spielt der Kultort Bet-El in der Auseinandersetzung zwischen Jahwe und der kanaanäischen Gottheit Baal eine entscheidende Rolle (vgl. u. a. 1 Kön 12,25-33: Nr. 73).

Anschlüsse an die Welt des Lesers

Aufgrund welcher Lebensumstände können wir gezwungen sein, „ohne Besitz in die Fremde aufbrechen" zu müssen?
Welche Widerfahrnisse auf dem Weg können in uns Hoffnungen wecken, daß wir an ein Ziel kommen werden? Was kann uns hindern, Hoffnungszeichen wahrzunehmen, uns auf sie einzulassen? Kann *unser Glaube an Gott* helfen, *ohne Besitz* aufzubrechen, uns auf den Weg zu machen?

Die Josefsgeschichten

Naheliegende Verständnisvoraussetzungen

Märchenhaft empfinden wir den Aufstieg Josefs vom unbekannten hebräischen Sklaven zum Vizekönig von Ägypten. Ohne große Schwierigkeiten kann Josef Träume deuten, die Probleme einer siebenjährigen Hungersnot meistern, und bei allem spricht er vom Willen Gottes in einer Selbstverständlichkeit, die wir heute nur schwer nachvollziehen können.
Die Josefsgeschichten sind das Glied innerhalb der biblischen Überlieferungskette, das die Vätertraditionen (Gen 12,1-36,43) mit den Exodustraditionen (Ex 1-15) verbindet und somit eine Kontinuität zwischen beiden ursprünglich selbständigen Traditionen herstellt. Abgesehen von zwei späteren Einschüben – Kap. 38 und 49 – bilden die Josefsgeschichten eine in sich geschlossene Erzählung, die man als *Novelle* bezeichnen kann. Es ist möglich, die Josefsgeschichten in folgende Einheiten zu unterteilen:

Gen 37,1-36	Ausgangssituation: Der Friede in der Familie Jakobs wird zerstört.
Gen 39,1-41,57	Josefs Aufstieg in Ägypten.
Gen 42,1-45,28	Die Versöhnung zwischen Josef und seinen Brüdern.
Gen 46,1-47,31	Der Friede wird in der Familie Jakobs wiederhergestellt.
Gen 48,1-49,33	Der sterbende Jakob segnet seine Söhne und Enkel.
Gen 50,1-26	Die Versöhnung und der wiederhergestellte Familienfrieden bewähren sich nach dem Tode Jakobs.

Beim Vergleich der „Bibel für die Grundschule" mit dem vollständigen Text der Bibel fällt auf, daß Teile ausgelassen wurden, die zum Verständnis der Erzählung unerläßlich sind, z. B. 42,25-28: Josef legt den Brüdern das Geld in die Getreidesäcke zurück; 44,1-34: Josef beschuldigt die Brüder des Diebstahls und will Benjamin als Sklaven behalten, Juda aber widersetzt sich dem Plan Josefs und zeigt dadurch *den Wandel der Brüder.* Dieses Kapitel ist die Voraussetzung, um die in 45,1-15 erzählte Versöhnung zu verstehen. In der folgenden Lesehilfe berücksichtigen wir deshalb beide Stellen mit.

Strukturen des Textes

Der Raum

Die Josefsgeschichten spielen in zwei Ländern: in *Kanaan* und *Ägypten.* Kanaan ist das Heimatland Josefs, aus dem er von seinen Brüdern gewaltsam verstoßen wird; dies zwingt ihn, als Fremder und Sklave in Ägypten den Ägyp-

tern zu dienen. In diesem Land gelingt es Josef, alle seine Fähigkeiten voll zu entfalten: Träume zu deuten, die Vorratswirtschaft zu organisieren, die Jakobssippe vor dem Hungertod zu retten.
Der Hunger treibt die ganze Familie Jakobs aus dem von Gott geschenkten Land Kanaan. Auch wenn Jakobs Sippe sich in Ägypten ansiedeln darf (47,11f) und so dem drohenden Hungertod entgeht, so bleibt Kanaan das von Gott zugesprochene *Heimatland* (50,24), in dem Jakob (50,29-33) und Josef (50,25) begraben sein wollen.

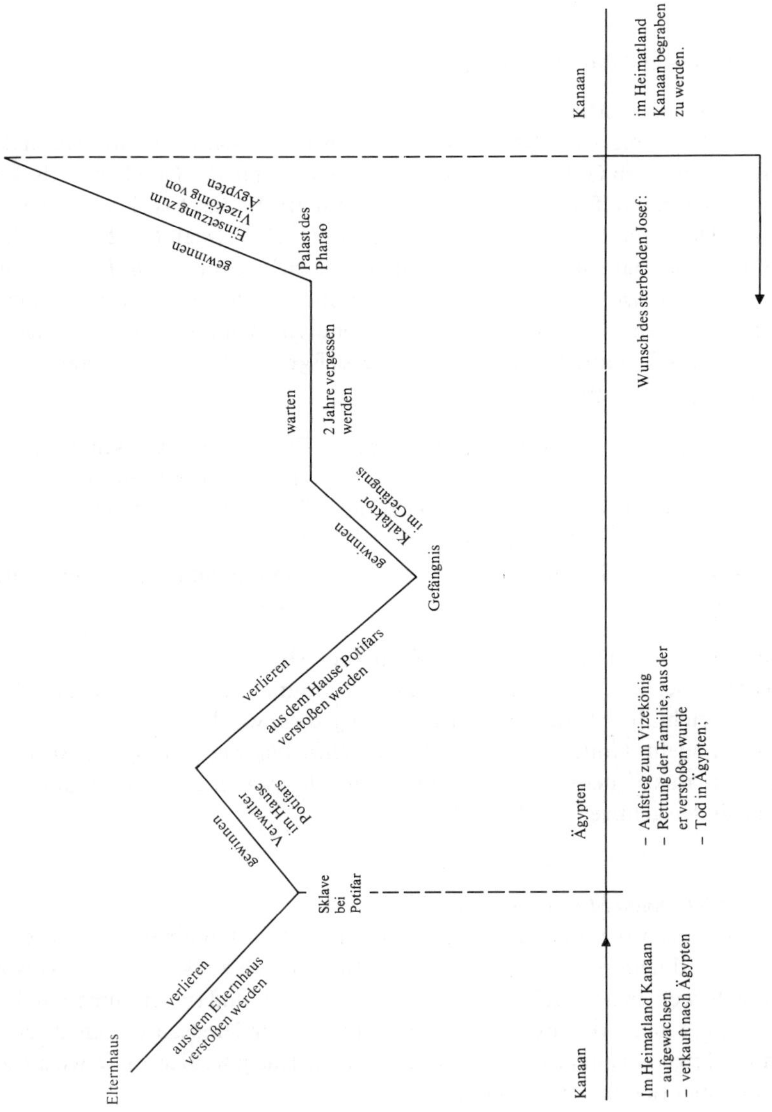

Die Zeit

Nur seine Jugendzeit verbringt Josef im verheißenen Land Kanaan, die übrige Lebenszeit in Ägypten. Die Geschicke des Landes Ägypten sind geprägt von den 7 Jahren des Überflusses an und von den 7 Jahren der Rationierung von Lebensmitteln (Kap. 41).
Jakob kommt als alter Mann nach Ägypten, um dort zu überleben. Am Ende seines Lebens, auf dem Sterbebett, schaut er in die Vergangenheit und in die Zukunft (vgl. Gen 46-48).

Die Akteure und ihre Beziehungen

Die Beziehungen Mensch – Gott

Im Vergleich mit den Vätergeschichten (Gen 12,1-36,43) fällt auf, daß in den Josefsgeschichten Gott als Akteur nur einmal direkt in das Geschehen als Auffordernder eingreift (46,2-4). Mit dem Hauptakteur Josef spricht Gott *nicht unmittelbar*, wie er dies noch bei Abraham (12,1ff), Isaak (26,2) und Jakob (28,13) getan hat. In den Josefsgeschichten spricht Gott *durch Träume*, und Josef ist derjenige, der das Sprechen Gottes in traumhaften Bildern, Gestalten und Vorgängen nicht nur wahrnehmen, sondern auch übersetzen und deuten kann. Sechs Träume finden wir in den Josefsgeschichten, von denen je zwei einander parallel sind.

Gen 37,5-8/37,7-11	Die Träume des Josef	– Traumdeutung geschieht durch die Brüder und den Vater.
Gen 40,9-11/40,16f	Die Träume der königlichen Beamten	– Traumdeutung geschieht durch Josef.
Gen 41,1-4/41,5-7	Die Träume des Pharao	– Traumdeutung geschieht durch Josef.

Die Bibel kennt Träume, *in* denen Gott zum Menschen spricht (z. B. Traum Jakobs in Bet-El, Gen 28,10ff: Nr. 25), und Träume, *durch* die Gott zum Menschen spricht. Jene bedürfen keiner Deutung, diese wohl.
Das Handeln Gottes wird durch das *Handeln der Menschen sichtbar.* „Dieser sah, daß der Herr mit Josef war und alles, was er unternahm, unter seinen Händen gelingen ließ." (39,3).

Die Beziehungen Mensch – Mensch

Die Menschen der Josefsgeschichten lieben und hassen einander, sind eifersüchtig und neidisch, fügen sich gegenseitig Verluste zu, streiten und versöhnen sich, weinen und lachen, freuen sich aneinander und trauern umeinander.
Dreimal greifen Akteure zu Indizien, um einen anderen zu täuschen, einen Unschuldigen anzuklagen und zu verurteilen. Das jeweilige Indiz wird *fraglos* in seiner Beweiskraft angenommen.

Falsches Indiz		*Ziel*
Der in Blut getränkte Leibrock Josefs (37,31-33)	→	Den Vater Jakob über den Verbleib Josefs täuschen
Das Gewand Josefs bei der Frau des Potifar (39,13ff)	→	Josef der Untreue überführen
Der Becher Josefs im Getreidesack Benjamins (44,1ff)	→	Die Brüder des Diebstahls überführen

Dreimal wird mit verkehrten Anschuldigungen gearbeitet:

Anklage		*Ziel*
Frau Potifars klagt Josef der Unsittlichkeit an (39,14f.17f)	→	Josef schaden – er hat keine Chance, sich zu verteidigen
Josef klagt seine Brüder der Spionage an (40,7-20)	→	Sie herausfordern – sie haben eine Chance, sich zu verteidigen, der Inhalt der Verteidigung wird aber nicht angenommen
Josef klagt seine Brüder des Diebstahls an (44,4f.15)	→	Herausfordern – erneute Chance der Verteidigung, die jetzt angenommen wird und die die Wende herbeiführt.

Die Getäuschten bzw. Verurteilten erleiden *Verlust:*
- Jakob verliert Josef;
- Josef verliert seine Stellung bei Potifar;
- Simeon verliert seine Freiheit;
- Benjamin soll seine Freiheit verlieren.

Zweimal wenden Reden *drohendes Unheil* ab:
- Josefs Ratschläge an den Pharao verhindern die schlimmsten Folgen der drohenden Hungersnot (41,33-36).
- Judas Rede an Josef wendet die Versklavung des Bruders Benjamin ab.

In Ägypten kommt Josef mit *Leuten* in Berührung, die im Dienste des Pharao stehen:
- der Oberste der Leibwache (37,1);
- der Aufseher im Gefängnis (37,21);
- der Mundschenk des Königs (40,6ff).

Alle sind vom Können, der Arbeit und der Traumdeutung Josefs beeindruckt; der Mundschenk ist es, der Josef dem Pharao empfiehlt.

Werte und Erwartungen

Innerhalb der Josefsgeschichten bildet der *Friede* (Schalom) in der Familie/Sippe einen entscheidenden Wert. Die Familienmitglieder – Vater, Sohn, Brüder – sind nicht fähig, diesen Frieden zu bewahren, sie zerstören ihn (Kap. 37).

Durch *schmerzhafte Wandlungen* aller Beteiligten ist es möglich, einen *Frieden wiederherzustellen* (Kap. 42-46), der auch über den Tod des Vaters hinaus bestehen bleibt (50,14ff), dauerhafte Versöhnung.
Als weitere Werte, die das Handeln der Akteure bestimmen, lassen sich aufzählen:

- das *Leben* des Bruders (37,22.26);
- die *Treue* Josefs zu seinem Herrn und zu Gott (39,8f);
- Menschen vor dem *Hungertod zu bewahren* (41,33ff);
- das *Wohlergehen* des Vaters (44,30ff);
- in seinem Leben die *Führung Gottes* erkennen, anerkennen und bekennen (45,5-8; 50,20);
- der *Segen* des sterbenden Vaters (Kap. 48 und 49);
- Kanaan als das *Heimatland,* in dem Jakob (49,29ff) und Josef (50,24f) begraben sein wollen.

Gen 37,1-36 Nr. 26
Josef und seine Brüder

Naheliegende Verständnisvoraussetzungen

Man kann sich fragen: Merkt Jakob nicht, wie er durch die Bevorzugung seines Sohnes Josef den Frieden innerhalb seiner Familie und unter seinen Söhnen stört? Ist Josef so naiv oder so arrogant, daß auch er nicht wahrnimmt, welche negativen Gefühle er mit dem Erzählen seiner Träume bei seinen Brüdern hervorruft?
All das bewegt den Erzähler der Josefsgeschichten nicht, denn er übergeht diese Fragen mit Schweigen. Er legt in Kap. 37,1ff die Ausgangssituation der Josefsgeschichten offen. Der Friede in der Sippe Jakobs wird zerstört:

- die Beziehung Vater – Söhne
- die Beziehung Brüder – Brüder.

Die Brüder wehren sich *gewaltsam* gegen die Bevorzugung ihres Bruders Josef und gegen dessen Ansprüche auf Vorrang, indem sie ihn aus ihrem Umkreis verstoßen. Durch dieses gewaltsame Handeln wird der Familienfriede zerstört. Daraus ergeben sich zwei Fragen:

- Was wird aus Josef?
- Kann der zerstörte Familienfriede wiederhergestellt werden?

Beiden Fragen geht der Erzähler ausführlich nach:

- in der Aufstiegsgeschichte Josefs (Kap. 39-41);
- in der Versöhnung zwischen Josef und seinen Brüdern (Kap. 42-46).

Strukturen des Textes

Der Raum

Beachten wir zunächst die jeweiligen *Ortswechsel* in diesem Kapitel, so können wir folgende Zusammenhänge erkennen:
Der Konflikt zwischen Josef und seinen Brüdern beginnt im Hause Jakobs (37,3-11), wird aber hier nicht ausgetragen, weil Josef durch den Vater geschützt ist. Aus diesem Schutz muß er heraus, da der Vater ihn beauftragt, nach dem Wohlergehen der Brüder zu sehen (37,12-17).
Als Josef auf der Weide seinen Brüdern begegnet, ist er schutzlos, und die Brüder lösen den bestehenden Konflikt gewaltsam (37,18-31). Diese gewaltsame Lösung des Geschwisterkonflikts bringt aber keine Lösung der Beziehung Vater – Söhne: war der Friede im Hause Jakobs vorher *gestört,* so ist er nun *zerstört* (37,32-35). Josef wird Sklave in einem fremden Land (37,36).

Die Akteure und ihre Beziehungen

Der Blick auf die sozialen Beziehungen der handelnden Figuren hilft uns, die Ursachen des zerstörten Familienfriedens zu erkennen.
Dadurch, daß Jakob, der Vater, seinen Sohn Josef gegenüber seinen anderen Söhnen sichtbar bevorzugt, fühlen sich diese von ihrem Vater zurückgesetzt. Durchdas Verhalten des Vaters ist das bestehende Gleichgewicht zwischen den Geschwistern in Ungleichgewicht geraten. Dies hat zur Folge, daß die Geschwister Josef negative Gefühle entgegenbringen – „sie haßten ihn" – und unfähig sind, mit Josef zu sprechen – „konnten mit ihm kein gutes Wort reden" –. Die von Jakob seinem Sohn Josef entgegengebrachte *Zuwendung* empfinden die Brüder als eine *Abwendung* von ihnen.
Warum reagieren die Brüder auf den ersten Traum des Josef mit noch negativeren Gefühlen (Haß)? Unter Geschwistern sollte Gleichberechtigung herrschen. In dem Traum aber wird diese in Frage gestellt. Die Brüder wehren sich gegen die drohende Ungleichheit, lehnen sie ab.
Im zweiten Traum wird die ganze Familienordnung zu Gunsten Josefs auf den Kopf gestellt. Die Brüder reagieren mit Neid, der Vater mit Schelte. Durch das Erzählen der Träume sind die Beziehungen innerhalb der Familie gestört. Das Thema der gestörten Familienbeziehungen wird dreimal aufgegriffen (37,3f.5-8.9-11). Wie aber kann diese Störung (dieser Konflikt) behoben werden?
Jakob beauftragt Josef, nach dem Wohlergehen (Schalom) der Brüder und der von ihnen auf der Weide beaufsichtigten Tiere zu sehen (37,14). Josef ist bereit, den an ihn ergangenen Auftrag durchzuführen. Diese Durchführung aber hat zur Folge, daß Josef das Haus, den Schutzbereich des Vaters verlassen, sich

vom Vater trennen muß. Als beide sich trennen, wissen sie noch nicht, was diese Trennung für Folgen haben wird.

Josef ist den Brüdern nicht willkommen,sie nehmen ihn nicht auf, vielmehr lassen sie ihren negativen Gefühlen ungehemmten Lauf. Außer Ruben und später Juda wollen alle Josef umbringen, weil sie sich durch das Verhalten des Vaters zurückgesetzt und durch das Erzählen der Träume von Josef gedemütigt fühlen. Die erfahrenen Verletzungen haben in den Brüdern *zerstörerische Kräfte* freigesetzt:

hassen – mit ihm kein gutes Wort reden (37,4)

↓

haßten ihn noch mehr (37,8)

↓

neidisch (eifersüchtig) (37,11)

↓

töten (37,18).

Der *Abbruch der Kommunikation* mit den anderen – hier dem Bruder – *kann* nicht nur zur Entfremdung, sondern auch zur *tödlichen Gewalt* gegen den anderen führen. Der bestehende Konflikt soll gewaltsam gelöst werden.

Werte und Erwartungen

Ruben fühlt sich für Josef verantwortlich und versucht, ihn deshalb vor der *zerstörerischen Gewalt* der Brüder zu retten, indem er diese auf den Wert des Lebens verweist.

Brüder	↔	Ruben
Leben zerstören		Leben erhalten, retten

Juda gelingt es mit Hilfe desselben ethischen Wertes, den Ruben benützt, den *Mordplan* in einen „*Verkaufsplan*" umzuwandeln.

Brüder	↔	Juda
Josef töten		Josef verkaufen

↙ ↘

Freiheit verlieren — Leben behalten

Das Verkaufen erscheint zwar im Vergleich zum Mordplan als Rettung, aber auch dadurch wird Josef *Verlust* zugefügt, er wird *erniedrigt* und *seiner Freiheit beraubt.* Durch das Verkaufen verstoßen die Brüder Josef aus ihrer Familie: *sie geben ihn um ihretwillen preis.*

Brüder ⟷	*Josef*
fügen Verlust zu	erleidet Verlust
berauben der Freiheit	verliert Freiheit
verstoßen den Bruder	wird von den Brüdern verstoßen

Das Verschwinden des geliebten Sohnes Josef versuchen die Brüder dem Vater durch ein fingiertes Indiz, das der Vater *selbst erklären* muß, mitzuteilen. Der Verlust des geliebten Sohnes bringt Jakob aus der Fassung – er ist untröstlich – läßt sich nicht trösten – schließt sich in seine Trauer um Josef ein. Der für tot erklärte Bruder – der *abwesende* Josef – zieht noch mehr die Zuwendung des Vaters auf sich als der *anwesende* Josef. Das gewaltsame Handeln der Brüder führt zur *Zerstörung des Wohlergehens* innerhalb der Familie, der Familienfriede wird zerstört.

Alle Beteiligten verlieren Werte:
- Josef seine Heimat und seine Freiheit;
- Jakob seinen geliebten Sohn;
- die Brüder die Zuwendung des Vaters.

Innerbiblische Beziehungen

Die Bibel erzählt uns öfter von Eltern, die den Verlust eines Kindes beklagen:
- David den Sohn, den ihm Batseba gebiert (2 Sam 12,15-25);
- die Witwe von Sarepta ihren einzigen Sohn (1 Kön 17,17-24);
- die Schunemitin ihren einzigen Sohn (2 Kön 4,8-37);
- die Witwe von Nain ihren einzigen Sohn (Lk 7,11-17);
- Jairus seine Tochter (Lk 8,40-56).

Josef wird in den Brunnen, Daniel wird in die Löwengrube geworfen, beide werden befreit.

Josef wird von seinen Brüdern verkauft – Jesus von Judas.

Anschlüsse an die Welt des Lesers

– Durch welche Verhaltensweisen von Familienmitgliedern – Eltern, Kinder, Geschwister – kann der Friede innerhalb einer Familie gestört, ja zerstört werden?

– Was können erfahrene Zuwendung bzw. erfahrene Abwendung in uns bewirken?

– Wo stehen wir in der Gefahr, aufgrund widerfahrener Verluste, einen anderen Menschen preiszugeben, auszustoßen?

– Wie gehen wir mit widerfahrenen Verlusten um?

– Wo haben wir einen solchen Verlust erlitten, daß wir uns nicht mehr trösten lassen, keinen neuen Mut zum Leben fassen, sondern uns in unsere Trauer einschließen?

– In welchen Verlustsituationen haben wir die Erfahrung von Errettung und Befreiung gemacht?

Gen 39,1-41,57 Nr. 27-30
Josefs Aufstieg in Ägypten

Naheliegende Verständnisvoraussetzungen

In diesen Kapiteln wird uns der Aufstieg Josefs vom unbedeutenden Sklaven zum bedeutendsten Minister des ägyptischen Pharao erzählt. Diese Stellung gewinnt Josef, weil er sich trotz vieler Verluste in den ihm gestellten Aufgaben bewährt. Uns mutet solch ein Aufstieg märchenhaft an, und es fällt uns nicht leicht, ihn wie die biblischen Erzähler als *Führung Gottes* zu deuten, zumal Gott direkt in das Geschehen nicht eingreift. Vielleicht liegt aber darin eine Chance für uns, dem Erzählten und seinen Hinweisen auf die Beziehungen von Mensch und Gott besser gerecht zu werden.

Strukturen des Textes

Raum und Zeit

– Der Sklave Josef steigt im *Hause des Ägypters* Potifar zu dessen Hausverwalter auf (39,1ff);
– *aus diesem Hause* wird er aufgrund einer falschen Anschuldigung verstoßen und *ins Gefängnis* geworfen (39,7ff);
– im Gefängnis erhält Josef die Funktion eines Kalfaktors (39,21ff);
– als Kalfaktor kommt er mit zwei hohen ägyptischen Hofbeamten zusammen, deren Träume er deutet (40,1ff);
– *aus dem Gefängnis* wird er geholt, um *im Palast* des Pharao dessen Träume zu deuten (41,14ff);
– *im Palast* des Pharao wird Josef zum Vizekönig von Ägypten ernannt.
Die verschiedenen Orte machen uns das *Auf und Ab* oder den wechselhaften Vorgang von *„verlieren und gewinnen"* im Lebensschicksal des Josef bewußt. Der Verlierende erfährt immer wieder von neuem Errettung.
An all diesen Orten spielt auch die Zeit eine entscheidende Rolle:
– die Frau des Potifar redet Josef *„täglich"* zu (39,10);
– die Hofbeamten träumen in der *Nacht,* am *anderen Morgen* deutet Josef ihnen die Träume, deren Deutung sich innerhalb von *drei Tagen* als richtig herausstellt;

– Josef wird *zwei Jahre* lang vom Mundschenk vergessen;
– der Pharao träumt in der Nacht, *am Morgen* können alle Weisen in Ägypten den Traum nicht deuten;
– erst Josef deutet den Traum, indem er die Zahl sieben als jeweils *sieben Jahre* deutet: *sieben Jahre der Überfülle – sieben Jahre der Not;*
– *mit dreißig Jahren* wird Josef Vizekönig von Ägypten.

Die Akteure und ihre Beziehungen

Die Beziehungen Mensch – Gott

Auch wenn Josef allein in der Fremde weilt, so ist er dennoch *nicht* allein. Der Erzähler betont mehrmals, daß „Gott mit Josef" war (39,2.3.21.23). Dieses *Mitsein* Gottes mit Josef zeigt sich darin:
– daß alle Arbeiten, mit denen Josef von seinen Vorgesetzten beauftragt wird, ihm gelingen (39,3.23);
– daß er durch Gott befähigt ist, die Sprache der Träume zu verstehen; und diese den Unverständigen zu übersetzen und zu deuten. Dabei versteht sich Josef als *Werkzeug, als Sprachrohr* Gottes:
„Das Traumdeuten ist Sache Gottes" (40,8);
„Gott wird zum Wohl des Pharao eine Antwort geben" (41,16);
„Gott sagt dem Pharao, was er vorhat" (41,25);
„Gott läßt den Pharao sehen, was er vorhat" (41,28);
„Die Sache steht bei Gott fest, und Gott wird sie bald ausführen" (41,32);
– daß der Pharao im Sprechen Josefs den *Geist Gottes* erkennt und anerkennt:
„Finden wir einen Mann wie diesen hier, einen, in dem der Geist Gottes wohnt?" (41,38).

Dieses Mitsein *Gottes mit* Josef und dessen *Treue zu* Gott können Josef aber nicht vor Verlusten bewahren:
– vor der Verleumdung durch die Frau des Potifar (39,14f.17f);
– vor der ungerechten Bestrafung (39,20);
– vor dem zweijährigen Aufenthalt im Gefängnis (39,21ff; 40,1ff);
– vor dem Vergessenwerden durch den Mundschenk (40,23).

Bei allen Verlusten, die Josef erleidet, bleibt er sich dennoch *selbst* treu. Das zeigt sich in seiner *Treue zu Gott*, die ihrerseits wiederum die *Treue zu Potifar* einschließt:

Treue zu Gott ←——→ Treue zu Potifar.

Die Beziehungen Mensch – Mensch

In unserer Erzähleinheit steht Josef mit folgenden Menschen in Beziehung:

Josef ←→ Potifar, der Oberste der Leibwache (39,1.6.19f)
Josef ←→ Die Frau des Potifar (39,7-18)
Josef ←→ Der Gefängnisleiter (39,22f)
Josef ←→ Der königliche Mundschenk (40,1ff;41,9-14)
Josef ←→ Der königliche Hofbäcker (40,1ff)
Josef ←→ Der Pharao von Ägypten (41,14-57)

Alle Beziehungspersonen erkennen auf ihre Weise die Qualitäten Josefs:
- daß ihm die anvertraute *Arbeit gelingt* (39,2.5f.23);
- daß er *schön ist* „von Gestalt und Aussehen" (39,6f);
- daß er *Träume deuten* kann (40,8ff;41,9ff);
- daß in ihm *„der Geist Gottes wohnt"* (41,38).

Deshalb versuchen sie, sich die Qualitäten Josefs zu Nutze zu machen:
- Potifar, indem er Josef zum Verwalter seines ganzen Besitzes macht (39,6);
- die Frau des Potifar, indem sie Josefs Schönheit körperlich genießen will (39,7.10ff);
- der Gefängnisleiter, indem er Josef zum Kalfaktor macht (39,27f);
- die königlichen Hofbeamten und der Pharao, indem sie sich von ihm ihre Träume deuten lassen (40,3ff;41,9ff);
- der Pharao, indem er Josef zum Vizekönig über ganz Ägypten macht (41,40).

Werte und Erwartungen

Die Frau des Potifar ist von der Schönheit Josefs fasziniert, sie äußert Josef gegenüber ihre Erwartungen, ihren Wunsch (39,7), mit ihm *Zärtlichkeiten auszutauschen.* Einen Wunsch kann man *erfüllen* oder *nicht erfüllen.* Josef *verweigert* die Erfüllung. Er verweigert sich der Frau des Potifar, indem er vor ihr flieht. Bei dieser Verweigerung lehnt Josef die Frau des Potifar *nicht als Frau ab,* sondern *weil* sie die Frau seines Herrn ist. Zwischen Josef und seinem Herrn Potifar herrscht ein *Vertrauensverhältnis,* das Josef nicht mißbrauchen will.

Die *gelebte Treue* zu seinem Herrn Potifar und zu Gott bedeuten ihm mehr als der Austausch von Zärtlichkeiten mit der Frau des Potifar (vgl. 39,8).

Durch die *Verweigerung* Josefs fühlt sich die Frau des Potifar *gekränkt* und *zurückgestoßen; sie erkennt die Werte nicht an,* von denen Josef sich bestimmen läßt.

In ihrem Verletztsein beschuldigt sie nun den abwesenden Josef der versuchten Vergewaltigung – der Verletzung eines Wertes: die *Achtung* vor der Frau seines Herrn *verloren* zu haben.

Durch die *Lüge* der Frau des Potifar erfährt Josef erneut einen Verlust, er verliert seine Stellung als Hausverwalter und die damit verbundenen Privilegien.

Frau des Potifar	⟷	*Josef*
will untreu sein,		bleibt treu,
gibt vor, treu zu sein,		soll untreu gehandelt haben,
bleibt frei von jedem Verdacht,		wird verdächtigt,
kann straffrei bleiben.		wird bestraft.

Der Pharao wird zunächst in seiner *Erwartung enttäuscht,* als seine Wahrsager und Weisen ihm die Träume nicht deuten, die ihn so beunruhigen. Durch ihr *Versagen* erinnert sich der Obermundschenk an Josef und dessen Fähigkeit, Träume zu deuten. Er schlägt deshalb Josef als Traumdeuter vor.

Es treten sich nun gegenüber:

der Pharao	⟷	*Josef*
mächtiger König		ohnmächtiger Sklave
sucht Hilfe		gibt Hilfe.

Der Mächtige erwartet in seiner Hilflosigkeit Hilfe von Ohnmächtigen. Aufgrund der Hilfe Gottes ist der ohnmächtige Josef fähig, dem mächtigen Pharao zu helfen. Dieser erkennt in Josef den *Geist Gottes* und schenkt Josef nicht nur seine *Freiheit* zurück, sondern erkennt auch, wie wertvoll Josef für ihn ist: „Nachdem dich Gott all das hat wissen lassen, gibt es niemand, der so klug und weise wäre wie du" (41,39).

Innerbiblische Beziehungen

Außer von Josef erzählt die Bibel auch von anderen Frauen und Männern, daß sie schön waren:
- Sara (Gen 12,11.14)
- Rachel (Gen 29,17)
- David (1 Sam 16,12; 17,42)
- Abigail (1 Sam 25,3)
- Batseba (2 Sam 11,2)
- Tamar (2 Sam 13,1)
- Abisag von Schunem (1 Kön 1,4)
- Ester (Ester 2,7).

Die biblischen Erzähler kennen die *Faszination* der menschlichen Schönheit, sie wissen aber auch darum, daß die faszinierten Menschen in Konflikt geraten können, wenn sie für die Schönheit Grenzen überschreiten. Dieses Überschreiten zwischenmenschlicher Grenzen kann zerstörerische Folgen haben, wie die Geschichten zeigen von
- Josef und der Frau des Potifar (Gen 39,1-20),
- David und Batseba (2 Sam 11,1-12.14),
- Amnon und Tamar (2 Sam 13,1-22).

Neben der *Aufstiegsgeschichte* des Josef finden wir auch noch zwei weitere in der Bibel:
- den Aufstieg des Hirtenjungen Davids zum König über Israel, Juda und Jerusalem (1 Sam 15-31; 2 Sam 1-5),
- den Aufstieg der schönen und klugen Ester zur Frau des Perserkönigs Ahasveros (Xerxes) (Buch Ester).

Anschlüsse an die Welt des Lesers

- Wie verkraften wir es, wenn uns ein Wunsch verweigert wird?
- Achten wir auf die Werte des anderen, auch wenn wir dadurch auf die Durchsetzung unserer Werte verzichten müssen?
- Achtet der andere unsere Werte?
- Wie reagieren wir auf zugefügtes Unrecht? Kämpfen wir dagegen oder resignieren wir?
- Woher können wir Kraft gewinnen, trotz erlittener Verluste einen Neuanfang zu wagen?
- In unserem Leben können wir uns nicht vor allen Gefahren versichern, wohl aber können wir durch kluges und einsichtiges Verhalten den Gefahren ins Auge schauen und die drohenden Verluste so gering als möglich halten. In welchen Situationen ist dies möglich?

Gen 42, 1-47,12 Nr. 31-33
Die Versöhnung zwischen Josef und seinen Brüdern

Naheliegende Verständnisvoraussetzungen

Nachdem Josef seine Brüder erkannt hatte, hätte er sich doch sofort zu erkennen geben können. Dies tut er aber nicht, vielmehr greift er zum Mittel der falschen Beschuldigung, zur Geiselnahme und zum falschen Indizienbeweis. Es kann der Eindruck entstehen, als ob sich Josef für das ihm von seinen Brüdern zugefügte Leid an diesen rächen wollte. Der Text verliert über das uns anstößige Verhalten Josefs kein einziges Wort. Warum? Auf welche Sicht von Versöhnung kann uns das Erzählte aufmerksam machen?

Strukturen des Textes

Raum und Zeit

Die Wegstruktur in den Kapiteln 42,1-47,12 – Wechsel von Hin- und Rückreise verweist auf einen Prozeß: die Wiederherstellung des zerstörten Familienfriedens ereignet sich in einem *schwierigen und schmerzhaften* Prozeß und erschöpft sich *nicht* in einem einmaligen Akt des Verzeihens. Die Skizze auf S. 111 veranschaulicht das.

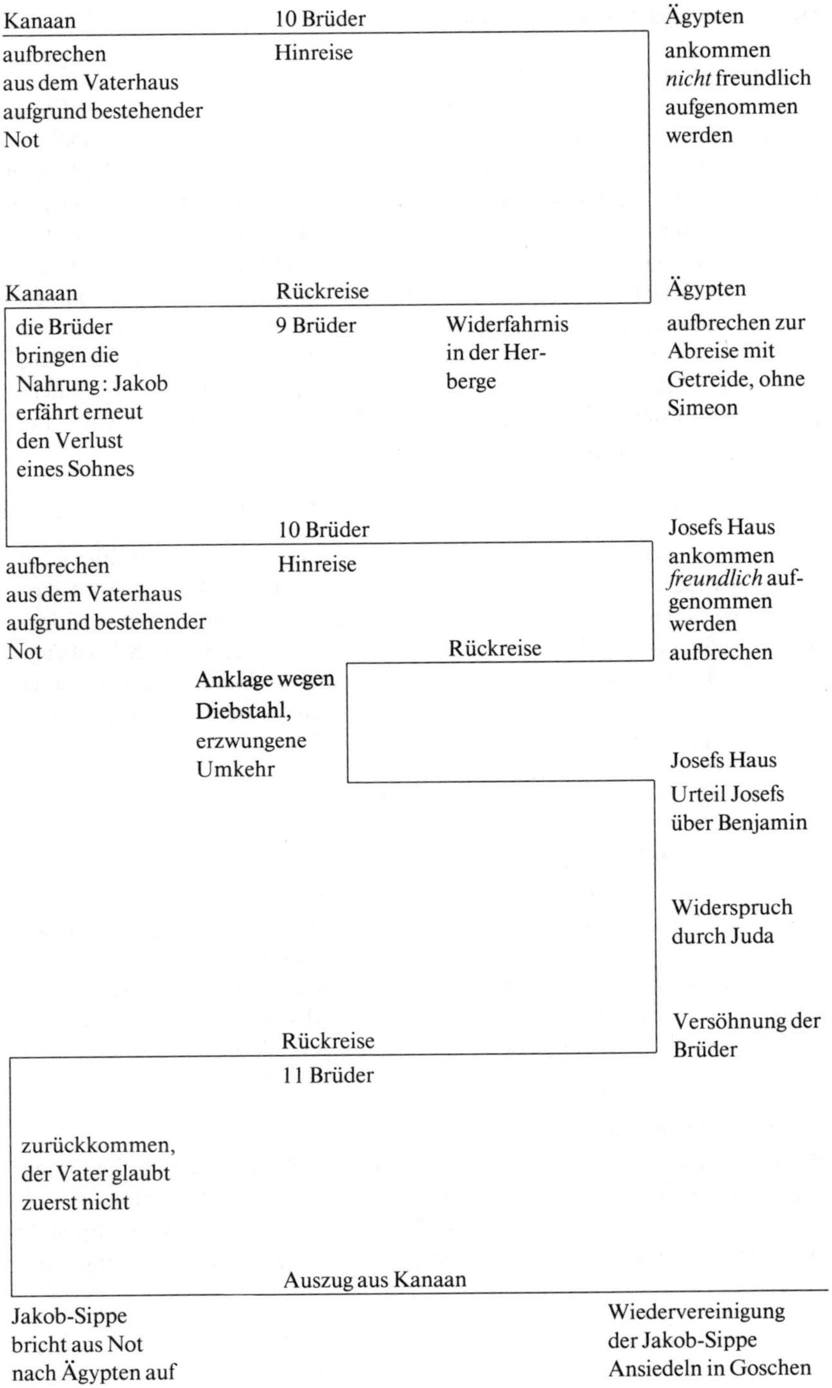
Kanaan
10 Brüder
Ägypten
aufbrechen
aus dem Vaterhaus
aufgrund bestehender
Not
Hinreise
ankommen
nicht freundlich
aufgenommen
werden
Kanaan
Rückreise
Ägypten
die Brüder
bringen die
Nahrung: Jakob
erfährt erneut
den Verlust
eines Sohnes
9 Brüder
Widerfahrnis
in der Her-
berge
aufbrechen zur
Abreise mit
Getreide, ohne
Simeon
10 Brüder
Josefs Haus
aufbrechen
aus dem Vaterhaus
aufgrund bestehender
Not
Hinreise
ankommen
freundlich auf-
genommen
werden
Rückreise
aufbrechen
Anklage wegen
Diebstahl,
erzwungene
Umkehr
Josefs Haus
Urteil Josefs
über Benjamin
Widerspruch
durch Juda
Versöhnung der
Brüder
Rückreise
11 Brüder
zurückkommen,
der Vater glaubt
zuerst nicht
Auszug aus Kanaan
Jakob-Sippe
bricht aus Not
nach Ägypten auf
Wiedervereinigung
der Jakob-Sippe
Ansiedeln in Goschen

Die Akteure und ihre Beziehungen

Aktionen zwischen Josef und seinen Brüdern:
Josef *erkennt* seine Brüder, *sie* ihn aber *nicht.* Er ist für sie nicht nur ein *Fremder,* sondern wird zu ihrem *Ankläger,* sie bedrohenden Feind: dreimal beschuldigt er sie wider besseres Wissen der Spionage (42,9-13) und läßt sie in Beugehaft nehmen. Die ungerechtfertigten Anklagen versuchen die Beklagten durch den Hinweis auf ihre Herkunft zu entkräften, aber auch hier *reagiert Josef feindlich gegen sie:* er lehnt ihre Argumente nicht nur ab, sondern nimmt Simeon als Geisel. Durch dieses Verhalten *zwingt* Josef seine Brüder, daß diese erneut *ohne* einen ihrer Brüder *vor* den Vater Jakob treten müssen. Die *vielen* fühlen sich ohnmächtig *dem einen* ausgeliefert. Dieses *ohnmächtige Ausgeliefertsein* läßt sie sich an ihr eigenes Verhalten gegenüber Josef erinnern: damals war er ohnmächtig den vielen ausgeliefert (vgl. 37,18ff). *Die jetzt Verletzten erinnern* sich an ihr *eigenes verletzendes Verhalten.*

Not sehen ⟶ angefleht werden ⟶ nicht hören (42,21)

Im *Erinnern* und in der *Selbstanklage* wird die *Wandlung* der Brüder sichtbar; was wiederum Josef betroffen macht: er weint (42,24). Inwieweit diese Wandlung sich auf das ganze Verhalten der Brüder ausgewirkt hat, wird Josef später prüfen (44,1ff). Diese *Verletzungen,* die den Brüdern durch Josef zugefügt worden sind, haben ihnen den *Blick* für das *Wohlwollen Josefs* ihnen gegenüber *verstellt: sie fürchten* sich, als sie in der Herberge ihr Kaufgeld für das Getreide wiederfinden.

Josef	⟷	*Brüder*
einer,		viele,
politisch mächtig,		politisch ohnmächtig,
erkennt die Brüder,		erkennen den Bruder nicht,
klagt die Brüder ungerechtfertigt der Spionage an,		verteidigen sich gegen die ungerechtfertigte Anklage,
verwirft die Verteidigung,		fühlen sich ausgeliefert,
verletzt die Brüder,		sind Verletzte, die sich an das eigene Verletzen erinnern,
akzeptiert die Wandlung noch nicht.		zeigen Wandlung.

Die Aktionen zwischen Jakob und seinen Söhnen:
Zweimal müssen die Söhne von Jakob *ohne* einen ihrer Brüder vor ihn treten: ohne Josef (37,31ff) und ohne Simeon (42,29ff). Jakob wurde zweimal *gewaltsam gezwungen,* Söhne *loszulassen.* Wollen aber Jakob und seine Sippe die Hungersnot überleben, dann muß Jakob das Liebste – den Sohn Benjamin – loslassen:

- im Loslassen Leben gewinnen
- im Festhalten Leben verlieren.

Juda erkennt die innere Not des Vaters, in die dieser durch die Trennung von Benjamin gerät. Deshalb verbürgt er sich beim Vater: „Ich verbürge mich für ihn; aus meiner Hand magst du ihn zurückfordern" (43,9). Der Aufbrechende berücksichtigt zwar die Gefühle des Zurückbleibenden, verweist aber auch auf den Zeitverlust, den die mangelnde Fähigkeit loszulassen verursacht hat: „Hätten wir nicht solange gezögert, könnten wir schon zum zweitenmal zurück sein" (43,10). Jakob läßt Benjamin schließlich los und *äußert* dabei seine *Gefühle:* „Ich aber verliere noch alle Kinder" (43,14). (Vgl. *dagegen* das *emotionslose Erzählen* in Gen 22,1ff: die Opferung des Isaak.)

Werte und Erwartungen

Weil die Brüder bei ihrer ersten Reise von Josef *verletzend* behandelt worden sind, *erwarten sie,* als sie vom Hausverwalter in Josefs Haus geführt werden, daß sie nun *versklavt* und *beraubt* werden (43,18). Der Hausverwalter nimmt ihnen ihre Angst: „Friede für euch. Fürchtet euch nicht." Bei ihrem Zusammensein mit Josef werden sie von diesem in einer Weise behandelt, die alle ihre Erwartungen übertrifft (43,34). Ihnen widersprechen Empfang, Aufnahme und Verabschiedung den Erfahrungen und Widerfahrnissen vom erstenmal.

Brüder	⟷	*Josef*
Verletzte,		Verletzender,
empfinden Wohlwollen als Bedrohung,		schenkt Wohlwollen,
sind im Denkschema „Vergehen – Strafe" verhaftet.		durchbricht das Denkschema „Vergehen – Strafe".

Aber auch auf der zweiten Reise widerfährt ihnen eine gefährliche Bedrohung. Josef greift mit Hilfe des Hausverwalters zu einer *Intrige,* um so die Brüder eines *Diebstahls* und der *Undankbarkeit* überführen zu können. Der Hausverwalter klagt die Brüder an; da diese sich keiner Schuld bewußt sind, sprechen sie sich im vorhinein das Urteil: „Der von den Knechten bei sich den Becher findet, soll sterben; und auch wir sollen dann unserem Herrn als Sklaven gehören" (44,9).

Bei dem Becher geht es nicht um seinen *materiellen,* vielmehr um den *ideellen Wert* als Eigentum. Er spricht als Indiz gegen die Brüder; sie sind deshalb der *Normenverletzung* überführt und *erwarten Sanktionen* von Josef, zumal sie keine Möglichkeit sehen, angesichts des belastenden Indizes, ihre Unschuld zu beweisen. *Alle* betrachten sie sich als *Sklaven* Josefs, der aber will nur Benjamin bestrafen: er soll als *Sklave in Ägypten* zurückbleiben (44,17).

Josef ⟷	*Brüder*
klagt aufgrund eines falschen Indizes die Brüder an,	sind aufgrund des Indizes ohnmächtig, sich zu verteidigen,
betrachtet nur Benjamin als Schuldigen.	betrachten sich alle als schuldig.

Gegen die Verurteilung des Benjamin erhebt Juda durch seine Rede Einspruch. Beachten wir: derjenige ergreift das Wort, auf *dessen Rat hin Josef* in die *Sklaverei verkauft* wurde (37,26f). In der Rede Judas wird die *Wandlung der Brüder* dadurch deutlich, daß sie die *Werte ihres Vaters* auch *als die ihren betrachten:* die *Liebe* Jakobs zu seinem Sohn Benjamin.
Juda hat sich bei Jakob um die Verwirklichung von Josefs Wunsch eingesetzt, jetzt will er die Erwartung des Vaters nicht enttäuschen.
Der Aufbau der Rede Judas kann diese Zusammenhänge verdeutlichen:

Rede Judas zu Josef (44,18-34):

Erinnerung:	Josef	VV.19.21.25 ⟶ Fragen, Auftrag	Brüder
		VV.20.22 ⟵ Anworten	
	Brüder	VV.24.26 ⟶ Bericht der Erlebnisse, des Auftrags Josefs	Vater
		VV.27.29 ⟵ Hervorhebung des Wertes Benjamins	
Folgerung:	Juda	VV.30-34 ⟶ Übernahme der Worte und Erwartungen des Vaters	Josef

Der Vater *erwartet* die *Rückkehr* seines geliebten Sohnes, die nun durch das Urteil Josefs verhindert wird. Juda will die Erwartungen des Vaters nicht enttäuschen, er weigert sich, dem Vater die Nachricht eines weiteren *endgültigen Verlustes* zu überbringen. Hat die *Liebe Jakobs* zu seinem Sohn Josef *zum Streit zwischen den Brüdern* geführt und schließlich den *Familienfrieden zerstört* (37,1ff), so führt *nun* die *Liebe Jakobs* zu seinem Sohn Benjamin zur *Einigkeit der Brüder* und letztlich zur *Wiederherstellung des Familienfriedens.* Die Brüder geben Benjamin *nicht preis,* wie sie dies mit Josef getan haben. In der *Weigerung* – Benjamin preiszugeben – zeigt sich die *Wandlung der Brüder.*

Jakob ⟷	*Söhne*
Jakob liebt Josef.	Die Brüder beneiden Josef, verstoßen ihn aus dem Familienverband. Sie zerstören den Familienfrieden (vgl. Gen 37,1ff).
Jakob liebt Benjamin.	Die Brüder solidarisieren sich mit dem verurteilten Benjamin.

Dieses *gewandelte Verhalten* der Brüder ist für Josef der Anstoß, sich zu erkennen zu geben. Zweimal hat er bisher seine Betroffenheit verborgen (42,24; 43,30), jetzt kann er dies nicht mehr.

Nun ist Josef der Redende (45,1-15).

Josef ⟷	*Brüder*
Redender	Hörende
gibt sich zu erkennen	erkennen
freut sich ↘	↙ fürchten sich

umarmen sich

Josef erinnert die Brüder daran, welchen Verlust sie ihm zugefügt haben, aber er deutet das ihm Widerfahrene im *Horizont seines Glaubens* an Gott.
- *Gott* hat an ihm gehandelt, nicht die Brüder,
- der *Verstoßene* ist zum *Retter* ausersehen, *nicht* zum Rächer,
- im *Verkauftwerden* zeigt sich die *Führung Gottes.*

Josef	*Brüder*
Verworfener	Verwerfende
↓	↓
Bedrohter	Bedrohende
↓	↓
aus Not Geretteter	in Not Geratene
↓	↓
Rettender	die zu Rettenden, schließlich die Geretteten.

Durch Josefs Deutung bekommt das Geschehene eine *neue Wertung.* Aufgrund dieser Sehweise Josefs und der vollzogenen Wandlungen der Brüder kann sich zwischen ihnen *Versöhnung* ereignen. Dem *verbalen Verzeihen* folgt das *nonverbale Versöhnen:* Josef küßt alle seine Brüder, weint und umarmt sie.

Josef ⟷ Jakob

Der *Wunsch Josefs* ist es, den Vater wiederzusehen und für dessen Sippenverband zu sorgen, um sie so vor dem Hungertod zu bewahren. Deshalb beauftragt er die Brüder, den Vater und ihren ganzen Sippenverband nach Ägypten zu holen.
Josef reist dem ankommenden Vater bis Goschen entgegen. Beim Wiedersehen von Josef erfüllt sich für Jakob die größte Erwartung seines Lebens: Josef noch lebend zu sehen (46,28-30).
Der Pharao erfüllt Josefs Bitte, der Jakobsippe *fruchtbares Weideland* zu geben, auf dem diese seßhaft werden kann, um so die Hungerjahre zu überleben (47,1-12). Jakob, der machtlose Fremdling, segnet den mächtigen Pharao; durch seinen Segen läßt Jakob den ägyptischen Pharao an den Lebenskräften Gottes teilhaben.

Innerbiblische Beziehungen

Wenn auch Kanaan das den Vätern von Gott verheißene Land ist, so wird dieses Land mehrmals von solchen *Hungersnöten* heimgesucht, daß die Einwohner gezwungen sind, es zu verlassen:
- Abraham geht mit Sara nach Ägypten (Gen 12,10-20),
- Isaak geht mit Rebekka nach Gerar (Gen 26,1-12),
- Elimelech und seine Frau Noomi gehen nach Moab (Buch Rut).

Daß ein Mensch einen anderen um des eigenen Vorteils wegen preisgeben kann, davon erzählen die gleichen Texte:
Abraham und Isaak *geben* bei ihrem Aufenthalt im fremden Land jeweils ihre Frau *preis* – Sara und Rebekka –, um so überleben zu können (vgl. Gen 12,10ff; 20,1ff; 26,1ff). Die Brüder konnten Benjamin genauso preisgeben, wie sie es mit Josef taten, doch dazu sind sie nicht mehr bereit.
- Der Polarität *„streiten – versöhnen“* begegnen wir auch in den Jakob-Esau-Geschichten. Nach 20 Jahren versöhnen sich Jakob und Esau (Gen 33,1-20).
- Josef ist ein von Gott Geretteter und eingesetzter Retter in einem, wie es in Ps 118,21f heißt: „Ich danke dir, daß du mich erhört hast; du bist für mich zum Retter geworden. Der Stein, den die Bauleute verwarfen, er ist zum Eckstein geworden.“

Anschlüsse an die Welt des Lesers

- In welchen Lebenssituationen stehen wir im Spannungsfeld zwischen „streiten und versöhnen“ sowie „verletzen und verletzt werden“?
- Wo kann durch Verzeihen und Versöhnen eine zerstörte Gemeinschaft wiederhergestellt werden?

– Sind wir fähig, durch die eigene Not hindurch die Not des anderen zu erkennen, oder hat uns die eigene Not blind gemacht für die des anderen?
– Sind wir fähig, die Wandlungen im anderen zu erkennen und anzuerkennen?
– Sind wir bereit, Versöhnung zu leben?

Gen 48,1-50,1 Nr. 34
Jakob segnet die beiden Söhne Josefs
Gen 50,14-26 Nr. 36
Josef vergibt seinen Brüdern

Naheliegende Verständnisvoraussetzungen

Die Josefsgeschichten könnten mit Kap. 47 einen Abschluß finden: der zerstrittene Familienverband ist wieder miteinander versöhnt und kann in Ägypden Gefahren der Hungersnot gelassen entgegensehen. Aber der Erzähler schließt nicht mit diesem Kapitel, vielmehr verweist er mit dem Erzählten auf einen weiteren Aspekt von Versöhnung hin.
Nr.34 bezieht sich auf die Verse 48,1f.15f.33; 50,1. Leider ist der Segensspruch des Jakobs über die Söhne Josefs aus unerklärlichen Gründen gekürzt. Durch die Auswahl der Verse hebt die „Bibel für die Grundschule" hervor, daß Jakob Josef und dessen Söhne segnet, erwähnt aber mit keinem Wort, daß auch die übrigen Söhne von Jakob gesegnet werden (vgl. 49,1ff). Der *ganzen Sippe* soll der Segen des Vaters zuteil werden, nicht nur einem einzigen aus dem Sippenverband.

Strukturen des Textes zu Nr. 34

Raum und Zeit

Vom „begrenzten" Sterbebett, das in Ägypten steht, hält Jakob Ausschau auf das den Vätern verheißene Land, in dem er begraben sein möchte.
Am *Ende* seines Lebens ruft Jakob seinen Sohn Josef und dessen Söhne zu sich, weil er sie segnen will. Bei seinem Segensspruch *schaut* Jakob auf sein gelebtes Leben *zurück* und *in die Zukunft* des zu lebenden Lebens seiner Enkel. Er wünscht ihnen ein reiches Leben im Lande der Väter. Dabei ruft er in Erinnerung, daß Vergangenheit wie Zukunft durch Gottes Zuwendung geprägt sind:

Rückblick auf ← *Ende des Lebens* → Ausblick auf
das gelebte Leben — das Leben der Enkel

Gott → Abraham und Isaak
Gott → Jakob — Gott → Söhne des Josef

Die Akteure und ihre Beziehungen

Jakob → Josef
Jakob → Söhne Josefs

Jakob beruft sich bei seinem Segen auf die Autorität Gottes, den auch die Väter Abraham und Isaak geachtet haben. Dieser Gott, der in ihrem Leben wirksam war, soll auch im Leben der Enkel weiterwirken. Jakob bekennt, daß ihn der Gott der Väter geführt hat – er bekennt sich zum *mitgehenden Gott.* Wenn sich auch die Kontinuität der Führung Gottes im Leben Jakobs zeigt, so ist dieses Leben dennoch nicht von Unheil (Gefahren und Bedrohungen) frei gewesen; dieses aber vermochte ihn nicht zu verschlingen, vielmehr konnte er es mit der Hilfe Gottes bewältigen.

Werte und Erwartungen

Der Segen eines Sterbenden war für die Menschen der Bibel ein sehr großer Wert. Jakob erwartet, daß seine Enkel sich vermehren: „Im Lande sollen sie sich tummeln, zahlreich wie die Fische im Wasser." Damit dies aber möglich wird, segnet Jakob seine Enkel, um sie so an den Lebenskräften teilnehmen zu lassen, die helfen können, Leben zu zeugen, zu bewältigen und zu gestalten.
Im Wirken dieser Lebenskräfte kann sich die *Führung* Gottes, der mitgehende Gott, zeigen.

Strukturen des Textes zu Nr. 36

Raum und Zeit

Im Lande seiner Väter wird Jakob begraben, nicht in Ägypten. Obwohl Josef in Ägypten seine Erfolge und großes Ansehen erlangt, äußert auch er in seiner Todesstunde den Wunsch, in Kanaan begraben zu werden. Vorläufig wird er aber in Ägypten begraben.
Im Wunsch Jakobs und Josefs spiegelt sich, daß das Land *Kanaan,* das sie gezwungenermaßen verlassen mußten (als Sklave und aufgrund einer Hungersnot), das *Land der Verheißung* bleibt.

Akteure und ihre Beziehungen

Brüder ⟷ Josef

Durch den Tod des Vaters fühlen sich die Brüder dem Josef ohnmächtig ausgeliefert, sie befürchten, daß er sich nun für das ihm zugefügte Leid an ihnen rächen wird. Um dieser drohenden Rache zu entgehen, beziehen sich die Brüder auf eine Autorität, der sich auch der mächtige Josef unterwirft: auf den verstorbenen Vater. Sie erinnern Josef an die Worte des verstorbenen Vaters und bitten noch einmal um Verzeihung. Die erneute Bitte um Verzeihung macht Josef betroffen, und er verzeiht erneut. Insgesamt sind hier die Beziehungen zwischen Josef und seinen Brüdern im Ablauf folgendermaßen gegliedert:

1. Die Brüder lassen Jakob ihre Befürchtungen und Bitten vertreten,
2. die Brüder gehen zu Josef,
3. Josef antwortet, ihnen verzeihend.

Werte

Josef durchbricht durch sein Verzeihen den Kreislauf

verletzen ⟶ verletzt werden ⟶ verletzen.

Sein Überleben deutet Josef als ein Handeln Gottes an ihm, als dessen Werkzeug er sich betrachtet. Entgegen dem Planen der Brüder ist Josef durch die Hilfe Gottes nicht nur am Leben geblieben, sondern auch reich beschenkt worden. An diesem Leben will er die Brüder *teilhaben* lassen, *nicht* durch Bestrafen sie davon *ausschließen.*

Josef ⟷	*Brüder*
verzeiht,	haben Angst, bestraft zu werden,
läßt am Leben teilhaben.	haben Angst, vom Leben ausgeschlossen zu werden.

Durch das Verhalten Josefs *bewährt sich die Versöhnung* zwischen ihm und den Brüdern. Der wiedergefundene Familienfrieden hat auch über den Tod des Vaters hinaus Bestand. Auch hier zeigt sich uns von neuem: Versöhnung ist kein statischer, sondern ein dynamischer Wert, auf den man sich immer wieder von neuem einlassen muß.

Innerbiblische Beziehungen

Wenn auch die Sippe Jakobs im Land Ägypten *überlebt,* so bleibt dennoch für sie das Land Kanaan das Land, in dem sie *leben* wollen. Dieser Wunsch ist einer der Anknüpfungspunkte zwischen den Vätertraditionen (Gen 12, 1-50,26; Nr. 16-37) und den Exodustraditionen (Ex 1,1-34,35; Nr. 38-50).

Anschlüsse an die Welt des Lesers

In welchen Lebenssituationen machen wir die Erfahrung, daß wir
- geborgen und behütet sind,
- geführt und getragen werden?

Welche Kräfte erwachsen uns aus solchen Erfahrungen? Lassen wir andere daran teilhaben oder schließen wir sie davon aus?
Können wir in solchen Erfahrungen Spuren des Mitseins Gottes mit uns erkennen, sie anerkennen und uns dazu bekennen?
Was hindert uns, solche Erfahrungen unter der Perspektive des Glaubens zu deuten?

Ps 23 Nr. 35
Der Herr ist mein Hirt
Ps 121 Nr. 37
Der Hüter Israels

Durch die Psalmen 23 und 121 verweist die „Bibel für die Grundschule" auf zwei mögliche innerbiblische Bezüge.
Ps 23 steht in Beziehung zu Jakobs Segen, in dem er auch sein Leben deutet:

Ps 23
- Der Herr ist mein Hirt,
  nichts wird mir fehlen.
- Muß ich auch wandern in
  finsterer Schlucht,
  ich fürchte kein Unheil,
  denn du bist bei mir,
  dein Stock und dein Stab
  geben mir Zuversicht.

Gen 48,15f
- Gott, der mein Hirt war mein
  Lebtag bis heute,
- der Engel, der mich erlöst
  hat von jeglichem Unheil . . .

Ps 121 ist in Beziehung zu Josef zu sehen:

Ps 121
- Der Herr behüte dich von allem Bösen, er behüte dein Leben.
- Der Herr behüte dich, wenn du fortgehst und wiederkommst, von nun an bis in Ewigkeit.

Gen 50,20
- Ihr habt Böses gegen mich im Sinn gehabt, Gott aber hatte dabei Gutes im Sinn,
- um zu erreichen, was heute geschieht: viel Volk am Leben zu erhalten.

In Bildern – nicht alle besitzen für uns die gleiche Aussagekraft – bekennt sich der Beter zu Jahwe und lobt ihn dafür, daß er ihn – den Beter – in allen Lebenssituationen
- *geführt,*
- *getragen*
- und *beschützt* hat.

Der Auszug aus Ägypten

Zur Textauswahl der „Bibel für die Grundschule"

Die Texte Nr.38-50 der „Bibel für die Grundschule" sind (bis auf einen) den Erzählungen des Buches Exodus entnommen. Das Buch Exodus ist Teil einer umfassenden Geschichtsdarstellung, die einen Bogen von der Schöpfung bis hin zur Landnahme spannt, des sogenannten Pentateuchs (= fünf Bücher Mose).

Die fromme Überlieferung sah Mose als den Verfasser dieser Bücher. Die Bibelwissenschaft hat jedoch erkannt, daß in diesen Büchern eine Vielzahl von Überlieferungen aus späteren Jahrhunderten nach und nach zusammengewachsen sind. Darum muß der Leser mit Doppelüberlieferungen und mit Unstimmigkeiten rechnen.

Der *Name Exodus* bezeichnet den Hauptinhalt dieses 2. Buches aus dem Pentateuch: Es erzählt vom Auszug (griech. exodos) des Volkes Israel aus Ägypten und vom Bundesschluß am Sinai. Die Texte kreisen um die Grunderfahrung des israelitischen Glaubens: Jahwe hat uns aus der Knechtschaft in Ägypten befreit und uns zu seinem Volk gemacht.

Erzählt das Buch Genesis vornehmlich Sippengeschichten, so handelt das Buch Exodus ausschließlich von Israel. Das bedeutet aber nicht, daß schon das ganze Zwölfstämme-Volk in Ägypten war. Das Geschehen in Ägypten wird aus der Perspektive der gelungenen Landnahme und der späteren Größe Israels gedeutet. Die gradlinige Weise, wie im Buch Exodus der Prozeß der Volkwerdung erzählt wird, verdeckt eine komplexe historische Entwicklung.

Wahrscheinlich war das „Israel" des Exodus nur eine aramäische Gruppe, die erst auf einem Umweg über einen Zwischenaufenthalt in Ägypten nach Palästina kam und sich dort mit bereits im Land befindlichen Gruppen verband. Die aus Ägypten kommende Gruppe brachte offensichtlich den Jahweglauben mit, der im Laufe der Zeit die Gotteserfahrungen anderer Gruppen an den „Gott der Väter" in sich aufnahm.

Die *historische Einordnung* der Geschehnisse im Buch Exodus ist sehr schwierig. Weder in den Josefsgeschichten des Buches Genesis, noch in den Moseerzählungen wird ein Pharao (= Amtstitel des ägyptischen Königs) mit Namen genannt. Nach Gen 15,13 sind die Nachkommen Abrahams 400 Jahre in Ägypten gewesen, nach Ex 12,42 waren es 430 Jahre, Ex 6,16-20 zählt von Jakob bis Mose nur vier Generationen. Wahrscheinlich ist der symbolische Gehalt dieser Angaben größer als ihr historischer Wert. Ägyptische Zeugnisse vom Aufenthalt der Söhne in Ägypten und vom Exodus der Mosegruppe gibt es nicht. Die für den Glauben Israels so wichtigen Ereignisse waren wohl für die ägyptischen Geschichtsschreiber uninteressant.

Der Exodus der Mosegruppe läßt sich durch einige Erzählmotive des Buches ungefähr datieren. Wenn die Angaben in Ex 1,11 historisch zuverlässig sind, dann könnte Ramses II. der Pharao der Unterdrückung oder des Auszuges gewesen sein, der um das Jahr 1250 v. Chr. regiert hat.

Es wird sich um eine relativ kleine Gruppe gehandelt haben, der unter der Führung des Mose trotz Verfolgung und äußerster Bedrohung die Flucht gelang. Der Entschluß zur Flucht und ihr Gelingen sind von Anfang an mit dem Namen Jahwe verbunden. Der Auszug Israels ist für die Geretteten die Tat Jahwes.

Wahrscheinlich war es nur eine Randepisode an der Grenze einer damaligen Großmacht, die den israelitischen Glauben an Jahwe als einen Gott, der in die Freiheit führt und irdischen Mächten überlegen ist, begründet.

Das Buch Exodus besteht aus *sieben Erzähleinheiten.* Je drei gruppieren sich um das Mittelstück mit dem zentralen Thema Bundesschluß am Sinai.

1. Ex 1,1-6,27
Not der Israeliten in Ägypten – Errettungszusage – Sendung des Mose und des Aaron

5. Ex 25,1-31,18
Gottesrede am Sinai

2. Ex 6,28-11,10
Verhärtung des Pharao, Plagenerzählungen

4. Ex 17,1-24,18
Sinaigeschichten, Bund Jahwes mit seinem Volk

6. Ex 32,1-34,35
Abfall von Jahwe, Strafe, Erneuerung des Bundes

3. Ex 12,1-16,36
Pascha – Auszug – Errettung am Meer Mannawunder

7. Ex 35,1-40,37
Errichtung des Heiligtums

Diese Übersicht läßt erkennen, daß das Buch Exodus eine planvoll angelegte literarische Komposition ist. Man findet in ihm verschiedenartige Überlieferungen und Geschichten.

Man entdeckt beim Lesen schnell, daß aus Treue zu den Überlieferungen kein Wert darauf gelegt wurde, *Widersprüche und Unstimmigkeiten* zu tilgen: Da wird die Sendung des Mose mehrfach dargestellt (Ex 3-4 und 6-7), da gibt es das Fluchtmotiv, das sich kaum damit verträgt, daß der Pharao das Volk Jahwes ziehen läßt, ja zum Aufbruch drängt (12,31ff). Am widersprüchlichsten und am verwirrendsten ist die Erzählung von der Errettung am Meer in Kap. 14 (Nr. 42 und 43). Da stehen die verschiedensten Versionen der Rettungstat nebeneinander in einer Erzählung.

Auch wird kein Wert darauf gelegt, Auszug und Bundesschluß am Sinai als einen glatten, ohne Komplikationen verlaufenden Weg zu erzählen. Nicht nur in der Grobstruktur des Buches gibt es retardierende Momente (so den hartnäckigen Widerstand des Pharao in der 2. Erzähleinheit; den Abfall von Jahwe gleich nach dem Bundesschluß in der 6. Erzähleinheit). Aber auch in kleineren Erzähleinheiten (z. B. den Widerstand des Mose gegen seine Beauftragung, von der Bedrohung des Mose durch Jahwe, der immer wieder erzählten Sehnsucht des befreiten Volkes nach der satten Unfreiheit in Ägypten) zeigen sich gegenläufige Tendenzen.
Die *„Bibel für die Grundschule"* enthält Textelemente aus der 1. Erzähleinheit (Nr. 38-40), der 3. Erzähleinheit (Nr. 41-45), der 4. und 5. Erzähleinheit (Nr.46-49) und der 6. Erzähleinheit (Nr. 50). Bei unkritischem Lesen erweckt diese Auswahl den Anschein einer gradlinigen Handlungsabfolge. Manchmal werden im Volltext enthaltene Schwierigkeiten bzw. Anstößigkeiten geglättet. Die Auswahl ist daran interessiert, Mose in einem möglichst hellen Licht darzustellen, enthält aber die theologisch wichtigsten Motive des Exodusbuches. Erzählende Texte sind verständlicherweise bevorzugt worden.
Auswahl und Kürzungen lassen sich davon leiten, welchen Stellenwert ein biblisches Thema in einer heilsgeschichtlichen theologischen Linie hat.
Der Preis für dieses *Auswahl- und Transformationsprinzip* ist hoch.
a) Die individuellen, allzu menschlichen Züge der Handlungsträger werden vernachlässigt. Das betrifft sogar Mose: z. B. sein umsichtiges Handeln vor dem Mord, sein Engagement für Gerechtigkeit und für die Unterdrückten, seine Angst, sein mehrfaches Scheitern bei seinen Stammesbrüdern (2,14; 5,20f), die Geburt seines Sohnes Gerschom, die Existenz eines weiteren Sohnes Eliëser, sein hartnäckiger Widerstand gegen die Berufung (4,10ff), seine bitteren Vorwürfe gegen Jahwe (5,22f): „Herr, warum handelst du so übel an deinem Volke? Warum hast du mich gesandt?", eine Altersangabe (7,7), sein hartes Vorgehen gegen seine Stammesbrüder nach dem Bundesbruch (32.25ff).
Stark betroffen sind *die Frauengestalten:* Die ersten Helden des Buches Exodus, die es wagen, dem Pharao Widerstand zu leisten, werden zwar erwähnt, bleiben aber namenlos: Es sind die Hebammen Schifra und Pua (Ex 1,15-21). Zippora, die Frau des Mose wird zwar als einzige Frau im Zusammenhang der Exoduserzählungen mit Namen genannt, spielt aber keine aktive Rolle (vgl. aber Ex 4,24-26).

b) Orts- und Zeitangaben haben eine untergeordnete Bedeutung.
Fast alle *Ortsangaben* bleiben namenlos. Das soll wohl das Erlesen und das Nacherzählen durch die Grundschüler erleichtern, ist aber ein Eingriff in die Textwelt. Die Exodus-Geschichten sind *Wege-Geschichten.* In der Bibel wird von einem Weg erzählt, einem Weg, der einen *Ausgangspunkt* hat, das Land Goschen in Ägypten (8,18), einem Weg mit vielen benannten Stationen und Lagerplätzen (z. B. Schur, Mara, Elim, Sin, Rephidim) und mit einem von bestimmten *Ziel:* das Gebiet der Kanaaniter, Hetiter, Amoriter, Perisiter, Hiwiter und Jebusiter (3,8). Für die Errettung am Meer gibt es im

Buch Exodus eine auffällige Vielzahl von Lokalisierungsversuchen (13,20; 14,1; 14,9). Das ist ein wichtiges Signal.
Die räumliche Welt der „Bibel für die Grundschule" kennt aber nur einige geographische *Großräume:* Ägypten, den Nil, Midian und als einzigen Namen aus einem übersehbaren Raum: den Berg Horeb bzw. Sinai, außerdem noch die Namen Massa und Meriba, den Ort des Versagens Israels und des Wasserwunders. Aus raumgebundenen Geschichten werden fast raumenthobene Geschichten.
Eine ähnliche Tendenz läßt sich bei den *Datierungen und Zeitangaben* beobachten. Damit aber wird der Exodus Israels als sein Weg fast ins Unbestimmte enthoben.
Damit will man sicher das Erlesen und Verstehen erleichtern. Nur: es geht bezeugte Glaubwürdigkeit verloren und damit das Angebot, sich als Mensch mit seinem Namen, an seinem Ort und in seiner Zeit lebend, sich mit dieser fremden Welt in Beziehung zu setzen.
c) Die heilsgeschichtliche Linie, welche Auswahl und Transformationen prägt, führt ferner dazu, *daß das Großartige, das Außergewöhnliche, das Wunderbare und vor allem aber das Erhabene die alltäglichen Dinge verdeckt und überstrahlt.*
Nun enthält das Buch Exodus aber nicht nur wunderbare Machttaten Jahwes und Theophanien und Kultätiologien, sondern auch Erzählungen von den Leiden und Hoffnungen eines Volkes. Die Alltäglichkeiten, Schwierigkeiten, das Versagen, spielen in der Textwelt des Buches Exodus eine große Rolle, bis hinein in die Gesetzessammlungen. In der „Bibel für die Grundschule" sind sie aber verdeckt. So spielt z. B. die Unterdrückung der Israeliten durch die Ägypter nach der Rettungszusage am brennenden Dornbusch keine Rolle mehr. Im Buch Exodus kommt es aber nach der Rückkehr des Mose zu noch schlimmerer Unterdrückung. Da müssen die Israeliten selber das Stroh für die Herstellung der Ziegel in ganz Ägypten sammeln und noch dieselbe Menge abliefern (Ex 5,1ff). Da schlägt die große Freude über die Errettungszusage um in tiefe Enttäuschung (Ex 4,31 bzw. Ex 5,20f).
Zu den wenig erhabenen Einzelzügen zählt gewiß auch die mehrfache Anweisung, die Ägypter vor dem Aufbruch zu plündern (Ex 3,21f; 11,1f und 12,35f), die Ankündigung, daß in der Paschanacht bei den Israeliten kein Hund knurren wird, nicht gegen Menschen noch gegen Vieh (11,7), die Einbeziehung des Nachbarn in das Paschamahl (12,38), die Erwähnung, daß beim Auszug „auch viel Mischvolk, sowie Schafe und Rinder, eine große Menge Vieh" (12,38) dabei waren.

d) Einen schwerwiegenden Eingriff in die *Verlaufsstruktur* des Buches Exodus sehe ich darin, daß man in der „Bibel für die Grundschule" die so anschaulich erzählten Plagengeschichten weggelassen hat. Damit glättet sie manche Schwierigkeiten, schafft aber wiederum neue – und m.E. größere –: Unter der Überschrift „Die Israeliten feiern das Fest der Erlösung" (Nr. 41) wird nun völlig unvorbereitet die Erschlagung der ägyptischen Erstgeburten bei Mensch und Tier durch Jahwe angekündigt (Ex 12,11f).

Strukturen der Texte

Der Raum

Das Buch Exodus erzählt von dem wichtigsten *Aufbruch und Weg des Volkes Israel. Ausgangspunkt* ist das Land (Goschen in) *Ägypten,* Ort der Unterdrückung, Ausbeutung und der drohenden Ausrottung als „Volk". *Zielpunkt* ist *der Berg,* an dem Jahwe der Befreiergott, den Bund mit seinem befreiten Volk besiegelt.
Zwischen Ägypten und dem Gottesberg im Sinai liegen *Wasser* (Schilfmeer) und *Wüste,* Orte der Bedrohung und Bewährung. Das ist gewissermaßen die heilsgeschichtliche „Idealstrecke".
„Ägypten" ist aber nicht nur der Ort der Not, sondern auch der Ort, an dem Israel vor vollen Fleischtöpfen saß und sich an Brot satt essen konnte (z. B. Ex 16,3: Nr. 45), die Wegstrecke durch Wasser und Wüste ist nicht nur der Weg, auf dem Israel seinen Gott als rettenden und helfenden Gott kennenlernt, sondern da sind auch Orte der Zweifel und des Widerstandes: der Gottesberg ist nicht nur Ort des Bundesschlusses, sondern auch der des Bundesbruches und des Strafgerichts (Ex 32,25ff: Nr. 50).

Weg des Volkes Israel

ÄGYPTEN → SCHILFMEER → WÜSTE → SINAI

positiv:

ÄGYPTEN	SCHILFMEER	WÜSTE	SINAI
Ort der vollen Fleischtöpfe, des Wachstums als Volk, des Aufbruchs	Ort der Errettung aus aussichtsloser Lage	Ort der helfenden Zuwendung Jahwes	Ort des Bundesschlusses und der Erneuerung des Bundes

negativ:

ÄGYPTEN	SCHILFMEER	WÜSTE	SINAI
Ort der Bedrohung und der drohenden Vernichtung	Ort des Glaubenszweifels	Ort der Resignation und der Rebellion, der Gefährdung	Ort des Bundesbruches

Die Geschichten des Buches Exodus begleiten diesen Weg, der mehr ist als einmaliger geographischer Ortswechsel, er ist der Glaubensweg, den das

Volk Israel in seiner Geschichte oftmals gegangen ist und auf dem sich gläubige Juden auch heute noch wissen.
Die Erzählungen kennen nicht nur den Ortswechsel des Volkes; vorweg ist Moses schon den Weg von Ägypten zum Berg Sinai gegangen, wobei er beim Aufbruch noch nicht um das Ziel wußte. Sein Weg führt auch wieder zurück nach Ägypten zu seinen unterdrückten Stammesbrüdern. Auch *der Weg des Mose* hat zwei Vorzeichen: Ägypten als Ausgangspunkt ist sowohl Ort der Bedrohung als auch Ort einer Errettung und Erwählung. Midian ist sowohl der Ort, in dem der Flüchtling Aufnahme und eine neue Heimat findet, als auch Ort der Gefährdung seiner Identität als Israelit.
Der Berg Horeb ist für Mose sowohl Berg der Gottesoffenbarung und Sendung als auch Ort, an dem Mose sich mehrfach der Sendung entziehen will (vgl. Ex 3,11.13; 4,1.10). An erster Stelle ist der Gottesberg für Mose aber Ausgangspunkt und Zielpunkt seiner Sendung und Stätte der Begegnung mit Jahwe. Hier verbündet sich Jahwe mit Mose und nimmt ihn in den Dienst für das unterdrückte und auserwählte Volk, mit dem Mose sich auf den Weg der von Jahwe bestimmten Freiheit machen soll.

Wege des Mose

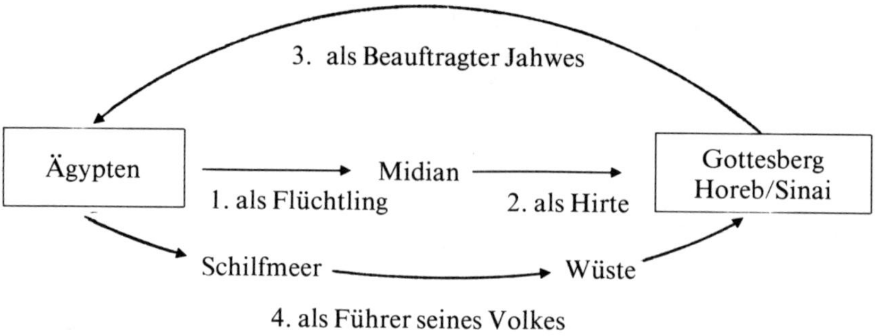

Die Zeit

Im Buch Exodus sind ursprünglich isoliert umlaufende Geschichten zu einer kunstvollen Komposition zusammengefaßt und in eine zeitliche Abfolge gebracht worden. Präzise Zeitangaben sind nicht sehr oft anzutreffen. Offensichtlich legt der Erzähler keinen besonderen Wert darauf, die Zeit der Geschehnisse von seiner Zeit und von der Zeit der Leser abzugrenzen. Wo Zeitangaben zu finden sind, da haben sie eine Signalfunktion. Sie heben entweder die Wichtigkeit eines Ereignisses hervor, oder sie weisen auf kultische Festdaten und -riten hin. So wird z. B. in Nr. 48 die besondere Bedeutung des Bundeschlusses am Sinai durch zwei Zeitangaben („im dritten Monat", „am dritten Tag") besonders hervorgehoben, und die Zeitangabe in Nr. 41 („am Zehnten dieses Monats") will ein Datum sein für spätere Passahfeiern.

Die Akteure und ihre Beziehungen

Die entscheidenden Handlungsträger in der Textauswahl der Bibel für die Grundschule sind – in der Reihe ihres Auftretens angeführt –: *der König in Ägypten, Mose* und *Jahwe,* der Gott Israels. Bis zur Erzählung des Meerwunders (Nr. 43) sind es eigentlich nur zwei Kontrahenten, welche die Handlungen vorantreiben: *der Pharao* und *Jahwe;* hierbei zieht schließlich der den Kürzeren, der in der Anfangsszene als der absolut Mächtige erscheint. Nach und nach stellt sich im Verlauf der Handlungsabfolgen heraus, daß die beiden sehr ungleiche Kontrahenten sind. (Vor allem in den Erzählungen von der Verstockung des Pharao und von den Plagen [Ex 6,28-11,10] wird deutlich, daß der Pharao in Wirklichkeit nicht das Subjekt seiner eigenen Handlungen ist.)
Diesen beiden Kontrahenten des Handlungsablaufs der Erzählungen bis Nr. 43 kann man die meisten anderen Haupt- und Nebenpersonen bzw. -gruppen zuordnen:

Leute des Königs in Ägypten (des Pharao)	*Leute Jahwes*
Aufseher, die Tochter des Pharao, Dienerinnen, die Erstgeborenen Ägyptens, Streitwagenbesatzungen	das Volk des Israeliten, Mose, seine Eltern aus dem Stamme Levi, seine Schwester, Zippora (seine Frau), sein Bruder Aaron, sein Sohn (Gerschom), die hebräischen Hebammen (Schifra und Pua), Josua (Diener des Mose), Hur

Zwischen diesen Machtblöcken steht der asylgewährende Priester der Midianiter, *Jitro,* der Schwiegervater des Mose.
Schließlich treten in der Wüste als *neue Widersacher* des befreiten Jahwe-Volkes *die Amalekiter* auf den Plan.
Es fällt auf – und ist gewiß kein Zufall –, daß weder der Pharao noch einer seiner Leute mit Namen genannt werden. (Man kann daraus schließen, daß der Erzähler nicht nur diesen einen König mit seiner Kritik treffen will. Jeder Machtmißbrauch zu jeder Zeit kann und soll kritisiert werden.)
Für das Verständnis der Texte sind die *Erscheinungsweisen,* in denen Jahwe sich Mose, seinem Volk, ja sogar dem Pharao kundtut, von besonderer Bedeutung:
der Dornbusch, der nicht verbrennt (Nr. 40)
die Wolken- und Feuersäule (Nr. 42, 43)
der Engel Gottes (Nr. 43)
die dichte Wolke (Nr. 43)
sein „Blick“ (Nr. 43)

Donner und Blitz und gewaltiger Hörnerschall (Nr. 48)
Beben (Nr. 48)
das Licht um das leuchtende Anlitz des Mose (Nr. 50)
Dagegen nimmt sich das „goldene Kalb" (Nr. 50) als selbstgemachtes Bild Gottes kläglich aus.

Werte

Unterdrückung und Befreiung sind das leitende Motivpaar in den Erzählungen. Sie erzählen von der Befreiung aus ägyptischer Knechtschaft und davon, welches Ziel die Befreiung hat: den Bund mit Jahwe, dem Retter.
Jahwe zeigt sich als einer, der Sklavendienst, Ausbeutung, Entwürdigung des Menschen, Schwächung und Ausrottung eines Volkes aus Staatsraison nicht will. Er nimmt eindeutig Partei für die Machtlosen und gegen die Mächtigen, die ihre Macht mißbrauchen.
Die Exodusgeschichten sind Befreiungsgeschichten: die Mächtigen dieser Erde haben nicht das letzte Wort (obwohl es meistens so den Anschein hat).
Es wird aber auch von *dem mühsamen Weg in die Freiheit* erzählt, von den *inneren Bedrohungen der Freiheit,* dort, wo es keine äußeren Unterdrücker mehr gibt: von der Sehnsucht nach dem gedeckten Tisch. Die Verlockungen einer wohlversorgten Unfreiheit erscheinen mehrmals als fast unüberwindlich. Die Sehnsucht der Befreiten nach einer satten Unfreiheit wird gedeutet als Verrat an Jahwe. Schließlich machen die Erzählungen deutlich, daß Befreiung aus der Knechtschaft nicht gleichzusetzen ist mit Zügellosigkeit und Freiheit von allen Bindungen. Freiheit bedeutet Freiheit für Jahwe. Bindung an diesen Gott bedeutet Bindung an den Befreiergott. Der Bundesgott und der Befreiergott sind identisch. Unter dieser Voraussetzung wollen die Gebote des Dekalogs gesehen werden. Befreit sein zur Freiheit für Jahwe bedeutet aber auch, die Freiheit und Unverfügbarkeit dieses Gottes zu respektieren. Der Versuch, Jahwe im Bild des „goldenen Kalbes" (oder anderswie) sozusagen dingfest zu machen, ist darum ein Angriff gegen ihn. Nur ein freier und lebendiger Gott kann Freiheit garantieren, darum ist der Versuch, sich Gottes (in irgendeiner Form) zu bemächtigen, ein sündhafter Rückfall in die Unfreiheit.
Die aus der Knechtschaft Befreiten stehen also weiterhin in der Gefahr, ihre Freiheit zu verlieren oder aufs Spiel zu setzen. Befreitsein heißt noch nicht, Freiheit zu besitzen. Israel bleibt unterwegs.

Erwartungen

Bis etwa zum Ereignis vom brennenden Dornbusch (Nr. 40) wird in unseren Texten eine „realistische" Welt erzählt, mit kleinen Störungen und mit merkwürdigen Zufällen. Sicher ließen sich die Dinge so weitererzählen bis hin zur Flucht unter der Leitung des Mose und der eigenartigen

Errettung am Schilfmeer: als eine Abfolge von Heldentaten eines hervorragenden Volksführers, gefördert von glücklichen Zufällen.
Die große Wendung der Verhältnisse wird eingeleitet durch eine außergewöhnliche Erscheinung, den Dornbusch, der brennt und nicht verbrennt. So etwas ist unter den Bedingungen dieser Welt unmöglich. Hier geschieht der Einbruch einer neuen Wirklichkeit. Sie ist es, die von nun an neue Möglichkeiten eröffnet. Die Geschichte bekommt Ziele: die Freiheit für Jahwe und ein schönes weites Land. Daß diese Ziele nach menschlichem Ermessen im Bereich des Unwahrscheinlichen liegen, deuten die verschiedenen Versuche des Mose an, sich dem Auftrag des „Ich bin da" zu entziehen. Jahwe erweist sich aber dann als der, der wirklich da ist, der sich mit auf den Weg zu dem von ihm bestimmten Ziel begibt. Er ist von nun an der eigentlich Handelnde der Geschichte.

Innerbiblische Beziehungen

Die Befreiung aus dem ägyptischen Sklavenhaus ist für die Bibel ein Kernmotiv. Keine Tat Jahwes ist so gerühmt worden wie die der Herausführung aus der Knechtschaft. In vielen Schriften der Bibel, sowohl im AT wie im NT finden sich Anklänge an den Exodus und an den Bundesschluß am Sinai. Es können hier nicht alle innerbiblischen Beziehungen aufgeführt werden.
Für *Hosea* ist die Zeit des Exodus aus Ägypten der Beginn des besonderen Verhältnisses *Jahwes, des „Gottes von Ägypten her"* (Hos 12,10), zu seinem Volk. Draußen in der Wüste gewann Jahwe Israel lieb, und dort wurde das Häuflein der von Jahwe Erretteten zum Sohne Jahwes (Hos 11,1). Dies Verhältnis sieht Hosea als zerbrochen an, denn Israel ist zur „Dirne geworden und hat den Herrn verlassen" (Hos 1,2). Nur die Umkehrung der Herausführung, eine Rückführung in die Wüste, den Ort des Ungesichertseins, des totalen Angewiesenseins auf Jahwe kann zu einem neuen Anfang mit ihm führen (Hos 2,16 f).
Für Deuterojesaja, den anonymen Verfasser der Kapitel 40–55 des Buches Jesaja, steht die *Botschaft eines „neuen Exodus"* aus der babylonischen Gefangenschaft (Jes 43,16-21; 48,20 f; 51,10; 52,12) im Mittelpunkt seiner Rede. Das von ihm zu verkündende Heilsgeschehen kann er sich nur als einen neuen Exodus vorstellen, der den ersten Exodus bei weitem überbietet.
Die Herausführung aus Ägypten ist auch in den *Psalmen* der Anfang der Geschichte Jahwes mit seinem Volk (Ps 80,9; 114,1 und öfter) und zugleich Beispiel für Jahwes Erlösungswillen (Ps 78,52; 106,7 ff und öfter).
In den Gesetzestexten im *Deuteronomium* findet man sehr häufig den begründenden Hinweis auf die Knechtschaft in Ägypten im Kontext von Weisungen und Geboten (z. B. Dtn 13,11; 15,15; 20,1; 24,18).
So soll z. B. nach sechs Jahren Sklavenzeit der hebräische Sklave freigelassen werden, und er soll nicht mit leeren Händen fortziehen, denn „du

sollst daran denken, daß du (auch) Sklave gewesen bist im Lande Ägypten und daß der Herr, dein Gott dich befreit hat" (Dtn 24,17f).
Im *Matthäusevangelium* ist Jesus der neue Mose und der Begründer des neuen und vollkommenen Gesetzes. Diese Parallele wird besonders in den Kindheitsgeschichten deutlich (Mt 1 u. 2: vgl. Nr. 149 und 150).
Wie Moses vor dem Pharao gerettet werden mußte, so mußte nach Mt Jesus vor dem um seine Macht bangenden Herodes gerettet werden. Die Rückkehr der Familie Jesu aus Ägypten vergleicht Mt in 2,15 mit dem ersten Exodus.
In der *Apostelgeschichte* des Lukas (Apg 2,1-47: Nr. 169) erinnern die Zeichen Sturm und Feuer beim Pfingstfest an den Bundesschluß am Sinai. Auch die jüdische Überlieferung verbindet das Pfingstfest mit dem Bundesschluß am Sinai.
Schließlich lassen sich Verbindungen herstellen von der *Bergpredigt* als Gesetz des neuen Bundes zum Sinai (Mt 5,1 ff), *vom letzten Paschamahl Jesu* mit seinen Jüngern (Lk 22,7 ff: Nr. 137) zum Paschmahl in Ägypten, vom *Brotwunder* (Lk 9,11 ff: Nr. 121) zum Manna in der Wüste.
In der Briefliteratur des NT ist es vor allem der *Hebräerbrief*, der immer wieder Motive des Exodus aufgreift und auf die christlichen Gemeinden bezieht (vgl. 11,23ff).

Anschlüsse an die Welt des Lesers

Die Erfahrungen der Israeliten in Ägypten sind immer wieder aktuell. Der Schilderung der Lage der Israeliten in Ägypten vor dem Aufbruch können heute viele Menschen zustimmen; viele leben in vergleichbaren oder noch schlimmeren Verhältnissen. Manche werden sagen: So ist diese Welt; auf der einen Seite stehen die Mächtigen, sie scheuen vor nichts zurück, um ihre Macht zu vermehren und zu erhalten; auf der anderen Seite stehen die Ausgebeuteten und Ohnmächtigen. Das ist das Grundgesetz dieser Welt. Daran wird sich nicht viel ändern, höchstens daß die Rollen durch Revolutionen getauscht werden. Man muß sehen, daß man als einzelner oder als Kollektiv irgendwie auf die angenehmere Seite gerät. Die Exoduserzählungen sagen aber, daß dies nicht der unabänderliche Lauf der Dinge ist, daß man sich mit dieser Weltsicht nicht abzufinden braucht. Sie öffnen den Blick für neue Möglichkeiten. Nicht von ungefähr hat z. B. darum das Exodusthema für das Engagement von Christen in der Dritten Welt für die Freiheit der Unterdrückten eine so große Bedeutung. Den Unterdrückten schenken diese Erinnerungen Zuversicht und Hoffnung, sie sind zugleich aber für die, die sich an ihre Macht festklammern „gefährliche Erinnerungen". Es gibt Grund, sich auch heute noch vor diesen alten Geschichten zu fürchten oder sich an ihnen aufzurichten.
Die Geschichten haben aber nicht nur eine „politische" Dimension. Sie stellen auch das Glaubensbewußtsein in Frage. Versteht sich die Christenheit wirklich als das befreite Volk, das auf dem „Weg" in die ver-

heißene Zukunft ist? Wenn Exodus bedeutet, im Vertrauen auf Gott auszuziehen aus dem allzu Vertrautgewordenen, aus dem Erstarrten, dann stellen sich von hier Fragen an jede christliche Gemeinschaft und an das Lebensgefühl jedes einzelnen.

Ex 1,8-17.22 Nr. 38
Die Israeliten werden unterdrückt

Naheliegende Verständnisvoraussetzungen

Der theologisch-heilsgeschichtliche Gehalt des vorliegenden Textes erschließt sich nur, wenn der Leser die Brücke zu den Patriarchenerzählungen der Genesis schlägt: in der zahlreichen Nachkommenschaft bewährt sich der Segen Jahwes. In Gen 46,3 (Nr. 33) spricht Gott zu Jakob: ,,Ich bin der Gott deines Vaters. Fürchte dich nicht, nach Ägypten hinabzuziehen; denn ich mache dich dort zu einem großen Volk". Vor diesem Hintergrund ist der Ausrottungsbefehl des Pharao eine Kriegserklärung gegen den Gott der Patriarchen. Die Verheißung gerät in Gefahr.
Der Text scheint zunächst verständlich, enthält aber für den aufmerksamen und unbefangenen Leser einige Schwierigkeiten, die der Bibelkundige leicht übersieht. So ist in V. 22 plötzlich vom ,,Pharao" die Rede, während vorher vom ,,König von Ägypten" gesprochen wurde. Und von V. 15 an wird nicht mehr von ,,Israeliten", sondern von ,,hebräischen Hebammen" bzw. von ,,Hebräern" gesprochen. Hier sind verschiedene literarische Quellen verarbeitet worden.
Für den Text sind ,,König von Ägypten" und ,,Pharao" Synonyme, ebenso ,,Israeliten" und ,,Hebräer", wobei der letzte Begriff für die damalige Welt des alten Orient mehr meinte als nur ,,Israeliten". ,,Hebräer" ist eine Bezeichnung für Völkerschaften, die in einer aramäischen Völkerwanderung als weide- und arbeitssuchende Halbnomaden nach Ägypten kamen.

Strukturen des Textes

Raum und Zeit

Die allgemeine Orts- und Zeitangabe im ersten Satz ist eine Einleitungsformel, die im Buch Exodus mehrfach den Beginn einer großen Erzähleinheit anzeigt. Der Verzicht auf genaue Lokalisierung und Datierung und auch auf Namensnennung ist auffällig. (Ob der Erzähler so auf die Austauschbarkeit des Pharaos mit anderen Herrschern hinweisen will?)

Die geschilderten Ereignisse müssen sich über einen längeren Zeitraum hin erstreckt haben. Der König der Ägypter setzt nämlich in dem ersten Erzählabschnitt des Textes auf langfristige und nur mittelbar wirkende Maßnahmen gegen die Israeliten. Deren Mißerfolg läßt sich nicht so schnell erkennen. Erst nachdem der Pharao sieht, daß diese Mittel nicht ausreichen, leitet er in dem zweiten Erzählabschnitt unmittelbarer wirkende und brutalere „bevölkerungspolitische" Maßnahmen ein. (Hierbei wird nach dem Volltext der Raum eingegrenzt. Wie sollen zwei Hebammen alle Entbindungen eines so zahlreichen Volkes in ganz Ägypten überwachen können?)
Auch diese Maßnahmen greifen nicht, darum verschärft der König seine Anordnungen.
Die Zeitabschnitte werden immer kürzer. Die allgemeine Situation der Israeliten in Ägypten verdichtet sich hin zu dem Einzelschicksal eines Knaben (in der folgenden Perikope).

Die Akteure und ihre Beziehungen

Die dominante Figur der Handlungen ist der *neue König der Ägypter, der Pharao:*

- Er warnt *sein Volk* vor dem potentiellen Feind im Inneren.
- Auf seine Warnung hin werden *die Israeliten* zum Sklavendienst verurteilt und durch *Aufseher* bedrückt.
- Er befiehlt den *hebräischen Hebammen* die Tötung der *neugeborenen Jungen.*
- Schließlich verpflichtet er *sein ganzes Volk,* sich an der Tötung der neugeborenen hebräischen Jungen zu beteiligen.

Seine Maßnahmen sind gut überlegt (Ex 1,10). Er erscheint als ein Politiker, der konsequent und mit überzeugenden Argumenten seine Machtinteressen verficht. Er gibt sich von Anfang an als der Mächtige, als Herr über Leben und Tod, aber er ist zugleich einer, der um seine Macht fürchtet.
Handlungsträger sind ferner – *dem König untergeordnet – : das ägyptische Volk,* das dem Pharao zuerst aufgrund seiner Argumente frei folgt (Ex 1,9f), die letzte Maßnahme muß dem Volk jedoch befohlen werden; die *Aufseher* handeln im Namen des Volkes. Macht ist auch beim Volk gepaart mit Angst. Es wurde ihnen „unheimlich" (Ex 1,12), die Einheitsübersetzung drückt das krasser aus: ... „so daß die Ägypter vor ihnen das Grauen packte".
Die *hebräischen Hebammen* (Schifra = Schönheit und Pua = Glanz) sind die ersten Helden des Buches Exodus. Ihre „Befehlsverweigerung" aus Gottesfurcht (und ihre List, vgl. die ausgelassenen Verse 18-20) stellen den totalen Machtanspruch des Pharao in Frage. In ihrem Handeln deutet sich schon die kommende Auseinandersetzung zwischen dem König und dem Gott der Israeliten an (1,17). Ihre Gottesfurcht macht sie listenreich.
Das *Volk der Israeliten* bzw. die *„Hebräer"* sind die Leidtragenden. Ihnen wird das Leben schwer gemacht. Ihre Existenz als Volk ist bedroht. Sie

sind der Macht völlig ausgeliefert. Doch flößt die Ohnmacht dieser Leidenden den Ägyptern Furcht ein. Die Maßnahmen gegen die Israeliten haben den gegenteiligen Erfolg. Einige Hebräer haben sogar den Mut, den Herrscher zu überlisten.
Auch wenn es offen bleibt, ob die letzten Maßnahmen des Pharao ausgeführt werden oder nicht, scheint der Untergang des Volkes beschlossen.

Werte

Der Text ist ein Lehrstück dafür, wie die Macht der Unterdrücker zwar Leiden verursachen und bedrohen kann, daß aber die Unterdrückten nicht machtlos zu sein brauchen.

Macht der Unterdrücker	⟷	*„Macht" der Unterdrückten*
durch Aufseher		zahlreiche Nachkommenschaft
durch Auferlegung harter Arbeit		Befehlsverweigerung
durch Tötungsbefehl		List und Gottesfurcht

Der Text deutet schon an, woher die Macht der Machtlosen ihre Impulse gewinnt: dadurch, daß der Totalanspruch des Pharao auf Leben und Tod seiner Untertanen durch die Anerkennung einer höheren Autorität in Frage gestellt wird.

Erwartungen

Die Situation der Mächtigen ist geprägt durch ihre Angst, sie ist die letzte Triebfeder ihrer Maßnahmen gegen die Israeliten. Deren Situation hingegen ist geprägt durch Leiden, aus ihm entwachsen aber auch Kräfte des Widerstandes. Niemand von den handelnden Personen verfügt über die totale Macht, und niemand ist völlig machtlos.
Es wird mehrmals erzählt, daß die grausamen Maßnahmen nicht die beabsichtigten Wirkungen zeigen, sogar das Gegenteil von dem bewirken, was sie erhofften.

Maßnahmen ⟶	*beabsichtigte Wirkung* ⟶	*tatsächliche Wirkung*
schwere Arbeit	das Volk zahlenmäßig klein halten	Ausbreitung des Volkes
Anweisung zum Kindermord	das Volk ausrotten	weitere Vermehrung des Volkes

Man könnte meinen, der Pharao habe unkluge Maßnahmen ergriffen. In der Welt des Textes aber sind die unbeabsichtigten Wirkungen Hinweise darauf, daß ein anderer als der Pharao die Geschichte lenkt.

Innerbiblische Beziehungen

Es legt sich der Vergleich mit dem Kindermord durch Herodes in Mt 2,13-23 (Nr. 150) nahe.

Anschlüsse an die Welt des Lesers

Die Warnung vor den Gefahren gewissenloser Machtentfaltung ist zeitlos. Hier geht es vor allem um den Anspruch staatlicher Gewalt, über ethnische Minderheiten und über das Leben von Menschen beliebig verfügen zu wollen.

Ex 2,1-21 Nr. 39
Gott ist mit Mose

Naheliegende Verständnisvoraussetzungen

Die schlichte volkstümliche Erzählung von der legendären Errettung des Mose im Schilf des Nilufers (2,1-10) gehört zu den beliebtesten Geschichten des Alten Testaments. Dagegen ist die angefügte Erzählung von der Flucht des Mose weniger bekannt. Ältere Schulbibeln überschlugen wesentliche Motive dieser Erzählung, u. a. wohl wegen der Peinlichkeit, daß Mose in ihr einen Menschen tötet.

Unser Text verbindet eine Erzählung legendären Stils (die Kindheitsgeschichte des Mose) mit einer Erzählung, die sicher einen historischen Rückhalt hat (die Fluchtgeschichte).

Die Geburtslegende des Mose hat Parallelen in altorientalischen Geburtslegenden von Helden und Heroen. Im Unterschied zu ihnen fehlt aber der biblischen Erzählung das Mythische, denn in ihr kommen Gottheiten nicht vor.

Der erste Abschnitt des Textes enthält eine Schwierigkeit, die gerne überlesen wird: Am Anfang wird Mose als Erstgeborener vorgestellt, einige Zeilen weiter aber hat er eine ältere Schwester.

Mehr noch als die Kindheitsgeschichte des Mose ist in dem Text der „Bibel für die Grundschule" das erste öffentliche Auftreten des erwachsenen Mose und seine Flucht nach Midian gekürzt und geändert worden. Exemplarisch soll an dieser Stelle einmal aufgezeigt werden, wie solche Kürzungen den Volltext verändern.

„Bibel für die Grundschule"

3. und 4. Abschnitt der Perikope Nr. 39 „Gott ist mit Mose"

(Aus Ex 2,1-21)

„Mose wuchs in Ägypten zum Manne heran. Eines Tages ging er zu seinen Stammesbrüdern hinaus und sah ihnen bei der Zwangsarbeit zu. Da sah er, wie ein ägyptischer Aufseher einen Hebräer erschlug. In seinem Zorn erschlug Mose den Ägypter und verscharrte ihn im Sand.

Der Pharao hörte von dem Vorfall und wollte Mose töten. Mose aber entkam ihm und floh in das Land Midian. Auf der Flucht kam er zu dem Priester von Midian namens Jitro. Dieser lud den Flüchtling zum Essen ein. Mose entschloß sich, bei dem Mann zu bleiben, und er bekam später dessen Tochter Zippora zur Frau."

Text der Einheitsübersetzung

Exodus, 2,11-22

Die Jahre vergingen, und Mose wuchs heran. Eines Tages ging er zu seinen Brüdern hinaus und schaute ihnen bei der Fronarbeit zu. Da sah er, wie ein Ägypter einen Hebräer schlug, einen seiner Stammesbrüder. Mose sah sich nach allen Seiten um, und als er sah, daß sonst niemand da war, erschlug er den Ägypter und verscharrte ihn im Sand.

Als er am nächsten Tag wieder hinausging, sah er zwei Hebräer miteinander streiten. Er sagte zu dem, der im Unrecht war: Warum schlägst du deinen Stammesgenossen? Der Mann erwiderte: Wer hat dich zum Aufseher und Schiedsrichter über uns bestellt? Meinst du, du könntest mich umbringen, wie du den Ägypter umgebracht hast? Da bekam Mose Angst und sagte: Die Sache ist also bekannt geworden.

Der Pharao hörte von diesem Vorfall und wollte Mose töten; Mose aber entkam ihm. Er wollte in Midian bleiben und setzte sich an einen Brunnen. Der Priester von Midian hatte sieben Töchter. Sie kamen zum Wasserschöpfen und wollten die Tröge füllen, um die Schafe und Ziegen ihres Vaters zu tränken. Doch die Hirten kamen und wollten sie verdrängen. Da stand Mose auf, kam ihnen zu Hilfe und tränkte ihre Schafe und Ziegen. Als sie zu ihrem Vater Reguël zurückkehrten, fragte er: Warum seid ihr heute so schnell wieder da? Sie erzählten: Ein Ägypter hat uns gegen die Hirten verteidigt; er hat uns sogar Wasser geschöpft und das Vieh getränkt. Da fragte Reguël seine Töchter: Wo ist er? Warum habt ihr ihn dort gelassen? Holt ihn und ladet ihn zum Essen ein! Mose entschloß sich, bei dem Mann zu bleiben, und dieser gab seine Tochter Zippora Mose zur Frau. Als sie einen Sohn gebar, nannte er ihn Gerschom (Ödgast) und sagte: Gast bin ich in fremdem Land.

In der „Bibel für die Grundschule" erschlägt der ägyptische Aufseher einen Hebräer, in der Einheitsübersetzung „schlägt" er ihn. Handelt Mose nach dem Volltext bei der Ermordung des Ägypters umsichtig planend, macht die „Bibel für die Grundschule" aus einem Mord eine Affekthandlung.

Ganz weggelassen ist die erste Ablehnung des Mose durch seine Stammesbrüder und die Angst des Mose.

Es fehlen außerdem die Begegnung des Mose mit den sieben Töchtern des Priesters von Midian am Brunnen, die Auseinandersetzung mit den Hirten (V. 16-18), das Gespräch Reguëls (der in der „Bibel für die Grundschule" Jitro wie in Vers 3,1 und 4,18 heißt) mit seinen Töchtern und die Geburt des Sohnes Gerschom (V. 22).

Die Eingriffe beziehen sich in unserem Beispiel auf

a) die Raumstruktur:

In der „Bibel für die Grundschule" gibt es einen direkten Weg von Ägypten hin zur Aufnahme bei dem Priester von Midian. Im Volltext kehrt Mose aber nach dem Mord des Aufsehers zuerst einmal wieder in seine vorherige Umgebung zurück, um dann wieder hinauszugehen zu seinen Stammesbrüdern. Und die heimkehrenden Töchter des Priesters von Midian werden von ihrem Vater zurück zum Brunnen geschickt, um Mose zu holen. Der Volltext kennt also Hin- und Rückwege. Die Auswahl bringt Mose möglichst schnell auf den Weg von Ägypten nach Midian.

b) die Zeitstruktur:

Im Einleitungssatz des Volltextes vergehen Jahre, dann wird eine Handlungsfolge mit einer zeitlichen Erstreckung von zwei Tagen und in Midian eine fast überstürzende Handlungsfolge eines Tages erzählt, um dann wieder in einen gemächlichen Zeitfluß hineinzukommen (die berühmten neun Monate).

Dieses Zeitgefüge wird in der „Bibel für die Grundschule" geglättet.

c) die Kommunikationsstruktur der Handlungsträger:
Im Volltext treffen wir auf ein vielgestaltiges Beziehungsgefüge zwischen verschiedenen Personen: Gegnerschaft, Beistand, Über- und Unterordnung und freundschaftliche Beziehungen auf symmetrischer Ebene.
Die „Bibel für die Grundschule" reduziert dieses Gefüge. So fehlt die Tragik, daß die eigenen Stammesbrüder den Helfer nur in der Rolle des Herren sehen und ihn deshalb ablehnen; es fehlen ferner die helfende Zuwendung des Mose zu den sieben Töchtern des Priesters von Midian und das Sender-Bote-Verhältnis zwischen dem Vater und seinen Töchtern.
d) die Wertstruktur:
Mose erscheint in der „Bibel für die Grundschule" als der, der sich über die Unterdrückung seiner Stammesbrüder erzürnt und vor Totschlag nicht zurückschreckt. Der ethische Horizont des ganzen Textes reicht aber weiter: da setzt sich Mose für Gerechtigkeit zwischen den Hebräern ein; in der Szene am Brunnen wird deutlich, daß Gerechtigkeit für ihn ein universeller Wert ist. Der Flüchtige verhilft auch im Ausland den Schwachen zu ihrem Recht – und hier sogar mit Erfolg (oder wollte sich Mose hiermit die Gunst der Töchter erwerben?).
Lebendigkeit, Vielschichtigkeit werden so der Durchschaubarkeit geopfert. *Daß* viele alttestamentliche Texte so wiedergegeben werden müssen, hängt mit dem bibeldidaktischen Konzept zusammen: Man kann auf 229 reich bebilderten Seiten nicht so gut wie eben möglich die vollständige Bibel widerspiegeln, den Grundschülern einen ersten „Gesamtfilm" der biblischen Gestalten und Ereignisse vor Augen führen und zugleich der *Sprache* der Bibel treu bleiben. Um die heilsgeschichtliche Linie auf so knappem Raum durchziehen zu können, müssen Bibeltexte eben verkürzt werden.
Es kann sein, daß, je nach der Zielsetzung des Unterrichts, gerade die Textstellen fehlen, die für den Unterricht besonders ergiebig sind.

Strukturen des Textes

Raum und Zeit

Der Text überbrückt große Zeiträume und weite Entfernungen: Von der Hochzeit eines Paares aus dem Stamme Levi, den Eltern des Mose, bis hin zum vollen Mannesalter des Mose; vom Land am Nil bis hin zum Land Midian.
Der Lebensweg des Mose ist schon von Geburt an gekennzeichnet durch *Ortswechsel:* vom Wohnort der Eltern zum Nil und wieder zurück zu den Eltern, dann der Wechsel zu seiner Adoptivmutter (wohl in einem pharaonischen Palast) und von dort zu seinen Stammesbrüdern und wieder zurück, schließlich die Flucht nach Midian in das Haus des Priesters Jitro. Mit dem „Hinausgang zu seinen Brüdern" beginnt das öffentliche Wirken des

Mose. Es ist der einzige Weg in der Erzählung, der von Mose gewollt ist, alle anderen sind (indirekt) durch den Pharao bestimmt.
Die Geschichte des Mose könnte in Midian enden. Mose hat eine neue Heimat und eine Familie. Was will er mehr? So ein harmonisches Ende der Erzählung paßte nicht zu den außergewöhnlichen Ereignissen, sowohl in seiner frühen Kindheit als auch im Mannesalter.

Wege des Mose:

1. als Säugling:
Haus der Eltern (in Ägypten) ⇄ Nilufer

2. als Kleinkind:
Haus der Eltern (in Ägypten) → Palast der Pharaonentochter

3. als Mann:
Palast der Pharaonentochter ⇄ Arbeitsstätte der Stammesbrüder
Palast der Pharaonentochter → Midian Haus des Jitro

Die Akteure und ihre Beziehungen

Der Text in der Grundschulbibel gliedert sich in drei Sequenzen mit je verschiedenen Hauptakteuren: 1. *Mutter und Schwester* des Mose, 2. die *Tochter des Pharao* und 3. der eigentliche Held der Erzählung, *Mose.*
Waren es in dem vorigen Text (Nr. 38) die hebräischen Hebammen, die aus Glaubensgründen die königliche Anweisung zur unmenschlichen Kindestötung mißachteten, so wird in der Geburtsgeschichte des Mose ausgerechnet die *Tochter des Pharao* aus Menschlichkeit zur Befehlsverweigerin und somit zur Retterin des künftigen Gegners des Pharao.
Auch in dieser Erzählung wird *der Pharao* hintergangen. Diesmal durch die List der Mutter und der Schwester des Mose mit der ironischen Spitze, daß die Tochter des Pharao die Mutter dafür bezahlt, daß sie ihr zum Tode verurteiltes Kind stillt.
Nachdem an *Mose* schon soviel in seiner Kindheit geschehen ist, tritt er in der dritten Sequenz erstmals als Handelnder in Erscheinung. Er tritt hinaus aus dem geschützten Umfeld des Pharao hin zu seinen Stammesbrüdern bei der Fronarbeit und erkennt sich als ihnen zugehörig; er nimmt Partei für sie. Der *Totschlag des ägyptischen Aufsehers* (nach dem Volltext war er umsichtig geplant, also keine Affekthandlung) reißt alle Brücken zur pharaonischen Umgebung ab. Der Zögling des Hofes wird zum offenen Gegner des Pharao. Aber seine Aktionen zur Änderung der Lage seiner Brüder scheitern. (Seine Stammesbrüder trauen dem selbsternannten Richter nicht. Vgl. Ex 2,13 f. Sie lehnen ihn als Retter ab.) Mose bleibt nur noch die Flucht. Der schon mehrfach Entwurzelte findet in Midian nun seine dritte Heimat. Er gehört jetzt dem Familienkreis des Priesters *Jitro* an.

Werte und Erwartungen

Die Pläne des Pharao werden auch in dieser Erzählung mehrfach durchkreuzt durch:

– die Mutter des Mose, die ihr Neugeborenes verbirgt und es schließlich wagt, ihr Kind lieber einem ungewissen Schicksal als dem sicheren Tod preiszugeben
– die List der Mutter, die dahin führt, daß sie ihr Kind ausgerechnet aus dem Arm der Königstochter wieder zurückbekommt
– das Mitleid der Königstochter, das stärker als der Gehorsam gegenüber dem Pharao ist
– die Solidarität und das Gerechtigkeitsempfinden des Mose
– das Gelingen der Flucht des Mose.

Die bisher geschlossenen Lager, Pharao/Ägypter auf der einen und Israeliten/Hebräer auf der anderen Seite, geraten in Unordnung: da rettet eine Ägypterin einen totgeweihten Israeliten, ein Zögling des Hofes steht den Zwangsarbeitern bei (diese wiederum lehnen ihren Stammesbruder als Retter ab). Immer mehr Schwachstellen der Macht des Pharao werden offengelegt. Das gibt dem Leser immer wieder Hoffnung auf Veränderung der Lage. Aber zuletzt zerschlagen sich diese Hoffnungen dadurch, daß der Held eine neue Heimat findet. Es hat sich an der Lage der Israeliten also bisher noch nichts geändert.

Gelungene und gescheiterte Rettungsversuche setzen in dem bisherigen Erzählzusammenhang immer voraus, daß jemand „hinausgeht“ aus seinem Haus.

Innerbiblische Beziehungen

Beabsichtigter Mord an den Kindern zur Sicherung der Macht und gelungene Rettung des künftigen Retters sind Motive, die auch in der Kindheitserzählung im *Matthäusevangelium* zu finden sind.
Matthäus deutet im 2. Kapitel seines Evangeliums Jesus als den neuen Mose (Nr. 149 und Nr. 150).
Folgt man dem Volltext, dann bietet sich noch folgender Vergleich an: Die Verwerfung des Mose durch seine Stammesbrüder (Ex 2,13 f) beim Beginn seines öffentlichen Wirkens verweist auf die Ablehnung Jesu in seiner Heimatgemeinde in Nazaret (Mt 13, 53-58 par; vgl. Lk 4,16-30: Nr. 109).

Anschlüsse an die Welt des Lesers

Da verläßt jemand sein Milieu, gerät auf die „Sonnenseite des Lebens“ und bleibt doch offen und sensibel für das Schicksal der benachteiligten Gruppe, der er vorher einmal angehörte. Er hält nicht an seinen Privilegien fest, sondern setzt sie aufs Spiel, um anderen zu helfen. Ist das nicht eine Lebenssituation, die auch heute für viele aktuell ist und zur Nachahmung herausfordert?

Ex 3,1-8.10-15 Nr. 40
Gott offenbart sich Mose am Horeb

Naheliegende Verständnisvoraussetzungen

Der naturwissenschaftlich denkende Mensch hat seine besonderen Probleme mit dieser Erzählung. Er sucht gerne nach natürlichen Erklärungen für das *Feuer im Dornbusch.* In der Textwelt der Bibel will diese merkwürdige Erscheinung ein Hinweis auf eine Offenbarung sein und bleiben. Man sollte es nicht durch Erklärungen auflösen, die beweisen wollen, daß „die Bibel doch recht hat".

Der *Name Jahwe* erscheint in einer für manchen erwachsenen Leser unüblichen Übersetzung. Vielen ist die Übersetzung von Ex 3,14 „Ich bin, der ich bin" geläufiger. Die in der Schulbibel gewählte Übersetzung trifft aber besser das Gemeinte und damit auch den Kern des israelitischen Glaubens. Es drückt sich in dieser Übersetzung gleichzeitig die Unverfügbarkeit und Souveränität wie auch die helfende Nähe des Gottes Jahwe aus. Aus „Jahwe" läßt sich ein Kurzsatz mit einem offenen Prädikatsattribut heraushören: Er ist da als ... bzw. er erweist sich als ... Dieser Name verweist auf Geschehnisse und Ereignisse in der Geschichte. In und an ihr wird Jahwe zeigen, wer und wie er ist: ein Gott, der sich in der Geschichte von Menschen offenbart. Der Erzählung von der Berufung des Mose geht im Volltext eine knappe Situationsschilderung der Israeliten in Ägypten voraus (Ex 2,23-25). In ihr kommt die Hoffnungslosigkeit und Aussichtslosigkeit der Lage der Israeliten in Ägypten kraß zum Ausdruck. In ihr wird aber auch schon die Wende angedeutet Ex 2,23-25).

Strukturen des Textes

Raum und Zeit

Im bisherigen Erzählzusammenhang der Exodusgeschichten in der „Bibel für die Grundschule" ist es das zweite Mal, daß Mose hinausgeht: der erste Hinausgang aus der pharaonischen Umgebung leitete die Flucht nach Midian ein (vgl. Nr. 39); der Hinausgang aus der Umgebung des Schwiegervaters Jitro wird zum Beginn eines ganz und gar neuen Lebens. Einschneidende Veränderungen des Lebensschicksals sind verbunden mit dem Hinausgehen, Exodus, aus Sicherheiten.

In diesem Text jedoch hat der „Hinausgang" des Mose keine besondere, über seinen alltäglichen Aufgabenbereich hinausreichende Absicht. Moses kommt – auf der Suche nach Weideplätzen – wie zufällig zum Horeb, dem Berg Gottes. Seine Aufmerksamkeit bekommt erst eine besondere Richtung durch die merkwürdige Erscheinung des brennenden Dornbuschs. Sie lockt ihn fort von seinen Schafen. Bis hierher ist Mose noch Herr seiner Entschlüsse. Der Dornbusch wird schließlich zu dem Ort, an dem Gott ihn beruft und von dem aus sich Mose wieder von neuem auf einen Weg begeben wird: als ein neuer Mensch mit einem von Jahwe bestimmten Auftrag und Ziel. (Was hier dem Flüchtling Mose widerfährt, wird in vergleichbarer Weise später das geflüchtete Volk Israel erfahren.) Die Geschehnisse spielen in einem umgrenzbaren und benannten geographischen Raum (Midian, Steppe, Berg Horeb). Sie sprengen aber in ihrer Ausrichtung und Wirkung in einem bisher nicht dagewesenen Maße Raum- und Zeitgrenzen („in ein schönes, weites Land" – „das ist mein Name für immer").

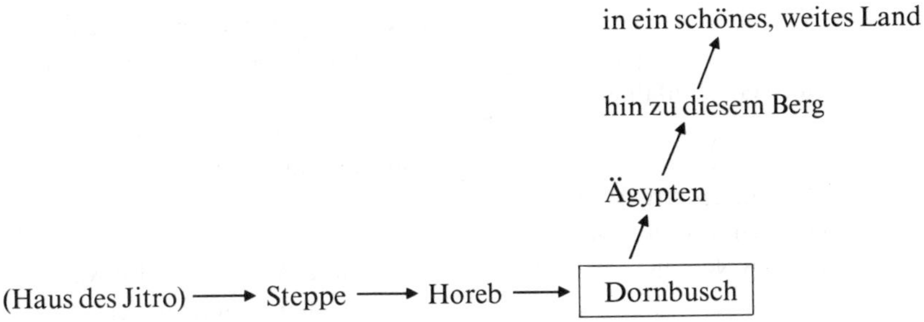

Die Akteure und ihre Beziehungen

Im Erzählverlauf begegnet *Mose* am Berg Horeb zum erstenmal Jahwe. Von seinem Glauben und von einer besonderen Beziehung zu einem Gott war bisher nicht die Rede. Es ist auch nicht religiöse Ehrfurcht, die Mose hin zu dem Dornbusch zieht, sondern bloße Neugier.
Der Text legt großen Wert darauf, daß Gott unerwartet und plötzlich auf Mose zugeht. Die Begegnung ist also nicht das Ergebnis langen Suchens, sondern der überraschende Akt eines frei handelnden Gottes.
Alles was Mose bisher getan hat, war „profan" motiviert, darum ist es für den Leser vielleicht überraschend, wie Mose sich dem Herrn gegenüber verhält. Dabei weiß ja anfangs nur der Leser, daß Gott es ist, der Mose anspricht.

Mose	*Der Herr*
	ruft Mose mit Namen
„Hier bin ich."	
	weist auf den heiligen Ort hin, befiehlt, die Schuhe abzulegen
folgt dem Befehl (Das setzt der Text voraus.)	
	stellt sich vor als Gott Abrahams, Isaaks und Jakobs
verhüllt sein Gesicht (als Zeichen seiner Niedrigkeit)	
	beauftragt Mose, das Volk aus Ägypten herauszuführen
verweist auf seine Unfähigkeit	
	entkräftet den Einwand; wiederholt den Auftrag
bringt ein neues Argument gegen die Sendung vor; verlangt den Namen Gottes	
	entkräftet auch diesen Einwand; stellt sich mit „Ich bin der Ich-bin-da" vor

Jahwe hat in dem Dialog das erste und das letzte Wort. Er ist es, der Mose wieder rückbindet an das Schicksal seines Volkes in Ägypten. Mose wehrt sich dagegen.

Jahwe erscheint fern von den Unterdrückten in Ägypten am Berg Horeb zum erstenmal als Handelnder. Er offenbart sich dem gescheiterten Flüchtling in Midian als der Eine, dessen Wirksamkeit weder an Raum noch Zeit, weder an ein Volk noch an ein Land gebunden ist. Jahwe bekennt sich zu seinen Versprechungen an die Verheißungsträger Abraham, Isaak und Jakob und bestimmt Mose zum Dienst an dieser Verheißung. Jahwe läßt keinen Zweifel daran, daß er allein und kein anderer es ist, der das Volk der Israeliten als *sein Volk* aus der Knechtschaft in das verheißene Land führen wird. Die Herausführung hat für ihn schon begonnen.

Der brennende Dornbusch hat einmal die Funktion, Mose fort von den *Schafen und Ziegen* des Schwiegervaters Jitro, fort von seinen alltäglichen Pflichten, zu lenken. Der Dornbusch wird dann zum Erscheinungsort, den Jahwe sich erwählt hat. Erst die Ansprache Jahwes an Mose macht dieses seltsame Phänomen zum „heiligen Ort".

Erwartungen und Werte

Mit der neuen Sicherheit und Geborgenheit des Mose verbinden sich Hoffnungen für sein individuelles Wohl und Glück. Dem aber stehen die Leiden der in Ägypten unterdrückten Stammesbrüder gegenüber.

Mose in Midian	⟷	*Israel in Ägypten*
Anfang eines neuen Lebens		Elend
Schutz in einer neuen Familie		lautes Klagen
(Familienvater)		Leid
Freiheit als Hirte		Sklaverei

Der Anruf Jahwes verbindet wieder das „private" Schicksal des Mose mit dem Schicksal seines Volkes. Mose wird mit einem Sendungsauftrag zu seinem Volke zurückgehen, der weit über das hinausgeht, wofür er und andere sich vorher eingesetzt hatten: Rettung des physischen Lebens und Schutz vor der Willkür durch die Aufseher stellen die Situation der Israeliten nicht grundlegend in Frage. Sie dienen lediglich dem Erhalt eines einigermaßen erträglichen Lebens. Der Auftrag Jahwes dagegen umfaßt ein qualitatives Mehr: die Freiheit von der Knechtschaft und die Führung in ein schönes, weites Land. Hier werden Ziele genannt, die niemand von den in Ägypten lebenden Israeliten je erfahren hat; Ziele die ihre Erwartungen übertreffen. Die Verheißungen an die Väter werden bereichert durch die Verheißung von Freiheit.
Diese utopische Verheißung gibt der stabilen Ausgangslage neue Offenheit und neue Möglichkeiten, weckt aber auch neue Befürchtungen.
Diese werden schon angedeutet durch das Zurückweichen des Mose vor dem Sendungsauftrag Jahwes. Mose fürchtet sich vor der Macht des Pharao und vor der erneuten Ablehnung durch seine Stammesbrüder. Er sieht sich der Sendung nicht gewachsen. Bei aller erwiesenen Ehrfurcht vor der Größe der Gotteserscheinung zeigt er Kleingläubigkeit.
Jahwe setzt dagegen die Zusage: „Ich bin mit dir" und die Offenbarung seines Namens als Jahwe = Ich-bin-da. In diesem Namen offenbart sich ein neues Gottesbild, das weder Mose noch die Israeliten in Ägypten bisher kannten. Jahwe stellt sich als Gott vor, den man weder an Personen bzw. Sippen, an Orte, noch an bestimmte Epochen festmachen kann, als ein Gott, der sich durch sein Wirken für sein Volk offenbaren wird, der erscheinen wird, wann, wo, wie und wem er will. Für Israel beginnt mit der Gotteserscheinung am Horeb ein neues Kapitel der Glaubensgeschichte.

Innerbiblische Beziehungen

Die Struktur dieser Erzählung als eine Berufungsgeschichte ist geprägt durch den Dialog zwischen Gott und Mensch mit folgenden Elementen: Anruf, Erscheinung und Offenbarung, Auftrag und Abwehr des Auftrags, Zusage des Beistands (und Beglaubigung durch Zeichen), Annahme der Berufung.

Eine ähnliche Struktur haben folgende Berufungserzählungen im AT und im NT:

Ri 6,12-24 (vgl. Nr. 55) Berufung Gideons
1 Sam 9,15-10,16 (vgl. Nr. 59 und Nr. 60) Berufung Sauls
Jer 1,6-19 (vgl. Nr. 80) Berufung Jeremias
Lk 1,28 ff (vgl. Nr. 101) Berufung Marias.

Die Sendung des Mose knüpft an die Verheißung des Landes Abraham gegenüber in Sichem an (Gen 12: Nr. 16) und verweist auf den „Landtag in Sichem" (Jos 24: Nr. 53) als feierlichen Abschluß der Landnahme.

Anschlüsse an die Welt des Lesers

Durch etwas Unerwartetes, Überraschendes oder etwas Außergewöhnliches herausgerissen zu werden aus den alltäglichen Pflichten ist eine Erfahrung, die jeder sensible Mensch machen kann. Die Frage ist, ob man sich dem Anruf stellt. Setzen sich die immer wieder neuen Ausflüchte und Vorbehalte durch, oder werden sie schließlich durch die Macht des Anrufs überwunden?

Derjenige, der herausreißt aus den alltäglichen Pflichten und einen Menschen in eine neue Pflicht nimmt, ist Jahwe. Er zeigt sich einem Menschen, und er spricht mit ihm. Mit dieser Art Berufung wird heute kein Mensch rechnen dürfen. Kann man aber deshalb schon sagen, daß der von Vielen als schweigend empfundene Gott nichts mehr zu sagen hat oder gar unwirksam ist? Oder fehlt den meisten Menschen heute nur die Sensibilität und die Aufmerksamkeit, den Anspruch Gottes im eigenen Leben wahrzunehmen? Man muß Augen und Ohren offenhalten, neugierig sein wie Mose, um den überraschenden Anspruch Gottes vernehmen zu können. Gott läßt sich nicht vorschreiben, wann, wo und wie er die Menschen anspricht.

Ex 12,1-8.11-14 — Nr. 41
Die Israeliten feiern das Fest ihrer Erlösung

Naheliegende Verständnisvoraussetzungen

Zwischen der Gottesoffenbarung am brennenden Dornbusch und der Paschafeier liegt der kunstvoll durchkomponierte Erzählzyklus der Plagenerzählungen (Ex 6,28-11,10). In ihnen wird der Mächtige als unmächtig erwiesen: der Pharao wird sozusagen zur Marionette in der Hand Jahwes.

Durch den Fortfall dieser populären Geschichten wirkt die unvermittelte Tötung der Erstgeburt der Ägypter verwirrend und brutal. Wir empfehlen, die Leerstellen der Schulbibel zwischen den Texten Nr. 40 und 41 durch eine Erzählung zu überbrücken. Dabei sollte anklingen, daß es in den Plagenerzählungen nicht so sehr um das leidende ägyptische Volk, sondern um den verschlungenen Lernweg des Pharao von seiner anfänglichen Haltung in Ex 5,2 bis hin zu Ex 12,31 geht: Am Pharao wird deutlich, daß Jahwe es ernst meint mit der Befreiung seines Volkes.
Bei der Erzählung vom Paschamahl wählt die Schulbibel Abschnitte aus der priesterschriftlichen Überlieferung (Ex 12,1-14) aus, die in ihrer Feierlichkeit und Genauigkeit der Situation des Aufbruchs bzw. der Flucht wenig entsprechen (anders die jahwistische Erzählung in Ex 12,21-28). In der priesterschriftlichen Darstellung wird deutlich, daß diese kultischen Anweisungen einen späteren „Sitz im Leben“ haben.
Das Paschafest war ursprünglich ein Frühlingsfest von Nomaden oder von Halbnomaden. Im Frühling, wenn das Weideland grünte und blühte und die Herden mit den Jungtieren ausgetrieben wurden, feierten die Hirten das Pascha. Ein junges Lamm von Schafen oder Ziegen wurde geschlachtet und geopfert, um Fruchtbarkeit und Wohlergehen der Herde zu erlangen. Etwas Blut wurde auf die Zeltstangen gestrichen, das sollte Unheil abhalten.
Dieser alte Brauch bekommt durch die Herausführung aus Ägypten einen neuen Gehalt. Das Paschafest bedeutet auch hier Aufbruch, aber nicht einer hin zu neuen Weideplätzen, sondern zur Freiheit und hin zum Gelobten Land. Die Erinnerung an den Auszug aus Ägypten, an die Erlösung aus dem Sklavenhaus, blieb fortan aufs engste mit der Paschafeier verbunden. Deshalb konnten die Israeliten das Pascha nicht mehr feiern ohne ihrer Erlösung zu gedenken.
Deshalb feierten sie es weiter, als sie im verheißenen Land oder im Exil kein Hirtenvolk mehr waren, als sie nicht mehr in Zelten, sondern auch in festen Häusern wohnten.
Der Text der Grundschulbibel stammt aus dieser Zeit. Deshalb ist hier von „Hausgemeinschaft“, „Türpfosten“ und „Türsturz“ die Rede.
Daß sich die Art und Weise, Pascha zu feiern, später wieder geändert hat, kann man in Lk 22,7-34 (Nr. 137) nachlesen. Zur Zeit Jesu wurde das Paschamahl nicht mehr stehend, in der Haltung des Aufbruchs, gefeiert, sondern auf Polstern liegend. Es blieb bei dem Opfer des Lammes und beim ungesäuerten Brot, aber es wurde Wein dazu getrunken.

Strukturen des Textes

Zeit und Raum

Die Wichtigkeit des Festes wird durch genaue Zeitangaben hervorgehoben. Sie umfassen die Spanne von einer Neudatierung des Jahresanfangs – sie bedeutet den Anbruch einer neuen Zeit – bis hin zu einer genauen Festlegung der Stunde der Schlachtung der Lämmer („am 14. Tag gegen Abend") und der Zeit des Essens („in der gleichen Nacht"). Die genaue Festlegung der Zeit will sicherstellen, daß die verschiedenen Festgemeinschaften *gleichzeitig* feiern können. Die Gleichzeitigkeit des Feierns verbindet die einzelnen Gruppen an verschiedenen Orten zu einer „ganzen Gemeinde".

Es besteht eine merkwürdige Spannung zwischen der gemächlichen Vorbereitung für die Feier und der Anordnung, in Eile zu essen. Der Text verbindet so die Ursprungssituation mit der (späteren) vergegenwärtigenden Gedächtnisfeier. Es ist ein Fest, das noch etwas Ausstehendes vorwegnimmt, die Anordnungen beziehen sich aber auch auf die kommenden Paschafeiern, in denen diese entscheidende Nacht erinnernd vergegenwärtigt wird.

Dem strukturierten und bezeichneten Raum, in dem die Festgemeinden das Pascha feiern, steht der unstrukturierte Raum „in Ägypten" gegenüber. Durch diesen geht Jahwe, um das verheißene Unheil zu vollstrecken. Die Bezeichnung „in Ägypten" bezieht sich aber auch auf den Ort, an dem Jahwe zu Mose und Aaron spricht und das Fest der Erlösung ansagt. Es ist somit ein Fest, das nicht an einen bestimmten Ort, etwa den Tempel, gebunden ist. Es kann überall gefeiert werden, wo sich Gläubige zum Gedenken an diesen Tag versammeln.

Die Akteure und ihre Beziehungen

Der Auswahltext enthält Fragmente einer langen Ansprache Jahwes an Mose und seinen (bisher in der Schulbibel noch nicht vorgestellten) Bruder Aaron (Ex 12,2-20). Adressat der Anweisungen ist die „Gemeinde Israel". Zu ihr spricht Jahwe durch den Mund des Mose und des Aaron. Diese beiden sind (in der Theologie der Priesterschrift) hervorgehobene Mittler seines Willens.

Jahwe ——→ Mose und Aaron ——→ Gemeinde Israel

Mose und Aaron haben in diesem Text eine priesterliche Rolle in einer wohlgeordneten kultischen Gemeinde. (Der Begriff „Gemeinde" kommt hier übrigens zum erstenmal im AT vor.) Diese hervorgehobene priesterliche Rolle beschränkt sich darauf, den Willen Jahwes kundzutun. Ausführende bei diesem Paschafest zur Ehre des Herrn sind aber die Hausgemeinschaften und Nachbarschaften.

Der geordneten Festgemeinde stehen als unstrukturierte „Unheilsgemeinde" die Erstgeborenen bei Mensch und Vieh in Ägypten gegenüber, auf die Jahwe selber „dreinschlagen" wird.

Paschagemeinde ⟷ *„Unheilsgemeinschaft"*
Jahwe ↓ Mensch und Vieh in Ägypten

Mose und Aaron
↓
Gemeinde Israel
↓
Hausgemeinschaft
Nachbarschaft

Werte und Erwartungen

In der Textwelt werden eindeutige und rigorose Grenzen gezogen: auf der einen Seite befinden sich die von Jahwe Erlösten und Befreiten, die – zwar in Eile, aber – in Geborgenheit ein Fest feiern. An ihnen wird das vernichtende Unheil vorübergehen. Auf der anderen Seite finden wir Menschen, die vom Fest der Erlösung nichts wissen oder es nicht mitfeiern wollen. (Es wird nirgendwo von „Ägyptern" gesprochen.) Sie trifft das vernichtende Unheil. (Die Übersetzung der Einheitsbibel – spricht von einem vernichtenden Unheil und nicht – wie in der Schulbibel von einem vernichtenden Urteil!) Es fließt viel Blut in der Geschichte: das von Tieren und Menschen, das Blut von Opfergaben und von Opfern, rettendes und verderbendes Blut. Das macht das Verständnis des Textes für Leser, die sich nicht von vornherein auf der Seite der Erlösten wissen, schwierig. Das Heil der einen wird mit dem Unheil der anderen verquickt.
Gott erscheint als gewaltiger und furchtbarer Gott, als ein Gott mit Mund und Augen, mit Händen und Füßen, ein Gott, der spricht, geht, sieht und der dreinschlägt.

Innerbiblische Beziehungen

Das christliche Osterfest und die Feier des letzten Abendmahls ist ohne das Paschafest von Ägypten her kaum zu verstehen. Die Synoptiker betonen ausdrücklich die Beziehungen zwischen Abendmahl und Pascha. Im Johannesevangelium entspricht die Todesstunde Jesu der Stunde, zu der die Lämmer für die Paschafeier geschlachtet wurden (Joh 18,28; 19,14.31), und Joh 19,36 betont, daß bei der Hinrichtung Jesu die Paschaverordnung von Ex 12,46 (keinen Knochen zu brechen) eingehalten wurde.
Von den Texten der Bibel für die Grundschule weist schon die Überschrift von Nr. 137 „Jesus feiert das Paschamahl" (Lk 22,7 ff) auf die unlösbare Verbindung von Abendmahl vor dem Tode Jesu und dem Paschafest in Ägypten hin. Der Tod Jesu wird so als Tat der Erlösung gedeutet.

Anschlüsse an die Welt des Lesers

Der Text stellt dem Christen die Frage, ob er das Osterfest, das Paschafest des Neuen Bundes, als Anbruch einer neuen Zeit und als Vergegenwärtigung der Erlösung und Befreiung durch Jesus feiern kann. Ostern ist wie das Paschafest ein Fest der Erlösung. Wie erlöst kommen sich Christen vor? Merken andere Menschen etwas vom Erlöstsein der Christen? Welches Engagement für die Welt ergibt sich aus dieser Erfahrung?

Das Gottesbild dieser Erzählung gibt Fragen auf. Es bereitet Erwachsenen und Kindern Schwierigkeiten, sich vorzustellen, daß man zu der Zeit ein Fest feiern kann, zu der Gott umhergeht und die Erstgeborenen bei Mensch und Tier erschlägt. Soll man die Grundschüler vor diesem Gottesbild bewahren? Oder ist es nicht sogar sinnvoll, das bei vielen anzutreffende Bild des harmlosen „lieben Herrgotts" zu erschüttern?

Ex 13,18-22; 14,5-11.13-31
Der Pharao verfolgt die Israeliten — Nr. 42
Gott rettet die Israeliten — Nr. 43

Naheliegende Verständnisvoraussetzungen

Jeder Leser stößt auf Brüche und Widersprüche, die sich nur traditionsgeschichtlich durch das Verweben verschiedener Überlieferungen durch die Endredaktion erklären lassen. Sind es nun Freigelassene oder Flüchtlinge, die aus Ägypten fortziehen? Tat dem Pharao die Freilassung leid, oder war es Jahwe, der den Pharao verleitete, den Israeliten nachzujagen? Sollten die Israeliten stehenbleiben und zuschauen, wie der Herr für sie kämpft, oder sollten sie aus ihrem Lager aufbrechen und durch das Meer ziehen? War es der Ostwind, der das Meer austrocknete, oder spaltete sich das Meer?

Diese Ungereimtheiten sprechen für die Treue zur Überlieferung und für die Lebendigkeit der Überlieferung. Im Volltext finden sich zwei ineinandergeschobene vollständige Überlieferungen von dieser für den Glauben Israels größten Tat Jahwes: J (Jahwistische Überlieferung) und P (Priesterschriftliche Überlieferung) (vgl. S. 13ff). Daneben enthält der Text einzelne elohistische Fragmente.

Wer sich bei der Analyse der beiden Texte an der Frage nach der Historizität festklammert, wird nicht den Kern der verschiedenen Überlieferungen erreichen; dieser ist jeweils weitgehend in den verschiedenen Überlieferungen der gleiche: Es wird erzählt von dem entscheidendsten Kampf und Sieg Jahwes für sein Volk, von den Anfängen des Jahweglaubens. Hier wird ein Glaubensbekenntnis erzählt. Der Text bereitet vor allem dem unüberbrückbare Probleme, der Gott nicht als geschichtswirksame Macht anerkennen kann.

Strukturen des Textes

Der Raum: die Rettung am Meer

Die Auswahl der „Bibel für die Grundschule" will offensichtlich die Grundschüler davor bewahren, schwierige Ortsnamen lesen zu müssen. Nur so ist es zu erklären, daß die Ortsangaben des Volltextes (Ex 13,20 Aufbruch von Sukkot, Lager in Etam, Ex 14,9 „Es war bei Pi-Hahirot vor Baal-Zefon" gestrichen wurde. Die Ortsangaben des Volltextes sind zwar nicht ohne weiteres geographisch lokalisierbar, doch sind sie nicht unwichtig für das Verständnis des Textes. Er legt großen Wert darauf, daß die Rettung der Israeliten am Meer als ein geschichtliches Ereignis verstanden wird. Jahwe hat sich ein Volk an einem bestimmten Ort und zu einer bestimmten Zeit erkämpft.
Ausgangsraum ist Ägypten, *Ziel* der Erzählung ist das jenseitige Ufer des Meeres; hier soll sich Jahwe verherrlichen.
Ob der Text an ein Lager (sowohl am Rande der Wüste als auch am Meer) oder an zwei Lager (1. am Rand der Wüste, 2. am Meer) denkt, ist nicht klar auszumachen (und für das Verständnis unerheblich). Die endgültige Entscheidung findet im (= P) oder am (= J) Meer statt. Es wird für beide Seiten, für die Israeliten wie für die Ägypter, Stätte der Offenbarung Jahwes, für die einen der Ort der Vernichtung, für die anderen der Ort der Errettung und der Bekehrung.

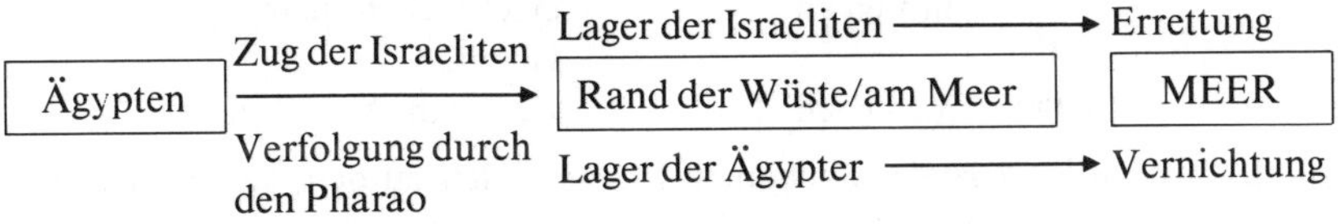

Die Zeit: Jahwes Kampf in der Nacht

Die zeitliche Erstreckung der beiden Perikopen bleibt unbestimmt. Man weiß nicht, wieviele Tage zwischen dem Aufbruch, dem Unterwegssein, Tag und Nacht und dem Geschehen am Meer liegen (vgl. aber Ex 16,1). Dafür wird durch die Angaben zu den Tageszeiten die besondere Bedeutung „jenes Tages" hervorgehoben: *die ganze Nacht* über wirkt Jahwe für sein Volk, um *„am frühen Morgen"* die Entscheidung herbeizuführen. Auf dem Wege zum Meer ist Jahwe „rund um die Uhr" anwesend, *bei Tag und bei Nacht.*
Die Entscheidung aber ereignet sich in dem Dunkel der Nacht bzw. in der Dämmerung des frühen Morgens. Das Geschehen hat nach den biblischen Texten also keine israelitischen Augenzeugen.

Die Akteure und ihre Beziehungen

Es stehen sich zwei Parteien gegenüber, an ihrer Spitze einerseits der *Pharao und andererseits Jahwe.*

der König von Ägypten, der Pharao	←→	*der Herr*
600 auserlesene Streitwagen und alle anderen Streitwagen der Ägypter, Streitwagenbesatzungen, Pferde und Reiter		Mose, die Israeliten, der Engel Gottes, Wolkensäule und Feuersäule, der Ostwind, das Wasser.

Zwischen diesen Anführern soll es im Laufe der beiden Texte zur Entscheidung kommen. Militärisch gesehen, ist das Kräfteverhältnis lächerlich: sechshundert auserlesene Streitwagen und alle anderen Streitwagen der Ägypter und drei Mann auf jedem Wagen nebst Reitern auf der Seite des Pharao und ein ausziehendes waffenloses Volk auf der anderen Seite (vgl. aber Ex 12,37-41). Während die einen hinter den Ausziehenden herjagen, ziehen die anderen voll Zuversicht weiter. Der Zug der Israeliten gleicht eher einer Prozession als einem Heerzug.

Der Text hebt *die gewaltige Heeresmacht der Ägypter* hervor und betont *die militärische Ohnmacht der Israeliten.*

Ägypter	←→	*Israeliten*
jagen den Israeliten nach,		ziehen voll Zuversicht weiter,
holen ein,		lagern,
nähern sich, rücken von hinten an,		blicken auf, sehen die Ägypter, erschrecken, schreien zum Herrn,
setzen ihnen nach.		ziehen ins Meer hinein.

Die ausziehenden Israeliten scheinen im Vergleich zu den Ägyptern merkwürdig passiv zu sein, Mose verstärkt diese Haltung noch durch die Aufforderung, stehenzubleiben, ruhig abzuwarten und zuzuschauen, wie Jahwe für sein Volk kämpfen wird.

Obwohl *Jahwe* (bzw. der Engel Gottes) von Anfang an in einer Wolken- bzw. einer Feuersäule bei seinem Volke ist, vertrauen die Israeliten ihrem Gott nicht und machen *Mose* massive Vorwürfe. Erst nach der Vernichtung der Feinde spricht der Text vom Glauben. Auf ihn hin zielen letztlich die Handlungen der beiden Perikopen: Es ist ein schwerfälliges und wankelmütiges Volk, das Jahwe sich am Meer erkämpft.

Mose dagegen zeigt einen starken Glauben. Seine Haltung ist geprägt durch die Gewißheit, daß der Herr sein Volk retten wird. Sein Glaube bewährt sich in der Erfahrung und führt schließlich dahin, daß auch das Volk ihm, dem *Knecht Jahwes,* glaubt.

Jahwe erweist sich als der Übermächtige. Gegen seinen Willen kommen keine

Streitwagen an. *Der Pharao* ist also für ihn kein ebenbürtiger Gegner. Ein Blick auf das Heerlager genügt, um es in Verwirrung zu bringen und die Ägypter erkennen zu lassen, wer gegen sie kämpft. Eigenartigerweise erkennen die Ägypter vor den Israeliten die Macht Jahwes an. Auch ihnen offenbart sich Jahwe.

Werte und Erwartungen

Der Weg der Israeliten zum Meer ist bestimmt durch *Ordnung und Zuversicht.* Angesichts der konkreten Bedrohung durch die Macht der Feinde schlägt die Zuversicht um in *Verzweiflung, Furcht* vor den Ägyptern und in *Kleinglauben.* Israel bereut den Weg in die Freiheit, beschwert sich sogar über das, was Jahwe durch Mose bisher für sein Volk gewirkt hat und sehnt sich wieder zurück in die Vergangenheit. Israel verrät somit seine Zukunft. Die Errettung durch Jahwe wandelt schließlich die Furcht vor irdischen Mächten um in *Gottesfurcht und Glauben.* Ängstlichkeit und „Zurückschauen" sind Gefahren für den Glauben.
Der Weg der Ägypter ist motiviert durch *das Gereuen der Freilassung* der Israeliten und durch *das verhärtete Herz* des Pharao. Die Ägypter ziehen aus mit der Erwartung, die wehrlosen Flüchtlinge wieder einzufangen und die bisherigen Verhältnisse wieder herzustellen. Die Verhärtung des Herzens durch Jahwe führt aber zur Vernichtung, nachdem den Ägyptern die Macht des Herrn offenbar wurde.
Es bewährt sich die zuversichtliche Erwartung des Mose, daß der Herr sein Volk im Angesicht äußerster Bedrohung nicht fallen lassen wird, daß er seinem Namen und seinen Verheißungen treu bleiben will.

Innerbiblische Beziehungen

Das Geschehen am Meer ist in der *Überlieferung des Alten Testaments* die gewaltigste Tat des Rettergottes Jahwe für sein Volk. Das zeigt sich u. a. immer wieder in den *Liedern* und *Gebeten* Israels. Das wohl älteste Zeugnis der Großtat Jahwes ist die Kurzformel des Mirjamliedes in Ex 15,21: „Singt Jahwe! denn hocherhaben ist er. Roß und Wagenkämpfer warf er ins Meer" (vgl. auch: Ps 77,17; 78,13; 106,9; 89,10; 114,3; 136,13; Neh 9,9 ff).
Auch die *Propheten* greifen immer wieder auf die Rettungstat Jahwes zurück, vor allem *Jesaja:* Jes 10,26; 11,15; 53,16 f.
Für Jesaja ist der Exodus aus Ägypten Vorausbild einer neuen Heilszeit.
Die Erzählung von der Errettung am Meer schlägt auch Brücken zu anderen *Jahwe-Kriegen* in der Glaubensgeschichte Israels. In ihnen erfuhr Israel die rettende Gegenwart des Herrn. Vgl. u. a. Jos 6 (Nr. 52): die Eroberung Jerichos; Ri 7 (Nr. 56): Sieg über die Midianiter.

Die Theologie des Jahwekrieges wird deutlich in Ps 20,8:

> ,,Diese vertrauen auf Wagen und jene auf Rosse;
> wir aber rufen an den Namen Jahwes, unseres Gottes."

Das Motiv des Durchzuges durch das Wasser auf trockenem Boden verbindet die Exodus-Erzählung mit der heilgeschichtlich ebenso bedeutsamen Geschichte vom Durchzug der Israeliten durch den Jordan (Jos 3,1-16: Nr. 52).
Im 1. Korintherbrief stellt *Paulus* Parallelen zwischen der Errettung am Meer und der Taufe her (1 Kor 10,1f).

Anschlüsse an die Welt des Lesers

Die Aufforderung, sich angesichts äußerster Bedrohung still zu verhalten und sich darauf zu verlassen, daß Gott eingreife, ist für uns genauso schwer nachzuvollziehen, wie die Vorstellung, daß Gott sich dadurch in seiner Größe und Zuwendung offenbart, daß er ein ganzes Heer vernichtet. Dagegen fällt eine Identifizierung mit dem Kleinglauben der Israeliten leicht. Die zuversichtliche Gewißheit des Mose ist Ausdruck eines Glaubens, der den ,,wahren Machtverhältnissen" dieser Welt widerspricht. Wenn man die Geschichte aus der Perspektive der letztlich Unterlegenen sieht, ist sie ernüchternd.
Aber gerade die Relativierung irdischer Mächte durch das Eingreifen Gottes ist das, was Hoffnung und Zuversicht vermitteln will. Die Gewalt hat nicht das letzte Wort in dieser Geschichte. Die Erfahrung am Meer hat sich in der Geschichte des Gottesvolkes immer wieder neu bewährt. So konnte sie zur Grundlage des israelitischen Glaubens werden. Die Geschichte wird immer wieder erzählt, damit der Glaubende aus der Erinnerung das Vertrauen schöpft, daß der Erweis göttlicher Liebe und Macht nicht nur in die Gegenwart hinein, sondern auch in die Zukunft reicht.
In dieser Wirkungsgeschichte steht auch der Glaube des neutestamentlichen Gottesvolkes. Auch für die Kirche gehört der Durchzug durch das Meer nicht einfach der Vergangenheit an. In Tod und Auferstehung Jesu geschah die entscheidende Befreiung aus der Knechtschaft der Sünde und des Todes zur Freiheit des Lebens. Der Tod hat durch die Auferweckung Jesu nicht mehr das letzte Wort. Christi Liebe hat sich als stärker erwiesen.
Jeder Christ ist durch die Taufe sowohl mit Tod und Auferstehung Jesu Christi als auch mit dem rettenden Durchzug durch das Meer verbunden und steht damit in dem Glauben, für den Gewalt und Tod nicht das letzte Wort haben. Daran erinnert u. a. immer wieder die Osternachtsliturgie, die eine Verbindung zwischen der Errettung am Schilfmeer und der Botschaft von der Auferweckung Jesu Christi, dem zentralen Inhalt des christlichen Glaubens, herstellt.

Ps 124 **Nr. 44**
Dank für die Erlösung

Das Druckbild gliedert in der „Bibel für die Grundschule" den (nur wenig gekürzten) Psalm in drei Teile: Rückblick auf die überwundene Bedrohung, Lob des Herrn, Schlußformel.
Im ersten Teil wird aus der Erinnerung der Erretteten mit den negativen Möglichkeiten „gespielt". Das ist eine heute noch gerne verwendete Form: man malt die Gefahren möglichst schwarz aus, um die Rettung in einem möglichst hellen Licht erscheinen zu lassen. („Stell Dir vor, was geschehen wäre, wenn ...", „Wenn der mir nicht geholfen hätte, dann ...". „Wenn ich die Gefahr nicht rechtzeitig erkannt hätte, dann ..." usw.)
Sowohl die überwundenen Gefahren als auch die Rettung werden nicht einfach historisch überliefert, sondern in ausdrucksstarken Bildern vermittelt. Sie erinnern an Träume.

Bilder für die Bedrohung	⟷	*Bilder für die Errettung*
Menschen erheben sich gegen uns;		dem Netz des Jägers entkommen sein wie ein Vogel;
sie verschlingen uns lebendig;		
wilde und wogende Wasser spülen uns weg;		das Netz ist zerrissen;
wir werden mit den Zähnen gepackt;		frei sein (wie ein Vogel).
durch ein Netz eingefangen.		

Das Danklied wird von denen gesungen, welche die Errettung aus wilden, wogenden Wassern selber erfahren haben. Das siebenmal wiederkehrende „uns" sagt, daß es sich um die Erfahrung des Volkes Israel handelt (vgl. Ps 124,1).
Die Bedrohung ging aus von ungenannten Menschen, die als gewaltige, menschenverschlingende Bestien, als Beute fangende Jäger ausgemalt werden. *Die Überschrift* erweckt leicht den Eindruck, als bezöge sich der Psalm ausdrücklich auf den Exodus aus Ägypten. Die Bibel legt diesen nachexilischen Psalm aber als „Wallfahrtslied" David in den Mund. Auf welches Ereignis er sich bezieht, ist nicht mehr auszumachen.
Die Bedrohten und Erretteten sehen sich selbst als klein und machtlos, das Bild des Vogels und der (wehrlosen) Beute drückt diese Erfahrung aus.
Die Errettung wird von ihnen nicht der eigenen Tüchtigkeit, dem Glück oder gar dem Zufall zugeschrieben, sondern einzig und allein *dem Herrn. Sein Name* steht für die Errettung, wobei völlig offen bleibt, *wie* der Herr sich für die Seinen eingesetzt hat und auf welche Weise die Erfahrung seines Eingreifens nachvollzogen werden konnte. Allein daß diese Menschen der Gefahr entronnen und frei sind, reicht für sie wohl aus, den Herrn als Retter zu bekennen

und weiter auf seine Hilfe zu bauen. Denn er ist als Schöpfer des „Himmels und der Erde" mächtiger als die gewaltigen Bedroher. Ihm verdanken die Erretteten die Freiheit.

Macht des Schöpfers

⬇

menschliche Übermacht

↓

menschliche Ohnmacht

Die Zeitstruktur umfaßt die in der *Vergangenheit* liegende Bedrohung, beschreibt *die gegenwärtige Erfahrung* des Freiseins und deutet auch an, auf wen *in Zukunft* allein Verlaß ist: „Unsere Hilfe steht im Namen des Herrn . . .". (Der Schlußvers ist der wohl meistzitierte Psalmvers im Beten der Kirche).

Ex 16,1-4.11-15 Nr. 45
Brot vom Himmel

Naheliegende Verständnisvoraussetzungen

Mancher Leser wird sich wundern, daß dem Volk Israel in dem vorliegenden Text zuerst die Wachteln und dann am anderen Morgen das Manna zuteil werden. Nach dem bekannten Text von Num 11,4ff erhält das Volk Israel nämlich erst die Wachteln, als ihm das Manna zuviel wird („. . . nichts als Manna bekommen wir zu sehen" Num 11,6). Diese (und andere) Abweichungen erklären sich wieder einmal aus der komplizierten Überlieferungsgeschichte des Pentateuch.
Die *Überschrift* der „Bibel für die Grundschule" hebt zurecht das wirkungsgeschichtlich so wichtige Manna-Motiv der Erzählung hervor. Manna als „Brot vom Himmel" (vgl. auch Ps 78,24) wird hier schon als Gabe Gottes gedeutet. Das ist auch die Intention der biblischen Erzählung.
Dabei waren und sind sowohl das Manna als auch die Wachteln für die Beduinen der Sinaihalbinsel nichts Außergewöhnliches. Nach den Beschreibungen in der Bibel (Ex 16,14.31; Num 11,7) handelt es sich bei dem Manna wahrscheinlich um tropfenartige Absonderungen an den Blättern der Man-Tamarisken, die durch Absonderungen und Stiche der Schildlaus entstehen. Die Absonderungen fallen von den Blättern zu Boden; abgehärtet durch die Nachtkühle, kann man das „Manna" morgens auflesen. Es zerfließt aber sehr schnell in der Hitze. Wegen des süßlichen Geschmacks wird das „man"

bzw. „manna" auch heute noch von den Beduinen gerne gegessen. Der Name Manna wird erklärt durch die Frage der Israeliten: „Was ist das?" (hebr. man hû).
Manna wird übrigens heute noch von den nomadischen Bewohnern der Sinaihalbinsel „man" genannt. Auch sind im Frühjahr und im Herbst auf der Sinaihalbinsel heute noch große Wachtelschwärme zu beobachten, die erschöpft zu Boden gehen, um sich nach langem Flug auszuruhen. Im Text spielt dieser „natürliche" Aspekt keine Rolle.
Durch die *Textkürzung* in der „Bibel für die Grundschule" geht ein für die Priesterschrift wichtiges Motiv verloren. P benützt die Erzählung, um daraus ein Lehrstück zur Sabbatheiligung zu machen (Ex 16,22-26). Außerdem fehlen die Zeitangaben und die Ortsnamen in Ex 16,1: „Danach brachen sie von Elim auf, und die ganze Gemeinde Israels gelangte in die Wüste Sin, die zwischen Elim und dem Sinai liegt, am fünfzehnten Tag des zweiten Monats nach ihrem Auszug aus dem Lande Ägypten." Es fehlen weiterhin der Hinweis auf die Wiederholungen des „Mannaregens" („Die Israeliten aber aßen das Manna vierzig Jahre lang." Ex 16,35) und die Erscheinung Jahwes in der Wolke (Ex 16,10).

Strukturen des Textes

Zeit und Raum

Die Gabe von Wachteln und Manna wird als ein einmaliger Machterweis innerhalb einer zeitlichen *Erstreckung von zwei Tagen* erzählt. Die *Tageszeiten* der beiden Gaben sind naturbedingt: abends ruhen sich die erschöpften Wachteln vom langen Flug aus, und das Manna läßt sich nur in der Morgenkühle auflesen. Der Handlungsverlauf spielt in der *„Wüste"*. Sie ist hier der Ort der Entbehrung und des Murrens. Israel sieht sich verraten. Aus der Sicht der Hungrigen erscheint „Ägypten" jetzt in einem rosigen Licht. Dort gab es Fleisch und genug Brot. In der Wüste erfährt nun das Volk Israel erneut Ungesichertheit und Bedrohung. In dieser Situation verliert es das Ziel des Exodus aus dem Auge. Die elementaren leiblichen Entbehrungen im „Heute" lenken den Blick zurück in die Vergangenheit, in der es diese Entbehrungen wohl nicht gegeben hat. Das aber ist Abfall vom Glauben. „Wüste" wird hier zum Ort des Unglaubens. Unvermittelt und unverdient wird „Wüste" schließlich zum Ort, an dem Jahwe seinem Volk wunderbar hilft. Er erweist sich in der Wüste als der, der seinem vergeßlichen und untreuen Volk die Treue hält.
Wachteln und Manna kommen *vom „Himmel"*. Das ist zuerst einmal der Luftraum über der Erde, in der gläubigen Deutung jedoch der Raum Gottes. Wachteln und Manna sind seine Gaben.

Fleischtöpfe und Brot *in Ägypten* →	Hungern und Murren *in der Wüste* →	Wachteln und Manna als Fleisch und Brot *vom Himmel*

Die Akteure und ihre Beziehungen

Das Murren der *Israeliten* richtet sich *gegen Mose und Aaron.* Indirekt werden sie von den Israeliten auf eine Stufe mit dem Pharao der Ausrottung gestellt.

Israeliten ⟶ Mose und Aaron

In dieser bedrohlichen Lage spricht *der Herr* unvermittelt zu Mose.

Der Herr ⟶ Mose

Jahwe selbst sieht sich als den eigentlichen Adressaten des Murrens an. Schließlich ist er es, der das Volk aus Ägypten in die Wüste geführt hat und nicht Mose und erst recht nicht Aaron. So wird Mose zwar als Gesprächspartner Jahwes hervorgehoben, nicht jedoch als Anführer. Garant des Exodus ist Jahwe und nur er.

Ohne den Israeliten wegen des Murrens und des Unglaubens einen Vorwurf zu machen, verheißt der Herr Fleisch und Brot für den gleichen Abend bzw. für den nächsten Tag. Diese Gaben sind nicht nur Mittel, um die elementarsten Bedürfnisse zu stillen; sie sind zugleich Zeichen dafür, daß Israel einen Herrn und Gott hat: einen Gott, der Leben gibt.

Der Herr hört zwar das Volk, spricht aber nur über Mose zu ihm. *Mose* bleibt es schließlich vorbehalten, das Manna den unwissenden Israeliten gegenüber als „Brot, das der Herr zu essen gibt", als Zeichen der göttlichen Fürsorge zu deuten.

Mose ⟶ Israeliten

Das ist ihm eine Gelegenheit, sich wieder in der Rolle zu zeigen, die ihm zukommt: als Mittler zwischen Israel und dem Herrn.

Die *Kommunikationsstruktur* des Textes ist eigenartig. Es gibt keinen direkten Dialog: Mose und Aaron antworten nicht auf das Murren des Volkes. Der Herr sieht sich zwar als Adressaten des Murrens, antwortet aber nicht den Murrenden, sondern Mose. Die Israeliten fragen nicht Mose nach der Bedeutung des Manna, aber der unbefragte Mose antwortet.

Werte und Erwartungen

Sich angesichts äußerster Bedrohung durch den Hungertod wieder in die gesicherte Knechtschaft zurückzusehnen ist Unglaube, ist Verrat an ihrer eigenen Zukunft. Dagegen steht unausgesprochen die Erwartung an Israel, sich auch in äußerster Not auf Jahwe zu verlassen und unterwegs zu bleiben auf das

Ziel hin, zu dem Jahwe sein Volk auf den Weg durch die Wüste gebracht hat. Im Vertrauen auf den Herrn soll Israel nicht seine Zukunft im Vergangenen, sondern im Ausstehenden suchen.
Auf diesem Weg läßt Jahwe sein Volk nicht verhungern. Die Sorge Jahwes richtet sich auch auf ganz elementare Bedürfnisse seines Volkes.

Knechtschaft in Ägypten: gesicherte Versorgung	zurück- ← schauen	Israel in der Wüste	vorwärts- → schauen	*Freiheit* in Ungesichertheit bei Entbehrung

Dieses Volk wiederum ist (in der Gestalt des Mose) fähig, in jedem Ereignis, ob dessen unmittelbare Ursache bekannt oder unbekannt ist, den Herrn als Geber erkennen und bekennen zu können.

Innerbiblische Beziehungen

In Num 11,4 ff liegt eine wahrscheinlich noch ältere Überlieferung der Manna- und Wachtelgeschichte in der Wüste vor. Dort liegt die Betonung aber weniger auf dem Hunger der Israeliten (und dem Sabbatgesetz) als vielmehr auf der Eintönigkeit der Wüstenspeise. Entsprechend stehen hier auch die Wachteln im Vordergrund der Erzählung.
In Ps 78,24 f und Ps 105,40 werden das Manna symbolisch als „Brot des Himmels“, „Wunderbrot“ besungen.
Im Neuen Testament beziehen sich die Erzählungen von der Brotvermehrung, vor allem die bei *Johannes* in Kap. 6 mit der anschließenden Rede über das Himmelsbrot in vielen Motiven und Aussagen auf das Manna in der Wüste. Im Gegensatz zur jüdischen Erwartung des Manna als Speise der Endzeit bezeichnet sich Jesus selbst als das „Brot des Lebens“ (Joh 6,35-48). Im gleichen Kapitel verbindet Johannes das Manna in der Wüste nicht nur mit der Speisung am See Tiberias, sondern auch mit dem Abendmahl (Joh 6,11). Vgl. auch Lk 9,10-17: Nr. 121.

Anschlüsse an die Welt des Lesers

Zwischen den Zeilen sagt der Text einiges darüber, was im biblischen Sinne „Glauben“ meint. Glauben bedeutet vor allem, sich auf Gott verlassen, ihm auch in der Ungesichertheit Vertrauen entgegenzubringen. Zu diesem Glauben gehört auch die Fähigkeit, den Herrn auch in solchen Situationen als Geber erkennen und bekennen zu können, deren Ursachen man durchaus „natürlich“ und „vernünftig“ erklären kann.

Ex 17,1.3-7 **Nr. 46**
Wasser aus dem Felsen

Naheliegende Verständnisvoraussetzungen

Den heutigen Leser könnte an der Geschichte interessieren, *wie* Mose wohl das Wasser im Felsen gefunden und aus ihm hervorgebracht haben wird: War es ein „wunderbares" oder war es ein „natürliches" Ereignis? Was für die Wachtel- und Mannaerzählung gilt, das gilt auch hier: den gläubigen Israeliten war diese Fragestellung fremd. Sie konnten „natürliche" Erscheinungen als Gabe Jahwes und als Zeichen seiner fürsorgenden Zuwendung erkennen und bekennen. Ihr Glaube gründet in der Erfahrung, daß Jahwe sie immer wieder in größter Not gerettet hat und nicht darauf, daß dies unter seltsamen und geheimnisvollen Umständen geschah.

Strukturen des Textes

Der Handlungsverlauf des Textes ähnelt in seiner Struktur dem der Wachtel- und Manna-Erzählung (Nr. 45). Nun ist es der Durst, der zum Murren der Israeliten gegen Mose führt. Der Wassermangel bedroht nicht allein die Menschen, sondern auch das Vieh.
Der Wassermangel quält in der Wüste mehr als der Hunger. Die Steigerung der Not wird auch in der Reaktion des Mose deutlich: Er schreit zum Herrn um Hilfe. Er sieht sich selber in größter Gefahr. Auch auf Mose trifft somit die abschließende Frage zu: „Ist der Herr in unserer Mitte oder nicht?" Auch das Vertrauen des Mose ist nicht unbegrenzt.

Innerbiblische Beziehungen

In der alttestamentlichen Überlieferung wird das „Wasser aus dem Felsen" stets bildhaft gedeutet. In Jer 2,13 ist Jahwe selber „Quelle lebendigen Wassers"; in der messianischen Zeit des neuen Exodus bei Deuterojesaja wird der Gott Israels die Wüste zum Wasserteich und dürres Land zu Wasserquellen machen (Jes 40,17 f). Ezechiel sieht in seiner Vision des neuen Jerusalem „Wasser" aus dem Tempel fließen, das sogar das Tote Meer zu lebendigem Wasser verwandelt (Ez 47,1.8), vgl. auch Offb 22,1 f.
Im Johannesevangelium ist Jesus selbst „das lebendige Wasser" (Joh 7,37 f).

Anschlüsse an die Welt des Lesers

Die Erzählung kann u.a. ein Anstoß sein, über die Bedeutung des Wassers nachzudenken. Wasser ist in erster Linie Lebensquelle und Lebensmacht. Ohne Wasser ist der Erdboden nichts als Wüste und ein Land des Hungers und des Durstes, in dem Menschen und Tiere dem Tod geweiht sind. (Vgl. die Schreckensbilder der Dürrekatastrophen in der Sahelzone.) Wasser reinigt und heilt. Doch gibt es auch die Wasser des Todes: die verheerende Überschwemmung, die das Land verwüstet und die Lebewesen verschlingt. So ist Wasser sowohl Quelle des Lebens als auch Grund des Schreckens.
(Die Ambivalenz der Erfahrung mit Wasser wird u. a. deutlich in dem Märchen ,,Das Wasser des Lebens" [Brüder Grimm, Kinder und Hausmärchen Nr. 97] und in dem Volkslied ,,Es waren zwei Königskinder".)
In unserer Erzählung ist das Wasser Sinnbild für den Willen Gottes, Leben zu erhalten. Auch auf diese Weise erweist sich Jahwe als der Geber von Leben.

Ex 17,8-13.15 Nr. 47
Mose betet für die Israeliten

Naheliegende Verständnisvoraussetzungen

Die *Amalekiter,* die die Israeliten so unvermittelt in der Wüste bedrohen, sind ein mit Israel verwandter nomadischer Stämmeverband. Als Stammvater gilt Amalek, ein Enkel Esaus (Gen 36,12).
Die Amalekiter wohnten auf der Sinaihalbinsel östlich von Ägypten und im Negeb. Sie waren also Grenznachbarn Judas. Es gab häufig Kriege gegen die Amalekiter (Gen 14,7). Sie galten zur Zeit des jahwistischen Erzählers als besonders böse und gefährlich.
Den einwandernden Israeliten suchten sie den Weg zu versperren (vgl. auch Dtn 25,17-19). Durch Raubzüge machten sie das südpalästinensische Kulturland unsicher (Ri 6,3 ff). Sie galten darum als Erbfeinde Israels.
Diese Erbfeinschaft wird in der Bibel für die Grundschule durch den Fortfall von Ex 17,14 und 17,16 nicht erwähnt. Damit wird eine Reihe von Verständnisschwierigkeiten umgangen. Daß man im Namen Jahwes Krieg gegen den Erbfeind von Geschlecht zu Geschlecht führen soll, daß Jahwe die Erinnerungen an ein Volk völlig auslöschen will, das sperrt sich gegen das Gottesbild der meisten Christen unseres Zeitalters. Im Krieg spricht der heutige Mensch

eher von der Gottesferne als vom Wirken Gottes. Im alten Israel aber gab es eine Theologie des heiligen Krieges. Im siegreichen Krieg erfuhr Israel am greifbarsten die Führung Gottes (vgl. in Nr. 43 den ersten großen Jahwekrieg).

Strukturen des Textes

Der Raum

Die „Wüste" als Ort der Bedrohung durch den Mangel an Nahrung und Wasser, durch inneren Streit und durch Glaubenszweifel, wird durch eine neue Erfahrung bereichert: die der äußeren Bedrohung durch bewaffnete Feinde. Aber in all diesen Bedrohungen bleibt die „Wüste" der Ort der helfenden Zuwendung des „Ich bin da".

Der Waffengang mit dem Feind findet in der Ebene statt, die Entscheidung aber fällt *in der Höhe,* auf dem Gipfel des Hügels, auf den Mose mit seinen Begleitern hinaufsteigt.

Die Schlacht in der Ebene ist nur ein Spiegelbild der erhobenen bzw. der sinkenden Hände des Mose. Die Hände des Mose verbinden das Geschehen in der Ebene mit dem auf dem Hügel. Deshalb wird der Altar auch dort als „Siegesdenkmal" errichtet, wo die Haupthandlung sich abspielt, auf dem Hügel, und nicht dort, wo mit den Waffen gekämpft wurde.

Die Zeit

Die Dauer der Handlungen umfaßt die Zeit von zwei Tagen: *der Tag der Kriegsvorbereitungen* und *der Tag des Kampfes.* Der Sieg ist bei *Sonnenuntergang* des zweiten Tages besiegelt.

Der Altarbau soll Israel an die entscheidenden Tage erinnern und ihm Mut und Zuversicht dank Jahwes Hilfe geben.

Der Kampfesablauf selbst gliedert sich in eigenartige Zeiteinheiten:

Zeiten der erhobenen Hände	⟷	Zeiten der sinkenden Hände
↓		↓
Zeit der Überlegenheit Israels		Zeit der Überlegenheit Amaleks

Der Sieg ist erst sicher, als es keinen Wechsel mehr zwischen gehobenen und sinkenden Händen gibt. Für eine längere Zeit bleiben die Hände bis zum Sonnenuntergang erhoben.

Die Akteure und ihre Beziehungen

Zwei Lager stehen sich gegenüber:

Amalekiter	⟷	Israel

Während bei den Amalekitern keine Persönlichkeiten herausgehoben und benannt werden, das „Feinbild" also bewußt undifferenziert bleibt, erscheint das Volk Israel wohlgeordnet:

auf dem Hügel	⇄	*in der Niederung*
Mose als Anführer		*Josua,* der Diener
und ihm zur Seite		des Mose als Heerführer
Aaron und Hur		der ausgewählten
		Männer Israels

(Josua kommt hier zum erstenmal im Pentateuch vor, und das ganz unvermittelt. Der Erzähler setzt offensichtlich voraus, daß jeder Hörer etwas von Josua weiß.)

Mose ist der Oberbefehlshaber und *Josua* sein Feldherr. Daß dem Josua als dem Sieger auf dem Kampffeld zu Füßen des Hügels nicht zuviel Ehre zuteil wird, dafür sorgt seine Kennzeichnung als Diener des Mose und die unauflösbare Verknüpfung des Kampferfolgs seiner Heerschar von der Haltung des Mose. So werden nicht Josua und seine Männer, sondern Mose und seine Helfer Aaron und Hur zu den Hauptpersonen der Erzählung. Nicht von dem Kämpfenden, sondern vom „Betenden" kommt hier letztlich die Rettung für das Volk Israel.

Jahwe bleibt in dem ganzen Geschehen lange ungenannt, er gibt vor dem Kampf und während des Kampfes dem Mose keine Anweisungen. Das ist im Vergleich zu den Erzählungen in Nr. 43, 45 und 46 ungewöhnlich. Erst der Altar und seine Namensgebung (und vor allem der fortgelassene Vers 16) machen deutlich, daß der Sieg nicht Mose und seinen Helfern und erst recht nicht Josua und seinen Männern zuzuschreiben ist. Mose beansprucht den Sieg nicht für sich, er gibt Jahwe die Ehre des Sieges. Obwohl sich Jahwe während des Kampfes verborgen hielt, kann Mose in ihm den Retter sehen.

Werte und Erwartungen

In der Erzählung werden kriegerischer Dienst und kultischer Dienst räumlich und personell einerseits voneinander getrennt und andererseits aufeinander bezogen. Dabei kommt dem Kult ein Vorzug vor dem Krieg zu. Der Krieg wird integriert in das Glaubensbewußtsein und in den Glaubensvollzug. Ob das den Krieg menschlicher macht oder nicht, bleibt offen. Israel kann alle Lebensvollzüge in Beziehung setzen zu seinem Glauben an den helfenden und rettenden Gott.

Der Altarbau und die Deutung des Kampfes als Sieg Jahwes zeigen deutlich, worauf Israel in Wirklichkeit bauen kann: auf die Hilfe Jahwes.

Innerbiblische Beziehungen

In Dtn 25,17 ff wird Israel daran erinnert, daß die Amalekiter Israel auf dem Wege aus Ägypten bedrohten, als es müde und matt war. Das soll Israel nie vergessen.
In 1 Sam 15 wird Saul verworfen, weil er den Bann an den Amalekitern nicht vollzieht.
Die theologischen Linien der Erzählung als eine Erzählung vom Sieg Jahwes über die Feinde Israels lassen sich vertiefen durch Nr. 56 (Der Sieg über die Midianiter), Nr. 63 (Der Herr zeigt, daß er David erwählt hat).

Anschlüsse an die Welt des Lesers

Die Vorstellung, daß Jahwe ein kriegerischer Gott ist, der einseitig Partei nimmt und den Sieg entscheidet, kann uns heute befremden. Das Segnen von Waffen, das Gott zu einem Verbündeten machen will, wird heute als anstößig empfunden. Dennoch können wir das Grundsätzliche und Weiterreichende verstehen: Israel bekennt in dieser Geschichte, daß – bei allem notwendigen und unverzichtbaren Einsatz – Gott es ist, der letztlich und entscheidend die im Exodus geschenkte Freiheit garantiert. Er bleibt auch im Krieg der „Ich bin da“.

Ex 19,1-9.16-19 — Nr. 48
Gott begegnet den Israeliten am Sinai

Naheliegende Verständnisvoraussetzungen

Die Erzählung über die Gotteserscheinung am Sinai ist das Hauptereignis der Wüstenwanderung. Als solches ist es für Israel so wichtig wie der Auszug aus Ägypten.
Der *Name des Berges,* an dem Gott seinem Volk erschien, wird in der Bibel verschieden benannt. Er heißt beim Jahwisten und in der Priesterschrift *„Sinai“* und beim Elohisten und Deuteronomisten *„Horeb“* (vgl. Nr. 40), oft aber auch nur *„der Berg“.*
Der Berg der Gotteserscheinung läßt sich auch nicht mehr genau lokalisieren. Das heutige Sinaimassiv (mit dem Katharinenkloster am Fuße des Katharinenberges, 2641 m hoch) hat diesen Namen erst durch christliche Mönche bekommen. Allerdings läßt sich nachweisen, daß es dort schon im 2. Jahrtausend v. Chr. eine Wallfahrtstradition gab. Wer sich bei der Lo-

kalisierung durch die vulkanischen Erscheinungen leiten läßt, darf den Berg der Gottesoffenbarung nicht auf der Sinaihalbinsel suchen, denn dort gibt es in geschichtlicher Zeit keinen Vulkan.
Die *Gotteserscheinung* (Theophanie) wird durch Donner, Blitz, Wolken und Hörnerschall, durch Rauch, Feuer und Beben versprachlicht. Wie schon in der Erzählung vom brennenden Dornbusch (Nr. 40) stellt sich auch hier die Frage, ob es sich um Naturphänomene handelte oder ob diese Naturphänomene Ausdrucksmittel sind, um eine Gotteserscheinung zu beschreiben, die jedes sprachliche Ausdrucksvermögen übersteigt. Der Gott am Sinai offenbart sich als der gewaltige Gott, als ein Gott, der sich der menschlichen Verfügungsgewalt entzieht, der sich nicht ergreifen und begreifen läßt, der nah und dennoch fern ist. Von einer solchen Gotteserfahrung erzählt die Geschichte. Die Frage vieler Schüler, ob es sich um tatsächlich beobachtbare Erscheinungen oder ob es sich um Bilder handelt, mit denen etwas ausgedrückt werden soll, läßt sich vom Text her nicht beantworten. Sie ist für das Verständnis des Textes sekundär.
Man wird ohnehin damit rechnen müssen, daß die Erzählungen vom Sinai (Nr. 48-50) sehr stark geprägt sind durch den liturgischen Ablauf eines alten Festes, das den ersten Bundesschluß feierte und so vergegenwärtigte. (Vgl. u. a. den Einleitungsvers Ex 19,1 in der Vollbibel: „Im dritten Monat nach dem Auszug der Israeliten aus Ägypten – am heutigen Tag – kamen sie in der Wüste Sinai an" und Jos 24,1 ff.)
Die *Textauswahl* der „Bibel für die Grundschule" läßt neben Ortsangaben in Ex 19,2 die umfangreichen Vorschriften zur Vorbereitung auf die Gotteserscheinungen (Ex 19,10-15) und die Hinweise auf die gefährliche Heiligkeit des Berges (a.a.O. und Ex 19,21 ff) weg. Damit geht der kultische Festcharakter verloren, aber auch etwas von der furchterregenden Größe dieser Gotteserscheinung.

Strukturen des Textes

Raum und Zeit

Orts- und Zeitwechsel sind Signale für neue Handlungssequenzen. Der (gekürzte) Text der „Bibel für die Grundschule" läßt sich in sechs Sequenzen gliedern:

1. Ankunft in der Wüste Sinai am „Berg" (Ex 19,1-2)
2. Mose steigt zu Gott hinauf (Ex 19,3-6)
3. Mose geht zum Volk (Ex 19,7-8)
4. Mose überbringt dem Herrn die Antwort des Volkes (Ex 19,9)

(Es folgen im Volltext die Anweisungen Jahwes zur Festvorbereitung und ein erneuter Abstieg des Mose vom Berg. Vgl. Ex 19,10-15)

5. Die Geschehnisse im Morgengrauen des dritten Tages (Ex 19,15-16)
6. Mose führt das Volk zum Fuße des Berges (Ex 19,17-19).

Die Bedeutung der Geschehnisse am Sinai wird durch zwei *Zeitangaben* hervorgehoben: *im dritten Monat* nach dem Auszug aus Ägypten kam das Volk am Berg an, und im Morgengrauen *des dritten Tages* erschien Gott seinem Volke. (Der „dritte Tag“ ist in der Bibel oft der Tag der großen Ereignisse, vgl. Gen 22,4; 31,22, 40,18-20; Hos 6,2; Jon 2,1; Mt 12,40; 1 Kor 15,4). Die Zeitangabe im Einleitungssatz verbindet zudem den Auszug aus Ägypten mit den Geschehnissen am Sinai.

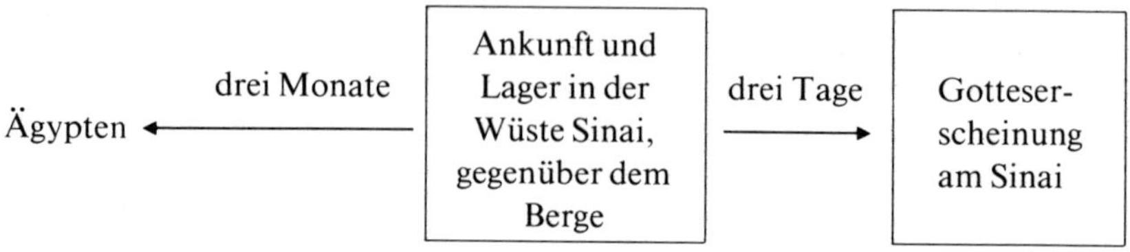

Der Berg Sinai wird so zum Ziel des Auszuges. Der Sinai erscheint anfangs als Wohnstätte Jahwes: „Mose stieg zu Gott hinauf“ ... „Ihr habt gesehen, wie ich euch . . . hierher zu mir gebracht habe.“ . . . „Mose führte es aus dem Lager hinaus Gott entgegen.“. Erst der Hinweis „. . . der Herr war im Feuer auf ihn (den Berg) herabgestiegen“ bestimmt den Sinai als Erscheinungsort eines örtlich nicht gebundenen Gottes. Daß dieser sich offenbarende Gott sich am Sinai nicht binden will, zeigen die Rückverweise auf die Geschehnisse in Ägypten, auf seine Führung durch die Wüste und der Selbstanspruch „Mir gehört die ganze Erde“ (vgl. Ex 19,4-5).

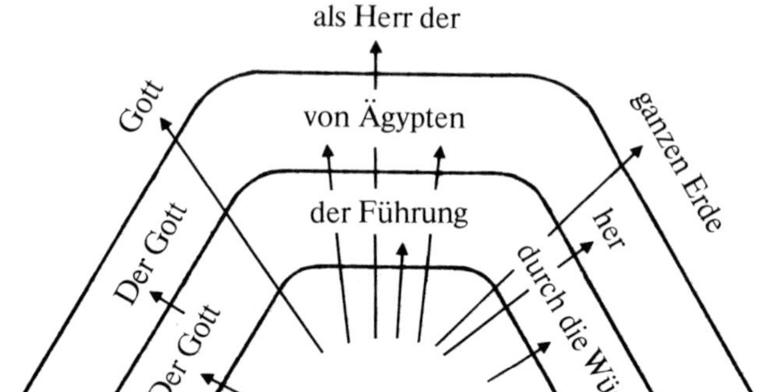

Dieser *räumlichen Entgrenzung* steht eine (durch die Kürzungen nicht mehr so klar hervortretende) *räumliche Eingrenzung* des Volkes Israel gegenüber. (Vgl. 19,12: „Zieh um das Volk eine Grenze und sag: Hütet euch, auf den Berg zu steigen oder auch nur seinen Fuß zu berühren.“)
Der Gott, der seinem Volk so erfahrbar nahe war und ist, bekundet hier seine Größe und Macht dadurch, daß er räumlichen Abstand hält. Mit räumlichen Kategorien wird Theologie erzählt.

Das Volk lagert gegenüber dem Berg in der Wüste. Gott aber spricht auf dem Berg bzw. vom Berg herab. So entstehen zwei „Bezirke". Sie werden verbunden durch den zweimaligen Hin- und Rückweg, bzw. Auf- und Abstieg des Mose. Diese Bezirke nähern sich einander durch den Weg des Volkes zum Fuße des Berges.

Wege des Mose:

(Ägypten) ----→ Lager in der Wüste, gegenüber dem Berg

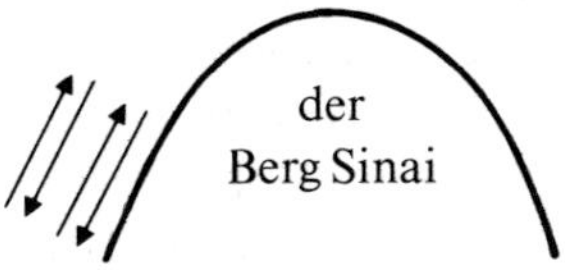

Weg des Volkes:

(Ägypten) ----→ Lager ————————→

Von einem Rückweg des Volkes Israel vom Fuße des Berges zum Lager in der Wüste weiß der Text nichts. So muß man sich auch für den folgenden Text (Nr. 49) das Volk am Fuße des Berges stehend vorstellen.

Die Akteure und ihre Beziehungen

Die *Israeliten, Mose* und *Gott* sind die personalen Handlungsträger des Textes.

Donner, Blitz, Wolken, Hörnerschall, sowie *Rauch, Feuer und Beben* sind begleitende Zeichen der Gotteserscheinung.

Die Israeliten sind in der ersten Handlungssequenz, den drei ersten Einleitungssätzen, die Handelnden.

In der zweiten Handlungssequenz steigt *Mose* – ohne einen entsprechenden Befehl – zu Gott hinauf. Man könnte anfangs vermuten, daß es zu einer ausgeglichenen (symmetrischen) Kommunikation zwischen Mose und Gott kommen könnte, doch wird in dem ersten Zuruf des Herrn das Beziehungsgeflecht anders definiert: *Gott* erscheint *als der abstandgebietende Souverän, Mose als* sein *Bote und Beauftragter, die Israeliten sind die eigentlichen Adressaten* der Worte Gottes, obwohl sie kein einziges Wort Jahwes unvermittelt hören können.

[Gott] ———— Mose ————→ [Volk Israel]

Gott spricht über Mose zu Israel, und das Volk Israel antwortet über Mose dem Wort Gottes. Es gibt also keine direkte Kommunikation der „Gesprächspartner". Die einzige unmittelbare Antwort auf die Offenbarung der Größe Gottes ist das Zittern des Volkes. Vermittelt durch Mose stimmt das Volk Israel frei seiner Erwählung zum Bundesvolk Jahwes zu. Jahwe erklärt sich als der Gott Israels, und Israel erklärt sich als das Volk Jahwes. Dieser Symmetrie auf inhaltlicher Ebene stehen der gewaltige räumliche Abstand und die furchteinflößende Wirkung der Jahweoffenbarung gegenüber. Jahwe ist seinem Volk nah und doch unerreichbar fern.

Mose ist in diesem Text vor allem der Übermittler von Botschaften. Erst in der letzten Handlungssequenz erscheint er dadurch als Führer der Israeliten, daß er das zitternde Volk Gott entgegenführt.

Der letzte Satz aber sprengt die bisherige Kommunikationsstruktur: Mose redet (wird also initiativ), und Gott antwortet ihm. Hier wird ein direktes Zwiegespräch zwischen Mose und Gott vor dem ganzen Volk angedeutet. Es legitimiert nachträglich die Vermittlerrolle. Nur über den Inhalt wird nichts gesagt. *Gott, bzw. der „Herr“,* zeigt sich vor allem durch die Zeichen als der überlegene, furchterregende und abstandgebietende Souverän. Dem stehen die Worte entgegen, mit denen er sich in Erinnerung ruft. Er erinnert an seine geschichtlichen Taten als rettender, fürsorgender und führender Gott und fordert sein Volk Israel auf, sich frei und vollständig für ihn zu entscheiden und seine Erwählung anzunehmen. Jahwe ist alles andere als ein absolutistischer Herrscher.

Werte und Erwartungen

Der freie Gott trägt dem von ihm befreiten Volk einen Bund an, und das Volk unterwirft sich diesem Gott in Freiheit. Freiheit und Bindung bzw. Gehorsam Jahwe gegenüber sind hier keine Gegensätze. Der Text macht deutlich, was das eigentliche Ziel der Befreiung aus ägyptischer Knechtschaft ist: der *Bund mit Jahwe.*

Gehorsam und Treue diesem Befreiergott gegenüber sind die Garanten für die geschenkte Würde als auserwähltes und befreites Volk.

Gehorsam und Treue Jahwe gegenüber sind die Werte, die als Antwort auf die Erwählung als „ein Reich von Priestern und als ein heiliges Volk“ (Ex 19,6) erwartet werden. Damit werden die personale Gemeinschaft mit diesem Gott und die Entscheidung für Jahwe zu den Merkmalen dieses Bundes, der sich somit wesentlich von einem Vasallenvertrag oder einem politischen Bündnispakt unterscheidet. Vor der Forderung steht (wie auch später im Dekalog) die Erwähnung der vergangenen Heilstaten Jahwes für sein Volk. Die Forderungen nach Gehorsam und Treue gründen also in den vorausgehenden Taten Jahwes. Der Indikativ hat in der Bibel einen Vorrang vor dem Imperativ.

Der rettende, mitziehende, sich seinem Volk fürsorgend zuwendende Gott offenbart sich am Sinai seinem Volk als ein furchterregender und gewaltiger Gott. Das kommt unerwartet. Das Zittern vor diesem Gott am Sinai deutet an, daß Israel erschrocken ist über die Größe dieses Gottes, der soeben mit ihm einen Bund geschlossen hat. *So* hat Israel seinen Gott bisher nicht erfahren.

Innerbiblische Beziehungen

Im Rahmen der Exoduserzählungen verweist der Text zurück auf die *Theophanie am brennenden Dornbusch* (Nr. 40). Hier wird der Berg als (Zwischen-)Ziel des Exodus und als Stätte der Anbetung Gottes genannt. Ohne den Bundesschluß wäre also die Geschichte vom Exodus unvollständig.

Eine gleiche Struktur wie die Erzählung vom Bundesschluß weist das *Fest der Bundeserneuerung* in Jos 24,1 ff (vgl. Nr. 53) auf: Sammeln am Fuße eines Berges – Vortrag der Rettungstaten Jahwes – Antwort des Volkes.

Das *Bild von den Adlersflügeln* findet in Dtn 32,10-11 eine schöne Deutung: „Er (Jahwe) fand es in wüstem Land, in der Öde, im Geheul der Wildnis; er schützte es, nahm es in acht, hütete es wie seinen Augapfel. Wie ein Adler, der seine Brut zum Flug aufstört und über seinen Jungen schwebt, so breitete er seinen Flügel aus, nahm es und trug es auf seinem Fittich."

In 1 Kön 19 (Nr. 75) offenbart sich Gott nicht in Feuer und Sturm, sondern im sanften Wind.

Anschlüsse an die Welt des Lesers

Der Text enthält Gotteserfahrungen, die unserem heutigen Bewußtsein fremd sind. Donner, Blitz, schwere Wolken, Feuer, Rauch und Beben werden von uns höchstens in Extremsituationen zur Gotteserfahrung.

Gewitter und Naturgewalten können zwar für den Frommen noch immer Anlaß sein, zitternd oder staunend die Größe Gottes zu bewundern, doch fällt es uns schwer, diese Phänomene der Natur als Stimme Gottes zu vernehmen.

Gott ist leiser geworden. Der Neue Bund hat die Christen für andere Zeichen seiner Anwesenheit sensibel gemacht. Christen erfahren Gott vor allem im Liebesmahl der Eucharistiefeier, im gelebten und gehörten Wort Gottes, in der Liebe, in der geschenkten Versöhnung, in der Erfahrung von Zuwendung, Angenommensein, Geborgenheit und wohl erst sekundär im Staunen über die Größe und Schönheit der Natur. Das im Text enthaltene Bild des Gottes, der sein Volk auf Adlersflügeln trägt, steht unserem Bewußtsein näher als der Gott, der sich in Blitz, Donner und Beben offenbart. Diese Zeichen sind für die meisten Menschen eher Naturkatastrophen als Stimme Gottes.

Mit der Gotteserfahrung Israels am Sinai verbindet uns die Erfahrung, daß Gott indirekt erfahren wird und daß sein Sprechen durch Menschenwort vernehmbar wird und sich im menschlichen Handeln erfahren läßt.

Ex 20,1-16; Dtn 5,15-23 — Nr. 49
Gott gibt seinem Volk die Zehn Gebote

Naheliegende Verständnisvoraussetzungen

Das „Glaubensbuch für das 3. und 4. Schuljahr“ aus dem Jahre 1963 ist ein spätes Beispiel für die alte *Tradition von Schulbibeln* und Katechismen, nicht den ungekürzten biblischen Text des Dekalogs nach Ex 20,1 ff oder nach Dtn 5,6 ff wiederzugeben. Meist fehlten der volle Einleitungssatz, die Begründungen zu einer Reihe von „Geboten“, manchmal sogar das für die Bibel so wichtige „Bilderverbot“. Im „Glaubensbuch“ ist u. a. der für das Verständnis des Dekalogs zentrale und unverzichtbare Satz „Ich bin Jahwe, dein Gott, der dich aus Ägypten geführt hat, aus dem Sklavenhaus“ (Ex 20,2) verkürzt worden auf die dürre Formel „Ich bin der Herr, dein Gott“. Damit aber werden die „Zehn Gebote“ losgelöst von dem Heilshandeln und der Befreiungstat Jahwes und bekommen somit eine andere, man kann sagen repressive. Tendenz.

Die „Zehn Gebote“ heißen in der jüdischen Tradition und in der Bibel nicht so. Das Judentum und die Bibel sprechen vom „Dekalog“ (aus griech. deka = zehn und logoi = Worte), dem „Zehnwort“. Für das Judentum war und ist der Dekalog vor allem Teil der Heilsbotschaft, Wegweisung für den Weg in die Zukunft und nicht ein autoritär gesetzter Pflichtenkatalog.

Der in der Umgangssprache eingeführte und in der Überschrift der „Bibel für die Grundschule“ hervorgehobene Begriff „Zehn Gebote“ ist also nur bedingt biblisch. Man wird annehmen dürfen, daß vielen Menschen der biblische Sinn des Dekalogs nicht erschlossen worden ist.

Manche Leser werden überrascht sein, wenn sie – dem Quellennachweis in der „Bibel für die Grundschule“ folgend – zwei Dekaloge in der Bibel vorfinden, die zwar in der Haupttendenz übereinstimmen, jedoch auch wichtige Unterschiede aufweisen: Ex 20,1-7 und Dtn 5,6-21. Zu den wichtigsten *Abweichungen* zählen u. a.:

– die *Begründung der Sabbatanweisungen.* In Ex 20 wird das Sabbatgebot von der Schöpfung her begründet, in Dtn 5 aber von der Geschichte des Volkes, der Befreiung aus ägyptischer Knechtschaft, her. Die „Bibel für die Grundschule“ kombiniert diese beiden Begründungen und stellt dabei die schöpfungstheologische vor die heilgeschichtliche. Ob das bibeltheologisch angemessen und didaktisch klug ist, kann bezweifelt werden.

– Beim *Verbot des Begehrens* steht in Ex 20,17 das „Haus des Nächsten“ vor der „Frau des Nächsten“. In Dtn 5,21 wird die Frau sozial aufgewertet und vor die „Güter“ des Nächsten gestellt. Die „Bibel für die Grundschule“ übernimmt hier die Anordnung aus dem Deuteronomium.

Die *Zählung der „Zehn Gebote“* ist in der Christenheit leider nicht ein-

heitlich: Katholiken und Lutheraner fassen die ersten beiden Verbote (Götter- und Bilderverbot) als erstes Gebot zusammen. (Diese Zählung spiegelt sich im Druckbild der „Bibel für die Grundschule“ wieder.) Dafür wird dann das Begehrensverbot nach der Frau des Nächsten (9. Gebot) von dem Verbot, den Besitz des Nächsten zu begehren (10. Gebot), getrennt. Reformierte und Anglikaner fassen die Einleitungsformel Ex 20,2 mit dem Götterverbot zusammen (20,3) und zählen das Bilderverbot als 2. Gebot. Dafür wird dann das Begehrensverbot zusammengefaßt.
Im heutigen Judentum zählt die indikativische Einleitungsformel als „erstes Wort“ und das Götter- und Bilderverbot als „zweites Wort“.
Wie schon oben angedeutet wurde, harmonisiert der Auswahltext in der „Bibel für die Grundschule“ die beiden Dekaloge in Ex 20 und Dtn 5. Das hat vor allem Auswirkungen auf die doppelte Begründung des Sabbatgebotes und auf die Reihenfolge der beiden letzten Gebote. Die Kürzungen beziehen sich auf die Begründungen und Erklärungen im 1.-4. Gebot.
Der Schlußsatz des Schulbibeltextes ist *so* in den angegebenen Quellen nicht zu finden. In Dtn 5,22 schreibt der Herr (und nicht Mose) die „Worte“ auf die zwei steinernen Tafeln. Die Überlieferung kennt hier verschiedene Versionen. Der Auswahltext bezieht sich wohl auf Ex 34,28. Hier heißt es: „Mose schrieb auf die Tafeln die Worte des Bundes, die zehn Worte.“ (Vgl. auch Ex 24,4.)
Der große Fortschritt des Auswahltextes liegt in der vollständigen Aufnahme der „Präambel“ in Ex 20,2 und in der teilweisen Wiedergabe von Begründungen. Begründungen signalisieren, daß es nicht um blinden Gehorsam, sondern um bewußten und einsichtigen Mitvollzug geht.

Strukturen des Textes

Der Text des Dekalogs nach der „Bibel für die Grundschule“ läßt sich wie folgt gliedern:
Überleitungssatz
Selbstvorstellung Jahwes
Weisungen (mit und ohne Begründungen)
Schlußsatz.
Der Weisungsteil enthält zehn Weisungen. Sie stehen grundsätzlich auf gleicher Ebene, lassen sich aber von ihrer inhaltlichen Dimension her aufteilen in
drei (bzw. vier) Weisungen, die sich auf den Dienst an Jahwe beziehen
und
sieben (bzw. sechs) Weisungen, die sich auf die Mitmenschen beziehen.
Diese Strukturierung hat sich in der christlichen Unterweisung eingebürgert.

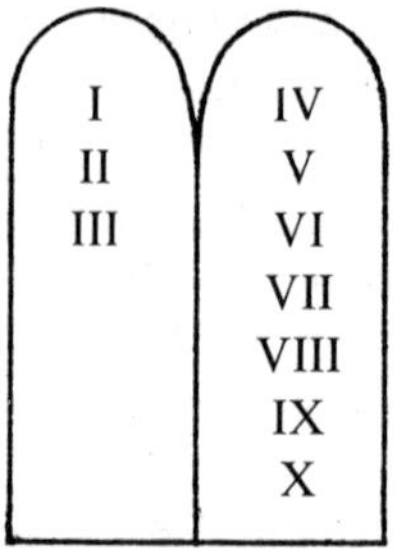

Wichtiger als die – didaktisch griffige – Aufteilung der Weisungen bzw. Gebote ist das In- und Zueinander sowohl der ,,vertikal" als auch der ,,horizontal" ausgerichteten Weisungen. Wer die Zuwendung zu Gott vom Dienst am Menschen trennt, verfehlt die Bibel!

Der Weisungsteil weist sprachlich verschiedene Strukturen auf: So lassen sich Weisungen mit Erläuterungen (Bildergebot, Sabbat- und Elterngebot) von unbegründeten Weisungen unterscheiden.

Verbote und (positiv formulierte) Gebote wechseln sich ab, ohne daß man hierbei eine Gesetzmäßigkeit erkennen könnte.

Von Gott wird manchmal in der ersten Person und manchmal in der dritten Person gesprochen.

Raum und Zeit

Die Selbstvorstellung Jahwes und die Begründungen zu den ersten vier Geboten umschreiben einen weiten räumlichen und zeitlichen Horizont. Die Selbstvorstellung knüpft an die Erfahrung der Herausführung aus *Ägypten,* dem Sklavenhaus an, ebenso die Begründung des Sabbatgebotes (nach Dtn 5,15!), das Elterngebot verweist auf *das verheißene Land.*

Ägypten, das Sklavenhaus → Sinai → verheißenes Land, das Gott gibt

Damit entsteht auch eine Opposition zwischen

Ägypten als Sklavenhaus ↔ dem Land, das Gott gibt.

Der Dekalog wird so integriert in den Weg Israels, wird zur *Weg-Weisung* auf dem Weg in das Land und für das Land, das als Gabe Gottes eben kein Sklavenhaus sein soll.

Das Sabbatgebot sieht Israel schon in den *Städten* wohnen.

Das Bilderverbot drückt die Unverfügbarkeit und Transzendenz des geschichtlich wirkenden Gottes und den unbegrenzten Wirkungsbereich dieser Weisung in räumlichen Kategorien aus. Sie umfassen das ganze (damals vorstellbare) Weltbild:

am Himmel droben

↓ ↓

auf der Erde unten – im Wasser

↓

unter der Erde.

Die zeitlichen Dimensionen sind vergleichbar umfassend: sie reichen zurück bis zur gerade noch ausdrückbaren Vergangenheit und weisen in eine nicht begrenzte Zukunft.

Zeit der Schöpfung ← Zeit der Herausführung aus Ägypten ← *Gegenwart* am Sinai → Zeit im verheißenen Land (damit ihr lange lebt in dem Land)

Die Zukunft ist gefährdet, wenn Israel die Weisungen nicht beachtet. Dies bezieht sich ausdrücklich auf das Bilderverbot (vgl. den fortgelassenen Vers Ex 20,5f) und auf das Elterngebot. (Hiermit wird die Bedeutung des Elterngebotes besonders hervorgehoben!)

Die *Bedeutung der Zeit* wird vor allem im Sabbatgebot hervorgehoben: durch den Sabbat wird die Zeit geheiligt, die Zeit bekommt eine Gliederung. Zugleich wird damit hervorgehoben, daß die Zeit für den Menschen da ist. Jahwe heiligt den siebten Tag als Jahwetag, damit der Mensch Zeit hat, zu sich selbst zu kommen.

Der heilige, gesegnete siebte Tag ist damit wesentlich mehr als ein Ruhetag, um wieder Kräfte für die Arbeit zu sammeln. An diesem Tag werden sogar die Herrschaftsverhältnisse suspendiert.

1. Tag | 2. Tag | 3. Tag | 4. Tag | 5. Tag | 6. Tag | 7. Tag |

„Sechs Tage darfst du schaffen und jede Arbeit tun. Der siebte Tag ist ein Ruhetag, dem Herrn geweiht; er hat ihn gesegnet und ihn für heilig erklärt."

Die Akteure und ihre Beziehungen

Der Überleitungssatz (und der Textzusammenhang) läßt offen, wer der Hörer der Worte Jahwes ist: das ganze Volk Israel oder nur Mose. Erst der (von der „Bibel für die Grundschule" konstruierte) Schlußsatz hebt *Mose* als Hörer hervor, verleiht ihm damit eine herausragende Autorität als Gesetzesmittler.

Die Zielgruppe aber ist *das Volk Israel.* Das „Du" redete das Bundesvolk Israel wie den einzelnen an. (Die Unterscheidung eines Kollektivs und eines verselbständigten Individuums konnte früher nicht gedacht werden.) Das „Du" macht die Adressaten zum Dialogpartner Jahwes, stellt eine personale Relation zwischen Gott und den Menschen her. Das „Du" macht zugleich deutlich, daß die *Weisungen für die Menschen* bestimmt sind, daß sie ihren Sinn beziehen aus der Relation Gott – Mensch. Das „Du" gründet in der *Selbstvorstellung Jahwes.* Jahwe stellt sich als „Retter" seines Volkes aus der Sklaverei und als Dialogpartner vor. Diese Vorstellung und das „Du" geben Israel von nun an das Recht, zu Jahwe „mein Gott" zu sagen. In der Selbstvorstellung weist Jahwe auf die Identität des Befreiergottes mit dem Bundesgott vom Sinai hin.

Werte

„Ich bin Jahwe, dein Gott, der dich aus Ägypten geführt hat, aus dem Sklavenhaus". Diese *Selbstvorstellungsformel* ist mehr als eine Einleitung. Sie gibt den folgenden Weisungen eine Interpretationsrichtung: die Weisungen bzw. Gebote werden so zum Bestandteil der Befreiungsgeschichte. Sie sind damit keine isolierten Gehorsamsforderungen, sondern Weg-Weisungen des Erlösergottes auf dem Weg in die Zukunft.
Die Selbstvorstellung Jahwes erinnert auch daran, daß das vorgängige und unverdiente Handeln Gottes den Forderungen vorausgeht und sie begründet.

Das Gottesverhältnis betreffende Weisungen:
– Das *„Götterverbot"* steht als Grundgebot am Anfang der Weisungen. Es fordert Israel auf, sich ungeteilt auf Jahwe einzulassen. Es enthält aber keinerlei Aussage über die Existenz oder Nichtexistenz weiterer „Götter". Dementsprechend richtet sich auch das Bilderverbot gegen die Götterwelt der Nachbarvölker, aber es betont auch die Unverfügbarkeit Gottes. Jahwe will bei aller Zuwendung und Nähe der Unverfügbare und Andere bleiben. Es ist also nicht darin begründet, daß Gott ein Geist ist. Der geschichtliche Gott Israels (Jahwe = der Ich-bin-da) läßt sich nicht in gegenständlichen Bildern einfangen. Israel *erzählt* in bildhafter Sprache von den Taten seines Gottes.
– Das *Verbot des Mißbrauchs des Jahwenamens* bezieht sich auf alle denkbaren Arten des Mißbrauchs: z. B. beim Meineid, als Zauberformel, als Fluch. (Das Verbot führte im dritten Jahrhundert v. Chr. dazu, den Jahwenamen nicht mehr zu gebrauchen; das Wort „Gott" wurde etwa durch „Himmel" ersetzt („Reich Gottes" = „Reich der Himmel").
– Das *„Sabbatgebot"* zeichnet den siebten Tag als Tag des Herrn aus. Er ist zugleich *ein Tag für Jahwe* wie *ein Tag für den Menschen.* An ihm gelten keine Herrschaftsverhältnisse: dieser Tag ist für alle, selbst die Fremden, Untergebenen und das Vieh da.

Das einzig konkret Geforderte ist die Ruhe und das Fernhalten von Arbeit und Erwerb. Damit werden Erwerb und Arbeit relativiert: Zum Menschsein des von Gott erlösten bzw. geschaffenen Menschen gehören auch Ruhe und Besinnung. Das Sabbatgebot schützt so das Recht auf Arbeitsruhe.
Es verbindet die „vertikale" und die „horizontale" Ausrichtung der Weisungen.

Den Mitmenschen betreffende Weisungen:

– Das *Gebot der „Elternehrung"*
Der Schlüssel zum Verständnis des Gebotes liegt in dem Verb „ehren".
„Ehren" bedeutet im Hebräischen so viel wie „gewichtig nehmen", „das zustehende Gewicht geben". Das Gebot spricht also nicht primär den Gehorsam unmündiger Kinder den Eltern gegenüber an, sondern verpflichtet erwachsene Kinder, ihre alten und arbeitsunfähigen Eltern in Ehre zu halten und zu versorgen.
– Das *Verbot des Mordens* schützt das Leben. Es entzieht die Vernichtung von (menschlichem) Leben der privaten Entscheidung. (Die übliche Übersetzung des hebr. „rasach" mit „töten" trifft nicht genau das Gemeinte. Das Verb „rasach" wird ausschließlich gebraucht für die „private" Tötung eines Menschen durch Mitmenschen; trifft also das, was wir heute mit den juristischen Termini „Mord", „Totschlag" und „fahrlässige Tötung" meinen). Das Verbot sagt also über die Berechtigung von Kriegsdienst, Todesstrafe, Tötung von Tieren, Selbstmord noch nichts aus.
– Das *Verbot des „Ehebruchs"* schützt die Ehe als eine Grundstruktur mitmenschlicher Beziehung. Nach israelitischem Recht bezieht es sich ursprünglich auf den Mann, der in eine fremde Ehe einbricht und auf die Frau, die durch Verkehr mit einem anderen Mann die eigene Ehe bricht. Dieses Gebot will sich von seiner Ursprungssituation her nicht auf alle Bereiche der Sexualität und der Erotik beziehen.
– Das *Diebstahlsverbot* spricht für sich; doch sollte bei der Auslegung bedacht werden, daß das im Hebräischen gebrauchte Verb „ganab" den ganzen Bereich von „entführen – rauben – stehlen – täuschen" abdeckt. Es erstreckt sich vom Menschenraub bis zum Eigentumsdelikt im engeren Sinne.
– Das *Verbot der „Falschaussage"* bezieht sich vor allem auf Falschaussage und falsche Anklage vor dem Gericht. Es will somit das Gerichtswesen schützen. Im weiteren Sinne kann es auf jegliche Verleumdung und Ehrabschneidung bezogen werden. Auf jeden Fall aber bezieht es sich auf falsche Aussagen zum Schaden eines anderen Menschen.
– Das *Begehrensverbot* (9. und 10. Gebot) ist als Einheit zu verstehen. Es will vor allem die Ehe und den ganzen Besitz des von zu Hause abwesenden Israeliten schützen. Ehefrau und Besitz sollen nicht als herrenloses Gut angesehen werden, das man sich leicht aneignen kann. Mit dem Begriff „Verlangen" ist sowohl das aktive Handeln im Sinne des Aneignens zu verstehen als auch das innere „Verlangen".

Der Dekalog benennt sowohl Werte als auch Unwerte:

Werte ⟷	*Unwerte*
Nur dem einen Gott dienen, der dich befreit hat.	Sich anderen „Göttern" unterwerfen.
Heiligkeit Gottes, Unverfügbarkeit Gottes.	Über Gott verfügen wollen.
Beachtung des Sabbat als Zeit für Gott und für den Menschen. Ruhe finden.	Mißbrauch der Zeit. Sich der Zeit unterwerfen. Keine Ruhe mehr für Gott und für sich finden.
Ehrfurcht vor den Eltern, Sorge für die alten Eltern.	Mißachtung der Eltern, Undankbarkeit gegenüber den Eltern. Eltern im Stich lassen.
Schutz der Ehe.	In andere Ehen einbrechen, Bruch der eigenen Ehe.
Schutz des fremden Lebens.	Mord und Totschlag, Gefährdung von Leben.
Schutz des Eigentums.	Diebstahl und Raub.
Rechtssicherheit, Ehrlichkeit.	Falsche Aussage, Verleumdung.

Innerbiblische Beziehungen

Die vitale Bedeutung der Weisungen des Dekalogs für das frühe israelitische Prophetentum veranschaulicht – in einer auch für die Grundschüler nachvollziehbaren Weise – *die Auseinandersetzung des Propheten Natan mit König David* (2 Sam 12; vgl. Nr. 67: Davids Sünde und Buße). David übertritt die Verbote des Begehrens, des Ehebruchs und des Mordens und deutet diese zwischenmenschlichen Vergehen – nach seiner Überführung durch Natan – als Versündigung wider den Herrn. Auch diese alttestamentliche Erzählung zeigt, wie sehr das Verhältnis zum Nächsten und das Verhältnis zu Gott als untrennbare Einheit angesehen wurden.
Daß Gesetze und Weisungen für die Frommen des AT nicht im Sinne eines unterdrückenden Gehorchenmüssens, vielmehr als befreiendes Gehorchenkönnen verstanden wurden, das drücken die *Lobpreisungen des „Gesetzes des Herrn"* in den Psalmen 1,19 und 119 aus. Die Weisungen sind hier keine Last, sondern eine Lust: „Deine Vorschriften machen mich froh; sie sind meine Berater" (Ps 119,24).
Im Neuen Testament wird die Autorität des Dekalogs als Weisung Gottes fraglos anerkannt:
Im Gespräch mit dem *„reichen Jüngling"* in Mk 10,17-22 (vgl. auch Mt 19,16ff; Lk 18,18ff) zitiert Jesus fünf Weisungen aus dem Dekalog und in Mk

7,19, im Rahmen eines *Streitgespräches mit den Pharisäern und Schriftgelehrten,* eine, das Elterngebot.
Im *Gespräch Jesu mit dem Schriftgelehrten* über das wichtigste Gebot in Mk 12,28-34 (vgl. Lk 10,25-28: Nr. 124) faßt Jesus die Inhalte der beiden Gesetzestafeln (1.-3. bzw. 4.-10. Gebot) zusammen und betont ausdrücklich die schon im Dekalog angelegte Einheit von Gottesliebe und Nächstenliebe. Die besondere Bedeutung des markinischen Textes liegt in der Gleichgewichtigkeit von Gottesliebe und Nächstenliebe. Sie wird von dem Schriftgelehrten nicht in Frage gestellt, ja sogar ausdrücklich bestätigt.
Im Geiste dieser Interpretation bezieht sich auch *Paulus* in Röm 13,8-10 auf den Dekalog: „Wer den anderen liebt, hat das Gesetz erfüllt." (Vgl. auch Gal 5,14). Es ist also problematisch, wenn man „Gesetz" des Alten Testaments und „Evangelium" des Neuen Testaments gegeneinander ausspielt und sich hierbei auf den Dekalog bezieht. Das Neue Testament grenzt sich nicht vom Dekalog ab, sondern führt auf dem Weg, den er weist, ein gutes Stück weiter.
Ein neutestamentliches Beispiel für die Dynamik des Dekalogs und seine Fortentwicklung ist die *„Bergpredigt"* im Matthäusevangelium von Mt 5,17 an. Die Gesetzesinterpretation innerhalb der Bergpredigt gipfelt in der „Goldenen Regel": „Alles, was ihr also von den anderen erwartet, das tut auch ihnen! Darin besteht das Gesetz und die Propheten" (Mt 7,12). (Auszüge aus der lukanischen „Bergpredigt" sind in der „Bibel für die Grundschule" unter Nr. 114-116 zu finden.) Die Bergpredigt ist für Matthäus die Erfüllung des Sinai-Ereignisses. Jesus ist nicht gekommen, um das Gesetz aufzuheben, sondern um es zu erfüllen (Mt 5,17). Das bezieht sich nicht nur auf seine Lehre, sondern auch auf seine Person.

Anschlüsse an die Welt des Lesers

Es gibt heute nur noch wenige Menschen, die die „Zehn Gebote" auswendig aufzählen können. Die „Zehn Gebote" stehen heute nicht hoch im Kurs. Das mag unter anderem damit zusammenhängen, daß sie lange Zeit in der Unterweisung mit einer autoritären Verbotsmoral verknüpft wurden. Außerdem können viele der Gebote heute nicht mehr in ihrem ursprünglichen Sinn verstanden werden. Der Sabbat deckt sich nicht mit dem Sonntag; das Bilderverbot ist den meisten Menschen unverständlich. Die Stellung der Frau hat sich erheblich gewandelt.
Das heutige Rechtsbewußtsein hat den Geboten – nicht zuletzt beeinflußt durch die biblische Traditions- und Wirkungsgeschichte – neue Akzente gegeben (vgl. das 9. Gebot, das schon bei Mt 5,28 ein neues Profil gewinnt).
Eine neue und fruchtbare Perspektive bekommen die „Zehn Gebote", wenn man sie nicht als einen Pflichtenkatalog ansieht, sondern als Grundrechte der von Gott befreiten Menschen, welche die Würde Gottes und die Grundrechte

des Menschen schützen. Sie haben so den Rang einer Charta: es sind einprägsame Grundregeln, die das religiöse und soziale Leben schützen wollen.
So gesehen, bekommt sogar das in unseren Ohren so befremdlich klingende „Sabbatgebot" eine sehr aktuelle Bedeutung. Es schützt nicht nur den arbeitenden Menschen vor der Ausbeutung seiner Arbeitskraft, sondern will ihm auch Gelegenheit geben, in Ruhe und Muße zu sich – und damit auch zu Gott –zu kommen. Das Sabbatgebot relativiert und kritisiert so ein Menschenbild, für das der Mensch nicht mehr als die Summe seiner Leistungen in ökonomischen und politischen Zusammenhängen ist.
Vor den Imperativen wird die Befreiung verkündigt. Die Weisungen des Dekalogs wollen also Appelle sein, diese geschenkte Freiheit zu erhalten, nicht Sklave, sondern als Ebenbild Gottes dem anderen Mitmensch zu sein. Sie nennen Rahmenbedingungen für das Zusammenleben der Menschen und für ihr Verhältnis zu Gott.
Gott gibt sich im Dekalog als Bundespartner und zugleich als der Unbegreifliche, Unerreichbare zu erkennen. Das stellt die Frage an den Glaubenden, ob und wie er sich Gott verfügbar gemacht hat, sei es durch ein fixiertes Gottesbild oder durch die Projektion eigener Sehnsüchte und Wünsche. Das Bilderverbot und das Verbot des Namensmißbrauchs enthalten auch für den heutigen Menschen religionskritische Elemente.

Ex 32,1-34; 34,1-29 Nr. 50
Die Israeliten brechen den Bund

Naheliegende Verständnisvoraussetzungen

Manche – schon viele Jahre Religionsunterricht erteilende – Lehrer mag es überraschen, diese Erzählung in einer Auswahlbibel für Grundschüler zu finden. Ältere Auswahlbibeln für diese Altersstufe mieden die Erzählung vom Ringen Gottes um sein störrisches und widerspenstiges Volk und von den großen Glaubensschwierigkeiten des auserwählten Bundesvolkes.
Die *Textauswahl der „Bibel für die Grundschule"* erzählt die Geschichte so, daß man annehmen kann, Mose sei fast zufällig und überraschend auf das sündigende Volk gestoßen. Im Volltext ist es der vor Zorn glühende Jahwe, der Mose auf den Weg bringt zu dem Volk im Lager. In der „Bibel für die Grundschule" fehlt auch das daran anschließende dramatische Gespräch zwischen Jahwe und Mose (32,7-14), das schließlich dahin führt, daß Jahwe sich das Böse gereuen ließ, das er seinem Volk angedroht hatte (32,14). Wie schon in der Textauswahl des vorherigen Textes Nr. 49 wird auch in dieser Erzählung

vermieden, von Gott als einem „eifersüchtigen“ Gott und als einem, der des Zornes fähig ist, zu erzählen. Vielleicht ist aber gerade dieser Zug des biblischen Gottesbildes ein wichtiges Korrektiv gegenüber einem – nicht nur bei Kindern anzutreffenden – harmlosen Gottesbild.

Verständlicherweise fehlt in der Textauswahl auch das blutige Gemetzel, das die Leviten auf Geheiß des Mose im Lager anrichten (32,26-29), und es fehlt das Gespräch zwischen Mose und Aaron (32,21-25).

Der Zorn Jahwes und des Mose über das abtrünnige Volk wird dem Leser verständlicher, wenn er weiß, daß das Bild eines Jungstiers – in der Erzählung verächtlich „Kalb“ genannt – im Vorderen Orient als Symbol der Fruchtbarkeit galt und bei den Kanaanitern als Kultbild für den Fruchtbarkeitsgott Baal verehrt wurde. Die für Israel so faszinierende Baalsverehrung war religionsgeschichtlich die größte Gefährdung des Glaubens an den unsichtbaren Gott Jahwe.

Die Einheitsübersetzung bringt deutlicher die Nähe zum Baalskult als die „Bibel für die Grundschule“ zum Ausdruck, wenn sie das Volk am Sinai nach dem Essen und Trinken aufstehen läßt, „um sich zu *vergnügen*“ (32,6).

Strukturen des Textes

Raum und Zeit

Die Ausgangssituation der Handlungsabfolgen ist das lange – zeitlich nicht näher fixierte – Verweilen des Mose *auf dem Berge.* Das Volk kann die Ferne und scheinbare Abwesenheit Gottes als auch die seines Mittlers Mose nicht ertragen. Diese zeitliche und räumliche Entfernung schafft *Distanz;* sie belastet die Verbindung des Volkes mit Jahwe und mit seinem Mittler Mose.

Das Volk im Lager	‖	Mose bei Gott auf dem Berge

Der (von Jahwe befohlene) *Abstieg* des Mose *vom Berge* in das Lager am Fuße des Berges bringt schließlich den scheinbar abwesenden Gott wieder in das Bewußtsein des Volkes. Mose muß zweimal den Berg hinauf- und dreimal hinabsteigen, bis der zerbrochene Bund des Volkes mit seinem Gott wieder hergestellt ist.

Pendelt Mose mehrmals hin und her, so bleiben *Jahwe auf dem Berge* und *das Volk in seinem Lager.* Die Haupthandlungen spielen also in fest abgrenzbaren Bezirken. Sie werden verbunden durch die Wege des Mose.

Die räumliche Begrenztheit der Handlungen wird sowohl durch die *Erinnerung* an die Herausführung aus Ägypten als auch durch die Verheißung des Landes aufgebrochen. Die Erinnerung des Volkes und der Auftrag Jahwes an Mose („Aber jetzt geh, führe das Volk, wohin ich

dir gesagt habe") ordnen die Geschehnisse in den Weg von Ägypten in das verheißene Land ein. Israel bleibt weiterhin auf dem Weg, und Gott zieht vor ihm her, bleibt als nicht auf dem Berge.
Die zeitliche Erstreckung des Auswahltextes wechselt von einer unbestimmten langen Zeit – einer für das Volk zu langen Zeit! – zu Beginn der Erzählung zu einer dichten Handlungsfolge an drei bzw. vier Tagen und klingt in einem ruhigen Zeitfluß, den vierzig Tagen und vierzig Nächten, wieder aus.
Die wichtigsten Ereignisse des Erzählzusammenhangs beginnen mit einem zeitigen Aufstehen am Morgen: Am Tag des Bundesbruches steht das Volk zeitig auf; der Tag der Bundeserneuerung beginnt mit einem zeitigen Aufstehen des Mose.

Die Akteure und ihre Beziehungen

Die handelnden Personen lassen sich bis zur Zerstörung des „Kalbes" *scheinbar* problemlos in zwei Lager aufteilen: die Kalbsverehrer und die Jahwetreuen:

Das Kalb	←→	*Der Herr*
Aaron		Mose
das Volk mit Frauen, Söhnen und Töchtern		Josua

Die Jahwetreuen sind eine verschwindend kleine Minderheit gegenüber den Kalbsverehrern.
So richtig es ist, daß es in der Erzählung um die Auseinandersetzung zwischen einer selbstgemachten Gottheit und dem unsichtbaren Gott des Auszuges und des Bundesschlusses geht, um einen massiven Bundesbruch des Volkes Israel und einer anschließenden Bundeserneuerung durch den Herrn auf Fürbitte des Mose hin, so ist die Einteilung der Akteure in diese zwei „Lager" bzw. Parteien doch nicht so einfach.
Das *Volk* nimmt Stellung gegen den so lange abwesenden Mose, sagt sich von ihm los und schart sich um den Mose-Bruder Aaron. Es drängt ihn, einen nahen und sichtbaren, einen „handlichen" Gott zu machen. Schließlich feiert es im „Kalb" den Gott, der es aus Ägypten herausgeführt hat.
Aaron beugt sich dem Drängen des Volkes, scheint den Wunsch nach einem Gottesbildnis zu verstehen, macht sich aber dadurch noch nicht zum Götzendiener. Seine Festankündigung bezieht sich ohne Zweifel auf Jahwe. (Das Jahwe gewidmete Fest artet aber dann in Kultformen aus, die den Rahmen einer Jahwefeier sprengen und – das macht die Übersetzung des Auswahltextes nicht so deutlich – dem Baalskult nahekommen.)
Das *Kalb* aus Gold (wohl aus vergoldetem Holz, sonst könnte Mose es nicht verbrennen) ist also nur auf den ersten Blick eine Absage an Jahwe. Der Text legt aber Wert darauf, sowohl die Beschaffenheit des Materials, den Entwurf

und die Herstellung, wie auch die Vernichtung zu beschreiben und dadurch das Stierbild, das spöttisch „Kalb" genannt wird – als Menschenwerk hinzustellen.
Der Text läßt offen, wem *der Altar* und *das Brandopfer* galten, Jahwe oder dem Kalb. Die Worte Aarons legen das erste nahe.
Mose tritt (wie bisher in keinem der Texte der „Bibel für die Grundschule") als der zornige *Eiferer für Jahwe* und zugleich als der geschickte *Fürsprecher für sein Volk* auf. Ja er ist sogar bereit, sein Leben für sein Volk einzusetzen. Er ist ferner *Steinmetz* für Jahwe, und obwohl Jahwe die Beschriftung der Tafeln vornehmen will, ist er es schließlich, der die Worte des Bundes auf die Tafeln schreibt. Er bleibt weiterhin der von Gott bestellte *Führer seines Volkes.* Mose spricht, verhandelt mit Jahwe, er ist vierzig Tage und vierzig Nächte bei ihm. Sein Verhältnis zu Jahwe ist fast freundschaftlicher Art (vgl. 33,11: Der Herr redete mit Mose von Angesicht zu Angesicht, wie jemand mit seinem Freund redet."). Wie sehr Mose erfüllt und gekennzeichnet ist von der Nähe des Herrn, deutet das leuchtende Anlitz nach seinem vierzigtägigen Aufenthalt beim Herrn an.
Josua ist hier nicht mehr als eine Randfigur, die die Bedeutung des Mose hervorhebt. Josuas Fehldeutung des Lärmens und Schreiens als Kriegslärm weist schon auf seine Aufgabe als Heerführer hin (vgl. Nr. 47).
Der Herr hält sich dem Lager und dem Volke fern. Das betont seine Souveränität und seine Unverfügbarkeit im Unterschied zu dem selbstgemachten und dann wieder vernichteten Kalb. Er spricht ausschließlich mit Mose und erneuert allein mit ihm und durch ihn seinen Bund mit dem Volk. Dadurch wird die Mittlerrolle des Mose betont. Durch sie wird das Volk Israel aber nicht abgewertet, sie hebt gerade hervor, daß es in dem Text nicht um eine Polarisierung zwischen dem lebendigen Gott Jahwe und dem selbstgemachten Gott aus Gold und Holz geht, sondern um die Beziehung des Bundesvolkes zu seinem Bundesgott.
Alle Akteure – selbst ein so hervorgehobener wie Mose – stehen im Dienste dieses Leitthemas. Die Erneuerung des Bundes durch Jahwe zeigt, daß auf ihn Verlaß ist, daß er ein barmherziger Gott ist. (Das schließt nicht seine Eifersucht und seinen Zorn aus.)

Das Volk Israel als widerspenstiger und glaubensschwacher Bundespartner	←	*Der Herr* als zürnender und als barmherziger Gott, der dem Bundespartner treu bleibt

Werte und Erwartungen

Kurz nach dem Bundesschluß, nach dem feierlichen Versprechen des Volkes Israel „Alles, was der Herr gesagt hat, wollen wir tun" (vgl. Nr. 48) und nach der Verkündigung des Dekalogs (Nr. 49), wird der Glaube des auserwählten Volkes auf die Probe gestellt – und der Glaube erweist sich als zu schwach.

Dem Glauben an den unsichtbaren Gott ist das Bundesvolk, das in Ägypten unter Götterbildern gelebt hat, nicht gewachsen. Es braucht ein sichtbares Zeichen für die Gegenwart Gottes. Der Gott des Exodus und des Sinai ist ihnen nicht handfest genug. Darum will es Gott im Bild einfangen, ihn als sicheren Besitz haben, handhabbar machen und ihn in die eigene Vorstellungswelt einpassen. Hierfür nimmt es Opfer auf sich: die Spende des goldenen Schmucks der Frauen und schließlich die Brandopfer vor dem Stierbild.
Das ist ein Verstoß gegen das Bilderverbot des Dekalogs. Israel zeigt sich von Anfang seines Bundes mit Jahwe an als ein untreues Volk.
Dieses Vergehen gegen Jahwe endet nicht in einem vernichtenden Strafgericht, sondern in der Erneuerung des Bundes, die das Volk durch keine besondere Leistung verdient. Weil Jahwe sich selbst und seinen Verheißungen treu bleiben will, erneuert er – trotz der Strafankündigung – den Bund mit dem untreuen Volk.

Das untreue Volk ⇄ *Der treue Gott*

Der ferne und unverfügbare Gott gibt sich als ein verzeihender und barmherziger Gott zu erkennen. Schuld und Sünde werden so überraschend in Heil umgewandelt. Jahwes Treue erweist sich als stärker als die Schuld des Volkes (und stärker als sein Zorn über das störrische Volk (vgl. 32,9-12). So wird die dunkle Erzählung zu einer Trostgeschichte.

Innerbiblische Beziehungen

Eine wörtliche Übereinstimmung für die Deutung des „Goldenen Kalbes" hört man in 1 Kön 12,28 aus dem Munde des Königs Jerobeam I. (um 930 v. Chr.) bei der Gründung der Heiligtümer Bet-El und Dan: „Hier ist dein Gott Israel, der dich aus Ägypten herausgeführt hat." (vgl. Nr. 73: Salomos Reich zerfällt).
Die Erzählung vom „Goldenen Kalb" bezieht sich also nicht auf einen einmaligen Vorgang in Israels Glaubensgeschichte. Es ist die erste von fast unzähligen Geschichten von Bundesbrüchen des auserwählten Volkes und von der unzerstörbaren Treue Gottes zu seinem Volk (vgl. u. a. Nr. 82: Gott verheißt einen neuen Bund).

Anschlüsse an die Welt des Lesers

Zwischen der Entstehungszeit und der Welt des heutigen Lesers liegt ein Graben von fast dreitausend Jahren Religionsgeschichte. Das Problem unseres Jahrhunderts ist nicht, ob man Gott im Bild verehren darf, ob es *einen* Gott oder ob es *viele* Götter gibt, sondern die – manchen gar nicht mehr relevante – Frage, ob es überhaupt einen lebendigen Gott gibt. Dieses Problem konnte zur

Entstehungszeit des biblischen Textes nicht gedacht werden. Dennoch gibt es gerade im Hinblick auf diese Fragestellung Berührungspunkte in der Welt des Textes, die unseren heutigen Erfahrungen gar nicht so unüberbrückbar ferne sind: So wie das Volk in der schrecklichen Wüste damit fertig werden muß, daß sein Gott nicht greifbar und handfest mitten unter ihnen ist, so muß auch der Gläubige unserer Tage mit dem Erlebnis der Ferne und Abwesenheit Gottes inmitten einer bedrohlichen Welt fertig werden. Es ist nicht leichter geworden, an den Gott der Bibel zu glauben und sein Leben auf ihn hin auszurichten. Da suchen auch heute nicht wenige Menschen nach handfesten, begreiflichen und unmittelbar erfahrbaren „Ersatzgöttern". Man sollte den Tanz um das „Goldene Kalb" also nicht vorschnell als Götzendienst vergangener Jahrtausende belächeln. Es gibt ihn auch heute noch als bewußte oder unbewußte Antwort auf die Erfahrung der Ferne und Unbegreiflichkeit Gottes. Das „Kalb" hat nur andere Namen.
Es lohnt sich, wenn man den Text nicht nur aus der Perspektive des Mose liest, sondern sich in die Lage der Israeliten hineinversetzt. Vielleicht ergibt sich dann auch die Frage, ob der Gottesdienst einem selber so viel wert ist, wie er es den Schmuck hingebenden Israeliten war.

Der Einzug in das Land Kanaan

Mit diesen Texten aus dem Buch Josua beginnt ein neuer Abschnitt in der Geschichte Israels: die Erfüllung der Landverheißungen in der Landnahme. Die Ereignisse dieser Landnahme werden in dem Buch Josua als Taten Gottes erzählt. Er ist der, der seinem Volke nahe ist und es anführt in das Land, das er ihnen zum Besitz gibt. Das ist das Glaubenszeugnis dieser Texte.

Jos 1,1-3; 2,1-24 Nr. 51
Die Kundschafter in Jericho

Naheliegende Verständnisvoraussetzungen

Die erste Erzählung aus dem Überlieferungsgut des Buches Josua bereitet keine außergewöhnlichen Verständnisschwierigkeiten. Bis auf das unmittelbare Sprechen Gottes zu Josua in dem einleitenden Abschnitt trägt die Geschichte nach Jos 2,1-24 recht realistische Züge. Sie ist für Schüler im Grundschulalter vor allem spannend. Verständnisschwierigkeiten können höchstens dadurch entstehen, daß die volkstümliche Erzählweise nicht immer logisch erscheint (z. B. das abschließende Gespräch zwischen Rahab und den Männern nach dem Herablassen von der Mauer).
Die Textauswahl gibt die wichtigsten Haupthandlungen des 2. Kapitels aus dem Buche Josua in den wesentlichen Zügen wieder. Dabei verliert die Geschichte durch eine Weglassung eines kleinen – aber für die Bibel wichtigen – Details eine Pointe: die Heldin der Erzählung ist als Herbergswirtin eine Dirne. Für das Neue Testament ist das ein Erzählelement von besonderer theologischer Bedeutung (vgl. „Innerbiblische Bezüge“).

Strukturen des Textes

Raum und Zeit

Der Ausgangsort ist der östliche Rand des Jordan(grabens). Der *Jordan* ist

hier die Grenze zum verheißenen Land, dem Ziel des Exodus aus Ägypten.
Auf der anderen Seite des Jordan(grabens) liegt nun *das Land,* das Jahwe den Israeliten geben wird. *Jeder Ort,* auf den Israel den Fuß setzen wird, ist *eine Gabe Jahwes.*
Vor der Inbesitznahme des Jahwelandes durch das Volk werden zwei Kundschafter auf den Weg über den Jordan in das Land gebracht und kommen in *das Haus der (Dirne) Rahab in Jericho.* Es ist der wichtigste Ort der Erzählung. Hier finden die Kundschafter Gastfreundschaft, Schutz und den Glauben einer heidnischen Dirne an Jahwe, als den Herrn über Himmel und Erde. In der räumlichen Umgrenztheit des Hausdaches inmitten der feindlichen Stadt Jericho wird die grenzenlose Macht Jahwes bekannt, und es wird eine kühne Verbindung zum Schilfmeer gezogen. Die besondere Bedeutung des Hauses wird auch dadurch hervorgehoben, daß relativ viele Einzelheiten von ihm erzählt werden (das flache Dach mit dem dort ausgebreiteten Flachs, die Lage an der Stadtmauer). Das Haus der (Dirne) Rahab ist für die Erzählung wichtiger geworden als die *Stadt Jericho,* das eigentliche Ziel der Kundschafter.
Der Weg der Kundschafter zurück zum Ausgangsort jenseits des Jordan kennt noch den Umweg durch das Versteck *im Gebirge,* um den „überall" suchenden Boten des Königs aus dem Wege zu gehen.
Die Handlungsabfolge setzt einen *Zeitraum* von mindestens vier Tagen voraus. (Beachte den Widerspruch zu Jos 1,10. Dort wird der Aufbruch des Volkes schon auf den dritten Tag nach der Ansprache des Herrn festgesetzt.) Die zeitlichen Perspektiven reichen aber über den Rückblick auf den Tod des Mose, die Landverheißung an Mose und das Schilfmeerwunder bis hin zum Vorausblick der Inbesitznahme des ganzen Landes.
Landverheißung, Exodus und Landnahme werden so miteinander verbunden. Die Zusage des Landes durch den Herrn wird zweimal als schon geschehene Besitzübergabe gedeutet: einmal durch Rahab (2,9) und abschließend auch im Bericht der zurückkehrenden Kundschafter (2,24): „Der Herr *hat* uns das ganze Land ausgeliefert." Ausstehende Zukunft ist schon gegenwärtige Wirklichkeit.
Die wichtigsten Ereignisse der Erzählung spielen im Dunkel einer Nacht.

Die Akteure und ihre Beziehungen

Die erwähnten handelnden Personen lassen sich in drei Gruppen einteilen:

Der Herr, Mose, Josua, das ganze Volk Israel, die zwei Kundschafter.	*Rahab,* alle Bewohner des Landes, die Familie ihres Vaters.	*Der König von Jericho,* Boten des Königs.

Die eigentlichen Widersacher sind *der Herr,* der Israel das Land zuge-

sagt hat, und *der König von Jericho,* der sich dem widersetzen will. Die heidnische Dirne *Rahab* weiß, daß es keinen Sinn hat, dem Willen des Herrn Widerstand zu leisten. Sie vertritt auch die Meinung der übrigen Bewohner des Landes, die sich vor der Macht Jahwes fürchten.
Josua (der Sohn des Nun, der Diener des Mose, vgl. V. 1,1 im Volltext) wird eingangs als der vom Herrn bestellte Vollstrecker der Landverheißung an Mose vorgestellt. Der Herr spricht zu ihm wie zu Mose. Er ist sein Nachfolger, obwohl er noch nicht den Ehrentitel „Knecht des Herrn" trägt. (Den bekommt er erst am Ende des Buches Josua, vgl. 24,29 und Ri 2,8: Nr. 54). Die – nach dem Vorhergehenden überraschende – Initiative zu dem „heimlichen" Gang der beiden Kundschafter geht von ihm aus. (Er zeigt sich hier wieder als „Militärexperte".) Traut Josua der Zusage Jahwes nicht so recht, oder will er dem schwachen Volk mehr Sicherheit geben? Mit dem Bericht der erfolgreich zurückkehrenden *Kundschafter* an Josua endet die Erzählung. Das *Volk Israel* ist von den Vorkommnissen der Haupthandlungen ausgeschlossen.
Wie Josua, so schickt auch *der König von Jericho* eine nicht genannte Anzahl von Männern aus, diese bleiben aber erfolglos. Während Josua und seine Kundschafter überlegt handeln, wirken die Maßnahmen des Königs von Jericho und die seiner Boten kopflos und hektisch. Die *Boten des Königs* werden sogar von einer Frau (einer Dirne) in die Irre geleitet. Man sieht sie im Dunkel der Nacht zu den Furten des Jordan laufen.
Den Kern der Erzählung bilden die Gespräche zwischen *Rahab,* der *Heldin der Erzählung* und den *Kundschaftern des Josua.* Auch ihnen gegenüber zeigt sich Rahab als überlegen, sowohl im Glauben als auch durch ihre überragende Klugheit. Rahab ist Informantin, Helferin und Ratgeberin, sie ist es, die von den beiden Männern einen Eid abverlangt. Welche Motive die Männer in ihr Haus geführt haben, sagt der Text nicht. Aus ihrem Hause nehmen die Kundschafter die Überzeugung mit, daß die Zusage Jahwes sich schon in einem Ereignis erfüllt hat.

Werte

Im Mittelpunkt steht die Frage, wem das Land jenseits des Jordan gehört. Es ist das Land Jahwes. Weil es ihm gehört, kann er es vergeben, gleich, wer es bewohnt und regiert. Der Herr bezieht sich bei seiner Landzusage auf seine Verheißung an Mose. Er hält, was er verspricht.
Auf die Frage, warum sich Rahab für die beiden Kundschafter einsetzt, läßt der Text mehrere Antworten zu. Als erstes Motiv legt sich eine spontane Gastfreundschaft der Herbergswirtin nahe.
Es kommt dann auch die Größe und Macht des Gottes, dem die beiden Männer dienen, in Frage. Dieses Motiv ist wiederum verbunden mit der Absicht Rahabs, sich und die eigene Familie vor der drohenden Vernichtung zu retten. Rahab begeht ja „Verrat", um sich und ihre Familie vor dem drohenden Unheil zu schützen, sie kollaboriert mit dem Feind. Der Text aber bewertet ihre

Haltung als gläubiges Wissen darum, daß es sinnlos ist, sich dem Herrn der Geschichte zu widersetzen. Ihre Bitte um Schonung verbindet sie mit einer Eidesforderung „bei dem Herrn".
Gleiches soll mit Gleichem vergolten werden. (Die Einlösung dieses Eides in 6,22, vgl. Nr. 52, ist das einzige verbindende Motiv der Erzählungen von der Erkundung und der Eroberung Jerichos.)

Erwartungen

Die einleitenden Worte Jahwes an Josua wecken Erwartungen, die sich nur sehr fern mit dem weiteren Verlauf der Erzählung in Einklang bringen lassen. Muß man nach den Worten Jahwes mit einer friedlichen Inbesitznahme des Landes durch die Israeliten rechnen, so zielt die heimliche Entsendung der Spione nach Jericho aber eher auf eine kriegerische Auseinandersetzung hin. Um so überraschender ist dann wieder der Bericht der Kundschafter: Er enthält keine militärischen Einzelheiten etwa über die Bewaffnung und die Befestigungsanlagen, sondern die Gewißheit des Sieges aufgrund der Angst der Einwohner vor Gottes Volk. Die Größe Jahwes ist es, die das Volk in Schrecken versetzt, nicht die Anzahl der Krieger.

Innerbiblische Beziehungen

Der Text weist direkt auf den bevorstehenden Fall Jerichos in Kapitel 6 (Nr. 52) hin und enthält Rückverweise auf das Schilfmeerwunder (Ex 14,5 ff: Nr. 42) und auf die Zusage Jahwes in Dtn 11,24: „Jede Stelle, die euer Fuß berührt, soll euch gehören, von der Wüste an."
Daß es ausgerechnet eine heidnische Dirne ist, die durch ihre tätige Hilfe am Heilsplan Gottes mitwirkt und sich durch ihren Glauben an Jahwe hervortut, findet auch im Neuen Testament besondere Beachtung: Im *Hebräerbrief* heißt es in 11,31: „Aufgrund ihres Glaubens kam die Dirne nicht zusammen mit den Ungehorsamen um; denn sie hatte die Kundschafter in Frieden aufgenommen."
Der *Jakobusbrief* betont hingegen mehr die Werke der Rahab: „Wurde nicht ebenso auch die Dirne Rahab durch ihre Werke als gerecht anerkannt, weil sie die Boten bei sich aufnahm und dann auf einem anderen Weg entkommen ließ?" (Jak 2,25)
Für *Matthäus* gehört Rahab zum Stammbaum Jesu. Sie ist die Mutter des Boas (Mt 1,5), des Urgroßvaters Davids.

Anschlüsse an die Welt des Lesers

Die Selbstverständlichkeit, mit der das Land fremder Menschen als von

Gott gegebenes Eigentum angesehen werden kann, ist für die meisten Menschen befremdlich und klingt unerhört. Die in den Landnahmeerzählungen thematisierte Haltung zum Landbesitz ist aber auch heute noch aktuell. Die israelitischen Siedler im Westjordanland, dem israelitisch besetzten Territorium Jordaniens, sehen sich selbst als Landnehmer in diesem biblischen Sinne. Jedes Zurückweichen aus dem besetzten Land ist für manche dieser Menschen ein Verrat am Glauben. Fast täglich können wir also etwas von der – gewiß nicht nur frommen – Wirkungsgeschichte der Landnahmeerzählungen in der Zeitung lesen. Unter heutigen politischen Verhältnissen nimmt sich dies freilich anders aus als unter denen der biblischen Vergangenheit.
Näher erscheint uns das Motiv der unbedingten Gastfreundschaft der Frau, die den Feinden in ihrem Haus Asyl gewährt und sie auf sicheren Wegen wieder zurückbringt. Diese Gastfreundschaft verpflichtet.
Daß es ausgerechnet eine am Rande der Gesellschaft stehende Person ist, die so konsequent Gastfreundschaft gewährt und die den Sinn der Geschichte erkannt hat, kann wohltuend irritieren.

Jos 3,1-16; 6,1-25 — Nr. 52
Die Israeliten ziehen durch den Jordan

Naheliegende Verständnisvoraussetzungen

Der vorliegende Text aus der Bibel für die Grundschule verbindet zwei Erzählungen, die im Volltext zeitlich und räumlich und von der Textkomposition her weiter auseinanderliegen, als es hier den Eindruck macht. Während die Kundschaftererzählung (Nr. 51) und die Jordanüberquerung auch in der Vollbibel unmittelbar anschließen, liegen zwischen der Jordanüberquerung und dem Fall Jerichos im Buch Josua noch zwei Kapitel mit sehr unterschiedlichen Erzählungen (Errichtung der 12 Gedenksteine in Gilgal, Beschneidung der männlichen Israeliten, Paschafeier, Ausbleiben des Manna, Gotteserscheinung vor Josua).
Sowohl die Jordanüberquerung als auch der Fall von Jericho sind stark gekürzt wiedergegeben, es fehlen z. B. die Grausamkeiten bei der Bannvollstreckung in Jericho (6,21) und der Fluch über Jericho (6,26 f).
Der Text gibt demjenigen unüberwindbare Verständnisschwierigkeiten auf, der nicht an einen innerweltlich handelnden Gott glauben kann.
Obwohl umfangmäßig und durch die Illustrierung die Jericho-Erzählung dominiert, hebt *die Überschrift* über die beiden Erzählungen das bibeltheo-

logisch auch bedeutsamere Jordanwunder hervor. Die Kombination dieser beiden Erzählungen zu einer Texteinheit ist nicht sehr glücklich.

Strukturen des Textes

Raum und Zeit

Wichtige Ereignisse werden durch ein *Aufbrechen „am frühen Morgen"* hervorgehoben. Israel beendet mit diesem Aufbruch hin zur Überquerung des Jordan(grabens) die Wüstenwanderung. Die Landnahme beginnt. Bevor der Jordan überwunden wird, übernachtet das ganze Volk noch einmal am Flußufer. Es überschreitet erst am *folgenden Tag* den Fluß. Trockenen Fußes zieht Israel durch den Jordan und betritt das verheißene Land. Ein neuer Abschnitt in der Geschichte Israels beginnt. Die Verheißung ist Gegenwart geworden.
Nach der Überwindung des ersten Hindernisses steht als ein zweites Hindernis das befestigte Jericho in dem von Gott bestimmten Weg.
Sechs Tage lang ziehen die sieben Priester mit der Bundeslade und alle Krieger je einmal um Jericho.
Der entscheidende siebte Tag wird wieder durch ein *Aufbrechen am frühen Morgen* hervorgehoben, außerdem durch die sieben Umzüge um die Stadt. *Der siebte Umzug am siebten Tag* macht allen sichtbar, was schon vorher entschieden war: Jahwe gibt diese Stadt Jericho in die Hand seines Volkes. Der siebte Tag ist in dieser Erzählung also kein Ruhetag für den Herrn (vgl. Nr. 49), sondern der Tag, an dem der Herr für sein Volk kämpft.

Die Akteure und ihre Beziehungen

Der eigentlich Handelnde beider Erzählungen ist *Jahwe*. Er ist es, der die wohlgeordnete Prozession der Israeliten durch den Jordan führt, und er ist es, der Jericho und seinen König in die Gewalt *Josuas* gibt. Beide Erzählungen legen großen Wert darauf, daß Jahwe – und nicht Josua – es ist, der das Volk über den Fluß bringt und der die Stadt in die Gewalt der Israeliten bringt.
Josua ist Empfänger und Übermittler der Anweisungen Jahwes, so wie Mose es war. Zugleich steht Josua als unbestrittene Autorität den Priestern, den Kriegern und dem Volk gegenüber. Weder gegen den Herrn noch gegen Josua gibt es in diesen Erzählungen Anzeichen von Widerspruch und Ungehorsam. Jahwe, Josua, die Priester, die Krieger, das Volk bilden eine ungestörte Einheit.
Vom *Volk* und von den *Kriegern* herausgehoben werden die *Priester*. Sie sind die Begleiter und Träger der Bundeslade, dem Zeichen für den führenden und begleitenden Herrn.
Das *Volk und der König von Jericho* sind fast ohne Bedeutung. Sie treten nicht

als Subjekte von Handlungen auf. Sie sind die Objekte, an denen die Größe und die Macht des Herrn sichtbar gemacht wird.
Nur *Rahab und die Familie ihres Vaters* werden besonders hervorgehoben (vgl. Nr. 51). Ihr, ihrer Familie und ihrem Besitz geschieht kein Leid.

Werte und Erwartungen

Jahwe bahnt seinem Volk den Weg und überwindet hierbei naturale und von Menschen errichtete Hindernisse.
Die Stadt und die Menschen der Stadt werden vernichtet. Mit den Bewohnern der Stadt beschäftigt sich der Text nicht, er interessiert sich nicht für ihr Schicksal. Es geht ihm einzig um den Aufweis, daß das, was Jahwe ankündigt, auch so eintritt und daß Jahwe sein Volk führt. Darum überdecken bei der Einnahme von Jericho die liturgischen Elemente eindeutig die militärischen. Gegenüber dem Wirken Gottes treten die Werke der Menschen zurück. Die Unbekümmertheit der Erzählung an dem Schicksal nichtisraelitischer Menschen macht bei Rahab eine Ausnahme. Ihr Einsatz für die Kundschafter und ihr Glaube eröffnen nicht nur ihr, sondern auch der Familie ihres Vaters Lebensmöglichkeiten und Sicherheit.
Die Tat einer einzelnen (vgl. Nr. 51) bringt hier auch anderen Rettung.

Innerbiblische Beziehungen

Die Erzählung vom Durchzug durch den Jordan (3,1-5,12) weist auffällig viele Parallelen mit dem Schilfmeerwunder (Ex 14,5 ff: Nr. 42 und Nr. 43) auf: das Aufhalten des Wassers, das Durchziehen „trockenen Fußes“, die Rollenähnlichkeit von Mose und Josua, die gleiche Bedeutung der Bundeslade im Vergleich zu der Wolke oder der Feuersäule.
Den Zusammenhang von Schilfmeerwunder und Jordanwunder besingt auch das Paschalied in Ps 114,3 (vgl. auch Ps 74,15; 77,17).

Anschlüsse an die Welt des Lesers

Den Leser unserer Tage kann es erschrecken, wie in der Geschichte vom Fall Jerichos die Zerstörung einer Stadt (mit der in der Textauswahl nicht erwähnten Ausrottung seiner Bewohner) als Tat Gottes im Rahmen einer fast liturgischen Feier, dargestellt werden kann. Da steigen Schreckensbilder wie die Zerstörung Guernicas, Dresdens und Hiroshimas auf. Auch wenn die Bibelwissenschaft heute weiß, daß die Landnahme *so,* wie sie im Buche Josua dargestellt ist, nicht stattgefunden hat und wohl eher einem friedlichen Einsickern über Jahrzehnte hinweg nahekommt, bleibt das Unbehagen bestehen.

Es läßt sich erst mildern, wenn man den Text konsequent in seinem Sinne auslegt: Es geht in ihm allein darum, die Größe und Geschichtsmacht des Führergottes Jahwe zu erzählen. Das Schicksal der Opfer bleibt außerhalb seines Blickfeldes.

Jos 24,1-25 Das Volk bekennt sich zu seinem Gott — Nr. 53

Naheliegende Verständnisvoraussetzungen

Der stark gekürzte Text stammt aus dem letzten Kapitel des Buches Josua und erzählt die letzte große Tat Josuas, die Erneuerung des Bundes beim sogenannten Landtag in Sichem. Die „Bibel für die Grundschule" macht also einen gewaltigen Sprung vom Beginn der Landnahme (Nr. 51 und 52) hin zu diesem Rückblick auf die abgeschlossene Landnahme.
Schwierigkeiten für unser heutiges Denken bereitet die Entscheidungssituation zwischen „den Göttern" und dem Herrn. Antikem Denken entsprach es, daß die Götter an ihr Land gebunden waren. Religionsgeschichtlich leistet Israel etwas ganz Außergewöhnliches, wenn es dem Gott des Auszuges und der Wanderschaft den Vorrang vor dem Gott oder den Göttern des neuen Landes gibt.
Man kann aus dem Text nicht sehen, daß dieser Entscheidung für Jahwe als Gott des Auszuges *und* als Geber des Landes ein vielleicht jahrhundertelanges Ringen vorausgeht und folgen wird. Die Auseinandersetzung mit den „Göttern des Landes", vornehmlich mit dem kanaanitischen Gott Baal, bleibt über das Buch Josua hinaus ein zentrales Thema für die Bibel.

Strukturen des Textes

Der Raum

Der Ort des Geschehens ist benannt und abgrenzbar: *Sichem,* in der Mitte des neuen Landes, eignet sich *als Versammlungsort aller Stämme Israels.* Im Herzen des neuen Landes wird der Blick eröffnet auf das Land und die Städte ringsum bis hin nach Ägypten, dem Land des Auszuges. Hierbei geht es darum, den Gott Israels, vor dem alle Stämme in Sichem stehen, als den räumlich nicht gebundenen anzuerkennen. Der Gott, der aus Ägypten herausgeführt hat, ist der gleiche, der seinem Volk das Land und die Städte gegeben hat. Er ist also auch der Herr im neuen Lande. Dies zu bekennen, ist das Ziel der Versammlung in Sichem.

Die Zeit

Das Bekenntnis bzw. die Entscheidung für den Herrn wird vorbereitet durch einen (im Volltext langen) Rückblick auf die Heilsgeschichte Israels (der im Volltext bei Abraham beginnt,vgl. 24,3); die Entscheidung wird *„heute"* verlangt und bezieht sich auf einen nicht begrenzten Zeitraum. Auffällig ist, daß der so wichtige Tag in Sichem nicht datiert ist. Soll er vielleicht als Bundesfeier regelmäßig wiederholt werden?

für den Gott, der euch aus Ägypten herausgeführt hat und das Land gegeben hat ← Entscheidet euch *heute* → *nie* werden wir den Herrn verlassen und fremden Göttern dienen

Die Akteure und ihre Beziehungen

Josua ist in diesem Text der *Vereiniger der Stämme Israels, Sprecher Gottes* und *Gesetzgeber.* Stellvertretend schließt *er* für sein Volk einen Bund mit dem Herrn. In seiner Bedeutung steht er Mose kaum mehr nach. Daneben zeigt er sich als *Oberhaupt seiner Familie,* für die er als erster das Glaubenszeugnis für den Herrn ablegt. Durch dieses Zeugnis wird er zum Glaubensvorbild für das ganze Volk.
Gott, der Herr, kommt ausschließlich durch Josua zu Wort. Seine Wirksamkeit läßt sich nicht auf den Auszug begrenzen, er ist auch der Gott, der seinem Volk Land und Städte rund um Sichem gegeben hat. In Sichem wird er als Gott bekannt, der über Raum und Zeit erhaben ist. Dem Herrn gegenüber stehen die nicht mit Namen genannten *Götter der Völker.* Es sind die Völker, über deren Land und über deren Städte der Herr verfügt hat. Somit zeigt sich der Herr den Göttern dieses Landes weit überlegen.
Die *Stämme Israels,* mit ihren Amtsträgern, den *Ältesten, Anführern, Richtern und Schreibern* stehen vor der Entscheidung zwischen dem Gott, der sich als wirksam und mächtig erwiesen hat und dem sie alles, was sie haben, verdanken, auf der einen und den Göttern der Völker, die sich ohnmächtig erwiesen haben, auf der anderen Seite.
Das Bekenntnis zu Jahwe verbindet die Stämme Israels zu einem Volk. Aus den Stämmen wird ein Stammesbund mit *einem* Gott und mit dem *gleichen* Gesetz und Recht. Das sind die Bande, die die Stämme zusammenhalten.

Werte und Erwartungen

Die Möglichkeit, daß sich das Volk anders als für den Herrn, der sowohl der Gott des Auszuges als auch der Geber des Landes ist, entscheiden könnte, erscheint absurd. Es ist aber eine Möglichkeit vor der

Israel „heute" steht. Mit der Entscheidung für Jahwe und der geforderten Fortschaffung der Götter ist es aber nicht getan.
Es geht auch darum, den Herrn zu fürchten und ihm mit aller *Treue* zu dienen, sich also nicht nur halbherzig, sondern ganz für den Herrn zu entscheiden. Dies besiegelt dann *der Bund mit Jahwe,* mit dem ein unbegrenztes Treueverhältnis eingegangen wird. Zu dem Bund gehören auch Gesetz und Recht.

Innerbiblische Beziehungen

Mehr noch als der kurze Auswahltext verweist der Volltext auf den *Sinaibund* (Ex 19 und 24: vgl. Nr. 48). Josuas Bund ist die Fortsetzung und die Bestätigung des Mosebundes, der damit seine Gültigkeit auch unter der veränderten Bedingung der Seßhaftigkeit behält.
Sichem als Ort des „Landtags" zählt zu den heiligen Stätten der Bibel. Hier erbaute *Abraham* dem Herrn, der ihm erschienen war, einen Altar (Gen 12,6 f: Nr. 16), ebenso tat es *Jakob,* der sich hier in Sichem Land erwarb (Gen 33,18 ff) und später die aus Mesopotamien mitgebrachten Götterbilder begrub (Gen 35,2 ff). Sichem verbindet so den Jahweglauben der Patriarchen mit dem Bundesschluß der Stämme Israels.
Nach dem Tode Salomos rief *Rehabeam* „ganz Israel" nach Sichem zusammen, um sich dort als König ausrufen zu lassen. Es kommt hier aber zum Zerfall des Salomonischen Reiches und der Einheit des Volkes Israel (1 Kön 12,1: Nr. 73).
Zur Zeit des Neuen Testaments ist Sichem der religiöse Mittelpunkt Samarias. Bei Sichem, in Sychar, begegnet *Jesus* der Samaritanerin am Brunnen (vgl. Joh 4,5-42).

Die Richter

Ri 2,6-16 — Nr. 54
Israels Abfall, Not und Errettung

Naheliegende Verständnisvoraussetzungen

Der Bibel für die Grundschule ist es mit der Textauswahl von Ri 2,6-16 gelungen, nahtlos an die Geschichten aus dem Buch Josua anzuschließen und zugleich eine theologische Einleitung der beiden folgenden Texte aus dem Buche Richter zu geben. Darüber hinaus spiegelt der Text die theologischen Grundzüge des Buches Richter wieder. Es geht dem *Buch Richter* um die entscheidende Frage, wie es kommen konnte, daß das von Jahwe gegebene Land immer wieder in Gefahr geraten konnte. Von dieser Frage her ergibt sich folgendes Grundschema:

Das Volk verläßt Jahwe und tut, was in seinen Augen böse ist.

↓

→ Zur Strafe liefert Jahwe sie den Feinden ringsum aus.

↓

Das Volk schreit zum Herrn um Hilfe.

↓

Der Herr erweckt ihm einen Richter als Retter.

↓

Nach dem Tode des jeweiligen Richters wird das Volk wieder rückfällig (vgl. 2,19).

Dieses Grundschema, das auch in der Überschrift der Nr. 54 enthalten ist, wiederholt sich immer wieder.

Das hohe Alter des Josua mit 110 Jahren ist wohl symbolisch zu verstehen. Josua wird mit dieser Altersangabe in die Reihe der Patriarchen und Alten der Frühzeit Israels gerückt, die dem Schöpfungssegen besonders nahe stan-

den. Josua erreicht das gleiche Alter wie Joseph (vgl. Gen 50,22.26: Nr. 36), wurde aber nicht so alt wie Mose mit seinen 120 Jahren (Dtn 34,7).
Eine vereinfachende *Übersetzung* wählt die Bibel für die Grundschule für Jos 2,13. Sie spricht von „fremden Göttinnen und Göttern". Die Bibel nennt hier aber die Namen! Es sind „Baal" und „Astarte", denen Israel dient. Baal ist der männliche und die Astarte die weibliche Gottheit des kanaanitischen Fruchtbarkeitskults, der auch zu sexuellen Ausschweifungen führte. Die Faszination dieses Kults war eine der größten Gefahren des Jahweglaubens über Jahrhunderte hinweg.
Der letzte Satz des Textes in Nr. 54 ist eine überleitende Zufügung.

Strukturen des Textes

Der Raum

Ungenannter Ausgangsort ist die Stätte des Bundesschlusses unter Josua: *Sichem.* Es ist der Ort, an dem das vereinte Israel Gott die Treue versprochen hatte (vgl. Jos 24,1-25: Nr. 53).
Von Sichem aus ziehen die Israeliten in die ihnen zugewiesenen Gebiete, um sie als Erbe in Besitz zu nehmen. Die *räumliche Entfernung* von Sichem und *die Zerstreuung* (jeder in sein Gebiet) setzen die Israeliten der Versuchung durch die „Götter der Völker ringsum" und schließlich der Gefährdung durch die *„Feinde ringsum"* aus.
Mit dem Abfall von dem Gott von Ägypten her und mit dem Nachlaufen hinter den fremden (Orts-)Göttern wird das zugewiesene Erbland zu einer Stätte der äußersten Bedrohung.

Die Zeit

Mehr noch als die räumliche Distanz erweist sich *der zeitliche Abstand* von dem Bundesschluß in Sichem, von Josuas Lebzeiten und vor allem von den letzten Augenzeugen der Großtaten Jahwes als Bedrohung des Glaubens und damit auch der ganzen Existenz der neu heranwachsenden Generationen. Die Kontinuität zu den Erfahrungen der Alten ist zerrissen. Der Herr muß einen *Neuanfang* machen.

Zeit des Josua
Zeit der Augenzeugen
der Großtaten Jahwes = *ZEIT DES HEILS*
und der Zeitgenossen
Josuas

Zeit der neuen
vergeßlichen = *ZEIT DES UNHEILS*
Generationen

Zeit des Wieder-Erinnerns
und Rufens zu Jahwe
= *NEUE HEILSZEIT*??

Die Akteure und ihre Beziehungen

Die Vielzahl der Akteure läßt sich zunächst einmal in vier Gruppen einteilen:

die Augenzeugen der Großtaten Jahwes und *die Zeitgenossen Josuas*	die neue Generation der Israeliten als *die Erben der Landnehmer*	←	*die Räuber und Feinde* ringsum: die Moabiter, Ammoniter, Midianiter, Philister	←	die *Richter* als Befreier der Israeliten (z. B. Gideon)

Im Mittelpunkt jedoch steht *die Beziehung der neuen Generationen der Israeliten zu Jahwe, dem Gott ihrer Väter,* der sie aus Ägypten herausgeführt hat und dem sie das Land verdanken. Das Verhältnis zu Jahwe wird deutlich in ihrem *Verhältnis zu den fremden Göttern ringsum.*
Das Nachlaufen *hinter den fremden Göttern* bringt Israel schließlich in die Gewalt der *Räuber und der Feinde ringsum.*
Ihre Überlegenheit gründet *nicht* in ihrer Tüchtigkeit und in der Macht ihrer Götter, sondern in der Wirkmacht des zornigen Jahwe. Er ist es, der sein Volk durch die Feinde straft. Diese sind nichts anderes als die Zuchtrute Jahwes. Durch seine Strafe zeigt Jahwe, daß er sein Volk nicht vergessen hat. Sein Ohr bleibt trotz seines Zornes offen für das Rufen seines Volkes.

Die Götter der Völker ringsum		*Israel*		*Jahwe*
tun nichts.	←	vergißt den Herrn, tut, was böse ist in den Augen des Herrn, läuft fremden Göttern nach, verehrt sie,	←	wird zornig über Israel, gibt die Israeliten in die Gewalt von Räubern und liefert sie den Feinden ringsum aus,
		ruft in der Not zum Herrn um Hilfe.	⇄	hört auf ihren Hilferuf und erweckt aus ihrer Mitte Richter als Befreier.

Besonders hervorgehoben wird Josua durch den Ehrentitel „Knecht des Herrn“ (den zuvor Mose trug, vgl. Jos 1,1: Nr. 51), durch das gesegnete Alter und durch die zeitliche Festlegung des Abfalls erst nach dem Tod seiner Zeitgenossen. Sein vorbildhafter Glaube hatte also noch Auswirkungen auf die kommenden Generationen.

Werte und Erwartungen

Der Text erzählt von den Bedrohungen, die vom *Vergessen der Heilstaten Jahwes* ausgehen: Gefährdung des Besitzes und Gefährdung der Freiheit, letztlich auch die Gefährdung des von Jahwe ererbten Landes. Alles, was Israel besitzt, ist Gabe Jahwes. Solange das Volk ihm dient, ist es seiner Freiheit und seines Besitzes sicher. Der einseitige Bruch mit Jahwe führt aber nicht zu einem endgültigen Abbruch seiner Beziehungen zu seinem Volk. Selbst als strafender und zorniger Gott zeigt er, daß er sein Volk nicht vergißt. Das *Wieder-Erinnern* des Volkes wird schließlich erhört und weckt Hoffnung auf neue Heilstaten.

Innerbiblische Beziehungen

Der Text zeigt, was von dem Treuversprechen beim *Bundesfest in Sichem* zu halten ist: Dort hatte man zugesagt: ,,Das soll uns nie in den Sinn kommen, daß wir den Herrn verlassen und fremden Göttern dienen" (vgl. Jos 24,10: Nr. 53).
Schon zuvor *am Sinai* wurde deutlich, wie schwer es sich das Volk Israel macht, dem Gott von Ägypten her die Treue zu halten. (Vgl. Nr. 48 und Nr. 50)
Das Schema Abfall, Not und Errettung kehrt im Alten Testament immer wieder. Eine ganze Liste von Treuebrüchen in der Geschichte Israels und immer wieder neue Heilstaten Jahwes zählt das Schuldbekenntnis Israels in Ps 106 auf (vgl. hier vor allem V. 36). Von den Texten der ,,Bibel für die Grundschule" spiegelt sich dieses Grundschema am deutlichsten in den Erzählungen vom babylonischen Exil wieder (vgl. Nr. 85-87: Wie Gott sein Volk straft und rettet).

Anschlüsse an die Welt des Lesers

Es fällt uns Menschen des 20. Jahrhunderts schwer, Geschichte so zu deuten, wie es der Text tut: als Wirken Gottes selbst dort, wo die Existenz durch feindliche Mächte bedroht ist. Aber auch wenn man sich scheut, etwa einen verlorenen Krieg als Strafe Gottes anzunehmen und zu deuten, so enthält der Text auch für Menschen unserer Zeit einen wichtigen Wink: Lebe nicht so, als ob es keine Geschichte gäbe! Bleibe mit deiner Vergangenheit in Verbindung! Hüte dich vor dem Vergessen, deine Freiheit steht sonst auf dem Spiel!
Für den gläubigen Juden und den gläubigen Christen kann der Text eine Trostgeschichte in der Bedrängnis sein: Mag es noch so weit mit uns gekommen sein, der Herr läßt uns letztlich nicht im Stich.

Ri 6,11-16 Nr. 55
Gideon wird vom Herrn berufen

Naheliegende Verständnisvoraussetzungen

Es lohnt sich auch in diesem Fall, den Text der „Bibel für die Grundschule" mit dem Volltext der Bibel zu vergleichen. Man wird dann feststellen, daß gekürzt und geglättet worden ist, und daß mit der Auswahl 6,11-16 (wie schon bei der Berufungsgeschichte des Mose, vgl. Nr. 40) nur ein Teil der Berufungsgeschichte wiedergegeben worden ist. Diese reicht nämlich bis 6,24. Durch die Kürzung um die Verse 17-24 wird zudem nicht deutlich, warum die Erzählung so großen Wert auf die einleitende Ortsangabe „die Eiche bei dem Ort Ofra" legt. Der Volltext verbindet die Berufungsgeschichte nämlich mit der Gründungserzählung einer heiligen Stätte zur Ehre Jahwes (vgl. vor allem 6,24).

Bei den *Kürzungen* innerhalb der angegebenen Verse wird u.a. auf den geschichtlichen Rückverweis Gideons verzichtet. „Warum hat uns dann all das getroffen? Wo sind alle seine wunderbaren Taten, von denen uns unsere Väter erzählt haben? Sie sagten doch: Wirklich, der Herr hat uns aus Ägypten heraufgeführt" (6,13). Es geht auch etwas von der Bildhaftigkeit der biblischen Sprache verloren, wenn „... der Herr hat uns der Faust Midians preisgegeben" geändert wird in „Er hat uns ... den Midianitern preisgegeben" (vgl. 6,13).

Die *Illustration* der „Bibel für die Grundschule" tut so, als ob der Engel bzw. Jahwe zu zwei Personen gesprochen hätte. Der Text kennt nur einen Dialog zwischen zweien.

Wer im Unterricht *die damalige Lage der Israeliten* als seßhafte Ackerbauern und ihre Gefährdung durch die Raubüberfälle von Nomaden verdeutlichen will, sollte aus der Vollbibel 6,1-6 vorlesen. Dieser Text hilft, die Berufungsgeschichte von ihrem geschichtlichen Kontext her besser zu verstehen.

Strukturen des Textes

Der Raum

Die Erscheinung ist genau lokalisiert: *unter der Eiche* (bzw. Terebinthe) *bei dem Ort Ofra,* auf dem Grundstück des Joasch. Die Eiche (bzw. Terebinthe) ist ein weithin sichtbarer, stattlicher Baum. Sie wird durch die Erscheinung zu einem heiligen Baum.

Der Ort der Handlung wechselt dann unvermittelt in *die Keltergrube,* sie ist wohl in unmittelbarer Nähe der Eiche gedacht.
Daß Gideon ausgerechnet hier in der Grube – und nicht auf der (meistens weithin sichtbaren) Tenne – den Weizen drischt, kennzeichnet knapp die Situation der Israeliten in diesem Lande (wobei vorausgesetzt ist, daß sie inzwischen Ackerbauern geworden sind). Von diesem so genau lokalisierten heiligen Ort im Stammesgebiet von Manasse (bzw. der manasseischen Sippe Abiëser, vgl. 6,11) wird der Blick auf *ganz Israel* und sein Schicksal in diesem Lande gelenkt.

Die Zeit

Der Anspruch an Gideon ergeht in der paradoxen *Situation des Weizendreschens in einer Keltergrube.* Diese Situation macht die Gefährdung und die Angst deutlich, in der die Israeliten seiner Zeit leben. Diese Situation enthält zugleich eine begrenzte Zukunftsperspektive: Gideon sorgt für die Existenzsicherung in der näheren Zukunft – bis zur nächsten Ernte. (In dieser Situation erinnert Gideon den Gesprächspartner an die wunderbaren Taten, von denen die Väter erzählt haben und an die Herausführung aus Ägypten. Vgl. 6,13) Der Auftrag an Gideon geht über diesen begrenzten Zeitrahmen hinaus. Er bezieht sich auf die (nicht datierte) Zeit der Befreiung. Die Zukunftsperspektiven bekommen eine neue und überraschende Dimension. (Sie knüpfen somit auch an die vergangenen „wunderbaren Taten“, von denen die Väter erzählten, an.)

Zeit der Unterdrückung und der Furcht (Jetztzeit) ⟶ Zeit der Freiheit (Zukunft)

Die Akteure und ihre Beziehungen

Die Initiativen gehen von dem *„Engel des Herrn“* aus, der in die begrenzte Welt Gideons eintritt und dieser „Welt“ neue Ziele setzt. Der „Engel des Herrn“ wird in menschlicher Gestalt vorgestellt, seine Göttlichkeit wird zunächst nicht von Gideon erkannt (vgl. 6,22). Der Leser weiß also schon mehr über diese Person als der Betroffene.
Es fällt auf, daß „Engel des Herrn“ und „der Herr“ (bzw. Jahwe) synonym gebraucht werden (vgl. vor allem V. 22).
Gideon wird als Sohn des Joasch vorgestellt. Dies betont seine Abhängigkeit und seine Jugend. Er selbst legt Wert darauf, die Bedeutungslosigkeit seiner Familie und seinen geringen Status innerhalb seiner Familie hervorzuheben, um sich der unwillkommenen Sendung zu entziehen.
Der Dialog zwischen dem Engel des Herrn bzw. Jahwe und Gideon beginnt mit einer (heute noch im Arabischen üblichen) Grußformel und mit einem Kompliment des Hinzugekommenen. Gideon nimmt nun diesen Gruß wört-

lich und stellt ihn, auf die Lage Israels beziehend, in Frage. Für Gideon ist das Mit-sein Gottes eine vergangene Erfahrung der Alten. Der Dialog wird nun unterbrochen durch die Bemerkung: „da wandte sich der Herr ihm zu". Es folgen dann die Berufung, der Versuch, sich ihr zu entziehen und die Bekräftigung der Sendung.
Der Schlußsatz des Auswahltextes nimmt den anfänglichen Gruß wieder auf, macht aber aus dem Wunsch eine feste Zusage.

„Der Herr sei mit dir, du starker Held."	⟶	„Ich werde mir dir sein. Du wirst die Midianiter schlagen, als wären sie nur ein Mann."

Nicht nur Gideon hat also den Gruß wörtlich genommen! Aus dem Gruß wird eine Sendung durch Jahwe. (Dies führt schon in der gleichen Nacht dazu, daß Gideon als Anführer einer Bande den Baalsaltar zerstört. Vgl. 6,25ff.)

Werte und Erwartungen

Der Text bekommt seine Lebendigkeit durch die Kontraste: Der Erfahrung der Abwesenheit Jahwes steht die Erscheinung des Engel des Herrn bzw. Jahwes gegenüber – dem ängstlichen Sichanpassen und Einfügen in die schlechten Verhältnisse der Aufruf zum Widerstand und zum Befreiungskampf – der realistischen Einschätzung der eigenen Schwachheit und Kleinheit, die Ermutigung, sich auf die eigene Stärke zu besinnen und der Hilfe Jahwes zu vertrauen. Die Einheitsübersetzung macht den Zusammenhang dieser beiden Akzente deutlicher, wenn sie in V. 14 schreibt: „Geh und befrei mit der Kraft, die du hast, Israel aus der Faust Midians! Ja, ich sende dich.")
Resignation und ein Sich-Abfinden mit der Ohnmacht Israels stehen der Hoffnung und dem Aufruf zum Befreiungskampf gegenüber. Die Hoffnung nährt sich nicht aus Sehnsüchten und Friedenswünschen, sondern gründet sich auf Offenbarung und Zuspruch Jahwes. Die von Jahwe geweckte Hoffnung will auch nicht vertrösten, sondern fordert zum Handeln auf – hier und jetzt (vgl. 6,25).

Erfahrung der Abwesenheit Jahwes	⟷	Zuwendung Jahwes
Mutlosigkeit, Angst	⟷	Ermutigung zum Widerstand
Kleinheit, Schwäche	⟷	Stärke, Zusicherung des Beistandes

Innerbiblische Beziehungen

Die Erzählung gehört zu den zahlreichen *Berufungsgeschichten* im Alten und Neuen Testament.

Eine ähnliche Struktur haben:

Ex 3,1-4,17	Berufung des Mose	(Vgl. Nr. 40)
1 Sam 9,15-10,16	Berufung Sauls	(Vgl. Nr. 59 und Nr. 60)
Jer 1,6-19	Berufung Jeremias	(Vgl. Nr. 80)
Lk 1,28ff	Berufung Marias	(Vgl. Nr. 101).

In seiner kritischen Einstellung gegen die Sendung durch den Herrn kommt die Haltung Gideons der *Moses* (Nr. 40) und *Jeremias* (Nr. 80) nahe.
Der Text verweist auch auf all die vielen Geschichten in der Bibel, in denen Gott sich gerade die Kleinen und Jüngsten für Großtaten in seinem Namen aussucht. Von den Texten der „Bibel für die Grundschule“ bieten sich vor allem Querverbindungen zu David, dem Jüngsten seiner Familie (vgl. Nr. 62) und vor allem sein Sieg über den Riesen Goliat und die Philister (vgl. Nr. 63) an.

Anschlüsse an die Welt des Lesers

Daß Gott selbst es ist, der zum Befreiungskampf aufruft, ist für manche Leser sicher ähnlich befremdlich wie die Vorstellung, daß Gott in der Gestalt eines Menschen erscheint und zu Menschen spricht. Der Text mag manchen gerade in diesen Zügen so ferne erscheinen wie dem Gideon die Gotteserfahrung seiner Vorfahren (vgl. 6,13). Eine Identifikation mit Gideon scheint da schon leichter zu fallen: die nüchterne Einschätzung der politischen Verhältnisse, seine Skepsis, die Erfahrung seiner Ohnmacht den Mächtigen gegenüber, seine kluge Vorsorge für die nähere Zukunft. Seine Erwartungen sind realistisch und begrenzt. Er macht sich und dem Gesprächspartner nichts vor. Das sind Tugenden und Erfahrungen vieler Menschen unserer Zeit.
Gott bleibt es vorbehalten, die Utopie der Freiheit in Erinnerung zu rufen, den Horizont auf eine menschenwürdigere Zukunft hin zu öffnen. Mut zuzusprechen, an die eigenen Fähigkeiten zu erinnern, Hoffnungen zu vermitteln. Das wird heute nicht mehr durch Theophanien im biblischen Sinne erfahrbar. Das aber kann Aufgabe einer christlichen Verkündigung und Praxis sein, die sich an dem Wort Gottes in der Bibel orientiert.
Die Geschichte erinnert auch an die Macht der Kleinen und an die Möglichkeiten des einzelnen.

Ri 6,33-35; 7,1-23; 8,22-28 Nr. 56
Der Sieg über die Midianiter

Naheliegende Verständnisvoraussetzungen

Die Geschichte vom Kampf Gideons gegen die Midianiter ist anschaulich, spannend und faszinierend erzählt. Durch die vielen Aktionen verliert man aber leicht aus dem Auge, daß hier nicht die Heldentaten Gideons, sondern der Kampf Jahwes für sein Volk erzählt werden. Es handelt sich also nicht um die Berichterstattung über eine wichtige Schlacht, sondern um die theologische Deutung einer Aktion, die Israel vor den Midianitern gerettet hat. Dabei könnte man die Geschichte durchaus als Heldentat Gideons erzählen. Als solche würde sie auch keine Verständnisschwierigkeiten bereiten. Es wäre dann die ohne weiteres vorstellbare Geschichte vom erfolgreichen Handstreich einer kleinen Kommandoeinheit unter einem genialen Führer gegen ein riesiges Heer. Eine solche Story würde den Text der Bibel aber gründlich verfehlen. Es bleibt bei aller Spannung und bei aller Mitfreude über den Sieg einer kleinen Minderheit eine Erzählung von einem Jahwekrieg. Die Vorstellung, daß Gott Kriege führt, ist aber für viele Menschen anstößig oder absurd.
Die „Bibel für die Grundschule" erzählt die Geschichte von der Schlacht gegen die Midianiter in ihren Haupthandlungen nach und schließt mit einem Rückblick auf die „Richterzeit" Gideons. Die Kürzungen glätten und vereinfachen den vielschichtigen Bibeltext. Beim Lesen des Volltextes aber wird erkennbar, daß hier eine Vielzahl von Geschichten und Anekdoten, die an verschiedenen Orten spielen, zu einer zusammenhängenden Geschichte zusammengefaßt wurden.
Auch das *Bild von Gideon* bekommt neue Züge, wenn man den ganzen Text in den Kapiteln 6-8 hinzuzieht:

6,25-32	erklärt den zweiten Namen des Helden, Jerubbaal;
6,36-40	charakterisiert Gideon als einen sehr bedächtigen Mann, der von Gott Zeichen seiner Sendung gegen die Midianiter erbittet und bekommt;
7,9-15	bestärkt seine Bedächtigkeit und zeigt seine eigene Furcht vor der Auseinandersetzung mit den Midianitern;
8,1-3	erzählt von seinem Humor und von seiner hintergründigen Ironie als Tröster der eifersüchtigen Ephraimiten;
8,13-27	zeigt ihn als blutigen Rächer, der eine Demütigung nicht so schnell vergißt und als einen Beutenehmer, der aus dem Beutegold sogar ein Gottesbild anfertigen läßt;
8,30 f	berichtet von seinen siebzig Söhnen und seinen vielen Frauen.

Strukturen des Textes

Der Raum

Zwei große Sammlungsbewegungen finden eine vorläufige Ruhe in den beiden feindlichen Heerlagern in der Ebene Jesreel:
Die Midianiter und ihre Verbündeten kommen von der östlichen Seite des *Jordan,* haben ihn überquert und befinden sich nun in der *Ebene Jesreel* (im Stammesgebiet Manasses).
Dies ist Anlaß zur Sammlung der Männer Manasses und benachbarter Stämme (Ascher, Sebulon, Naftali). An welchem Ort sich das Heer unter Gideon versammelt, und von welchem Ort sie aufbrechen, wird nicht ausdrücklich gesagt. (Der Leser ist versucht, an die Eiche von Ofra zu denken.) Um so auffälliger sind die genauen Ortsbeschreibungen der beiden Heerlager. Das hebt die Bedeutung dieser Orte hervor, macht sie zum Schauplatz der Haupthandlungen:

Lager der Midianiter in der Ebene Jesreel (beim Hügel More, nördlich vom Lager Gideons, in der Ebene, vgl. 7,1)	‖	*Lager der Leute Gideons* in der Ebene Jesreel bei einer Quelle (namens Harod, vgl. 7,1)

Die meisten Handlungen und Bewegungen spielen *im Lager Gideons:* erst wird es von 22.000 Mann, dann, nach dem Hinführen des Restes zur Quelle, von 9.700 Mann verlassen. All diese vielen Männer gehen wieder vom Lager *nach Hause.* Das Lager hat somit aufgehört, ein Heerlager zu sein. Während dieser Absetzbewegung bleibt das Heerlager der Midianiter unbewegt.

Lager der Midianiter	|	Lager Gideons	— 22.000 Männer → nach Hause — 9.700 Männer → nach Hause

Die Entscheidung fällt *im Lager der Midianiter,* ohne daß von einem der Leute Gideons *der Rand des Lagers* übertreten werden braucht. Der Kampf beginnt mit dem Chaos in diesem Lager und endet mit der Verfolgung und Flucht der Midianiter wieder dorthin, woher sie gekommen sind: *„bis über den Jordan".*
Der Jordan wird so zu einer Grenze. Mit dem Überschreiten durch die Feinde begann die Bedrohung, mit der Flucht über den Jordan endet die Bedrohung durch die Midianiter.
Die Situation des Friedens wird abschließend in räumlichen Kategorien ausgedrückt: *das Land* hat Ruhe.

Weg der Midianiter:

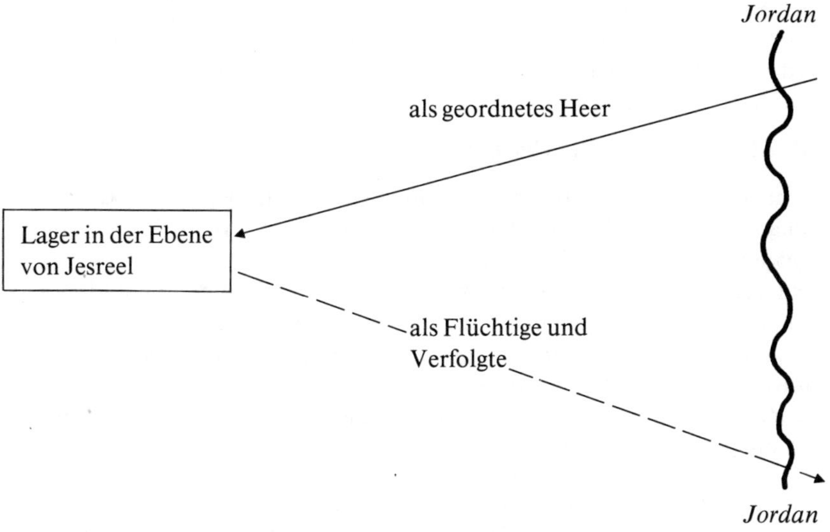

Die Zeit

Weder der Zeitpunkt noch der Zeitraum sowohl des Eindringens der Feinde als auch der Mobilmachung der Leute Gideons werden genannt. Der Text enthält keine Jahreszahlen.
Um so auffälliger sind dann die wenigen Zeitangaben. Je näher die Handlungen an die entscheidende Tat Jahwes heranrücken, desto genauer werden sie.

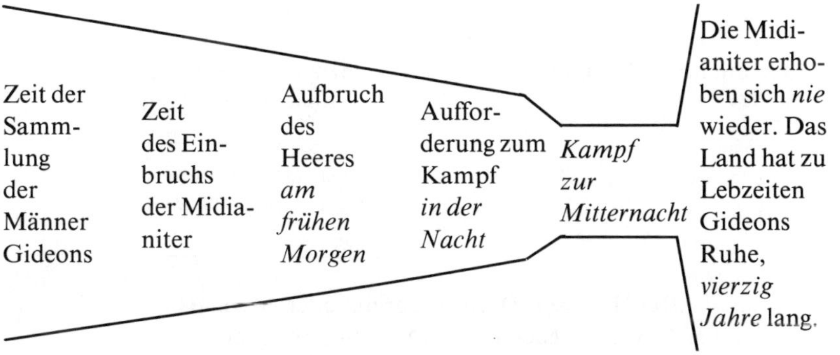

Die *Nacht* ist die Zeit der Befreiung von der Bedrohung durch die Feinde. Der *Kampf zur Mitternacht* (bzw. „zu Beginn der mittleren Nachtwache") hat Auswirkungen auf einen großen Zeitraum: die Midianiter werden nie wieder das Land bedrohen; das Land hat zu Lebzeiten Gideons Ruhe, vierzig Jahre lang.

Die Absage an ein erbliches Königtum reicht sogar über die Generation hinaus, bis zur Lebzeit des Sohnes.
Die Geschichte beginnt also mit einem längeren Zeitraum, bringt die Wende in den Stunden um Mitternacht als Beginn einer neuen Zeit.

Die Akteure und ihre Beziehungen

Dem Heer der *Midianiter* und ihrer Nachbarn, der Amalekiter, und einigen Nomadenvölkern („die Leute aus dem Osten", vgl. 6,33) steht in der Ausgangssituation niemand entgegen.
Erst der *„Geist des Herrn"* weckt in *Gideon* den Willen zum Widerstand, der sich darin äußert, daß *Boten* ausgeschickt werden.
So kommt es zu einem *Heer unter Gideon mit Männern des Stammes Manasse und einiger Nachbarstämme* (Ascher, Zebulon, Naftali).
Im Felde stehen sich also ein Völkerheer und ein Heer aus einigen wenigen Stämmen Israels gegenüber:

(Ganz) *Midian, Nachbarn der Midianiter* (Amalek) *und einige andere Nomadenvölker* („die Leute aus dem Osten")	*Gideon mit* den *Männern aus dem Stamm Manasse und einigen Nachbarstämmen* (Ascher, Zebulon, Naftali)

Schon beim Aufmarsch ist *das Heer Gideons* zahlenmäßig unterlegen (vgl. auch 7,12: „Midian, Amalek und alle Söhne des Ostens waren in das Tal eingefallen, so zahlreich wie Heuschrecken, zahllos waren ihre Kamele, wie der Sand am Ufer des Meeres")
Die zahlenmäßige *Überlegenheit der Feinde* wird durch Jahwe noch zweimal ins fast Unermeßliche gesteigert:

Das riesige Heer der Midianiter mit ihren Verbündeten	←→	*Das Heer Gideons* abzüglich 22.000 Leute abzüglich 9.700 Leute
		Rest: *Der Herr und Gideon mit 300 Mann*

„Der Herr sagt: Durch die dreihundert Männer . . .
will ich euch vor den Midianitern retten."

Die fast groteske Verringerung der *Leute Gideons* geschieht nicht als Kriegslist, auch die Auswahl der 300 „Wasserlecker" als Restgruppe will nicht als geschickte Maßnahme angesehen werden, die vielleicht Schnellsten, Tollkühnsten oder Wildesten herauszufinden. All dies geschieht, um den Herrn als Sieger dieses Kampfes darzustellen, damit Israel sich nicht selbst

rühmt. Die Leute Gideons sind beim Kampf im Lager der Midianiter nur *unbewaffnete Statisten am Lagerrand.* Erst als Verfolger der Flüchtenden sind sie Kämpfende.
Obwohl in dem Aufgebot des Gideon nur einige Stämme Israels vertreten sind, wird an einigen Stellen auffällig von *„Israel als Ganzheit* gesprochen: „Israel soll sich nicht rühmen" (Wörtlich: „Sonst könnte sich Israel mir gegenüber rühmen und sagen: Meine eigene Hand hat mich gerettet." 7,2); Gideon schickte „alle Israeliten nach Hause". Schließlich wollen „die Israeliten" ihn zum König machen, weil sie ihm die Befreiung zuschreiben.
Das alles sind theologisch gehaltvolle Stellen, in denen kritisch gegen nicht gewollte Deutungen Stellung bezogen wird.
Der Herr ist das Subjekt der entscheidenden Handlungen: Sein Geist weckt in Gideon den Kampfeswillen, er gibt Gideon die entscheidenden Anweisungen, er ist es, der die Verwirrung im Lager der Midianiter stiftet. (Vgl. 7,22: „Als die dreihundert Männer ihre Hörner bliesen, richtete der Herr im ganzen Lager das Schwert des einen gegen den anderen.") Er ist der einzige Retter seines Volkes.
Gideon ist der von seinen Leuten anerkannte charismatische Heerführer, dem Ruf seiner Boten folgen die Männer auch der Nachbarstämme. Er ist das Vorbild der dreihundert Männer. Die Israeliten sehen in ihm den Befreier. Er selbst verhält sich als Vollstrecker der Anweisungen Jahwes. Sein Ansehen verführt ihn nicht zur Machtanmaßung; er lehnt die ihm angebotene Herrscherwürde für sich und seinen Erben ab.

Werte und Erwartungen

Die Reduzierung der militärischen *Macht des Heers* des Gideon wird bis zur militärischen Kampfunfähigkeit auf die Spitze getrieben: die übriggebliebene kleine Zahl tritt ohne Waffen in den Kampf. Das widerspricht allen Erwartungen. Dieses groteske Ungleichgewicht in der Zahl wird mehr als ausgeglichen durch *die Macht des Herrn.* Sein Name zählt mehr als die große Zahl. Seine Herrschaft, die Gideon nicht für sich beansprucht, gewährt dem Land *vierzig Jahre Ruhe. Ruhe vor Bedrohung* und *Friede über eine lange Zeit* sind hier Gaben Gottes. Es sind in dieser kriegerischen Erzählung also lauter *unkriegerische Werte,* die in den Vordergrund gehoben werden als das, was der Herr will.
Der Text stellt das Königtum grundsätzlich in Frage, ohne die Notwendigkeit einer befehlenden Autorität zu übersehen. Diese Autorität bestimmt sich von den Aufgaben für das Land und für das Volk und von der Sendung durch Jahwe her. Herrschaft aber soll nur der ausüben, welcher der Garant der Freiheit und Sicherheit des Volkes und des Landes ist: der Herr.

Innerbiblische Beziehungen

Das Motiv der von Jahwe bewirkten Verwirrung der Feinde, die den Sieg herbeiführt, verweist auf die *Errettung der Israeliten am Schilfmeer* (Ex 14,24: Nr. 43). Hier wie dort kämpft allein der Herr für sein Volk und zwar gegen eine übergroße Macht und in der Nacht.

Für *Jesaja* ist der „Midianstag" ein Heilsereignis vom Range des Schilfmeerwunders. Die Erinnerung hieran gibt ihm Hoffnung angesichts der Bedrohung Israels durch Assur: „dann schwingt der Herr der Heere über sie die Peitsche, wie einst, als er Midian am Rabenfels schlug. Er erhebt seinen Stab über das Meer wie einst in Ägypten. An jenem Tag fällt Assurs Last von deiner Schulter, sein Joch wird von deinem Nacken genommen." (Jes 10,26 f; vgl. auch 9,3 und Ps 83,10)

Von der Macht der Schwachen im Namen Jahwes erzählt auch der Kampf des kleinen Hirten David gegen den schwergepanzerten Riesen Goliat (1 Sam 17: Nr.63).

Im vorletzten Abschnitt (nach Ri 8,22 f) klingt das *Problem des Königtums* an. Es verschärft sich bei einem der Söhne Gideons, bei Abimelech (Ri 9). Das 9. Kapitel im Buch Richter ist ein Lehrstück gegen ein Königtum in Israel. Die königsfeindliche Einstellung gegen den ausdrücklichen Willen des Volkes nach einem König teilt auch Samuel in 1 Sam 8 (vgl. Nr. 58).

Anschlüsse an die Welt des Lesers

Die Geschichte enthält Sehnsüchte vieler Menschen unserer Zeit: Daß die in ein Land eingebrochene Übermacht und Überzahl von fremden Soldaten dem Widerstand der Schwachen und Kleinen weichen möge, daß möglichst viele Länder dieser Erde Ruhe haben mögen vor Bedrohung und vor Eindringlingen. Die Menschen in Mitteleuropa leben nun schon fast vierzig Jahre in relativer Ruhe und Sicherheit. Wie lange wird sie uns noch geschenkt sein? Die Geschichte kann ein Anstoß sein, für den Frieden im eigenen Land zu danken und mitzuleiden mit denen, die unter einem aufgezwungenen Krieg leiden müssen.

Die ersten Könige

Die Geschichte von den Königen Israels ist in der Bibel mit den vorausgehenden Erzählungen so verwoben, daß man unsicher sein kann, wo man mit ihr anfangen soll. Wenn wir hier nicht mit dem ersten König – Saul –, sondern schon mit Samuel einsetzen, dann hat dies seinen guten Grund: er ist die entscheidende Figur am Anfang dieser Geschichte; durch ihn wird von vornherein deutlich, auf welchem Fundament das Königtum (und mit ihm das ganze Volk) seinen Bestand haben soll.
Am Ende steht bei unserem Überblick der Zerfall des einen Königtums für das ganze Volk Israel nach dem Tode Salomos. Die biblischen Erzählungen gehen hier zwar noch weiter; aber in ihnen fügt sich nicht mehr zusammen, was zerbrochen ist.

Strukturen des Textes

Verlauf

Naheliegende Gliederungspunkte unserer Geschichte sind der Beginn und das Ende der jeweiligen Königsherrschaft von Saul, David und Salomo. Aber damit erhalten wir keine kontinuierliche Linie. Der eine betritt nicht erst dann die Bühne, wenn der andere sie verlassen hat; die Berufung des einen erfolgt nicht erst nach dem Tode des anderen. Die Geschichte des Königtums setzt ihre Hauptakteure in spannungsvolle Beziehungen zueinander.

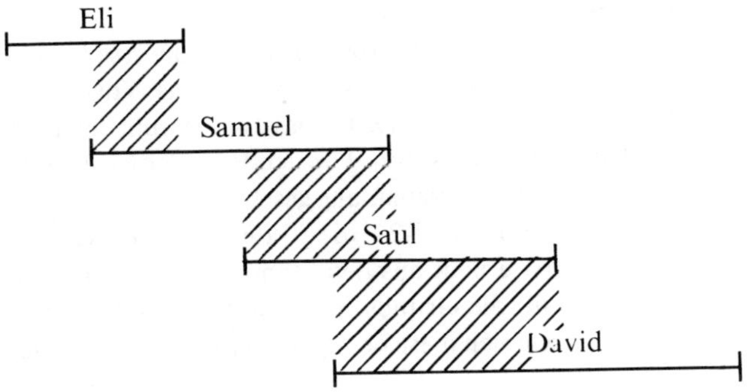

Dies trifft sogar schon für die vorausgehenden Erzählungen um Samuel zu. Seine Berufung zum Priester und Propheten ist gekoppelt mit der Verwerfung der Familie Elis, bei dem er am Tempel zu Schilo Dienst tat.
Die Geschichte ist eine Abfolge von Erwählungen, in der sich der jeweils Erwählte angesichts der vorausgehenden Verfehlungen bewähren soll. Jeder Neuanfang – wie er in eigener Weise mit Samuel, Saul, David, Salomo und den beiden folgenden Königen gesetzt wird – geschieht auf dem Hintergrund erfahrener Unzuverlässigkeit. Die Geschichte der Könige verläuft nicht nach einem natürlichen Auf- und Abstieg; der Niedergang von Herrschaft ist kein naheliegender Verschleiß, sondern von Versagen geprägt.

a) *Samuel wird berufen,* damit er Priester, Prophet und politischer Führer in einem sei. Er hat dem Volk das helfende, fordernde und richtende Wort Gottes mitzuteilen. Glaubwürdigkeit und Recht sollten wieder vom Tempel zu Schilo und den anderen Orten, an denen Samuel wirkt, ausgehen. (1 Sam 3: Nr. 57).

b) Aber sein Bemühen erfährt *Widerstand: das Volk* sieht in der gegebenen Gemeinschaftsordnung nicht genügend Stabilität und verlangt einen *König als Herrscher* (1 Sam 8: Nr. 58). Bezeichnenderweise bringt dies der Erzähler damit in Verbindung, daß auch die beiden Söhne Samuels, wie zuvor schon die Elis, das Recht in Unrecht verkehren. Samuel muß erfahren, daß er mit dem Versagen seiner Familie eine politische Bewegung fördert, die ihm selbst widerwärtig war.
Er wird genötigt, einen Herrscher einzusetzen, „wie es bei allen Völkern ist" (8,5). Für den Erzähler ist damit die *Grundlegung des Königtums* zugleich eine *Geringschätzung Gottes* („Ich soll nicht mehr der König sein", 8,7). Die *Zwiespältigkeit gegenüber dem Königtum* wird hier zurückgeführt bis in die Rede Gottes: er fordert Samuel auf, daß er dem Willen des Volkes entspreche und einen König einsetze; zugleich verurteilt er dies als ein abwegiges Unternehmen, das letztlich die Unfreiheit und Ungerechtigkeit vermehre.
Aber dies wiederum ist nur der düstere Hintergrund der lichtvolleren Erzählung von der Salbung Sauls, die nachfolgt. (Inwieweit damit der Erzähler Überlieferungen unterschiedlicher Herkunft und Tendenz aufgreift und zusammenfügt, sei hier dahingestellt).

c) Nach 1 Sam 9; 10,1-16 (Nr. 59 und 60, 1. Abschnitt) geht die *Erwählung Sauls* ganz *von Samuel (und damit von Gott)* aus: weder das Volk noch gar Saul selbst tragen dazu irgendetwas bei. Das Königtum beruht letztlich nicht auf dem Willen und Planen der Menschen. Für den Erzähler ist es nicht ihr Werk, wenn hier in der Geschichte ein Neuanfang gesetzt wird.
Spannungsvoll dazu steht in 1 Sam 10,17-27 die *Wahl Sauls* durch *das Los;* ein Verfahren, bei dem er erst erneut aus den Stämmen Israels herausgesucht werden muß. Die „Bibel für die Grundschule" läßt diesen Abschnitt aus und umgeht damit die Frage, wie sich diese beiden Abschnitte miteinander vertragen.

Auf eine dritte Weise wird uns in 1 Sam 11 (in Nr. 60, 2. Hälfte, sehr gerafft) der Anfang des Königtums erzählt: hier geht *der Einsetzung* Sauls zum König *durch das Volk* seine eigene rettende Tat (der Sieg über die feindlichen Ammoniter) voraus. Für den in der Bibel vorliegenden Erzählzusammenhang kann dies jedoch nur eine *„Erneuerung" der ursprünglichen Erwählung* sein, die von Gott ausging. (In diesem Sinne heißt es auch in der „Bibel für die Grundschule", daß das Volk Saul nur als König „bestätigte", obwohl 1 Sam 11,15 ausdrücklich sagt, daß das Volk ihn in Gilgal zum König „machte").

1. Samuels Initiative →
2. Wahl durch das Los →
3. Einsetzung durch das Volk →

} Sauls Königtum

d) In den Erzählungen von Saul liegen Erwählung und Verwerfung unmittelbar beieinander. Es wird ihm keine Zeit gelassen, erst zu lernen, wie sich ein König in Israel verhalten müsse. Gleich beim ersten Versuch, so wie die Könige in den umliegenden Völkern auch priesterliche Rechte zu beanspruchen (nämlich Opfer darzubringen), wird ihm die *Überschreitung seiner zugewiesenen Macht* als verhängnisvoller Fehler vorgehalten: „Jetzt aber wird deine Herrschaft nicht bestehen bleiben" (1 Sam 13,14: Nr. 61).
Damit ist im Grunde seine Geschichte schon beendet, bevor sie richtig angefangen hat. Zwar erzählt die Bibel anschließend noch manches von ihm, aber sein politisches Schicksal ist in dieser Sicht für ihn besiegelt.
e) Lange vor Sauls letzter Niederlage und seinem Tod (1 Sam 31) wird bereits in der Geschichte Israels ein neuer Anfang gesetzt: *David wird zum König gesalbt* (1 Sam 16: Nr. 62). Auch hier wird die Erzählung wieder so erzählt, daß sie allein von Gott hergeleitet werden kann. Samuel führt nur dessen Willen aus, ohne daß er eigene Erwägungen ins Spiel brächte.
Damit ist im Aufbau der Geschichte eine besonders spannungsvolle Situation erreicht: Zwei durch den Propheten zum König Gesalbte stehen neben- und gegeneinander in der Geschichte; der eine hat noch die äußere Macht, aber er ist bereits durch das richtende Wort Samuels verworfen, der andere hat die Zukunft zugesagt, aber hat im Volk noch nicht die Herrschaftsposition.

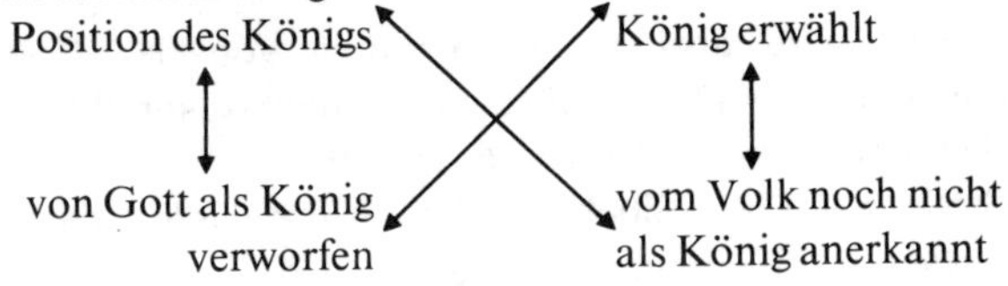

f) Der Erzähler steigert diese Konstellation noch dadurch, daß er den bereits erwählten *David als „Waffenträger" und Vertrauten Sauls* an den Königshof bringen läßt. Es ist weit mehr als eine Idylle wenn es hier heißt: „Saul gewann ihn sehr lieb." (1 Sam 16,21: Nr. 63). Der Verlauf der Geschichte des Volkes und die zwischenmenschlichen Beziehungen zweier einzelner sind hier tragisch miteinander verknotet. Saul ist nicht nur verworfen, sondern kann auch seine nächste Umgebung nicht durchschauen. David dagegen muß um die hintergründigen Verhältnisse wissen, kann sie aber nicht offenlegen.

g) Je mehr im folgenden David an öffentlichem Ansehen und Macht gewinnt, desto größer wird der Abstand zwischen ihm und Saul. Der Sieg Davids über Goliat und die Philister insgesamt (1 Sam 17;18,5-9: Nr. 63 und Nr. 64, 2. Abschnitt) verschafft ihm im Volk eine *Anerkennung,* die der herrschende König als *Beeinträchtigung* seiner Macht empfinden muß. Die Schulbibel scheut vermutlich den Eindruck der Aggressivität, wenn sie das bezeichnende Lied nicht zitiert, das auf den Straßen gesungen wird: „Saul hat Tausend erschlagen, David aber Zehntausend" (1 Sam 18,7).

Zwar muß bei dieser *Rivalität* David fliehen, aber der zunehmend Isolierte ist dennoch Saul; sogar sein Sohn Jonathan steht auf der Seite des Gegners.

Was die Bibel bis 1 Sam 31 noch von Saul an Vergehen und Erfolgen zu berichten weiß, kann die Schulbibel übergehen, ohne den Verlauf der Geschichte zu verzeichnen. Für das Verständnis des Königtums in Israel bedeutsam ist jedoch das Verhalten Davids gegenüber Saul, wie es in diesen Kapiteln erzählt wird: er verzichtet auf jede Möglichkeit, gewaltsam den zum König Gesalbten zu entmachten (vgl. 1 Sam 24; 26). Damit stärkt er jetzt bereits seine eigene zukünftige Position. In der Schulbibel wird diese Einstellung nur in der Klage Davids über den Tod Sauls (Nr. 65) angedeutet.

h) Wenige Ereignisschritte bringen nun David endgültig zum Königtum über das Volk: zunächst wird er in Hebron zum König über den Stamm Juda gesalbt (2 Sam 2,1-4); dann wird der Sohn Sauls Ischbaal, der noch von den nördlichen Stämmen als Herrscher über Israel anerkannt worden war, entmachtet; damit hat David auch die Zustimmung des größeren Teil des Volkes (2 Sam 4); schließlich erobert David Jerusalem (1Sam 5: Nr. 65) und macht diese Stadt, die außerhalb aller rivalisierenden Stammesansprüche liegt, zum kultischen und politischen Mittelpunkt des Volkes (Überführung der Bundeslade 2 Sam 6: Nr. 66). Damit hat die Geschichte den Stand erreicht, an dem in Zukunft alle Könige gemessen werden.

i) Die Gegenwart wird aber noch überboten von der *Verheißung des Propheten,* die dem Haus Davids bleibende Dauer verspricht: „Dein Thron wird in Ewigkeit fest stehen" (2 Sam 7,16: Nr. 69).

An dieser Stelle hat die „Bibel für die Grundschule" den Verlauf der Geschichte bedenklich verändert, in dem sie die Geschichte Davids mit

Batseba vor der Verheißung Natans erzählt und damit erstens den Zusammenhang zwischen der Errichtung des Königtums in Jerusalem und der prophetischen Zusage auseinanderreißt und zweitens das von David getane Unrecht verharmlost, da sich ihm ungetrübt das lichtvolle Wort des Propheten anschließt. So wird Davids Untat nur zur beiläufigen Episode, die durch seine Buße wieder schlechthin bereinigt zu sein scheint.

j) In der biblischen Erzählfolge leitet dagegen die verbrecherische Affäre mit Batseba (David veranlaßt die Tötung ihres Mannes) den *Niedergang der Herrschaft Davids* ein („Von jetzt an soll das Schwert nie mehr von deinem Haus weichen“, 2 Sam 12,10):

1. Der erstgeborene Sohn Davids, dem die Thronnachfolge zustünde, *Amnon,* wird von seinem Halbbruder Abschalom getötet, weil er dessen Schwester vergewaltigte (2 Sam 13);
2. *Abschalom* selbst lehnt sich gegen seinen Vater auf, zwingt diesen aus Jerusalem zu fliehen, wird aber letzten Endes selbst besiegt und getötet (2 Sam 15 – 19);
3. *die Nordstämme* versuchen, sich der Herrschaft Davids zu entziehen (der Aufstand Schebas 2 Sam 20);
4. beim unmittelbaren Kampf um die Nachfolge Davids entbrennt der Streit zwischen *Adonija und Salomo;* der nachgeborene Salomo siegt dabei über seinen älteren Bruder (und bringt ihn letztlich nach dem Tod Davids sogar um – 1 Kön 1 und 2).

Man kann mit dem Verweis auf die Schuljahre, für die die „Bibel für die Grundschule“ gedacht ist, rechtfertigen, daß eine derartig intrigante und gewaltsame Geschichte ausgespart wird, sollte dann aber auch sehen, wie weit man sich von dem in der Bibel erzählten Verlauf der Ereignisse entfernt. Wenigstens der harmonische Übergang von „Gottes Verheißungen an David“ (Nr. 69) zu Salomos Nachfolge im Königtum (Nr. 70) hätte durch die richtige Einordnung der Batseba-Erzählung vermieden werden können.

k) Die *Geschichte Salomos* ist aufs engste mit dem vorausgehenden Unheil verbunden, denn er ist einerseits ein Sohn Batsebas, andererseits aber gerade auf diesem Hintergrund ein Zeichen der Versöhnung, denn er hat bereits als Kind vom Propheten Natan den Beinamen „Liebling des Herrn“ bekommen (2 Sam 12,25: Nr. 67) – ein im Zusammenhang der Erzählungen von der Nachfolge Davids bedeutsames Moment: Salomo ist der von Anfang an besonders Ausgezeichnete. Dementsprechend setzt sich Natan, als die Auseinandersetzungen brisant werden, für ihn ein.

In gewissem Sinn übertrifft Salomo seinen Vater David noch an Ausstrahlungskraft: seine Weisheit wird über die Grenzen des Landes hinaus berühmt; er baut Gott – aber damit auch dem Volk und sich selbst – einen prachtvollen Tempel.

Doch trägt er auch zur *Zerrüttung der Gemeinschaft* bei: er gibt in seinem Lande dem Kult fremder Götter Raum. Für den Erzähler ist dies der Grund dafür, daß äußere und innere Feinde der Herrschaft Salomos erstarken; sogar ein Prophet, Ahija aus Schilo, steht gegen ihn auf und leitet den Zerfall des Reiches ein (1 Kön 11: Nr. 72).

l) Dem Sohne Salomos, *Rehabeam,* gelingt es nicht mehr, nach dem Tod seines Vater, die Anerkennung aller Stämme als König zu erhalten. Das Reich fällt endgültig auseinander; die Nordstämme erwählen sich einen eigenen König: *Jerobeam,* der schon zu Salomos Lebzeiten einen Aufstand gewagt hatte. Damit ist das *errichtete Fundament des Zusammenhalts zerbrochen.* Die Könige konnten die in sie gesetzten Erwartungen nicht erfüllen.

Die Zeit

Um eine Erzählung von den Königen Israels richtig zu verstehen, braucht man einen etwas längeren Atem als für eine bloße Anekdote. Wir werden in einen *Zusammenhang von Generationen* versetzt (Erwählung Sauls ca. 1020 v. Chr., Tod Salomos 931); wir müssen beim einzelnen Ereignis vorausschauen, was später daraus wird, und zurückschauen, was ihm vorausgegangen ist. Wer diese weitgreifende Abfolge auflöst, erhält nur einzelne Episoden, die vielleicht noch irgendwie spannend sind, aber bei einer weiterreichenden Besprechung leicht in oberflächlich belehrende, vor allem moralisierende Nutzanwendungen abgleiten.

Außerdem könnte man bei einer Beschränkung auf die kleinen Erzählabschnitte, wie sie die „Bibel für die Grundschule" durch ihre Zwischenüberschriften bildet, nicht mehr sehen, daß es sich hier um die Geschichte eines Volkes handelt. Der Blick wäre zu sehr auf die jeweils agierenden Einzelpersonen bezogen. Die hoffnungsvollen und enttäuschenden Konsequenzen reichen jedoch weit über diese hinaus.

Der Raum

Die Geschichte der Könige Israels verlangt nicht nur – unvermeidlich – Schauplätze; vielmehr spielen bestimmte Punkte und Gegenden des Landes für das Geschehen eine entscheidende Rolle:

Das ist einmal die Spannung zwischen den *Stämmen im Norden* (die unter dem Sohn Sauls Ischbaal zum ersten Mal – wie auch das ganze Volk – *„Israel"* genannt werden) und denen *im Süden (Juda* – mit Benjamin).

Die Gegenkraft dazu geht von dem *kultischen Zentrum* der Stämme aus, von dem Ort, an dem die Bundeslade steht. Zunächst war dies *Schilo,* ein Ort im Bereich der Nordstämme. (Die „Bibel für die Grundschule" erwähnt aus dem bewegten Geschick der Lade noch eine beiläufige Station: Baala – Nr. 66). Durch David erhält die Bundeslade ihren endgültigen Platz in *Jerusalem* – der entscheidenden Mitte unserer Königsgeschichte.

Auch das Scheitern am Ende ist durch kultische Orte markiert: dem Zentrum Jerusalem setzt Jerobeam für seine Nordstämme zwei Tempel entgegen, einen an der nördlichen Grenze in *Dan* und einen weitern im Süden an der Grenze zu Juda in *Bet-El.*

Aus der Fülle der Orte dieses Landes, die die Königsgeschichte der biblischen Bücher nennt, hat die „Bibel für die Grundschule" nur einige wenige vermerkt, die mit der Biographie ihrer Hauptperson verbunden sind:
Rama, der Wohnsitz Samuels im Gebirge Efraim; *Gilgal,* wo Saul zum König proklamiert wurde; und das *Gebirge Gilboa,* den Ort seiner tödlichen Niederlage; den Geburtsort Davids, *Betlehem* und *Hebron,* wo er seine erste Residenz hatte; das Heiligtum *Gibeon,* in dem sich Gott Salomo offenbarte; *Sichem,* wo sich der Streit um die Nachfolge Salomos entscheidet. Wenn diese Orte uns heute – vor allem den Schülern – in ihrem Namen und ihrer geographischen Lage zumeist unbekannt sind, so sind sie dadurch für die Erzählungen doch nicht bedeutungslos: sie sind vielmehr Zeichen dafür, daß es sich um reale, wenn auch entlegene Geschichte handelt.

Die Ereignisse verweisen gelegentlich auch *über die Grenzen der israelitischen Stämme hinaus.* Im Zusammenhang *feindlicher Beziehungen* erwähnt die Schulbibel die *Philister,* deren Städte im Küstenstreifen zum Mittelmeer lagen, die *Ammoniter* und ihre Hauptstadt *Rabba* jenseits des Jordans und die *Amalekiter,* die vom Süden her das Land bedrohten. Aber auch *friedliche Außenbeziehungen* kommen zur Sprache, in der Schulbibel nur im Zusammenhang der Geschichte Salomos: die phönizische Handelsstadt *Tyros,* deren König Hiram im Libanon für den Bau des Tempels das Holz schlagen läßt; der südarabische Staat *Saba,* dessen Königin Salomo in Jerusalem aufsucht; *Ägypten,* mit dessen Pharao der König durch seine Heiratspolitik verbunden ist.

Soziale Beziehungen

Wie es für eine derartige Geschichte naheliegt, gibt es hier Mächtige und Machtlose, Freund und Feind, Arme und Reiche. Aber diese Gruppierungen liegen nicht fest; die Positionen verschieben sich im Laufe des Geschehens: der junge Hirte kann König werden; der Herrschende zum Flüchtling; der Anerkannte zum Verworfenen; der Heimatlose zum Herrscher. Eine besondere Stellung nehmen dabei diejenigen ein, die mit prophetischer Autorität den Willen Gottes ansagen, wie Samuel, Natan und Ahija von Schilo. Sie verhindern, daß sich die Machtpositionen selbstherrlich verfestigen.
Bemerkenswert in unserem Geschichtsverlauf ist darüber hinaus die Verknüpfung der privaten Verhältnisse mit denen der großen Politik. So sind etwa die Freundschaft von David und Jonatan und der Ehebruch Davids mit Batseba von erheblichem Gewicht für die Geschichte des Königtums. Es ist hier nicht möglich, das, was zwischen einzelnen Menschen geschieht, als etwas Geringfügiges von den bedeutsamen Ereignissen des Volkes abzuheben.

Gott, der Herr der Geschichte – die Selbständigkeit und Verantwortlichkeit der Menschen

Daß Gott allem Tun der Menschen überlegen ist und letztlich den Lauf der Geschichte bestimmt, ist in der Welt unserer Erzählungen unbestritten. Man wendet sich im kultischen Orakel an ihn, um den günstigen Tag für den Kampf gegen die Feinde zu erkunden (2 Sam 5,19: Nr. 65), man opfert ihm, um Erfolg zu haben (1 Sam 13,9); zu seiner Anerkennung können – nach den Gesetzen des Heiligen Krieges – alles Leben, Hab und Gut der Feinde vernichtet werden (1 Sam 15); er beauftragt seinen Propheten, künftiges Geschick mitzuteilen; von ihm kommt der „böse Geist", der Sauls Leben verdüstert, wie zuvor „der Geist des Herrn" mit ihm war, der von ihm auf David übergegangen ist (1 Sam 16,13 f: Nr. 62 und 63).

Aber dies alles verhindert nicht, daß wir es mit einer Geschichte der Menschen zu tun haben. Sie sind es selbst, die ihre Zukunft gestaltend zu verantworten haben. Die Folge der Ereignisse hat ihre innere Konsequenz nicht nur von Gott her, sondern ebenso durch das menschliche Handeln.

Dies führt sogar so weit, daß in der sogenannten „Geschichte der Thronnachfolge Davids" (2 Sam 7-20; 1 Kön 1; 2) kaum noch unmittelbar von Gott selbst die Rede ist. Die Darstellung der Ereignisse ist vorherrschend innerweltlich realistisch. Wunder haben hier keinen Platz. Alles, was geschieht, läßt sich aufgrund der geschichtlichen Akteure (zu denen freilich auch der Prophet zählen kann) begreifen. Nur vereinzelte Stellen sprechen von Gottes unvermittelter Beteiligung: Wir erfahren von seinem Mißfallen an Davids Vergehen und von seiner Zuneigung zu Salomo (2 Sam 11,27; 12,24: Nr. 67); von seiner Unterstützung Davids, indem er dessen Feinden einen militärisch unklugen Gedanken nahelegt (2 Sam 17,14).

Ausgeschlossen ist es in dieser Sicht völlig, mit bloßem „Zufall" oder blindem „Schicksal" zu rechnen. Hinter dem, was geschieht, stehen immer verantwortliche Personen. Da zu ihnen auch Gott gehört, finden wir in den Texten nie einfach unsere „profane" Welt mit ihrer Politik.

Werte

Selbstverständlich gibt es Gutes und Böses, Erhabenes und Niedriges, Nützliches und Schädliches, Erfreuliches und Bedauerliches in der Welt unserer Erzählungen. Und im allgemeinen wissen die Menschen (wie der Erzähler), woran sie jeweils sind; denn sie haben eine von Gott gegebene Ordnung, in der feststeht, wann jemand „das Recht zum Unrecht macht" und was ein gottloses Treiben" ist. Das Verwerfliche kann im kultischen Bereich geschehen (die Söhne Elis rauben das Opferfleisch, 1 Sam 2,12 ff: Nr. 57; Saul beansprucht priesterliche Vollmacht, 1 Sam 13,7-14: Nr. 61; Salomo richtet für fremde Götter Heiligtümer ein, 1 Kg 11,1-13: Nr. 72) oder in der Gerichtsbarkeit (die Söhne Samuels nehmen Bestechungsgelder und mißbrauchen das Recht, 1 Sam 8,2 ff: Nr. 58); in den Ordnungen von Ehe und Familie (David begeht Ehebruch mit Batseba und läßt ihren Mann töten, 2 Sam 11: Nr. 67) oder in der Leitung des Volkes (Rehabeam verlangt ein Unmaß an Steuern und Frondiensten, 1 Kön 12: Nr. 73). Die Weisungen Gottes sind auf den ewigen Bestand der Gemeinschaft in Gerechtigkeit und Frieden ausgerichtet. Dementsprechend verletzt jedes Fehlverhalten sowohl die *Beziehung zu Gott* als auch die *Ordnung und Sicherheit des Volkes.* Eine Trennung zwischen religiösen, individuell-moralischen und politischen Werten ist nicht möglich.

Das *höchste Gut,* das alles andere einschließt, ist *„ein verständiges Herz";* denn wer dieses besitzt, braucht nicht um langes Leben, Reichtum oder den Tod der Feinde zu bitten: dies alles wird ihm hinzugeschenkt werden (1 Kön 3: Nr. 70).

Mehr als es die „Bibel für die Grundschule" erkennen läßt, kann die Abwehr dessen, was die Gemeinschaft gefährdet, selbst gewaltsam aggressive Züge annehmen. In den Kriegen gegen die Feinde kann es das Gebot Gottes sein: „Verschone niemand, töte Männer und Frauen, Kinder und Säuglinge, Rinder und Schafe, Kamele und Esel!" (1 Sam 15,3). Dann wird auch der schuldig, der dieser Forderung – wie Saul – nicht nachkommt. Es geht in solch „Heiligem Krieg" – selbst wenn dies für uns heute anstößig ist – um den Aufbau und den Schutz der Gemeinschaft in einer stabilen Ordnung.

Sicherheiten, Erwartungen, Befürchtungen

Die Geschichte des Königtums ist bewegt; aber einiges steht dennoch unverrückbar fest, nicht aus Naturnotwendigkeit, sondern weil Gott dafür eintritt:

Einmal sind den Menschen *verläßliche Weisungen* für das rechte Handeln gegeben. Wenn sie gegen diese gesetzte Ordnung verstoßen, erfahren sie Konsequenzen. Zweitens können sie Gewißheit aber auch den *prophetischen Verheißungen* entnehmen, die als verbürgtes Wort gelten. Besonders stabil sind diese dann, wenn sie sich nicht vom zukünftigen Handeln der Menschen abhängig machen, sondern *bedingungslos* versprechen: „Dein Haus und deine Herrschaft sollen durch mich ewig bleiben." (2 Sam 7,16: Nr. 69)

Aber so gefestigt ist die Welt nicht insgesamt: wohl wird dem Volk als ganzem und seinem Königtum Bestand gewährt, aber nicht dem einzelnen, auch nicht jedem Herrscher für sich. Damit bleibt noch viel *Spielraum für katastrophale Ereignisse.* Die Geschichte jedes Königs gibt Anlaß genug, auch für die nachfolgende Zeit noch Schlimmes zu befürchten.

Gott beruft Samuel

Naheliegende Verständnisvoraussetzungen

1. Im innerbiblischen Erzählzusammenhang weiß der Leser schon mehr von *Samuel,* wenn er zu dieser Geschichte kommt, als in der „Bibel für die Grundschule". Sie setzt unvermittelt ein „Der junge Samuel ...", als ob es sich um eine schon vertraute Gestalt handelte. Dieser Anfang kann ein Anstoß sein, nachzulesen, was in der Bibel schon von der Familie, den Umständen der Geburt und der Kindheit Samuels erzählt wird; für das Verständnis unseres Abschnittes ist dies aber nicht unbedingt notwendig. Der Leser kann hier auch nachträglich in eine Erzählfolge einsteigen; er muß dann für sich nach und nach rekonstruieren, was für eine Person dies ist, die ihm so ohne weitere Erläuterung als bekannt vorgestellt wird.
2. Der zweite entscheidende Akteur in dieser Geschichte ist *Gott;* aber der Erzähler bringt ihn insgesamt so zurückhaltend ins Spiel, daß sich der heutige Leser kaum in eine mythische Welt versetzt sieht. Er könnte leicht, wenn er wollte, das ganze Geschehen zwischen Samuel und Gott auf innerseelische Vorgänge (etwa einen Traum) reduzieren.
Doch andererseits bezieht der Erzähler Gott deutlich auf zukünftige Ereignisse; er weiß – hier wie in den folgenden Texten – genau, auf wessen Seite Gott steht und welche Folgen dies hat. So unmittelbar können wir ihn kaum noch als Hintergrund-Akteur mit unserer Welt und Geschichte in Verbindung bringen.
3. Durch die Beschränkung auf einige wenige wesentliche Elemente und durch deren mehrfache Wiederholung legt der Erzähler sein Thema eindeutig fest: die *Beanspruchung* Samuels *zur prophetischen Existenz.* Aber *zwei Gefahren* sind damit noch nicht ausgeräumt: 1. eine *zu individualistische Sicht* des Gottesverhältnisses Samuels, bei der außer acht bliebe, daß diese Berufung ein Stück der Geschichte Israels ist (s. 3,11 – in der „Bibel für die Grundschule" ausgelassen –: „Höre! Ich werde in Israel etwas tun, und jedem der davon hört, werden die Ohren wehtun"); 2. in Abhängigkeit davon auch eine *Moralisierung der Geschichte* auf Gehorsam hin.

Strukturen des Textes

Raum und Zeit

Das Ereignis findet dort statt, wo die Bundeslade steht, im (ersten) Tempel Israels zu Schilo, damit an auserwählter Stelle. Darüber hinaus wird aber der Ort des Geschehens hier noch einmal von aller übrigen Welt dadurch abgegrenzt, daß es Nacht ist und die Tempeltüren geschlossen sind. Wir haben damit den größtmöglichen Gegensatz zur Öffentlichkeit.

Wohl steht selbst zu dieser Stunde Samuel noch im Dienst; aber es ist auch für ihn die Zeit der Nachtruhe. Alle Geschäftigkeit des Tages ist ausgeschlossen; alle Gespräche sind verstummt. Wohl ist noch Eli irgendwo in Samuels Nähe; aber jeder ist für sich allein.

Durch diese räumlich-zeitliche Abgrenzung erhält das erzählte Ereignis einen besonders intimen Charakter. Wenn hier Gott an jemanden „herantritt" (3, 10), verstellt nichts seine Nähe oder mindert seine Gegenwart. Beide stehen einander gegenüber wie in einem kleinen, leeren Raum.

Und dennoch ist diese Offenbarungsgeschichte nicht welt- und zeitlos. Die Rede Gottes hat das Unrecht, das die Söhne Elis in Schilo tun, und die Strafe, die deshalb in Zukunft zu erwarten ist, vor Augen. Damit wird der Rahmen einer bloß persönlichen Begegnung zwischen Samuel und Gott in vertraulicher Zweisamkeit gesprengt. Gegen Ende des Textes richtet der Erzähler den Blick gar auf das „ganze Land" (3,20 „ganz Israel, von Dan bis Beerscheba"), in dem das Wort Samuels Gehör findet.

Die Akteure und ihre Beziehungen

(Die „Bibel für die Grundschule" gibt zunächst gerafft einen Einblick in die familiäre Situation Elis; was von dessen Söhnen hier erzählt wird, gehört in die Vorgeschichte, nicht in den unmittelbaren Handlungszusammenhang von 1 Sam 3)

Eli und Samuel stehen Gott als Diener gegenüber; Samuel ist darüber hinaus noch Diener Elis, damit gewissermaßen an unterster Stelle. Dem Gott zugewandten Dienst entspricht nicht gleichermaßen eine erfahrbare Reaktion Gottes: „Worte des Herrn waren damals selten, und es gab kaum Visionen" (3,1). Dies ist die Ausgangslage unserer Erzählung.

Gott
↓
Eli
↓
Samuel

Diese Situation wird in unserer Geschichte verändert. Der Vorgang vollzieht sich in mehreren Sequenzen:

1./2. Am Anfang stehen zwei gleichgestaltete *Phasen des Mißverständnisses.* Gott ruft Samuel; dieser wendet sich Eli zu. Damit mißglückt die eröffnete Redesituation:

Gott ⟶ Samuel ⟶ Eli

„Geh wieder schlafen!" ⟵

3. Die dritte Sequenz ist zunächst ganz ähnlich angelegt; doch *Eli begreift* hier, auf wen an diesem Ort zu dieser Zeit Störungen dieser Art zurückgeführt werden müssen. Er weist Samuel *die richtige Reaktion auf den Anruf.*

Gott ⟶ Samuel ⟶ Eli

„antworte" ⟵

Mit diesen drei Sequenzen ist das hinderliche Mißverständnis ausgeräumt; der Vorgang kann nun von neuem beginnen – jetzt erfolgversprechend. Deshalb heißt es hier auch eindringlicher: „Da kam der Herr, trat zu ihm und rief wie vorher: ..." (V. 10).

4. Nun geht die Wechselrede nur noch zwischen *Gott und Samuel.* Eli (und seine Familie) ist nur noch ihr Gegenstand. Aber auch Samuels Anteil ist nur eine Erklärung, daß er zu hören bereit ist. Dies ergibt noch kein Gespräch. Es bleibt im Grunde bei einem monologischen Gerichtswort Gottes. Samuel kann darauf schweigen; einen ausdrücklichen Auftrag, Gottes Urteil in prophetischer Rede weiterzugeben, hat er nicht erhalten (dementsprechend bewertet der biblische Erzähler das Ereignis nicht so ausdrücklich und eindeutig, wie dies abschließend die Schulbibel tut: „So wurde Samuel in den Dienst Gottes berufen.") Aber Entscheidendes hat sich verändert: Zuvor wurde der Wille Gottes durch Kult und Priestertum vermittelt; jetzt steht einer in unmittelbarer Beziehung zu Gott, nicht aufgrund seiner sakralen Position, sondern durch Erwählung.

5. Es fällt Eli zu, das Wort zu verlangen, das Samuel mitgeteilt wurde. Dadurch erst wird es aus dem privaten Wissen herausgeholt. Von nun an kann Samuel durch die realen Ereignisse als Empfänger von Gottes Offenbarung bestätigt werden. (Deshalb erwähnt die „Bibel für die Grundschule" hier bereits das spätere Eintreffen der angekündigten Strafe.)

6. Die abschließend skizzierte Situation zeigt deutlich den Unterschied zur Ausgangslage: Eli tritt aus dem Blickfeld; die dominierende Beziehung zwischen Gott und den Menschen ist jetzt umgekehrt und richtet sich über Samuel hinaus an das ganze Volk. So kann eine weiterführende Geschichte beginnen.

Gott ⟶ Samuel ⟶ Israel

Werte

Unser Text äußert sich auf drei Ebenen wertend:

1. im Verhalten *Samuels;* seine vorbehaltlose Bereitschaft macht ihn zum würdigen Adressaten der Mitteilung Gottes;
2. im Urteil *Gottes* gegen die Familie Elis;
3. in der Annahme dieses Urteils durch *Eli* selbst; als Betroffener erkennt er widerspruchslos und uneingeschränkt den Rechtsspruch an.

Damit bestehen hier trotz der unheilvollen Ankündigung keinerlei Dissonanzen. Gott wird als derjenige bejaht, der das Rechte will und auch die Macht hat, es durchzusetzen. Es hält die Welt so zusammen, daß nicht das, was sein soll, und das, was schließlich wirklich geschieht, völlig auseinandergerät.

Innerbiblische Beziehungen

Unsere Erzählung von Samuel steht *neben den anderen Geschichten, in denen Gott jemanden aus seinen bisherigen Lebensumständen herausruft* und ihn in den Dienst seiner geschichtsmächtigen Absichten stellt. So hört sich etwa auch Moses in der Einsamkeit der Wüste beim Namen gerufen und antwortet: „Hier bin ich." (Ex 3,14: Nr. 40) Damit ist der Anfang eines weiterreichenden Geschehens gesetzt, das den Berufenen voll beansprucht (vgl. auch Gen 12: Nr. 16; Jes 6: Nr. 77; Jer 1: Nr. 80; Lk 5,1-11: Nr. 110).
Wir haben mit 1 Sam 3 auch die *Erzählung einer Strafankündigung* vor uns: Gott vernichtet die Zukunft derer, die das Gesetz nicht wahren. Immer wieder ist biblische Geschichte auch derart auf kommendes Unheil ausgerichtet. Der Erzähler entfaltet in seinen Ereignissen die Ordnung, die er in den Weisungen Gottes an Moses und das Volk verpflichtend vorgegeben sieht: „Hiermit lege ich Dir heute das Leben und das Glück, den Tod und das Unglück vor" (Dtn 30,15).

Anschlüsse an die Welt des Lesers

Diese Berufungserzählung ist eine kleine *Geschichte des religiösen Lernens.* Samuel erkennt zunächst die besondere Situation nicht; er begreift den Ruf nur so, wie es ihm die Gewohnheit nahelegte. Erst als er diese aufgibt, kann er den neuen Anspruch erfahren – auch wenn wir nicht mit einem solchen Einbruch Gottes in unsere Wirklichkeit rechnen, muß unser Glaube etwas mit unseren Erfahrungen zu tun haben. Was von uns gefordert ist, kann nicht ein für allemal festliegen (etwa in allgemeingültigen Geboten); was unser Leben für Möglichkeiten enthält, darf uns nicht immer schon ausgemacht sein. Dabei haben wir vor allem zu sehen, daß es herausragende *Verant-*

wortungen gibt, für die auch wir – ohne wunderhafte Ereignisse – nach *Berufungen* Ausschau halten: Menschen werden aufgrund ihrer persönlichen Begabungen sowie der Erfahrungen und Verpflichtungen ihrer Lebensgeschichte für besondere Aufgaben beansprucht.

Die Erzählung von Samuel ist auch eine *Gehorsamsgeschichte;* aber sie reiht sich damit noch nicht in die Menge der Erzählungen von braven Kindern und unterwürfigen Menschen ein. Es geht ihr nicht darum, einen angepaßten Menschen, der für alles brauchbar ist, was von ihm verlangt wird, als Vorbild hinzustellen. Der Gehorsam, der sich an den Ansprüchen Gottes ausrichtet, verleiht vielmehr Eigenständigkeit und Macht gegenüber den Ansprüchen der Menschen.

1 Sam 8,1-22 Nr. 58
Das Volk verlangt einen König

Naheliegende Verständnisvoraussetzung

Das hier erzählte Geschehen erfährt in seiner Mitte durch Gott selbst eine entscheidende Auslegung: das Volk verwirft seinen Gott. Damit ist das Ereignis für den Leser zunächst eindeutig qualifiziert. Eine differenziertere Lektüre wird jedoch gegen eine ausschließlich düstere Einfärbung des Bildes angehen müssen. Die Erzählung ist vielschichtiger.

Strukturen des Textes

Der bedeutende Ort

Die Stelle, an der sich unser Ereignis abspielt, ist in doppelter Hinsicht ausgezeichnet: einmal als Wohnort Samuels, Richter in Israel, zum anderen jetzt darüber hinaus auch noch als Treffpunkt der Stämme. Der Ort könnte überall im Land liegen, er wäre in diesem Augenblick ein Zentrum. Was sich hier ereignet, kann mehr als nur lokale Bedeutung erhalten.

Die Zeit: Die geschichtliche Zäsur

Welche Zeit das Geschehen in Anspruch nahm – ob nur einige Stunden, einen Tag oder gar mehrere Tage –, bleibt in der Erzählung unbestimmt. Nicht die Dauer ist entscheidend, sondern der Einschnitt zwischen Vergangenheit und Zukunft. Der Erzähler kann sich nicht wie bei einer Anekdote auf die Gegenwart des Geschehens beschränken. Sie gilt hier nicht; es geht um das, was kommen soll.

Die Akteure und ihre Beziehungen

Schematisch skizziert verläuft die Geschichte zwischen dem Volk, Samuel und Gott in folgenden Schritten:

1.	Volk	⟶	Samuel		
2.			Samuel	⇄	Gott
3.	Volk	⇆	Samuel		
		„Nein!"			
— — —	— — —	— — —	— — —	— — —	— — —
4.			Samuel	⇄	Gott
5.	Volk	⟵	Samuel		

1. Die Initiative geht vom Volk aus und richtet sich einerseits gegen Samuel, insofern seine Söhne entmachtet werden sollen; andererseits sucht sie ihn zur Unterstützung zu gewinnen. Damit steht am Ausgangspunkt nicht eine eindeutige Konfrontation.
2. Samuel gibt dem Geschehen eine Wendung, die die Lage noch komplexer macht: er bringt Gott mit ins Spiel. Dieser bestätigt zwar Samuel, daß die Absicht des Volkes verwerflich sei, und gibt den eigentlichen Grund dafür an: das Volk habe sich damit letztlich gegen ihn selbst gewandt; aber dennoch wird Samuel beauftragt, daß er dem vorgebrachten Ersuchen mit dem Hinweis auf die zu tragenden Konsequenzen stattgebe. Damit wird er erneut auf die geschichtliche Bühne geschickt.
3. Im dritten Schritt der Erzählung trägt Samuel dem Volk das Königsrecht vor, unter dem es in Zukunft zu leben haben wird. Doch kann er damit das Volk nicht von seiner Absicht abbringen, denn die jeweilige Blickrichtung der beiden Kontrahenten ist eine andere: Samuel blickt auf die innenpolitische Ordnung und sieht die Sklaverei; das Volk sieht den außenpolitischen Vorteil, im Krieg gegen die Feinde wie die anderen Völker von einem König geführt zu sein. So kommt die Auseinandersetzung keinen Schritt weiter; die Fronten sind nur entschiedener.
4. Am Vorangehenden gemessen, ist der Rest der Erzählung auffallend spannungslos: Samuel erfährt von Gott nichts anderes als die Wiederholung, daß er dem Volk entsprechen möge. Damit ist die folgende Herrschaftsordnung von Gott legitimiert.
5. Am Schluß schickt Samuel alle Männer Israels ohne weiteren Bescheid nach Hause. Damit kommt der gesamte Ereignisverlauf formal an ein Ende und bleibt doch merkwürdig offen. Entscheidendes hat sich ereignet und steht doch noch aus. (Die „Bibel für die Grundschule" verzichtet auf diese letzte Sequenz und verweist damit noch direkter auf die folgende Erzählung).

Werte

Es kann nicht schlechthin von Übel sein, was das Volk anstrebt, wenn schließlich Samuel als Beauftragter Gottes die Sache durchführen soll. Nach den eigenen Äußerungen hat das Volk folgende Werte und Unwerte vor Augen:

–	+
Die Verkehrung des Rechts zu Unrecht (Bestechungsgelder im Gerichtswesen), die mangelnde Führungsmacht in äußeren Gefährdungen.	Wahrung des Rechts, deutliche und effektive Leitung in kriegerischen Auseinandersetzungen, Selbstdarstellung und Selbstbehauptung als einheitliches Volk unter den anderen Völkern.

Von Gott, gar einer Konfrontation mit ihm, ist hier ausdrücklich nirgends die Rede.

In Samuels und Gottes Einwänden erscheinen folgende Werte und Unwerte:

–	+
Verwerfung Gottes, die Versklavung des Volkes im eigenen Herrschaftssystem.	Die Anerkennung Gottes als König, eine Gemeinschaftsordnung ohne die umgreifende Verfügungsmacht eines einzelnen.

Diese beiden Tabellen sind nicht schlechthin unversöhnbar: das irdische Königtum könnte gesellschaftlich so definiert werden, daß es die Anerkennung Gottes als oberste verbindliche Instanz des Volkes nicht einschränkt; der königlichen Verfügungsmacht könnten durch die von Gott legitimierten Weisungen Grenzen gesetzt werden. Das, was Gott bzw. Samuel hier für Übel hält, wird jedenfalls auch vom Volk nicht erstrebt; und das, was das Volk vermeiden will, muß auch aus der Sicht des Propheten schädlich sein.

Aber zweierlei verhindert eine derartige Harmonisierung der Standpunkte: 1. daß das Volk seine Absicht mit der grundsätzlichen Erklärung verbindet: *„Wir wollen wie alle anderen Völker sein!“* (V. 20) – die „Bibel für die Grundschule“ läßt diesen Satz aus und begnügt sich mit der eingeschränkteren Formulierung des Verses 4, daß der König herrschen solle, „so wie es bei allen anderen Völkern ist“; 2. daß man bei einer realistischen Sicht des zu erwartenden Königtums die *Folgelasten,* mit denen die Bevölkerung rechnen muß, jetzt schon detailliert schildern kann. Leider ist hier die Schulbibel gegenüber dem Originaltext blaß, wenn sie sagt, daß der König die Söhne „zu Soldaten machen“ und die Töchter „zu allerlei Diensten“ verpflichten wird.

Erwartungen

Der Spielraum der zukünftigen Möglichkeiten ist durch dieses Ereignis grundlegend eingeschränkt. Die gefällte Entscheidung zieht unumgängliche Folgen nach sich. Auch von Gott her sind keine neuen Wege zu erwarten: „Dann werdet ihr ein Geschrei erheben wegen des Königs, den ihr euch erwählt habt; aber der Herr wird euch nicht antworten.“ (V. 18 – die „Bibel für die Grundschule“ läßt diesen Satz mit seiner nachdrücklichen Härte aus). Die Geschichte des Königtums erhält in diesem Vorgriff zwanghafte Züge. Daß die Zukunft düster verlaufen wird, ist – allein aus der Sicht dieser Erzählung – ausgemacht.

Innerbiblische Beziehungen

Alle *Unzufriedenheit mit den späteren Königen* kann als Erfüllung dessen gesehen werden, was hier bereits angesagt ist (vgl. etwa 1Kön 12,1-19: Nr. 73 über Salomos und seines Sohnes Frohnherrschaft).
Um unsere Erzählung versammeln sich aber auch alle Texte, in denen *Gott selbst als der König seines Volkes* erscheint. Besonders eindrucksvoll geschieht dies in dem Lied, das Ex 15 die Israeliten nach dem Auszug aus Ägypten singen. Hier ist Gott ihr überlegener Krieger gegen die Feinde (V. 3) und der rettende Anführer seines Volkes (V. 13). Der umfangreiche Lobpreis mündet in den Ruf: „Der Herr ist König für immer und ewig!“ (V. 18).
Aber auch die ganz andere Entwicklung kann hier schon in den Blick kommen, *in der sich Gott den irdischen König erwählen wird, damit er sein eigenes ewiges Königtum in der Geschichte repräsentiere.* Hier kann in großer Zuversicht alle Zurückhaltung gegenüber der irdischen Machtinstitution aufgegeben werden. Diese Sicht setzt an mit David und reicht bis zur Erwartung des endzeitlichen Königs, der der ganzen Welt Gerechtigkeit und Frieden bringen wird (vgl. etwa Jes 32,1-4: Nr. 98; Ps 72: Nr. 99).

Anschlüsse an die Welt des Lesers

Auch wo es keine Richter und Könige mehr gibt, gibt es doch immer wieder Machtpositionen, deren Aufgabe es sein sollte, die Lebensfähigkeit der Gemeinschaft, Recht und Freiheit zu schützen. Aber gar zu leicht entarten sie zum Selbstzweck, verlieren ihren ursprünglichen Berechtigungsgrund aus den Augen, wollen einfach „Herr im Hause“ sein. Von solchen Erfahrungen ist unsere Argwohns- und Mißtrauensgeschichte durchzogen.

1 Sam 9,1-22 Nr. 59
Saul kommt zum Propheten Samuel

1 Sam 9,25; 12,2 Nr. 60
Saul wird zum König gesalbt

Nr. 59 und der 1. Abschnitt von Nr. 60 gehören zusammen in eine Erzählung, die verwunderliche Begebenheiten enthält:

Der junge Saul sucht einige entlaufene Eselinnen,	aber	er findet ein Königtum;
er sucht Samuel als Wahrsager und Helfer bei verlorenen Sachen,	aber	er trifft in ihm einen, der die große Politik des Volkes macht;
er hält sich für jemand Geringfügigen aus dem Stamme Benjamin,	aber	es wird ihm gesagt, daß sich auf ihn „die große Sehnsucht Israels“ richte.

Dies ist eine fast märchenhafte Geschichte. In der Bibel ist sie insgesamt farbenprächtiger und plastischer erzählt als in der „Bibel für die Grundschule“, die manches Stück ausläßt, darunter auch den Schluß, in dem Saul wieder nach Hause kommt, die entlaufenen Eselinnen vorfindet und verschweigt, daß er inzwischen zum König gesalbt worden ist. Erst damit hat eigentlich die Geschichte ihr eigenartiges Ende erreicht: scheinbar ist alles wieder beim alten, in der noch verheimlichten Wirklichkeit aber hat sich für Saul und das ganze Volk Grundlegendes verändert – eine spannende Ausgangssituation für die kommenden Geschichten.
Die „Bibel für die Grundschule“ erspart sich solche Umwege, macht in der Erzählung von der geheimen Salbung Sauls dort einen Schnitt, wo

Samuel von den künftigen Siegen des Königs spricht, und geht unmittelbar zu einem derartigen Erfolg gegen die feindlichen Ammoniter über (Nr. 60, 2. Abschnitt) Damit stehen hier Verheißung und Erfüllung, heimliche Salbung und öffentliche Proklamation ganz nah beieinander.

1 Sam 13,5-14; 15,22-23 Nr. 61
Saul wird von Gott verworfen

Naheliegende Verständnisvoraussetzungen

Diese Erzählung ist gleichermaßen in einer Hinsicht einfach (Verletzung einer Ordnung → Bestrafung des Täters) wie in anderer Hinsicht anspruchsvoll: einmal ist die unmittelbare Szene äußerst ereignisarm (dem Gewicht der beschuldigenden und verurteilenden Rede stehen nicht entsprechend erzählerisch entfaltete Begebenheiten gegenüber); außerdem können wir nicht recht nachvollziehen, worin das Verwerfliche in Sauls Tun bestand, denn wir leben nicht in der hier vorausgesetzten sakralen Ordnung. Damit liegt es nahe, daß sich der Blick des Lesers auf die rein formale Beziehung von *Befehl und Gehorsam* konzentriert. Die „Bibel für die Grundschule" unterstützt dies noch dadurch, daß sie in einem letzten Abschnitt von wenigen Zeilen ohne jegliche erzählerische Deutlichkeit auf das eigenmächtige Handeln Sauls bei anderen Gelegenheiten verweist. Dies verleitet leicht zum *vagen Moralisieren.*

Strukturen des Textes

Raum und Zeit

Wieder befindet sich Saul in Gilgal, wo er vom Volk als König bestätigt worden ist. Aber die Lage ist diesmal eine ganz andere: die feindlichen Philister wehren sich; die Israeliten sind auf der Flucht; Saul hat nur noch einen Teil seiner militärischen Truppe um sich. Der Platz steht ungeschützt dem Zugriff der Feinde offen.
Bedrängt und gefährdet ist Saul auch in zeitlicher Hinsicht: Tag um Tag vergeht, ohne daß der König initiativ werden kann. Der bloße Ablauf der Zeit erscheint bereits als feindselig.

Die Akteure und ihre Beziehungen

Die beiden Hauptpersonen *Saul und Samuel* stehen in einem *ungleichgewichtigen Gegensatz* zueinander. Zwar tritt Samuel erst in der zweiten Hälfte auf, als Saul bereits das für ihn verhängnisvolle Opfer dargebracht hat; dennoch ist von vornherein der König der Abhängige und Schwächere. Samuel beherrscht selbst dort die Szene, wo er gar nicht anwesend ist, aber Saul zum Warten zwingt und letztlich zur ungeduldigen Eigenmächtigkeit verleitet. Als ob Samuel es darauf angelegt hätte, tritt er nach der langen Reihe der Tage gerade dann auf, als Saul in seinen Augen schuldig geworden ist.

Damit ist das Verhältnis der Personen im Verlauf der Erzählung folgendermaßen angelegt:

1. Samuel beherrscht die Szene durch seine Abwesenheit;
2. Saul schafft eine knappe Zäsur, indem er selbst tätig wird;
3. Samuel beherrscht erneut die Szene, diesmal indem er von Saul Rechenschaft fordert und das Ende seines Königtums ansagt.

Werte: Die unbedingte Forderung

Samuel wirft Saul vor, daß er gegen einen „Befehl" Gottes verstoßen habe (V. 13). In unserem Text ist jedoch nirgends einer unmittelbar ausgesprochen. Man kann nur in der Konsequenz der Geschichte erkennen, daß es Saul nicht zustand, Gott Opfer darzubringen. Er selbst räumt dies auch unausdrücklich ein, wenn er trotz der Kriegsgefahr eine Woche lang auf Samuel wartet, damit dieser die Aufgabe übernehme; von herrschsüchtiger Eigenmächtigkeit des Königs kann damit keine Rede sein. Nicht Anmaßung treibt Saul, sondern die Not; er will sich der Unterstützung Gottes versichern. So gesehen, erscheint sein Verhalten wenigstens verständlich, sicher nicht als das eines moralisch verkommenen Menschen.

Aber um Sauls individuelle moralische Qualität geht es dem Erzähler nicht, sondern um das von ihm dargestellte Königtum: es sollte jederzeit *unbedingt* vom Wort Gottes abhängig bleiben. Saul dagegen will *eigenes Ermessen* ins Spiel bringen. Für eine solche Herrschaft sieht Samuel keine Berechtigung. Ein König darf in Israel nie die oberste Instanz sein; er untersteht immer einer Ordnung, die er nicht begründet hat, über die er nicht verfügt, von der aus er aber selbst beurteilt werden kann.

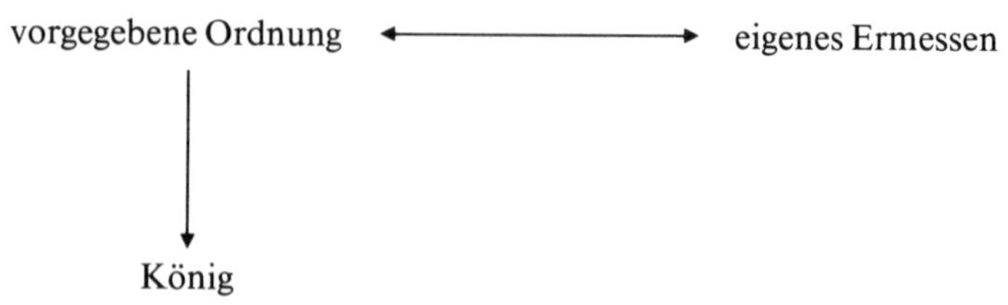

Innerbiblische Beziehungen

Obwohl in der Bibel wahrlich von übleren Menschen zu lesen ist, so ist Saul dennoch eine der trostlosesten und verlorensten Gestalten. Es ist im folgenden (in der „Bibel für die Grundschule“ bzw. nach 1 Sam 15) von ihm nur noch die Rede, wenn die Aufstiegsgeschichte seines Nachfolgers dies verlangt. Er selbst hat keinen Eigenwert mehr. Dementsprechend hinterläßt er in den biblischen Traditionen keine Spur. Es scheint fast so, als ob der Anfang des Königtums mit diesem Menschen einfach nichtig gewesen wäre.

Anschlüsse an die Welt des Lesers

Die Gefahr, daß diese Erzählung im Unterricht moralisierend auf den Gegensatz von Gehorsam und Ungehorsam hin gelesen wird, ist groß. Deshalb sollte man von vornherein vermeiden, Sauls Geschick nach unseren Maßstäben als das eines Bösewichts oder eines leichtfertigen Gesetzesübertreters zu sehen. Die Geschichte des ersten Königs von Israel sperrt sich gegen vordergründige Verallgemeinerungen.
Wohl weist unser Text mit dem Grundsatz, daß *„Gehorsam* besser ist als *Opfer“* (1 Sam 15,22), selbst über die einmalige Situation hinaus. Er stellt zweierlei einander gegenüber:

die *eigenmächtige Leistung des Menschen,* und sei sie auch aus *religiösem Bemühen* erbracht	das *unverfügbare Wort Gottes*

Das erste muß dem zweiten untergeordnet bleiben.
Aber gerade damit zeigt der Text, daß er nicht aus dem bloßen Gegensatz von Gehorsam und Ungehorsam zu begreifen ist. Vergleiche zu unserer Lebenswelt, die sich an dieser Stelle nahelegen könnten, sollte man besser beiseite schieben; denn die Inhalte und Grundlagen unserer heutigen Verpflichtungen sind weit von denen der Erzählung entfernt.
Ein anderer Gesichtspunkt läßt sich eher verallgemeinern: Menschliche Macht – und sei es auch die höchste Macht im Lande – soll sich immer durch eine Gemeinschaftsordnung begrenzt sehen (selbst wenn sich die Herrschaftsformen wie ihre religiösen, sittlichen und rechtlichen Bindungen im Wandel der menschlichen Kultur grundlegend ändern).

1 Sam 16,1.4-13 Nr. 62
David wird von Samuel zum König gesalbt

Naheliegende Verständnisvoraussetzungen

Wenn diese Erzählung im Zusammenhang mit dem Vorausgehenden gelesen wird, dann liegen vor allem zwei Beziehungen nahe: 1. der unmittelbare Gegensatz zu der zuvor erzählten Verwerfung Sauls: wir lesen eine *Kontrastgeschichte;* 2. aber auch die inhaltliche Nähe zur Erwählung des jungen Saul (1 Sam 9: Nr. 59 und 60): wir lesen in gewissem Sinne eine *Parallele* und werden damit vor die Frage gestellt, wie aus so ähnlichen Anfängen etwas wirklich Neues hervorgehen soll.

Strukturen des Textes

Der Raum: Der Weg in die entlegene Region

Der Neuanfang in der Geschichte des Königtums rückt auch einen neuen Ort in den Blickpunkt: Samuel wird von den Stätten des bisherigen Geschehens weggeschickt nach Betlehem. Damit wird er in eine Gegend verwiesen, mit der man bisher keine herausragenden Erinnerungen oder Erwartungen verbunden hat. Der Akteur, der zuvor die politischen Fäden in der Hand hielt, wechselt scheinbar auf eine bedeutungslose Bühne über.
Im Unterschied zur „Bibel für die Grundschule" wird das Ereignis in 1 Sam 16 mit der Bemerkung beschlossen, daß Samuel wieder nach Rama zurückkehrt. Damit hat es in seinem äußeren Rahmen die Gestalt einer beiläufigen Episode, eines gelegentlichen Ausflugs. Seine wirkliche Bedeutung steht dazu in Spannung.

Die Akteure und ihre Beziehungen

Das Ereignis hat vier Beziehungsebenen:

1. das Verhältnis von *Samuel* und *Gott.* Dieses trägt die ganze Erzählung, und zwar derart, daß Gott mit seinem Auftrag und seinen Weisungen die Szene beherrscht.
2. die Beziehung *Samuels* zu den *Ältesten* der Stadt. Diese Ebene ist nachdrücklich von der vorausgehenden abgehoben. Dies wird in 1 Sam 16 noch deutlicher als in der Schulbibel. Gott gibt dort nämlich Samuel ausdrücklich den Auftrag, seine Absichten in der Öffentlichkeit zu verschleiern,

damit so bei allen Beteiligten die Angst vor Saul gemindert werde. So können aber die Ältesten in dieser Geschichte keine weitere Rolle spielen. Der Erzähler verliert sie im folgenden aus dem Blick. Die entscheidende Aktion soll geheim bleiben.

3. das Verhalten *Samuels* gegenüber *Isai und seinen Söhnen.* Auf dieser Ebene nimmt die Erzählung ihren entscheidenden Verlauf. Dabei wird die Erwählung Davids in doppelter Weise verzögert: einmal dadurch, daß der Blick des Propheten die ganze Reihe der Söhne – angefangen beim ältesten – abschreiten muß, bis er schließlich zum achten, dem jüngsten, gelangt; zum anderen aber auch dadurch, daß die Vorstellung nach dem siebten Sohn zunächst einmal innehält, als ob jetzt eigentlich schon das Ende der Reihe erreicht sei (auch die Zahl 7 unterstützt in ihrer symbolischen Bedeutung diesen Eindruck).

Samuel muß erst noch einmal erneut nachfragen, damit ihm schließlich auch David vorgestellt wird, den sein Vater eigentlich gar nicht von den Schafen weg zu diesem Opfermahl holen wollte. So haben wir hier *eine umständliche, aber konsequente Such-Geschichte* vor uns. Was von vornherein im Plan Gottes feststeht, muß erst durch die Hartnäckigkeit Samuels aufgedeckt werden.

4. Am Ende steht die entscheidende Veränderung der Verhältnisse: unmittelbare Unterstützung des Neuerwählten durch Gott. Die Erzählung ist in der sozialen Rangordnung immer weiter nach unten gegangen; verbindet jetzt aber *den Letzten* mit *dem, der von Anfang an über allem* steht. Der *„Geist des Herrn"* wirkt in *David.*

Werte: Die Umkehrung der Maßstäbe

Zweierlei Geltungen stehen in dieser Geschichte einander gegenüber:

„das, worauf der Mensch sieht": ⟷ „das, worauf ‚Gott' sieht":
„das Äußere" „das Herz"

Dabei kann der Leser nur die linke Seite deutlich ausmachen: Wer in stattlicher Erscheinung auftritt oder in der familiären Rangordnung des Alters oben steht, erhält größere Aufmerksamkeit und weckt höhere Erwartungen als die anderen. Wonach dagegen Gott urteilt, bleibt unausgeführt. Der Erzählung genügt es, daß er die üblichen Maßstäbe beiseite schiebt. Der Mensch wird zu einer geheimnisvollen Wirklichkeit, die über das hinausreicht, was man wahrnehmend bemessen kann.

Dennoch schafft der Erzähler letztlich keinen Gegensatz zwischen der Anerkennung durch Gott und dem Wohlgefallen vor den Menschen. Nachdem David aus seiner Unscheinbarkeit herausgeholt ist, steht der Erwählte vor allen auch als eine äußerlich einnehmende „schöne Gestalt" (V. 12).

Innerbiblische Beziehungen

Die Geschichte von Davids Erwählung steht neben all den Erzählungen, in denen es von Gott heißen kann: „Er stürzt die Mächtigen vom Thron und erhöht die Niedrigen" (Lk 1,52). Trotz aller gewaltigen Unterschiede kann damit auch die Geschichte Jesu in dieser Linie gesehen werden.

Diese Verbindung wird auch noch durch ein anderes Moment der Erzählung nahegelegt: auch von Jesus heißt es am Anfang seines Wirkens – bei der Taufe durch Johannes –, daß der Geist Gottes auf ihn kam (Mk 1,10). Wer so ausgezeichnet ist, repräsentiert in seinem Handeln das Wirken Gottes in dieser Welt.

Anschlüsse an die Welt des Lesers

Eine Erzählung, in der der Geringe aus seiner Unscheinbarkeit geholt und den Angesehenen vorgezogen wird, findet leicht Resonanz. Solche Umkehr- und Verwandlungsgeschichten sind zahlreich, bis hin zu Aschenputtel, das letztlich den Königssohn heiratet. Es ist nicht unangemessen, die Davidserzählung im Lichte solcher verbreiteter menschlicher Sehnsüchte zu lesen. Hier wird uns gesagt, daß es in der Welt auch einmal anders zugehen kann – ja an einer entscheidenden Stelle unserer Geschichte anders zugegangen ist – als nach dem Kräftespiel von äußerer Anerkennung und Macht.

1 Sam 16-30; 2 Sam 1-6 Nr. 63-66
Erfolg und Aufstieg Davids

Welche Stelle diese Kapitel im Ablauf der Königsgeschichte einnehmen, ist schon im vorausgehenden Gesamtüberblick (s. S. 212) besprochen. Hier sei noch auf einige wenige Besonderheiten aufmerksam gemacht:

1. Die Geschichte von *David und Goliat* läßt sich in der Bibel (1 Sam 17) nicht ganz so harmonisch in den vorausgehenden Zusammenhang einfügen, wie dies die „Bibel für die Grundschule" (Nr. 63) tut. Die originale Erzählung ist vielmehr so angelegt, daß David noch nicht zum Gefolge Sauls gehört, sondern für den König noch ein unbekannter Hirtenjunge aus Betlehem ist, der seinen Brüdern das Essen in das Heerlager bringt. Die Geschichte

mit David hat also hier einen ganz neuen, eigenartigen Anfang. Er variiert auf seine Weise das Thema, daß Gott sich den erwählt, der in den Augen der Menschen machtlos erscheinen muß.

Es stehen einander gegenüber:

Goliat	⟷	*David*
als Krieger in gewaltiger Rüstung und Bewaffnung,		ausgestattet wie ein Hirtenjunge,
an Körpergröße übermächtig (nach der Bibel maß er etwa 2 1/2 m),		spontan auftretend „im Namen des Herrn" (V. 45).
40 Tage die Israeliten schmähend.		

Die *Philister* waren ursprünglich ein Seevolk und hatten sich an den reicheren Küstengebieten Kanaans niedergelassen (von ihnen kommt der Name „Palästina"); während die Israeliten vorwiegend das kargere gebirgige Landesinnere bewohnten.
In der *Bewaffnung* unterschieden sich die beiden Völker deutlich. Vor allem waren die Philister bemüht, das Monopol über die Eisenbearbeitung und damit über die Möglichkeiten kriegerischer Ausrüstung zu behalten (vgl. 1 Sam 13,19ff). Diese Überlegenheit drückt der Text auch in der Beschreibung Goliats aus. Ihm gegenüber mußte die „Bewaffnung" Davids lächerlich erscheinen. Seine Schleuder bestand aus einem Lederriemen, in den man einen etwa olivengroßen Kieselstein einlegen konnte.
Die Praxis, Sieg und Niederlage im *Zweikampf* auszumachen, kommt auch sonst gelegentlich in biblischen Erzählungen vor und ist vor allem aus dem griechischen Raum bekannt.
Die Konfrontation unserer Erzählung aber sollte in der Sicht der Israeliten (und erst recht des Philisters) als ungleichgewichtig und unvernünftig erscheinen; deshalb baut der Erzähler (mehr als in der „Bibel für die Grundschule") *Widerstände* gegen David und *Umwege* ein: man versucht ihn zunächst von seinem Unternehmen abzuhalten und steckt ihn dann in eine Rüstung, um ihn wenigstens äußerlich etwas zum Krieger zu machen. Aber diese Verzögerungen im Ereignisablauf haben nur die Funktion, deutlich zu unterstreichen, daß hier so nicht die Wege der Selbstbehauptung sein können: Der *„Heilige Krieg"* sollte nicht durch die Zahl der Menschen und die Gewalt der Waffen entschieden werden, sondern durch die Beteiligung Gottes. (V. 45 ist das theologische Zentrum der Erzählung.)
2. In der *Freundschaft mit Jonatan* (1 Sam 18-20: Nr. 64) wird offenbar, wie oberflächlich man Davids Aufstieg verstünde, wenn man nur auf seine kriegerischen Erfolge achtete. Die herzliche Zuneigung, die David gewinnt, ist mehr als nur private Freundlichkeit, nämlich eine Gleichstellung mit dem Königssohn, die in einem eigenen „Bund" bekräftigt wird (18,3 – pathe-

tischer, aber nicht deutlicher spricht die „Bibel für die Grundschule" hier von einem „heiligen Freundschaftsbund").

Auf diesem Hintergrund nehmen sich die *Verfolgungen durch Saul* um so düsterer und dämonischer aus. So sieht es auch die Bibel, wenn sie davon spricht, daß „ein böser Gottesgeist" über den König gekommen sei (18,10 – und nicht nur wie die „Bibel für die Grundschule", daß der König „wieder einen bösen Tag" hatte).

3. Die Kapitel Nr. 65 *„David wird König"* und Nr. 66 *„David bringt die Bundeslade nach Jerusalem"* fassen gerafft und mit vielen Auslassungen umfangreiche biblische Erzählkomplexe zusammen. Dies ergibt ein Mischprodukt aus kurzer Inhaltsangabe, lückenhafter Nacherzählung und fragmentarischer Wiedergabe unveränderter Erzählstücke. Die unterrichtliche Behandlung ist damit erschwert. Die Texte erhalten verstärkt den bedenklichen Charakter einer Dokumentation historischer Ereignisse. Es wäre konsequenter, hier auf die Erzählform ganz zu verzichten und nur mit wenigen Angaben die Verbindung zu den nachfolgenden Erzählungen herzustellen: Niederlage und Tod Sauls beim Kampf gegen die Philister; Anerkennung Davids als König – zunächst nur im Süden, nach einigen Auseinandersetzungen im ganzen Volk Israel; Eroberung der Stadt Jerusalem, die weder zu den Süd- noch zu den Nordstämmen zählte; Überführung der Bundeslade, damit alle Israeliten diese eine Stadt als ihren Mittelpunkt anerkennen konnten.

Nr. 67 ⟶ *S.237*
Nr. 68 ⟶ *S.239*

2 Sam 7,1-29 — Nr. 69
Gottes Verheißungen an David

Naheliegende Verständnisvoraussetzungen

Der Text ist handlungsarm; es ereignet sich in ihm unmittelbar nichts, das die äußeren Verhältnisse verändert; er besteht fast ausschließlich aus Reden. In diesen allerdings wird auf (vergangene und zukünftige) Ereignisse verwiesen – doch nicht erzählerisch entfaltet, sondern auf Grundsätzliches hin gesichtet.

Für den heutigen Leser ergibt dies zunächst eine eigenartige Situation: der Blick geht zwar durch den Lauf der Zeit hindurch bis „in Ewigkeit“ – und kommt dennoch nicht bei unseren geschichtlichen Verhältnissen an; er bleibt ganz der Geschichte Israels und seinem Königtum nach den damaligen Gegebenheiten verhaftet.

Wer der Perspektive dieses Textes nach wie vor Gültigkeit zusprechen will, ist damit zu besonderen Übersetzungsbemühungen genötigt.

Strukturen des Textes

Raum und Zeit

Nicht zufällig steht am Anfang dieses Kapitels die Feststellung, daß David „in einem Palast“ wohnt und die Festigung seines Königtums zur „Ruhe“ gekommen ist. Die Rede des Propheten erhält ihren Platz im Zentrum des geeinigten Reiches und auf dem Höhepunkt der Geschichte. Von hier aus kann man mit Überlegenheit um sich schauen, das Erreichte bedenken und erwägen, was noch aussteht. (Die „Bibel für die Grundschule“ verkürzt hier die Struktur des Textes, indem sie alle Partien, in denen der Blick in die Vergangenheit geht, streicht. Damit wird aber die Wechselbeziehung von Erinnerung und Verheißung gelöscht).

Die Akteure und ihre Beziehungen

In ihrer Grundanlage lassen sich die Reden auf folgenden Gegensatz reduzieren:

Der König	⟵⟶	*Gott*
will ein Haus bauen für		will ein Haus bauen für
Gott.		den *König.*

Beides soll nicht nebeneinander geschehen.

(In der Skizze werden allerdings einige Momente vernachlässigt:
Es gibt einen dritten Akteur, den Propheten Natan, der aber gegenüber dem König – mit einer kleinen Ausnahme, die die Schulbibel ausläßt – nur die Position Gottes vertritt. Außerdem wird der gezeichnete Gegensatz insofern nicht konsequent durchgehalten, als Gott den künftigen Bau eines Tempels durch Salomo in Aussicht stellt).

Daß die beiden Absichten in ihrem Kontrast ungleichgewichtig sind, liegt auf der Hand. Allein Gottes Wille ist geschichtsmächtig und verheißungsvoll. Ihm gegenüber ist Davids Plan belanglos und kann ohne weitere Begründung beiseite geschoben werden. Am Ende erfährt nur Gott Anerkennung und Dank.

Damit ist der Text ein nachdrückliches Zeugnis dafür, wer in der Geschichte Israels letztlich Bauherr ist.

Werte: Die gefestigte Zukunft

Von jetzt an hat das Königtum Israels eine unverbrüchliche Garantie. In den ständigen Gefährdungen politischer Machtkämpfe ist *der Bestand auf Dauer* eigentlich *das höchst Unwahrscheinliche;* hier jedoch wird er zur *Notwendigkeit,* denn Gott hat sein Wort dafür gegeben und damit seine eigene Zuverlässigkeit daran gebunden. Selbst das Fehlverhalten künftiger Könige soll an der Zusage nichts ändern; eine Verwerfung, wie sie Saul erfahren mußte, soll bedingungslos ausgeschlossen sein.
In zwei Bildern wird die Stabilität des Königtums vorgestellt:
1. in der Festigkeit des von Gott gebauten *Hauses,* das auch in Ewigkeit nicht zur Ruine wird;
2. in der Unverbrüchlichkeit des Verhältnisses von *Vater und Sohn.*
Beide Bilder sind auf je eigene Weise mit grundlegenden menschlichen Bedürfnissen und Erfahrungen verbunden und beziehen aus ihnen ihre symbolische Kraft.

Innerbiblische Beziehungen

a) In der Natan-Weissagung ist der Ursprung aller Hoffnung auf einen kommenden *Messias* (d. h. ,,Gesalbten"), der ,,auf dem *Thron Davids* herrscht" und durch dessen Wirken man sagen kann: ,,der Friede hat kein Ende" (Jes 9,6: Nr. 79, vgl. auch Jes 32,1 f: Nr. 98; Ps 72: Nr. 99). Diese Linie führt weiter bis in das Neue Testament, wo es von Jesus fast gleichlautend heißt: ,,Gott, der Herr, wird ihm den Thron seines Vaters David geben." (Lk 1,32)
Allerdings hat diese Traditionsgeschichte auch einen gewaltigen Bruch: Seit der Eroberung und Zerstörung Jerusalems 586 gibt es geschichtlich und politisch keinen König mehr in Israel. In gewaltigem *Kontrast zur Natan-Weissagung* bricht die Klage auf: ,,Gott zertrat wie einen Garten seine Wohnstatt . . . in glühendem Zorn verwarf er König und Priester" (Klgl 2,6).
Die Geschichte ist ganz anders verlaufen, als die mit David grundgelegte Zuversicht es erwarten ließ. Wer jetzt die alten Verheißungen weitergibt, mußte sie gegen die äußere Realität des Volkes lesen – auf eine ganz neue Zukunft hin.
Auch das Neue Testament hebt diese Kluft nicht auf. Dem Ruf ,,Hosanna dem Sohne Davids!" (Mt. 21,9) folgt die Kreuzesinschrift ,,Das ist Jesus, der König der Juden" (Mt 27,37). Die Verheißung ging von einem Palast und einer Königsdynastie aus; aber dorthin findet sie nicht mehr zurück.

b) So ergeht es auch der Zusage „Ich will ihm *Vater* sein, und er wird mir *Sohn* sein" (2 Sam 7,14). Auch sie verfällt nicht mit den geschichtlichen Enttäuschungen, sondern wird aufgehoben für ganz neue Erfahrungen. Nach Ostern sieht sich die christliche Gemeinde berechtigt, diese Tradition aufzugreifen und Jesus zu bekennen „als *Sohn Gottes* in Macht seit der Auferstehung von den Toten" (Röm 1,4; vgl. auch die Erzählung von der Taufe Jesu Lk 3,21 f: Nr. 107).

Anschlüsse an die Welt des Lesers

Was kann für uns alles an Bedeutung mitschwingen, wenn wir sagen:
Jemand hat ein *Haus,* in dem er wohnt – oder ist *obdachlos;*
ein Kind hat einen *Vater* (und eine Mutter) um sich – oder steht *allein?*
Wenn wir so fragen, denken wir zwar nicht an einen König, der um seine Herrschaft besorgt ist; nicht an die weitreichende Zukunft eines gefährdeten Volkes; aber wir füllen die Sprache des Textes an den zentralen Stellen mit unserer Erfahrung. Zu den Bildern kommen Gegenbilder; zu den Situationen Gegensituationen.
Dann kann der Blick weiter gehen, über den privaten Umkreis, den die Wörter „Haus" und „Vater"/„Sohn" nahelegen, hinaus. Wohl treffen wir auch dann in unserem Erfahrungsbereich nicht mehr auf ein Königtum, an das sich solche Verheißungen und Erwartungen knüpfen, aber immer noch auf *gefährdete Gemeinschaft, zerstörbare Ordnung, bedrohte Zukunft.* Der Wunsch und die Hoffnung, daß die Welt auch in den *politischen und geschichtlichen Dimensionen* gefestigt sei und bewohnbar bleibe, sind dem heutigen Leser wie den Menschen vor Jahrtausenden vertraut.

2 Sam 11,1-27; 12,1-25 — Nr. 67
Davids Sünde und Buße

Zur Reihenfolge: Diese Erzählung paßt zwar nicht recht zur vorausgehenden Feststellung, daß David „Ruhe vor all seinen Feinden" hatte (7,1), denn hier steht David im Kampf gegen die Ammoniter; aber deshalb ist eine Umstellung (wie in der „Bibel für die Grundschule" – s. dazu o. S. 212f) nicht gerechtfertigt.

Zur Realistik der Ehebruchsgeschichte: Die „Bibel für die Grundschule“ umgeht die Deutlichkeit und Drastik der Affäre, wie sie in der Bibel geschildert wird. Zunächst einmal in der *sprachlichen Fassung:* Wo erzählt wird, daß David mit Batseba „schlief“ und sie „schwanger“ wurde, sagt die Schulbibel nur: „sie blieb die Nacht bei ihm“. Aber: entweder sind Schüler der Grundschule in der Lage, zu durchschauen, was sich hier abspielt – wozu dann die schüchterne Sprache? – oder sie verstehen die Erzählung nicht. Der Unterricht muß jedenfalls, wenn er sich auf die Erzählung einläßt, wieder zur originalen Deutlichkeit zurückkehren. Darüber hinaus verkürzt die Schulbibel die *Verschlagenheit Davids:* In 2 Sam 11 läßt er Urija, den Mann Batsebas, nach Hause rufen, damit dieser später als Vater des Kindes erscheinen könne; doch dieser ahnt das böse Spiel und schläft bei den Knechten des Königs. Erst dann plant der König seinen Tod.
Zur Rede Natans: Sie übermittelt nicht einfach die Verurteilung Davids, sondern läßt diesen selbst richten. *Zwei Fälle* stehen zur Verhandlung:

Natan: Ein Reicher nimmt einem Armen sein Schaf und schlachtet es für sich.	⟶	David: Todesstrafe
David läßt Urija töten und nimmt seine Frau „Der Mann bist du!“	⟶	?

Zur geschichtlichen und theologischen Dimension: Es geht hier um mehr als um private Schuld und Reue.
Erstens im *geschichtlichen Rückblick:* die vorausgehende Erwählung Davids erhält eine düstere Fortsetzung.

Natans *Verheißung:* Gott legt mit David den Grund für ein beständiges Königtum.	⟷	Natans *Urteilsspruch:* David hat gegen Gottes Ordnung verstoßen.

Damit hat bereits der erste König dieses Herrscherhauses erwiesen, daß er nicht Gottes Gerechtigkeit in dieser Welt repräsentieren und durchsetzen kann.
Zweitens im *Blick auf die Zukunft:* Eigentlich hätte der König nach dem verbrecherischen Ehebruch die Todesstrafe verdient (vgl. auch Dtn 22,22); dann wäre seine Herrschaft schon am Ende. Das Geständnis der Schuld bringt jedoch die Vergebung.
Trotzdem ist weiter von *Strafe* die Rede; denn ein solches Vergehen hat öffentliche Konsequenzen; es bedroht das Vertrauen in die Rechtsordnung: „weil du mit dieser Sache die Feinde des Herrn zum Lästern gebracht hast“ (12,14). Der Tod des Kindes soll die zum Schweigen bringen, die meinen, der Gesetzlose habe nichts zu befürchten, wenn er nur die Macht hat. (Die „Bibel für die Grundschule“ läßt diese Begründung für den

Tod des Kindes aus und macht ihn damit zur bloßen Vergeltungsmaßnahme gegenüber David – dem doch vergeben worden ist!) In diesem Zusammenhang steht auch noch die Ankündigung des Propheten, daß in Zukunft „das Schwert nie mehr von deinem Haus weichen" wird (V. 10). Davids Tat weist über sich hinaus auf weiteres Unheil.

Aber die Verheißung Natans (2 Sam 7) soll damit nicht aufgehoben sein. Deshalb mündet letztlich diese düstere Affäre in eine *hoffnungsvolle Wende:* der zweite Sohn Davids und Batsebas erhält die besondere Anerkennung des Propheten.

Ps 32,1-11 — Nr. 68
Bekenntnis und Vergebung

Naheliegende Verständnisvoraussetzungen

Durch die Einordnung des Psalms in die Davidsgeschichten legt die „Bibel für die Grundschule" für manche Stellen des Textes, die an sich unbestimmt sind, eine konkrete Bedeutung nahe: Der hier in den ersten Zeilen gepriesen wird und danach von sich selbst erzählt, ist David; die nur ganz allgemein angedeutete schuldhafte Tat („solange ich *es* verschwieg") ist das im Vorausgehenden erzählte Vergehen des Königs.
Allerdings bringt diese präzisierte Bedeutung auch Schwierigkeiten mit sich: Im Psalm scheint das Bekenntnis der Schuld aus eigenem Antrieb und innerer Bedrängnis zu erfolgen; David aber ließ zunächst keine seelische Not erkennen und mußte erst von Natan der Tat überführt werden.
So weist der Psalm doch nur teilweise auf die Situation der vorausgehenden Geschichte.

Strukturen des Textes

Die Kommunikationsstruktur: Die wechselnden Blickrichtungen der Rede

In den ersten vier Zeilen (V. 1f) wird der gerühmt, dessen Schuld Gott vergeben hat. Dies geschieht so allgemein und grundsätzlich, daß man nicht an einen einzelnen Menschen denken muß; gemeint ist vielmehr „*jeder,* dem der Herr . . .".

Im folgenden Abschnitt (VV. 3.5) dagegen *erzählt* jemand von sich selbst („*ich*"). Der vorausgehende Lobpreis soll durch die persönliche Lebensgeschichte bestätigt werden. Der Psalmist wendet sich dabei einmal in direkter Anrede Gott zu; zum anderen, sich erinnernd, *seiner eigenen Vergangenheit.*

In V. 8 (nicht in der „Bibel für die Grundschule") *antwortet Gott* unmittelbar auf die dankende Erzählung des Psalmisten.

Die letzten zwei Zeilen schließlich (V. 11) richten sich mit dem Aufruf zur jubelnden Freude *an eine große Gemeinde.* Die „Gerechten", „alle ... Menschen mit redlichen Herzen", sind dabei nicht diejenigen, die im Gegensatz zum Psalmisten keine Schuld begangen hätten, sondern alle, die wie er Vergebung erfahren haben und in den Dank einstimmen dürfen. (Im ungekürzten Text gehen diesem Anruf an die Gemeinde noch Belehrungen zur rechten Einsicht voraus.)

Werte: Die Umkehr zu neuem Leben

Der Psalm ist polarisiert angelegt. Dabei stehen einander nicht etwa Recht und Unrecht, Schuld und Schuldlosigkeit gegenüber, sondern das *Verschweigen* und das *Bekennen* des eigenen Vergehens.

Diesem Gegensatz entsprechen jeweils auch unterschiedliche Auswirkungen für das seelische und physische Leben des Betroffenen. (Die Kürzungen der „Bibel für die Grundschule" mildern die ausdrucksstarke Sprache der Not; die nachfolgende Skizze enthält in Klammern die Auslassungen.) Stellt man die bezeichnendsten Elemente des Textes zusammen, ergibt sich dabei etwa folgende Gruppierung:

verschweigen	⟷	*bekennen*
Glieder matt		vergeben
stöhnen		(Schutz)
(Lebenskraft verdorrt)		(du rettest)
(Not)		(Jubel)
(Schmerzen)		freut euch
		jauchzt
		die Gerechten
		jubelt alle
		mit redlichem Herzen

Auf der einen Seite ist der Schuldige mit sich allein; auf der anderen Seite dagegen sieht er sich hineingenommen in die große Gemeinschaft.

In der Gestaltung dieses Kontrastes zeigt sich der Psalm als ein ausdrucksvoll bewegter Text.

Innerbiblische Beziehungen

Die Bibel spricht durchgängig davon, daß das Leben der Menschen – der einzelnen wie der Völker und der Menschheit als ganzer – von zerstörender Schuld betroffen ist; daß Gott aber vergebend denen entgegenkommt, die ihre Schuld eingestehen. Drei Beispiele, die auch in der „Bibel für die Grundschule" ausgewählt worden sind, seien hier (außer der Erzählung von Davids Schuld und Vergebung) besonders hervorgehoben:
1. der *Ruf Johannes' des Täufers zur Umkehr* (Lk 3,1-14: Nr. 106) im Blick auf die nachfolgende Verkündigung Jesu, der das „Gnadenjahr des Herrn" ansagt (Lk 4,19: Nr. 109);
2. Jesu *Erzählung „vom gütigen Vater" und dem „verlorenen Sohn"* (Lk 15,11-32: Nr. 129);
3. *Jesu Einkehr beim Oberzöllner Zachäus,* der sich selbst als „Sünder" ansieht (Lk 19,1-10: Nr. 133).

Anschlüsse an die Welt des Lesers

Man kann Ps 32 nicht unmittelbar auf das Fehlverhalten von Kindern und deren gute Versprechungen, „sich zu bessern", beziehen. Der Psalmist zeigt sich erschüttert von dem gestörten Leben, das er erfahren mußte. Dies ist etwas anderes als das übliche „schlechte Gewissen". Es wäre eine pädagogisch unkluge Dramatisierung, würde man die Sprache dieses Textes für Situationen verwenden, bei denen uns, vor allem den Schülern, derartige Betroffenheit fernliegt.
Andererseits stammt der Psalm aber auch nicht aus einer völlig anderen Welt. Selbst Kinder können schon ansatzweise wahrnehmen, wie Menschen schuldhaft ihr eigenes Glück ruinieren: einer zerstört das Vertrauen eines anderen; eine Familie geht in die Brüche; jemand verursacht leichtfertig einen Verkehrsunfall und fühlt sein ganzes Leben belastet. Dies hat nicht nur „seelisches" Leid zur Folge; Schuld beschädigt hier spürbar den ganzen Menschen.
Von solchen schwerwiegenden Vergehen her könnte schließlich aber auch das geringfügigere Fehlverhalten ernst genommen werden, das sich noch nicht so massiv auswirkt, aber dennoch das Zusammenleben belastet.
Auf solchem Hintergrund spricht der Psalm von der Vergebung Gottes. Um verständlich zu machen, was dies heißt, hat Jesus erzählt, wie ein Vater seinen Sohn mit Freude aufnimmt, trotz allem, was vorgefallen war.

Nr. 69 ——→ S. 234

1 Kön 3-11 — Nr. 70-72
Die Erzählungen von Salomo

Salomos Geschichte steht unter dem *Gegensatz,* der sich in dem doppelten Urteil Gottes ausdrückt:

,,und der Herr liebte Salomo"	⟷	,,der Herr aber wurde zornig über Salomo"
(2 Sam 12,24: Nr. 68)	⟷	(1 Kön 11,9: Nr. 72)
Einerseits zeigt er sich ganz *von Gottes Weisung abhängig* und bittet ihn um ein *„verständiges Herz"* (1 Kön 3,9: Nr. 70), erhält dazu noch *Reichtum* und *weit verbreiteten Ruhm;* er baut Gott einen *Tempel* und fördert damit die *kultische Zentralisation* des Volkes.		Andererseits regiert er in der *Eigenmächtigkeit und dem Glanz eines selbstherrlichen Königs,* verpflichtet seine Untertanen zum *Frondienst* und schafft so *Unzufriedenheit* im Lande; er läßt die *Verehrung fremder Götter* zu und errichtet ihnen Altäre.

Auf der einen Seite haben wir die Elemente, die auf das *einmalige Bundesverhältnis Israels zu seinem Gott* verweisen: Hier ist die Rede von *„deinem* Volk", *„deinen* Söhnen", *„deinem* Versprechen", *„deinem* Knecht" usw. (vgl. das Gebet Salomos 1 Kön 8,22ff: Nr. 71); hier erhält der, den ,,selbst der Himmel und die Himmel der Himmel nicht fassen" ein *„Haus",* damit *sein „Name hier wohnen"* kann und mit dem ,,Namen" seine Macht (8,27.29 – die ,,Bibel für die Grundschule" etwas freier); hier wird nach den alten Überlieferungen erzählt, daß eine ,,Wolke" den Tempel erfüllt habe als Zeichen dafür, daß die ,,Herrlichkeit des Herrn" gegenwärtig war (8,10f; in der Grundschulbibel fällt sogar noch – nach 2 Chr 7,1 – ,,Feuer vom Himmel" und verzehrt das Opfer).

Aber auf der anderen Seite verwischen sich in den Erzählungen von Salomo auch die Besonderheiten des Volkes Israel; *der König* erscheint *als einer unter den vielen:* neben der Königin von Saba, auch wenn diese ihn gerade bewundert (1 Kön 10,1-13: Nr. 70), dem König Hiram von Tyros, mit dem er wirtschaftliche Verträge abschließt (1 Kön 15,15-25: Nr. 71), dem Pharao von Ägypten, mit dem ihn Heiratspolitik verbindet (1 Kön 9,16: Nr. 72). So ist die *Öffnung des Landes für fremde Götter* nur die äußerste Konsequenz solcher Nivellierung, zu der auch die Belastung des Volkes mit dem *Frondienst* gehört. Was vor langer Zeit die Ältesten Israels von Samuel verlangten: einen König, der herrscht, *„wie es bei den anderen Völkern ist"* (1 Sam 8,5: Nr. 58), scheint hier erreicht.

1 Kön 12,1-33 Nr. 73
Salomos Reich zerfällt

Die Erzählung vom Zerfall des Reiches bringt in besonderer dramatischer Gedrängtheit die Spannungen zutage, die in der Geschichte Salomos grundgelegt sind. Allerdings gehen durch die Kürzungen der „Bibel für die Grundschule“ wichtige Elemente des szenischen Aufbaus verloren:

1. Der Sohn Salomos Rehabeam steht nicht nur dem Volk und seinen Forderungen gegenüber, sondern auch zwischen *zwei gegensätzlichen Gruppen von Ratgebern:* die erste empfiehlt dringend, dem Volk nachzugeben; die zweite, es mit größerer Strenge zu beherrschen.
2. *Drei Tage* lang bleibt Rehabeam *unentschieden* und läßt das Volk warten. Der Erzähler hält die Krise auf ihrem Höhepunkt an. Dann erst erfolgt der Zusammenbruch.
3. Als der König seinen *Fronaufseher* schickt, um seinen Willen trotz der Absage der Israeliten durchzusetzen, wird dieser gesteinigt.
4. Schließlich sieht der Erzähler hier als *entscheidenden Akteur Gott* im Spiel. Als der König den guten Rat ausschlägt und dem schlechten folgt, heißt es: „denn der Herr hatte es so bestimmt“ (V. 12). Gott zieht hier die Konsequenzen aus der Herrschaft Salomos, wie er sie schon zu dessen Lebzeiten durch den Propheten Ahia aus Schilo angekündigt hat (1 Kön 11,29ff: Nr.72). Damit zeigt sich die Geschichte an dieser Stelle noch einmal nachdrücklich in ihrem *Wechselspiel von Freiheit und Verhängnis:* es mußte so kommen – und es hätte nicht so kommen müssen.

Die Propheten

Elija und Elischa

Elija war der bedeutendste Prophet im Nordreich Israel. Er lebte im 9. Jahrhundert v. Chr. Politisches und religiöses Wirken waren für ihn (wie für alle Propheten) untrennbar. Sein Kampf für Jahwe war ein Kampf nicht nur gegen die fremden Götter, sondern auch gegen das uneingeschränkte Königsrecht nach dem Vorbild ausländischer Herrscher. Elijas Schüler und Nachfolger war Elischa.
Von beiden Propheten lesen wir in den „Büchern der Könige". Auch wenn sich hier historische und legendäre Überlieferungen kaum mehr voneinander scheiden lassen, so erhalten wir dennoch ein eindrucksvolles Bild vom Wirken und der Wirkungsgeschichte dieser Streiter für den Glauben Israels.

---

1 Kön 16,29-33; 17,1-7; 18,1-45 Nr. 74
Das Gottesgericht auf dem Karmel

Naheliegende Verständnisvoraussetzungen

Wir lesen hier von einer dramatisch bewegten Auseinandersetzung zwischen dem Glauben Israels und den religiösen Einflüssen aus seiner Umwelt. Die Konfrontation ist nachdrücklich und einprägsam auf eine Entscheidung hin zugespitzt. Am Ende steht der überragende Sieg Jahwes und seines Propheten. Die Verhältnisse sind klar und eindeutig.
Aber der Glanz dieses Ausgangs kann für heutige Leser beträchtlich getrübt sein. Denn wir hören auch von einer Geschichte der Gewalt gegen die, die nicht den „rechten Glauben" haben. Wie unter dem kriegerischen Kampfruf „Gott mit uns" werden Menschen getötet. (Dies läßt an die religiös motivierten Aggressionen in Irland und im Vorderen Orient denken, aber auch an die früheren Aufschriften auf den Koppelschlössern unserer Soldaten.)
So muß man damit rechnen, daß diese Geschichte zwiespältig aufgenommen wird.

Strukturen des Textes

Der Raum

Das Karmelgebirge im Norden Palästinas nahe der Mittelmeerküste war ein Sammelpunkt der religiösen Kulte des Orients (auch nach dem Zeugnis außerbiblischer Quellen). Hier stieß der Glaube Israels unmittelbar auf die einflußreiche Verehrung Baals. Wenn Elija an diesen Ort einlädt, will er sich den Gegnern auf deren eigenem Feld stellen.
Mit der Erwähnung, daß die mächtige Königin Isebel aus *Tyros* – einem Stadtstaat nördlich von Israel – kam, wird der politisch-religiöse Hintergrund angedeutet, in dem das Ereignis zu sehen ist. (Die Schulbibel verweist auch noch – nach 1 Kön 16,32 – auf den Baalstempel in der *Hauptstadt Samaria.*)
Außerdem bringt der Erzähler das Opfer Elijas mit dem Gottesdienst am Tempel zu *Jerusalem* in Verbindung. Der Streit auf dem Karmel hat seine entfernten geographischen Bezugspunkte.
Aber auch der *Raum der Natur* ist in die Geschichte miteinbezogen: Die Entscheidung wird vom Wetter her erwartet; der Blick richtet sich hinaus auf das Meer und empor zu Himmel und Wolken. Der Ort der Auseinandersetzung hat einen weiten Horizont.

Die Zeit

Elija tritt seinem Volk mit der vorwurfsvollen Frage: „Wie lange noch . . .?" gegenüber. Der jetzige Zustand ist ihm unerträglich. Es geht ihm nicht nur um den Nachweis des wahren Gottes, sondern vielmehr um die Neuordnung der religiösen Verhältnisse in Israel. Die Zukunft steht damit auf dem Spiel.
Das Gewicht dieser Entscheidung drückt sich auch darin aus, daß sie den ganzen Tag einnimmt. Die Baalspriester bemühen sich vom Morgen bis zum Abend um ihren Gott. Elija kann ihnen diese Zeit gewähren; denn er benötigt nur die letzten Stunden des Tages (die Zeit, zu der man auch in Jerusalem opfert). Der Untergang der Sonne bringt das Ende der Baalsanhänger.

Die Akteure und ihre Beziehungen

1. Am Anfang stehen zunächst *Ahab und Isebel*, das Königspaar des Nordreichs, gegen *Elija*, der sich im Bund mit dem *Gott Israels* weiß, und die übrigen „*Propheten des Herrn*". Jede Seite setzt der anderen zu: Die Propheten werden mit der Todesstrafe bedroht und verfolgt; den König trifft besonders schwerwiegend die Strafe, die Gott über das ganze Land verhängt hat. Er muß sich als der Mächtige zeigen können und ist doch für alle sichtbar unterlegen: Es gelingt ihm nicht, die Jahwe-Diener auszurotten; er muß mühsam das Land nach Wasserstellen absuchen lassen (in der „Bibel für die Grundschule" mit V.4f ausgelassen).

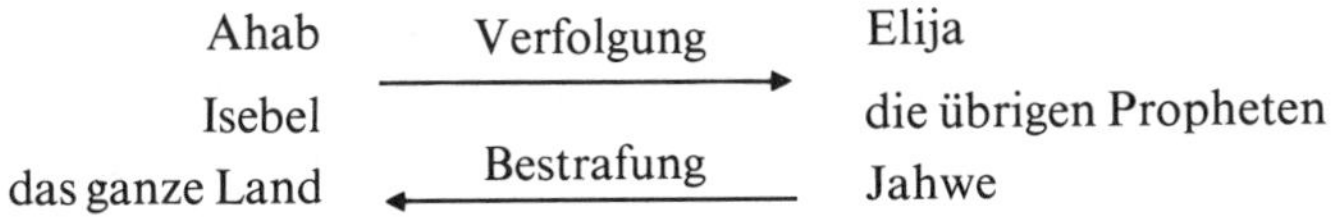

Als Ahab und Elija aufeinandertreffen, kann deshalb jeder auf seine Weise im anderen einen „Verderber Israels" sehen. Dies verlangt eine Entscheidung.

2. In der Szene auf dem Karmel ist die Konstellation dadurch anders, daß jetzt das unentschiedene *Volk* mitbeteiligt ist. Es versucht, sich zwischen den Fronten zu halten. Außerdem steht jetzt dem *einen Propheten* der Gegner in anderer Zahl gegenüber:

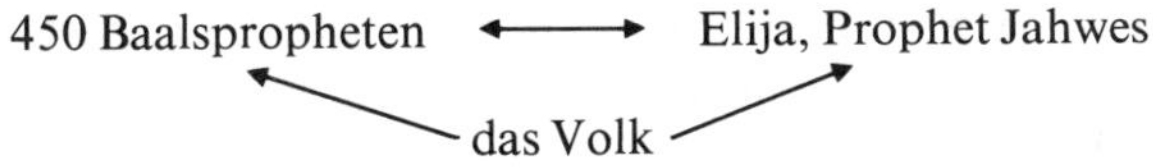

Das Gottesurteil soll aus dieser labilen Situation herausführen.

3. Das entscheidende Verfahren sieht beide Seiten in unterschiedlicher Aktion:

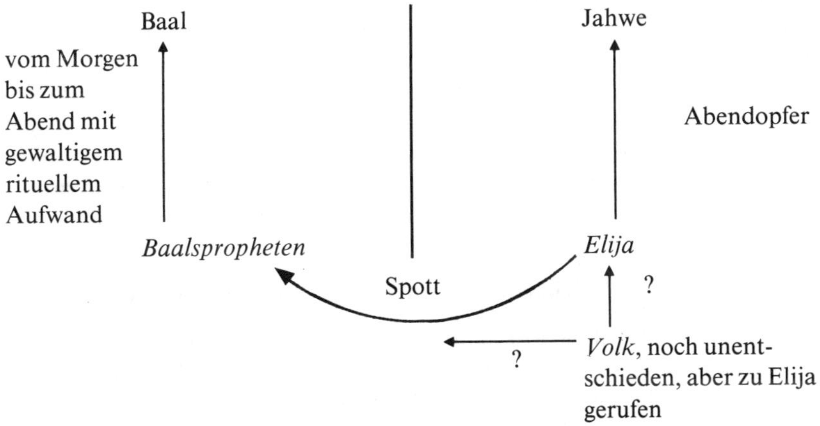

(An dieser Stelle erweist es sich als Nachteil, daß die „Bibel für die Grundschule" nicht von „Jahwe", sondern vom „Herrn" spricht; denn auch „Baal" heißt übersetzt „Herr"; Israel aber hat für seinen Gott einen unverwechselbaren Namen. Nach ihm heißt auch Elija: „Mein Gott ist Jah[we]".

4. Als das Feuer vom Himmel fällt, sind die Fronten eindeutig; die Baalspriester sind der Übermacht Jahwes, Elijas und des Volkes preisgegeben; sie können nicht mehr mit der Unterstützung Ahabs rechnen und werden getötet. Nach dieser Entscheidung können alle mit Geduld auf den ersehnten Regen warten: Siebenmal geht der Diener, um auf das Meer hinaus zu schauen. Als schließlich die ersten Wolken aufziehen, befiehlt der Prophet dem König, nach Hause zu gehen und läuft selbst ein Stück des Wegs vor dessen Wagen her (in der „Bibel für die Grundschule" ausgelassen).

Baalspropheten	←— Tötung ——	Jahwe Elija das Volk	} als das Feuer kam
		Elija Ahab	} als der Regen kam

Damit ist das Land für den Erzähler wieder in Ordnung gebracht.

Werte: Heil und Unheil

Das Land befindet sich am Anfang in einem *zweifachen Mißstand*, einem *religiösen*: die Jahwe-Religion ist unterdrückt, und einem *naturalen*: Trokkenheit und Hungersnot bedrohen das Leben. Für den Erzähler ist das zweite durch das erste bedingt. Dementsprechend ist am Ende der Geschichte zweifaches Unheil behoben.

Die politische und religiöse Situation ist nach diesem Text erst dann gut, wenn diejenigen, die für „die Gebote des Herrn" eintreten, auch die Macht haben, sich durchzusetzen. Gewalt ist nur dann verwerflich, wenn sie von der Gegenseite ausgeht; unbedenklich kann sie aber gegen die Feinde Jahwes eingesetzt werden. Der Erzähler zeigt keine Scheu, von Elija eine derart grausame Tat zu überliefern.

Dahinter steht freilich nicht bloßer Machtwille, sondern die Besorgnis um die Grundordnung des Volkes: ob sie sich noch an dem *Gott der Geschichte* und seinen Verpflichtungen ausrichte oder an dem *Gott der Naturkulte* (dessen Anhänger sich ihrerseits mit tödlicher Gewalt durchzusetzen versuchen). Es geht um den geistigen und politischen Bestand Israels in der Geschichte.

Erwartungen: die Möglichkeiten des Anfangs – das notwendige Ende

Am Anfang der Erzählung ist die Welt in Unordnung. Man weiß noch nicht, was daraus werden soll. Noch ist nicht ausgemacht, wer sich durchsetzen wird. Man kann sich für den Ausgang der Geschichte grundsätzlich noch verschiedene Möglichkeiten denken. Aber am Ende ist alles eindeutig: Wer sich dem Gott Israels entgegenstellt, hat letztlich keine Chance; notwendigerweise steht er auf der Seite der Verlierer; wer mit anderen Möglichkeiten rechnet, unterliegt einer gefährlichen Täuschung; nur die Anhänger Jahwes begreifen die wirklichen Machtverhältnisse.

Innerbiblische Beziehungen

a) Die Erzählung von Elija auf dem Berg Karmel steht in aufschlußreichem *Kontrast zu der folgenden Gottesoffenbarung am Berg Horeb.* Hier erfährt Elija (und mit ihm der Leser), daß Jahwe sich den zuvor nahegelegten Erwartungen entzieht (s. zu 1 Kön 19,1-18: Nr. 75).

b) Auch *vom Neuen Testament her* ergeben sich *Gegensätze*: Die Jünger Jakobus und Johannes möchten über ein samaritisches Dorf „vom Himmel Feuer“ herunterrufen; aber Jesus wehrt ein solches Gericht ab (Lk 9,51-56: Nr. 123).
Bei der Gefangennahme Jesu greift Petrus zum Schwert; aber Jesus untersagt ihm diesen Gewaltakt (Lk 22,47-53: Nr. 139).

c) Als eine *Geschichte des Sieges über die Feinde* ruft unsere Erzählung aber auch andere Ereignisse in Erinnerung: vor allem die Überwindung der Macht des Pharao beim Auszug aus Ägypten (Ex 12-14: Nr. 41-43); den Sieg Davids über Goliat (1 Sam 17: Nr. 63).

d) Das Gottesurteil läßt auch an Jesu *Verkündigung des Weltgerichts* denken (Mt 25,31-46: Nr. 158). „Ewige Strafe“ wird hier denjenigen zuteil, die sich nicht um die Bedürfnisse ihrer Mitmenschen gekümmert haben. Auch wenn der Anlaß für die Verwerfung jeweils anders ist, so läßt sich doch nicht einfach ein Gegensatz bilden zwischen einem gewaltsamen Gott im Alten Testament und einem barmherzig nachsichtigen im Neuen.

Anschlüsse an die Welt des Lesers

Der Abstand zwischen dieser Erzählung und unserer Welt ist groß: Wenn wir von Hungersnöten und Dürrekatastrophen hören, sehen wir darin kaum die Strafe Gottes.
Wenn wir politische, moralische und religiöse Unordnung erfahren, erwarten wir keine so zügige, gewaltsame und eindeutige Klärung der Verhältnisse.
Wohl gibt es auch in unserer Welt kriegerische Grausamkeiten im Namen der Religion; aber wir können sie nicht so unbefangen hinnehmen, gar bejahen, wie dies der Erzähler der Elija-Geschichte offensichtlich tut.
Eines allerdings läßt sich in unser Leben übertragen: Es gibt Situationen, in denen wir erkennen müssen, daß wir *kompromißlos in die Entscheidung gestellt* sind – vielleicht im Verhalten gegenüber einem Menschen, vielleicht angesichts politisch verhängnisvoller Möglichkeiten, vielleicht aber auch in unserem religiösen Bekenntnis. Unter diesem begrenzten Gesichtspunkt wenigstens können wir die Elija-Erzählung nachvollziehen.

1 Kön 19,1-18 Nr.75
Der Herr offenbart sich dem Elija

Naheliegende Verständnisvoraussetzungen

Wenn man diese Erzählung nach der vorausgehenden liest, tut sich ein Gegensatz auf: dort der sichere Prophet, der sich der Unterstützung seines Gottes gewiß ist und sich gewaltsam durchsetzt; hier dagegen derselbe Prophet unsicher und geängstigt. Auch Gott zeigt sich hier anders als dort. Alle gewaltsamen Züge, die bei der vorigen Geschichte den Leser irritieren konnten, scheinen getilgt. Aber damit erhebt sich gerade die Frage, was wir von den beiden Texten in ihrer spannungsvollen Zuordnung halten sollen. (Die „Bibel für die Grundschule" legt mit ihrer Überschrift nahe, daß sich jetzt erst Gott so „offenbart", wie ihn Elija sehen soll. Aber hat er nicht auch auf dem Karmel sich bereits selbst kundgetan?)

Strukturen des Textes

Der Raum: der Weg zum Gottesberg und die Rückkehr zu Israel

Man kann in dem Text *Stationen und Strecken* unterstreichen (nach der „Bibel für die Grundschule"):
Reich Israel – Juda – Wüste – Gottesberg – durch die Wüste zurück.
Rein räumlich gesehen, ist der Prophet am Ende wieder dort, wo er am Anfang war. (In 1 Kön 19,15 wird er darüber hinaus noch nach Damaskus geschickt, um dort Hasael zum König von Aram zu salben.)
An der Aufzählung der Stationen ist schon zu erkennen, daß Elija nicht einen bloßen Umweg macht; denn an dem Umkehrpunkt der Reise steht der gewichtige Namen „Gottesberg".
Neben dieser Folge von Stationen ist für unsere Erzählung noch eine weitere räumliche Differenzierung bezeichnend: Elija wird von Gott zunächst *im Innern einer Höhle* zur Rede gestellt; dann aber ruft er ihn hinaus in *das Freie*, damit er dort wahrnehme, wie sich Gott ihm zeigt. Auch durch diesen räumlichen Gegensatz ist der Gottesberg als die entscheidende Umschlagstelle der Erzählung gekennzeichnet.

Die Zeit

Bereits der erste Satz der Erzählung weist zurück auf das, was zuvor geschehen ist. Und die abschließende Gottesrede verweist mit ihrem Auftrag voraus auf das kommende Wirken des Propheten. So ist die ganze Geschichte nur eine Zwischen-Episode (freilich eine gewichtige!). Andererseits aber erhält sie

durch eine Zeitangabe auch ein kräftiges Eigengewicht: „vierzig Tage und vierzig Nächte" ist Elija unterwegs bis zum Gottesberg.
Eigentlich müßte man annehmen, daß auch die Rückreise etwa entsprechend lang gedauert habe. Aber dies spielt für den Erzähler keine Rolle. Nachdem Elija den Auftrag Gottes erhalten hat, gibt es kein Zögern und keinen Aufschub mehr. Der erste Satz der folgenden Geschichte schließt unmittelbar an, ohne zeitlichen Abstand.

Die Akteure und ihre Beziehungen

Zwar spielt sich das entscheidende Ereignis – wie es auch die Überschrift der „Bibel für die Grundschule" anzeigt – zwischen Gott und Elija ab; doch ist diese Begegnung in vielfältige Beziehungen eingelassen:

1. (Ahab →) Isebel	Bedrohung →	Elija	Flucht in die Wüste →	Tod?
2. Engel	Bestärkung →	Elija	Aufbruch zum Gottesberg →	Gottes machtvolle Erscheinung?
3. Gott	Auftrag / Verheißung →	Elija	Rückkehr →	Elischa (Hasael, Jehu)

Bei jeder der drei Stationen ist Elija derjenige, der reagiert: er wird von den anderen Akteuren gelenkt – sei es am Anfang in Angst, sei es am Schluß in Zuversicht. Nie liegt die Initiative bei ihm selbst.
So haben wir hier denselben Widerstreit wie bei der vorausgehenden Erzählung: Wer ist stärker – *Isebel*, die für Baal kämpft, oder *Jahwe*? Die Antwort erfolgt hier durch die Umkehr des Propheten. (In der verkürzten Fassung der „Bibel für die Grundschule" werden die politischen Konsequenzen nicht voll ersichtlich: außer seinen Nachfolgern Elischa und Hasael, dem künftigen König in Damaskus, wird Elija auch Jehu salben, der der Herrschaft Ahabs und Isebels ein Ende setzen wird.)
Die *Beziehungen zwischen Gott und Elija* ist ihrerseits wieder dreifach gegliedert:
1. Zunächst stehen sie einander im *Wechselgespräch von Frage und Antwort* gegenüber. Aber dabei bleibt die Situation noch ungeklärt.
2. Für Elijas Umkehr entscheidend wird erst die Erfahrung, wie *Gott „vorüberzieht"*:
– nicht im heftigen Sturm (der Berge zerreißt!),
– nicht im Erdbeben,
– nicht im Feuer,
– sondern im sanften Wind.
3. Der Erscheinung Gottes antwortet Elija mit der Verhüllung seines Gesichts. Damit gibt er zu erkennen, daß ihm das Wort genügen muß, das Gott

jetzt zu ihm spricht. Dem Menschen kommt es nicht eigentlich zu, Gott zu *sehen*, sondern auf ihn zu *hören*. Dementsprechend steht am Ende *der neue Auftrag*.

Werte und Erwartungen

Elija muß im Laufe dieser Geschichte lernen, seine Welt und Gott anders zu sehen, als es ihm zunächst naheliegt. Am Anfang nimmt er an:

wenn	Gottes Altäre zerstört und seine Propheten getötet werden,	dann	muß sich Gott mit Gewalt behaupten;
wenn	der Prophet sich mit Eifer für Gott einsetzt,	dann	muß ihn Gott siegreich über die Feinde triumphieren lassen;
wenn	aber die Verfolgung anhält,	dann	ist dies Grund zu Enttäuschung, Angst, Flucht, Selbstbeschuldigung und Lebensüberdruß.

Diesen Erwartungen entspräche auch die Vorstellung:

wenn	Gott sich dem Menschen zeigt,	dann	begleiten ihn Sturm und Feuer.

Aber Gott zieht anders vorüber; seine Rede läßt die Konsequenzen, die Elija ziehen will, nicht zu, wie auch der Engel in der Wüste dem Propheten die Resignation verwehrt hat.
Aber es wird ihm auch nicht der siegreiche Triumph in Aussicht gestellt. Es muß ihm genügen, wenn trotz aller Verfolgungen eine beträchtliche Zahl von Propheten Jahwes übrig bleibt; wenn er einen Nachfolger im Prophetenamt einsetzen darf (und wenn er sogar in die Herrschaftsverhältnisse des benachbarten Staates Aram und seines eigenen Landes Israel eingreifen kann – dies steht aber nicht in der „Bibel für die Grundschule").

Innerbiblische Beziehungen

a) Daß diese Erzählung auf das verweist, was ihr unmittelbar vorausgeht und folgt, wurde schon mehrfach angesprochen. Vor allem verhindert sie, daß sich das ungemildert gewaltsame Gottesbild, wie es die *Auseinandersetzung auf dem Karmel* nahelegt, verfestigt.
b) Der „Gottesberg", auf dem Gott an Elija „vorüberzieht", ist *derselbe Berg, auf dem Moses das Gesetz empfing: Horeb* (oder auch Sinai). Schwere Wolken, Feuer, Rauch, Erdbeben und gewaltiger Posaunenschall begleiteten dort die Begegnung mit Gott (Ex 19,16ff: Nr. 48). Auf diesem Hintergrund

der Überlieferungen seines Volkes muß Elija erfahren, daß Gott für ihn ,,nicht im Sturm", ,,nicht im Erdbeben" und ,,nicht im Feuer" da ist; daß Gott sich nicht schon ein für allemal in der Vergangenheit zu erkennen gegeben hat; daß er vielmehr seine Gläubigen auch dazu zwingen kann, ihn über Enttäuschung hinweg neu wahrzunehmen.

c) Auch an anderer Stelle des Alten Testaments können wir davon lesen, *daß Propheten an ihrer Aufgabe, ja an ihrem Leben verzagen.* So klagt Jeremia, als er den Untergang Jerusalems verkünden muß: ,,Weh mir, Mutter, daß du mich geboren . . .! (Jer 15,10); und ganz ähnlich wie Elija wünscht sich Jona den Tod: „Es ist besser für mich zu sterben als zu leben" (Jona 4,3.8). Aber alle diese Propheten werden nicht aus ihrem Auftrag entlassen, sondern von Gott über die Resignation hinausgeführt.

d) Wie Elija lernen mußte, daß Gott anders für ihn da ist, als er es erwartete, so müssen auch *die Jünger Jesu manche ihrer Vorstellungen aufgeben*: daß Jesus ihnen machtvolle Positionen verschaffe (Mk 10,35f); daß er an der gewaltsamen Durchsetzung Gefallen finden könne (Lk 9,54 – Feuer über das samaritanische Dorf, Nr. 123; 22,50 – Verteidigung mit dem Schwert, Nr. 139); daß er sein Volk aus den Händen der Feinde rette (Lk 24,21: Nr. 146). Wie Elija vor der bedrohlichen Macht Isebels flieht, so fliehen die Jünger bei der Hinrichtung Jesu; aber wie Elija umkehrt, um seinen Auftrag weiter zu erfüllen, so kommen auch die Jünger wieder nach Jerusalem, um in der neu geschenkten Zuversicht den von Jesus gewiesenen Weg weiterzugehen.

Anschlüsse an die Welt des Lesers

Obwohl Engel- und Gotteserscheinungen nicht zu unserer Umgebung gehören; kann uns diese Erzählung doch in zweierlei Hinsicht nahestehen:

Erstens kommt der Prophet an die Grenzen seiner Macht; er weiß nicht, wie es weitergehen soll; er möchte aufgeben. Seine außergewöhnliche Stellung und sein besonderes Berufungsbewußtsein schützen ihn nicht vor Enttäuschungen und Hilflosigkeit. Das Prophetenleben erscheint nicht als eine Heldengeschichte.

Auch Gott selbst zeigt sich nicht in der überwältigenden Demonstration seiner Macht, der sich niemand entziehen kann. Er nähert sich Elija erst, als die Natur unauffällig und still geworden ist. Diese Erzählung läßt es nicht zu, daß wir nur dort nach Gott Ausschau halten und dort mit ihm rechnen, wo außergewöhnliche Ereignisse die Szene beherrschen. Nach der gewaltätigen Karmel-Geschichte wird Elija hier auf eine Welt verwiesen, in der sich Recht und Wahrheit nicht mit Blitz und Donner durchsetzen.

1 Kön 19,19-21; 2 Kön 5,1-16 Nr. 76
Der Prophet Elischa heilt den Syrer Naaman

1. Dieser Text ist aus zwei auseinanderliegenden Stücken zusammengesetzt. Der *erste Abschnitt* entspricht 1 Kön 19,19-21 und stellt den *Schluß der vorausgehenden Elija-Erzählung* (Nr. 75) dar. Schon der erste Satz zeigt, daß die Aufteilung der „Bibel für die Grundschule" in einen ursprünglichen Erzählzusammenhang eingreift und die unmittelbare Folge des Auftrags an Elija und der Erfüllung dieses Auftrags aufhebt.

Nach dem ersten Abschnitt erwartet man, daß danach Elischa „im Dienst" Elijas steht. Aber dies ist nicht der Fall. In der *Erzählung von der Heilung Naamans* ist Elischa bereits selbständig; Elija kommt nicht mehr vor (er wurde bereits 2 Kön 2 „entrückt").

2. An dem Geschehen sind *mehrere Ebenen von Personen* beteiligt: außer *Naaman und Elischa* einerseits *die Könige von Syrien und Israel* und andererseits *eine Magd und die Diener.* Die Geschichte umgreift so die ganze gesellschaftliche Rangordnung.

Die *Aktion zwischen den Königen* ruft freilich zunächst nur Angst hervor. Die Ebene der hohen Politik verursacht Schwierigkeiten.

Auch zwischen *Naaman und Elischa* tun sich zuerst Gräben auf: die Forderungen des Propheten und die Erwartungen des Syrers stimmen nicht miteinander überein. Die Geschichte droht in Zorn und Erfolglosigkeit zu enden.

Retter in der scheinbar ausweglosen Situation sind *die Diener* Naamans. Wie die entscheidende Anregung am Anfang von dem Hinweis einer Magd ausgeht, so muß sich Naaman auch an dem kritischen Punkt, an dem ihn der Prophet auf die Probe stellt, „von unten her" sagen lassen, was er zu tun hat.

3. *Zielpunkt dieser Erzählung* ist das Bekenntnis Naamans, „daß es nirgends auf der Erde einen Gott gibt außer in Israel" (2 Kön 5,15). Bemerkenswert ist dabei, daß er nicht einfach von dem „Gott Israels" spricht, der als einziger die Welt beherrscht, sondern diesen einzigen Gott nur „in Israel" lokalisiert. In V.17 (nicht in der „Bibel für die Grundschule") bittet er sogar um „so viel Erde, wie zwei Maultiere tragen können", damit er auch zu Hause etwas Boden habe, um darauf Jahwe einen Altar zu errichten. Außerdem bittet er um Nachsicht, daß er nach wie vor seinen Herrn in den Tempel des Gottes Rimmon begleiten und dort zum Gebet niederfallen muß (V. 18 – nicht in der Schulbibel). Elischa verzichtet darauf, diesem Mann Lehren und Vorschriften mit auf den Weg zu geben, sondern entläßt ihn in seine Welt mit dem tröstenden Gruß: „Geh in Frieden!" (V.19 – nicht in der Schulbibel).

Der Glaube an Jahwe überschreitet so die Landesgrenzen Israels; aber es ist nicht zu erwarten, daß er draußen heimisch werden wird.

Jesaja und Jeremia

Vom achten Jahrhundert an werden uns nicht nur *Erzählungen* vom Wirken der Propheten überliefert – wie zuvor von Elija und Elischa –, sondern auch deren *eigene Reden.* Im Unterschied zu den Erzählungen sind diese rhetorisch und poetisch besonders gestaltet, aber auch über diese formalen Eigenheiten hinaus in ihrem theologischen Gehalt anspruchsvoller. So ist es verständlich, daß die „Bibel für die Grundschule" aus dem Bestand der Bücher Jesaja und Jeremia nur wenig auswählen kann und dabei erzählende Abschnitte bevorzugt. Von der Vielgestaltigkeit und der Gewalt prophetischer Rede, von den leidenschaftlichen Zeugnissen prophetischen Lebens, von der politischen Bedeutung des prophetischen Handelns ist in solcher Knappheit nur noch wenig zu erfahren. Umso wichtiger ist es deshalb, zu prüfen, was die ausgewählten Abschnitte dennoch vermitteln können.
Die Kürzungen und bearbeitenden Veränderungen der ursprünglichen biblischen Texte bringen es außerdem mit sich, daß in der Grundschulbibel die Botschaft der Propheten mit ihrer Ankündigung des „Messias" und des „neuen Bundes" unmittelbar auf das neutestamentliche Evangelium ausgerichtet zu sein scheint.
Dem wird der Kommentar (wie der Unterricht) hie und da entgegensteuern müssen.

Jes 6,1-8 **Nr. 77**
Jesaja wird zum Propheten berufen

Naheliegende Verständnisvoraussetzungen

Der Text der „Bibel für die Grundschule" legt schon in seinem Druckbild nahe, daß der erste Abschnitt nur eine erläuternde Einführung darstellt. Sie hat im Buch Jesaja keine unmittelbare Entsprechung. Der Leser kann jedoch in dieser Schulbibel nicht mehr erkennen, daß auch der nachfolgende Text in einer wesentlichen Hinsicht verändert worden ist: In Jes 6 wird nicht in der dritten Person erzählt, sondern der Prophet berichtet selbst: „Im Todesjahr des Königs Usija sah *ich* den Herrn . . .". Damit hat der originale biblische

Text einen grundlegend anderen Charakter: Hier bezeugt jemand seine eigene prophetische Berufungserfahrung. Wo „ich" gesagt wird, hören wir den Betroffenen selbst. Die Veränderung der Schulbibel ist in diesem Punkt nicht zu rechtfertigen. Ihr Nachteil wird auch nicht dadurch ausgeglichen, daß später innerhalb der Erzählung Jesaja in direkter Rede spricht; denn dies ist dann schließlich auch nur ein von einem unbekannten Erzähler vermitteltes Zitat.
Ein kleiner Teil des Textes, der Lobpreis Gottes durch den Engel mit seinem dreimaligen „Heilig" (V. 3), ist weithin aus unserem heutigen Gottesdienst bekannt. Die Nähe dieser prophetischen Berufungserzählung zur kultischen Praxis wird darüber hinaus noch durch andere Elemente betont, die auf den Jerusalemer Tempel und seine Liturgie verweisen. Schließlich legt dies gerade auch der einleitende Abschnitt in der „Bibel für die Grundschule" nahe. Dadurch wird es erleichtert, einzusehen, daß die prophetische Vision Gott und himmlische Mächte so zu Gesicht bringt, wie es durch die gottesdienstlichen Vermittlungen naheliegt. Der innerlichen Betroffenheit des Propheten gehen bereits die Vorstellungen voraus, die der Kult aufgebaut hat.

Strukturen des Textes

Die Zeit

Im Unterschied zur „Bibel für die Grundschule", die hier alle zeitlichen Festlegungen vermeidet, ist die Berufung in Jes 6,1 auf das *Todesjahr des Königs Usija* datiert, d.h. auf das Jahr *739 v. Chr.* Dies ist eine Zeit, in der die feindliche Bedrohung für das Südreich Juda beängstigend zunimmt. Assyrien dehnt seine Macht bis nach Ägypten aus, von keiner Seite her kann Juda mehr sicher sein.
Die prophetische Berufung hat damit deutlich einen geschichtlichen und politischen Ort. Dies wird auch in der Rede Gottes, die Jesaja vernimmt, deutlich: Sie stellt den Propheten in seine Aufgabe, „bis die Städte verödet sind und unbewohnt, die Häuser menschenleer, bis das Ackerland zur Wüste geworden ist" (V. 11). Diese Terminierung fehlt freilich in der „Bibel für die Grundschule"; in ihr hat die prophetische Sendung zunächst noch keine Beziehung zur zeitgeschichtlichen Situation.

Der Raum

Die Vision findet im *Tempel* statt, also in dem geistigen Zentrum des Volkes, in dem man Gott selbst gegenwärtig glaubt und die Hoffnung auf eine friedvolle und beständige Zukunft wachhält. Die „Engel", die Jesaja sieht, stehen in ähnlicher bildhafter Gestaltung über der Bundeslade, die im Allerheiligsten des Tempels als Thron Gottes aufgestellt ist. Die kultische Umgebung wird auch durch V. 6 in die Vision einbezogen, wo ein Engel eine glühende Kohle

von dem Räucheraltar nimmt. (Die Tempelliturgie kannte nicht wie unser heutiger Gottesdienst das bewegliche „Weihrauchfaß".) Schließlich hat auch die akustische Dimension dieser Berufungsszene (V. 4) ihre Parallele in den üblichen lauten gottesdienstlichen Gesängen und Rufen mit deren Begleitung durch musikalische Instrumente.
Doch obwohl sich die Vision derart an die Realität des Jerusalemer Tempels anlehnt, öffnet sie doch zugleich den Blick auf das *himmlische Heiligtum Gottes*; denn allein der Saum des Mantels, den Gott trägt, füllt bereits den irdischen Tempel aus. Außerdem weist der Ruf der Engel auf *„die ganze Erde"* hin, die von seiner Herrlichkeit erfüllt ist.

Die Akteure und ihre Beziehungen

Das Geschehen wird von zwei Seiten her aufgebaut: auf der einen steht *Jesaja,* dem diese Erscheinung zuteil wird; auf der anderen Seite *Gott* als himmlischer König. Über ihm schweben dienende Wesen seines Hofstaats. (Die Bibel nennt sie hier nicht allgemein „Engel", sondern „Serafim".) Daß sie mit zwei Flügelpaaren ihr Gesicht und ihren Körper bedecken, ist ein besonderer Ausdruck der Ehrfurcht gegenüber ihrem Herrn, dem Gott der himmlischen „Heere" („Jahwe Zebaot" – die „Bibel für die Grundschule" läßt diese Kennzeichnung Gottes im Ruf der Engel aus).
Die Begegnung zwischen diesen beiden Seiten erfolgt in mehreren Schritten:
Zuerst sieht und hört Jesaja die himmlische Szene, die sich noch nicht auf ihn bezieht.
Diese Vision versetzt ihn in tiefsten Schrecken. (In der „Bibel für die Grundschule" heißt es verharmlosend: „Jesaja staunte sehr . . ."; aber dieser Satz steht nicht im Originaltext.) Der Mensch erfährt hier die Wirklichkeit Gottes als eine Bedrohung; denn diese Begegnung rückt zugleich den tiefgreifenden Gegensatz von göttlicher Heiligkeit und menschlicher Schuld ins Bewußtsein.
Deshalb vernimmt Jesaja auch nicht sofort die Berufung durch Gott selbst, sondern zunächst das vergebende Wort eines Engels, der ihm zugleich zeichenhaft mit einer glühenden Kohle die Schuld ausbrennt. Damit ist Jesaja bereits aus seinem „Volk mit unreinen Lippen" (V. 5) herausgenommen und für die prophetische Aufgabe bereitgestellt.
Nun erst hört Jesaja die Fragen Jahwes, die nach einem Propheten Ausschau halten; aber auch sie richten sich noch nicht ausdrücklich an ihn selbst, sondern mehr an die himmlische Umgebung („Wer wird für *uns* gehen?").
Doch Jesaja gibt die Antwort, mit der er sich uneingeschränkt zur Verfügung stellt.
Jetzt erst richtet Gott sein Wort an Jesaja. Jetzt erst ist eine Wechselrede zwischen beiden möglich. (Aber dieser Teil der Berufungsszene, VV. 9-13, ist nicht mehr in die „Bibel für die Grundschule" aufgenommen. Damit fehlt hier – im Widerspruch zur Überschrift – die entscheidende Berufungsrede: „Geh und sag diesem Volk: . . .")

Das ganze Ereignis hat demnach im skizzierten Verlauf folgende Gestalt:

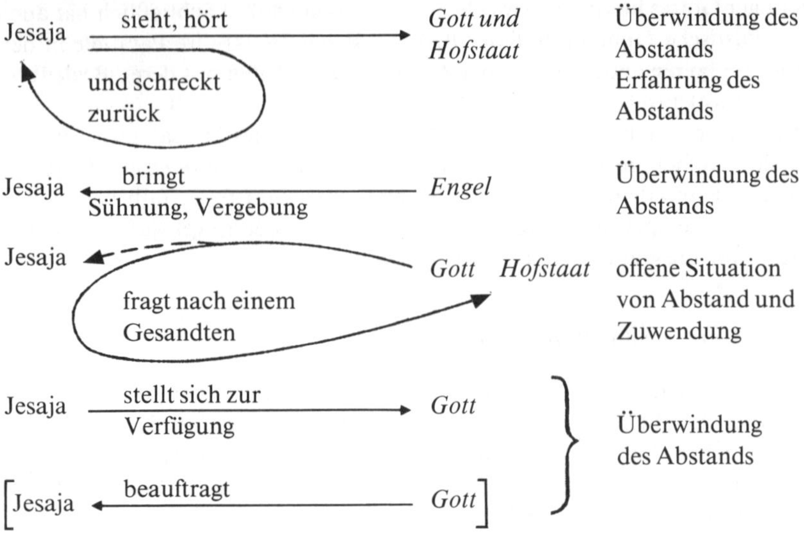

Da die ganze Szene nur im Wechselspiel dieser zwei Seiten aufgebaut ist und sonstige Akteure auch in der Umgebung nicht vorkommen, verfehlt die Illustration auf S. 105 der ,,Bibel für die Grundschule“ den Text, wenn sie noch eine lobsingende Gemeinde beteiligt sein läßt.

Erwartungen

Mit der Berufung Jesajas ist die eigentliche Geschichte dieses Mannes erst eröffnet, nicht abgeschlossen. Er selbst steht jetzt seinem Volk, das er in Schuld befangen sieht, als Bote Gottes gegenüber. Dies ist eine dramatische Ausgangssituation für die nachfolgenden Ereignisse.

Jesaja	*das Volk*
durch die Vergebung Gottes auf dessen Seite gestellt,	von Unwahrheit und Ungerechtigkeit eingenommen,
zum Propheten berufen	damit im Widerspruch zu Gottes Gesetz

Innerbiblische Beziehungen

Die Berufung Jesajas verweist vor allem auf eine Reihe weiterer *Berufungsgeschichten*, z. B. auf die Abrahams (Gen 12,1-8: Nr. 16), die des Mose (Ex 3: Nr. 40), die Samuels (1 Sam 3: Nr. 57), die Jeremias (Jer 1,1-19: Nr. 80), aber auch die der Jünger Jesu (Lk 5,1-11: Nr. 110; Lk 5,27-32: Nr. 112; Lk 6,12-16: Nr. 113) und des Apostels Paulus (Apg 9,1-22: Nr. 173). Immer wieder

wird dabei deutlich, wie Menschen bedingungslos für die Aufgabe beansprucht werden, zu der sie Gott – bzw. Jesus – bestellt. Sie werden berufen, ohne daß sie selbst besondere Fähigkeiten aufwiesen und sich durch herausragende Leistungen ausgezeichnet hätten. Sie sind letzten Endes nur in Dienst genommen für eine Geschichte, die nicht allein ihnen persönlich, sondern vor allem dem ganzen Volk Gottes gilt.
Die Vision Jesajas kann den Leser auch an andere Texte erinnern, in denen einem Menschen *die himmlische Welt Gottes eröffnet* wird, z. B. an die Erzählung, in der Jakob träumt, daß er auf einer Treppe Engel zwischen Himmel und Erde auf und nieder steigen sieht (Gen 28,11-19: Nr. 25), die Vision Ezechiels von der Erscheinung Gottes inmitten himmlischer Mächte (Ez 1), die Taufe Jesu am Jordan mit der sichtbaren Herabkunft des Geistes und der hörbaren Stimme Gottes (Lk 3,21-23: Nr. 107), die Vision des neuen Himmels und der neuen Erde durch den Seher auf Patmos (Offb 21: Nr. 193). Der Vergleich solcher Texte mit ihren wechselnden Vorstellungen läßt die jeweiligen Bilder leicht in ihrem symbolischen Charakter erkennen.

Anschlüsse an die Welt des Lesers

Der Erzählung von der Vision Jesajas geht es letztlich nicht um das Jenseits Gottes, sondern um den Anspruch des Propheten in seiner Umgebung: Er will sein Wort so verpflichtend sagen, als ob man nicht ihn, sondern Gott hörte. Das forderte schon zu Jesajas Zeiten die Hörer auf, sich zu entscheiden, nach wem sie sich richten wollten; denn neben diesem einen, gab es noch manche andere, die beanspruchten, daß man ihnen folge. Diese Situation legt auch uns die Frage nahe: Wessen Wort hat für uns Gewicht? Von wem lassen wir uns Verpflichtendes sagen? Wessen Weisung nehmen wir ernst?
Es gibt „falsche Propheten“ – in der Politik wie in der Religion –, die den Menschen große Versprechungen machen, sie aber letztlich doch im Stich lassen oder sogar ins Unheil führen. Solche Erfahrungen können das Mißtrauen gegen alle „Propheten“ stärken. Aber andererseits erheben auch in unserer Welt Menschen ihre Stimme, die in ihrem Glauben und in ihrer sittlichen Verantwortung ein besonderes Gespür für das zeigen, was in bedrängten Situationen – wie soziale Not, politische Wirren, religiöse Trägheit – gefordert ist. Auch wenn diese sich dann nicht als Propheten Gottes ausgeben und wir sie aus unserer Sicht auch nicht mit Jesaja auf eine Stufe stellen wollen, so können wir uns doch gleichermaßen aufgerufen fühlen hinzuhören. Wir müssen bereit sein, uns „ins Gewissen reden“ zu lassen, wenn wir nicht von vornherein selbstsicher auf unser „gutes Gewissen“ bauen wollen.
Das Wort Jesajas: „Hier bin ich! Sende mich!“ kann schließlich auch daran erinnern, daß jeder Christ in einem bestimmten Maß, je nach den lebensgeschichtlichen Voraussetzungen, aufgerufen ist, sich in den Dienst für Gottes Wort nehmen zu lassen.

2 Kön 16,1-8; Jes 7,1-14; 9,5-6; 11,1-2 Nr. 78-79
Weissagungen des Propheten Jesaja

Vorbemerkungen

Diese zwei Kapitel der „Bibel für die Grundschule" lassen sich unter mehreren Gesichtspunkten zusammenschließen:
a) Beide sind aus Teilen von 2 Kön 16 und dem Buch Jes aufgebaut;
b) in beiden Kapiteln stehen als Hauptgestalten einander gegenüber der König Achaz und der Prophet Jesaja;
c) jedes Mal wird betont, daß Gott sein Volk bzw. die Stadt Jerusalem „nicht verließ", „obgleich" dort Untreue und Bosheit herrschten;
d) die Weissagung des „Messias" wird in Kap. 79 ausdrücklich mit der Weissagung des „Immanuel" von Kap. 78 identifiziert;
e) die politische Einstellung des Achaz, trotz der Warnungen des Propheten sein Vertrauen auf den König von Assur zu setzen (Nr. 78), findet ihre unheilvolle Konsequenz in der Eroberung Jerusalems durch eben dieses Volk der Assyrer (Nr. 79 – die „Bibel für die Grundschule" läßt bei dieser kürzenden Wiedergabe der biblischen Geschichte nicht mehr erkennen, daß es sich in 2 Kön 16 und 18 um zwei verschiedene assyrische Könige handelt, nämlich einmal um Tiglat-Pileser, zum anderen um Sanherib).

Naheliegende Verständnisvoraussetzungen

Die Überschriften dieser beiden Kapitel sprechen von „dem" Immanuel und „dem" Messias, als ob für die damaligen Hörer der prophetischen Rede wie für die heutigen Leser eine ganz bestimmte und bekannte Gestalt angesagt werde. Da der Name „Immanuel" in Advents- und Weihnachtsliedern begegnet und auch der Titel „Messias" in der Sprache des Neuen Testamentes aufgegriffen wird, scheint hier Jesaja in einem viele Jahrhunderte übergreifenden Vorausblick Jesus Christus anzukündigen. Aber dies trifft nicht zu – jedenfalls nicht so einfach und undifferenziert. (Auch was das „Kleine Bibellexikon" im Anhang der „Bibel für die Grundschule" unter dem Stichwort „Messias" schreibt, wird unseren Texten nicht gerecht.) Jesaja selbst hat die politische und religiöse Lage seiner Zeit – des 8. Jahrhunderts – und die nicht gar zu ferne Zukunft seines Volkes im Blick.

Strukturen des Textes

Der Raum

Wir werden in die Stadt Jerusalem versetzt, die von außen her durch feindliche Mächte bedroht wird: einmal aus unmittelbarer Nähe durch das Nordreich Israel, dann darüber hinaus durch Damaskus und schließlich vor allem durch die entscheidende Großmacht Assyrien. Wer über die Grenzen Judas schaut, erblickt demnach eine dreifach gesteigerte bedrohliche Übermacht.

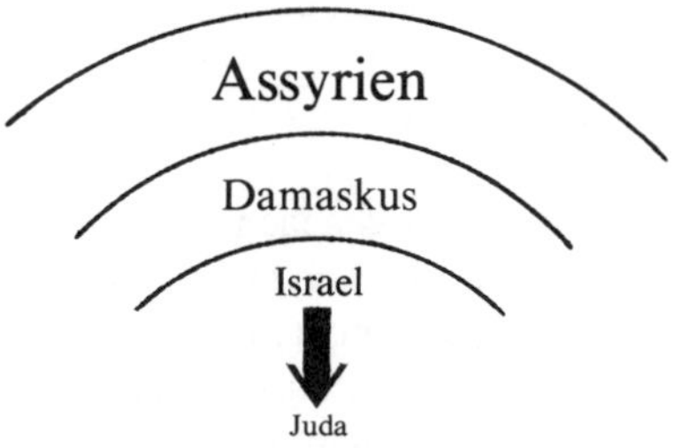

Die Zeit

Im Unterschied zur „Bibel für die Grundschule" läßt Jes 7,1 den genaueren zeitlichen Ort der Szene erkennen: Seit der Berufung des Propheten „im Todesjahr des Königs Usija" (Jes 6,1, 739 v. Chr.) sind schon einige Jahre vergangen; denn Jesaja hat es in unserem Text bereits mit dessen Enkel Achaz zu tun (der 735 den Thron bestieg).
Der prophetische Blick Jesajas richtet sich einmal auf die bedrohte Gegenwart; dann aber auch auf die rettende Zukunft. Darin unterscheidet er sich zunächst nicht von Achaz; auch dieser schaut in seinen politischen Bedrängnissen über den anstehenden Tag hinaus auf die Möglichkeiten, die ihm verbleiben; und andererseits denkt auch Jesaja sicher an die Zukunft, mit der seine Generation noch rechnen kann. Aber trotzdem ist Jesajas zeitliche Perspektive offener: Letztlich verspricht er den Frieden, der „kein Ende" haben wird, da Gott selbst für ihn einsteht (9,6).

Die Akteure und ihre Beziehungen

König Achaz (eigentlich hätte die „Bibel für die Grundschule" nach der ökumenischen Vereinbarung „Ahas" schreiben müssen) nimmt die militärischen Kräfteverhältnisse wahr und gerät bei der Lagebeurteilung, die er für realistisch ansieht, in äußersten Schrecken. Er erblickt nur noch den einen Ausweg, Assyrien für sich zu gewinnen und damit die bedrohlichen Mächte selbst gegeneinander auszuspielen.
Ihm gegenüber steht *Jesaja*, der darauf dringt, alle solche Taktik beiseite zu

lassen und einzig auf Gott zu vertrauen. Für die „realistische“ Sicht des Königs muß dies eine sehr windige Hoffnung sein.
Dieser Gegensatz ist umso schärfer, als Jesaja nicht im eigenen Namen spricht, sondern seine Rede als Rede Gottes ausgibt („So spricht der Herr: . . .“). Die Auseinandersetzung erfolgt in drei Schritten:

die Angst des *Königs* und seine Suche nach militärischer Unterstützung	←	der Trost des *Propheten* und seine Warnung vor der Zuflucht zu militärischer Stärke
	←	Aufforderung, von Gott ein bestärkendes Zeichen zu erbitten
Verweigerung	→	
	←	Ankündigung eines Zeichens

Der König hat sich demnach durchgehend gegenüber dem Propheten und seinem Wort versperrt. Deshalb ist auch nicht anzunehmen, daß *das Zeichen,* das der Prophet am Ende in Aussicht stellt, für Achaz schlechthin erfreulich sein soll. Aber es ist auch nicht die Ankündigung der Niederlage, von der zuvor mahnend die Rede war. So bleibt dieses Wort des Propheten zunächst noch zwiespältig und undeutlich. Es ist nicht verwunderlich, daß es zu den am meisten umstrittenen Stellen des Alten Testamentes zählt.
Festzuhalten ist zunächst, daß die Übersetzung der „Bibel für die Grundschule“, nach der eine „Jungfrau“ einen Sohn gebären wird, nicht eindeutig auf den hebräischen Urtext zurückgeführt werden kann, sondern nur auf die griechische Übersetzung. Ursprünglich ist einfach von einer „jungen Frau“ die Rede. Doch wer damit gemeint ist, wird nicht gesagt.
Das angekündigte „Zeichen“ wird am ehesten verständlich, wenn man von den hoffnungsvollen Erwartungen, die in der Zeit Jesajas bestanden, ausgeht. Wenn das Volk sich von Gott her Rettung versprach, dann richtete sich seine Zuversicht immer wieder auf einen zukünftigen König. Er sollte es fertigbringen, daß das ganze Volk mit Freude bekennen kann: Gott ist mit uns. Diese Hoffnung wird in dem Wort Jesajas bestärkt. Zugleich verwehrt der Prophet es seinen Hörern aber auch, ihre Zuversicht auf den König Achaz selbst oder dessen Sohn, der ihm auf den Thron nachfolgen wird, zu setzen. Hätte der Prophet den Blick entschieden auf die gegenwärtige Königsfamilie richten wollen, hätte er dies deutlicher tun können. Er zieht es dagegen vor, seine Zusage unbestimmter zu formulieren und damit die Zukunft des Achaz im Ungewissen zu belassen.
Wenn man die Rede Jesajas weiter liest, als sie in der „Bibel für die Grundschule“ aufgenommen ist, wird offensichtlich, daß der Blick des Propheten nicht in entlegene Zeiten geht; denn „bevor das Kind versteht, das Böse zu meiden und das Gute zu wählen“, sollen Syrien und Israel, vor deren Königen Achaz gegenwärtig noch Angst hat, selbst erobert und verödet sein (7,16).
Der Fortgang der Geschichte (Nr. 79) zeigt zunächst, wie berechtigt die Warnung Jesajas war, nicht auf die Hilfe der assyrischen Großmacht zu bauen.

Aber die Predigt des Propheten kann (in den hier ausgewählten Abschnitten) trotz der düsteren Lage die Hoffnung weiter bestärken – in einer entscheidenden Hinsicht jetzt sogar deutlicher als gegenüber Achaz: Der ersehnte Retter wird ausdrücklich aus dem Hause Isais (des Vaters Davids), also aus der herrschenden judäischen Königsdynastie, erwartet (11,1). Die „Bibel für die Grundschule“ hätte auch am Ende noch den Vers 9,6 hinzunehmen können, in dem es deutlich heißt, daß der erwartete König „auf dem Thron Davids“ herrschen wird.

Werte und Erwartungen

Jesaja will seinen Hörern nicht nur eine Auskunft, eine Nachricht zukommen lassen; es geht ihm nicht einfach darum, über etwas nüchtern zu informieren; sondern er will zur Umkehr bewegen, ermutigen, in Hoffnung bestärken. Dabei spielt die Gestalt seiner Rede eine wichtige Rolle. Mit gewaltigen Bildern entwirft er die Zukunft, auf die hin sein Volk leben soll. Manches ist dabei in seiner Sprache unmißverständlich nur ein Bild – wie der Baumstumpf, der neue Zweige schlägt –, anderes konnten die Hörer des Propheten als unmittelbare Wirklichkeit nehmen – wie die Herrschaft des verheißenen Königs. Aber selbst in diesem letzten Fall weisen bestimmte Elemente der Rede über die gewöhnliche Welt hinaus. Auf jeden Fall spricht Jesaja insgesamt in bildkräftiger Sprache, ob wir sie an einzelnen Stellen nun mehr oder minder auch „wörtlich“ nehmen können oder nicht.

Die gegenwärtige Lage als „Finsternis“

Das Volk weiß in seiner Not nicht mehr aus noch ein; es sieht nicht mehr, was auf es zukommt; es findet sich in seiner Welt nicht mehr zurecht. Jesaja stellt dies vor im Gegensatz von

Finsternis ⟷ (Licht, Helligkeit, Tag)

Wo es dunkel ist, kann man nicht sicher und zielgerichtet gehen, sondern man „tappt herum“.

Die neuen Triebe des „Baumstumpfes“

Wenn ein Baum umgehauen ist, scheint ihm alles Leben genommen zu sein. Die Wurzeln sind von Stamm, Ästen und Blättern abgeschnitten.

Zu erwarten ist nur noch:		Aber zugesagt wird:
Moder und Fäulnis	⟷	Neue Zweige, neue Frucht

Der Prophet stellt damit nicht nur allgemein Leben in Aussicht, sondern eines, das alle Erwartungen übersteigt.

Dadurch, daß Jesaja selbst vom „Baumstumpf Isais" spricht, richtet er ausdrücklich den Blick auf das in Jerusalem herrschende Königshaus. Aber die Zukunft, die diesem zugesagt wird, gilt damit zugleich auch dem ganzen Volk.

Das neugeborene „Kind"

In der Geburt eines Kindes erfahren wir wie kaum sonst den *Anfang* einer Geschichte; *Neues* ereignet sich; die Macht des *Lebens* steht gegen Alter und Tod, die eröffnete *Zukunft* gegen den Verfall.
Versteht man Jes 7,14 (wie es die „Bibel für die Grundschule" tut) mit der griechischen Bibelübersetzung so, daß eine „Jungfrau" einen Sohn gebären wird, dann tritt diese Aussage in ihrer Unwahrscheinlichkeit neben das Bild von dem Baumstumpf, der wieder Frucht bringen wird. Jesaja stellt eine Geschichte in Aussicht, die die Maßstäbe dessen, womit man sonst rechnet, übersteigt.

Der rettende König

Keiner der bisherigen Könige von Jerusalem konnte die Erwartungen erfüllen, die das Volk auf diese Dynastie gesetzt hat. Frieden und Gerechtigkeit sollten in dieser Welt so machtvoll durchgesetzt werden, daß man um ihren Bestand nie mehr fürchten müßte. Stattdessen aber erwies sich die Macht der Könige als begrenzt, schwach, ständig gefährdet, oft sogar als verwerflich, gemessen an den Ordnungen, an die sich das Volk von Gott gebunden sah. Diesen bedrückenden Erfahrungen stellt Jesaja sein Bild künftiger Herrschaft entgegen: Der König wird die *Fülle der Macht* mit der *Fülle geistiger Überlegenheit und moralischer Vollkommenheit* verbinden. Damit kann der König *die Herrschaft Gottes selbst* sichtbar gegenwärtig setzen. Jesaja unterstreicht dies in den ausgewählten Textstellen rhetorisch auf doppelte Weise: 1. indem er den *„Geist des Herrn"*, der den König erfüllt, *sechsfach entfaltet* – in drei parallelen Zeilen je zwei Nennungen (11,2) –; 2. indem er das königliche Kind bereits mit *vier gewaltigen Herrschertiteln* auszeichnet (9,5). Besonders überraschend, fast anstößig ist es, daß dieser König sogar „Starker Gott" und „Vater in Ewigkeit" heißen darf; denn damit scheint die unüberschreitbare Grenze zwischen Mensch und Gott in anmaßender Sprache aufgehoben. Aber Jesaja stellt nicht eine selbstherrliche Macht in Aussicht, sondern eine, die verliehen ist: Gott gibt Anteil an seiner Herrschaft. Letztlich geht es dabei nicht um die Größe dieses Königs, sondern um den Zustand der Welt: „der Friede hat kein Ende", „Recht und Gerechtigkeit" werden gefestigt sein „jetzt und für alle Zeiten". (9,6)
Somit ist die *Stellung des Königs* insgesamt charakterisiert durch die beiden Pole

„Gottesfurcht" (11,2) ⟷ Benennung als *„Starker Gott"* (9,6)

Innerbiblische Beziehungen

Zunächst weist die Erwartung eines zukünftigen Königs zurück auf die *Verheißung des Propheten Natan an David* (2 Sam 7: Nr. 69). Dort wird schon zugesagt, daß das Königshaus „ewig bleiben" und der König als „Sohn" Gottes eingesetzt sein wird. Auch waren die Könige der Vergangenheit schon *„Gesalbte" („Messias"),* denn sie waren bereits durch die Königssalbung als Repräsentanten der Herrschaft Gottes bezeichnet.
An die Weissagungen Jesajas schließen sich dann vor allem *spätere Hoffnungen* an, die sich in einem besonderen Sinn auf *„den"* Messias richten – teilweise sogar in das Jesaja-Buch aufgenommen sind (vgl. Jes 32,1f: Nr. 98).
Schließlich weisen die Worte Jesajas in das *Neue Testament*: Matthäus übernimmt in seiner *Kindheits*geschichte ausdrücklich Jes 7,14 in der griechischen Übersetzung, nach der „die Jungfrau" einen Sohn gebären und ihm den Namen „Immanuel" geben wird (Mt 1,23); bei Lk kündigt der Engel bereits an, daß Jesus „den Thron seines Vaters David" einnehmen und „in Ewigkeit herrschen" wird (1,32f: Nr. 101).
Wie es in Jes 11,1 heißt, daß „der Geist des Herrn" auf dem Nachkommen Davids sich „niederläßt", so wird bei der *Taufe Jesu am Jordan* erzählt, daß „der Heilige Geist" auf Jesus „herabkam" (Lk 3,21f: Nr. 107).
Zwischen den Königs-Weissagungen Jesajas und dem Neuen Testament zeigen sich aber auch Spannungen: Petrus will Jesus als *„den Messias Gottes"* anerkennen; doch dieser verwehrt ihm, es weiterzusagen, und hält ihm entgegen, daß er von den Mächtigen seines Volkes *verworfen und getötet* werden wird (Lk 9,18-22: Nr. 122). Diesem Zwiespalt entspricht auch die Tafel über dem Kreuz, die Jesus verächtlich als *„König der Juden"* kennzeichnet; die Umstehenden und sogar einer von denen, die mit ihm hingerichtet werden, verlachen ihn als „Messias" (Lk 23,35-39: Nr. 143).
Aber zuletzt können die Christen nach Ostern die *Auferstehung* Jesu *als königliche Inthronisation* ansehen, die ihn „über alle erhöht" und die alle bekennen läßt: „Jesus Christus ist der Herr" (Phil 2,9-11: Nr. 192).
Sogar *der Name „Christus"* allein schließt schon an die Verheißungen eines Königs des Friedens und der Gerechtigkeit an, denn dieser Name ist nichts anderes als die griechische Übersetzung des hebräischen Wortes „Messias", d.h. „Gesalbter".

Anschlüsse an die Welt des Lesers

Bei unseren politischen Verhältnissen spielen Könige keine große Rolle mehr; den Kindern sind sie mehr aus Märchen vertraut. Von daher ist der Ernst der prophetischen Verkündigung nicht mehr ohne weiteres nachzuvollziehen. Auch die eigenartigen Auszeichnungen durch „den Geist des Herrn" in seiner sechsfachen Entfaltung und die machtvollen Inthronisationsnamen, gar die

Geburt durch eine „Jungfrau", betonen eher die Ferne dieses Textes zu unserer Welt, als daß sie ihn uns naherückten.
Aber wenn es von Achaz und dem Volk heißt, daß sie in Schrecken versetzt wurden und zitterten „wie die Bäume des Waldes im Wind", dann dürfte es nicht schwer fallen, dies auch aus heutigen Situationen verständlich zu machen, in denen Menschen von Krieg und Not tief betroffen sind.
Doch auch diejenigen, die einigermaßen in Sicherheit sitzen, können heute so wenig wie zu den Zeiten Jesajas sagen, daß sie in einer friedlichen, gerechten und endgültig stabilen Welt leben. Die Frage, was aus der Geschichte letzten Endes werden soll, kann alle bewegen. Was immer der einzelne dabei von Jesajas Zukunftsschau halten mag, auf jeden Fall entwirft sie Bilder, die uns mit unserer Gegenwart nicht zufrieden sein lassen.
Jesajas Absicht freilich geht weiter; er will, daß die Menschen auch in aller Gefährdung zu sich selbst und einander sagen können: „Habt doch keine Angst!" Wir sollten in unsere Welt, auf unser Leben sehen und uns fragen, wo wir diesen beruhigenden Zuspruch nötig hätten und wieweit es uns gelingt, ihm zu vertrauen.

Jer 1; 7; 26; 31; 37; 38 — Nr. 80-84
Der Prophet Jeremia

Naheliegende Verständnisvoraussetzungen

Durch Auswahl, Kürzungen und Veränderungen hat die „Bibel für die Grundschule" eine *gedrängte Erzählfolge* geschaffen, in die einige wenige, aber gewichtige theologische Themen der Verkündigung Jeremias eingelassen sind. Dies legt es nahe, die fünf Kapitel auch im folgenden als eine gegliederte Einheit zu besprechen.
Die Aktionen der Widersacher Jeremias sind mehrfach besonders *aggressiv* zugespitzt. Dies erleichtert einerseits die Beschreibung der *dramatischen Abläufe;* kann aber auch andererseits dazu führen, daß in einer oberflächlichen Gegenüberstellung der Positionen die Reden des Propheten nur vergröbert wahrgenommen werden.
Das Stichwort „*neuer Bund*" ist aus der Gegenüberstellung alt- und neutestamentlicher Geschichte weithin bekannt. Allerdings kann dieses Vorverständnis den Zugang zu der ursprünglichen Verheißung Jeremias teilweise erschweren. Leider hat die „Bibel für die Grundschule" bei ihrer Textauswahl (Nr. 82) einen Satz ausgelassen, der besonders geeignet ist, das uns naheliegende, aber verkürzte Verständnis zu verhindern. Der Kommentar wird also an dieser Stelle auch der Schulbibel entgegensteuern müssen.

Strukturen des Textes

Der Raum

Zunächst wird unser Blick auf *die unmittelbaren Schauplätze* der Handlung gerichtet: auf Jerusalem mit seinem Tempel, in dessen Vorhof Jeremia predigt (Nr. 81), mit dem Kerker, in den Jeremia eingesperrt wird, und dem Wachhof des Königspalastes, in dem man ihn anschließend haftmildernd festhält (Nr. 83), wo man ihn schließlich aber auch in die Zisterne wirft (Nr. 84).

Nur wenig von Jerusalem entfernt (etwa 5 km nordöstlich) liegt der *Geburtsort* Jeremias, *Anatot.* Diese kurze Strecke ist Anlaß dafür, daß Jeremia gelegentlich in den Verdacht gerät, er wolle Jerusalem verlassen und zu den anrückenden Feinden überlaufen (Nr. 83).

Bereits die Berufungsgeschichte öffnet jedoch diesen engen Bereich, wenn in ihr Jeremia „zum Propheten für *die Völker*" bestellt wird (1,6: Nr. 80). In den sich anschließenden Kapiteln ist das Land Juda vor allem betroffen von den *Babyloniern,* die *aus dem Norden* zur Eroberung des Landes heranrücken; aber auch die *Ägypter* greifen *vom Süden her* in die Auseinandersetzungen ein (Nr. 83). Juda ist demnach von den Großmächten und deren Machtpolitik eingeschlossen.

Schon die Lokalisierung des Geschehens und seine räumlichen Erstreckungen lassen also die Ereignisse um Jeremia als eine vielfältige *Gefährdungsgeschichte* erkennen.

Die Zeit

Im Unterschied zur „Bibel für die Grundschule" datiert Jer 1,2 *die Berufung des Propheten* auf das 13. Jahr der Regierung des Königs Joschija, d.h. *627 v. Chr.* Die endgültige *Eroberung Jerusalems,* von der am Ende (Nr. 84) die Rede ist, fand *586 v. Chr.* statt. (Das Buch Jeremia weiß noch davon zu erzählen, daß der Prophet einige Zeit später gegen seinen Willen mit anderen nach Ägypten fliehen mußte.)

Diese Zeit des öffentlichen Wirkens Jeremias hat unter theologischer Perspektive eine *Vor- und Nachgeschichte,* die sich nicht gleichermaßen datieren läßt:

Der Berufung voraus geht die *Erwählung Gottes,* „noch bevor ich dich im Mutterleib formte" (1,5: Nr. 80). Die Geltung des Propheten ist nicht in der begrenzten Situation seine öffentlichen Auftretens begründet, sondern im göttlichen Willen, der allen Datierungen vorausliegt.

Ähnlich gibt auch die Verheißung des *„neuen Bundes"* alle zeitlichen Fixierungen auf und verweist in eine offene Zukunft: „Es werden Tage kommen" (31,31: Nr. 82). Zwar wird auch dies gesagt um der Gegenwart und ihrer konkreten geschichtlichen Situation willen, aber es ist in ihr selbst nicht mehr unterzubringen.

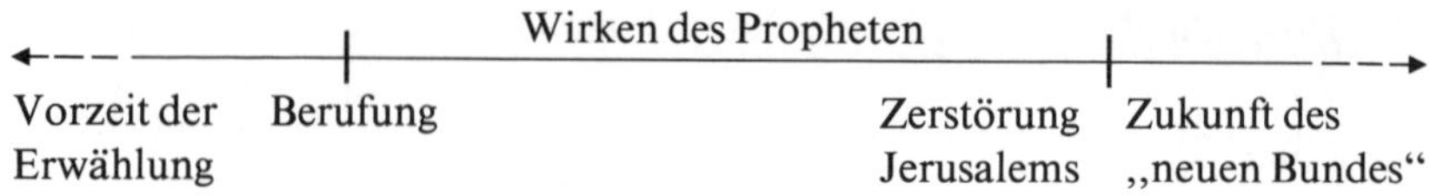

Die Akteure und ihre Beziehungen

Die Berufungserzählung (Nr. 80) zeigt Jeremia bereits in dem doppelten Verhältnis, das seine ganze Geschichte bestimmt: auf der einen Seite sieht er sich *Gott* gegenüber, der ihn beauftragt; auf der anderen Seite steht er „gegen *die Könige, Beamten und Priester von Juda* und gegen *das Volk auf dem Land*“ (1,18), ja sogar gegen *die „Völker“* (1,4.10).
Beide Beziehungen sind für den Propheten – wenn auch auf ganz unterschiedliche Art – zwiespältig:
Die *Beanspruchung durch Gott* läßt den Propheten erschrecken, weil er sich von ihr überfordert sieht. Sein Lebensalter und seine Redefähigkeit erscheinen ihm nicht hinreichend, um gegen Könige und die herrschenden Gruppen im Volk anzugehen. Aber Gott sagt ihm zweimal zu, daß er ihn „retten“ werde (VV. 8.19); in zwei machtvollen Bildern hält er ihm vor Augen, wie gefestigt er seine Existenz sehen darf: wie eine „eiserne Säule“ und eine „eiserne Mauer“ (V. 18). Diese Zusage ist für den Propheten auch zusammengefaßt in dem einen Satz: „Ich bin mit dir“ (V. 19). Damit scheint alle Zwiespältigkeit im Verhältnis Jeremias zu Gott beseitigt. In anderen Teilen des Buches Jeremia, die nicht in die „Bibel für die Grundschule“ aufgenommen worden sind, kann man leicht erkennen, daß dies nicht der Fall ist (z.B. dort, wo Jeremia Gott betroffen bittet: „Werde nicht zum Schrecken für mich“ – 17,17 –, oder erschüttert feststellt: „Du hast mich betört, oh Herr, und ich ließ mich betören“ – 20,7).
Wenn Jeremia *dem König und dem Volk* gegenübertritt, ist diese Konfrontation deshalb nicht eindeutig, weil seine Rede wohl mahnen, drohen und Unheil ankündigen, aber nicht schlechthin verurteilen und verwerfen soll. Auch sind die, die ihm gegenüberstehen, ihm nicht durchweg feindlich gesinnt. Wohl ist einmal davon die Rede, daß ihn „die Priester, die Propheten und alles Volk“ ergreifen und seinen Tod fordern, als sie seine Predigt gegen den Tempel hören (26,7f); aber dann sind es in derselben Szene doch auch wieder „die Beamten und alles Volk“ und „einige von den Ältesten des Landes“ (V. 16f), die für das Leben des Propheten eintreten. (Nr. 81 der „Bibel für die Grundschule“ harmonisiert geringfügig.) Ähnlich zwiespältig ist *König Zidkija* selbst: einerseits schickt er Boten zu Jeremia, um seine Fürsprache zu gewinnen (37,3: Nr. 83); andererseits läßt er zu, daß der Prophet in den Kerker und in die Zisterne geworfen wird, setzt sich schließlich aber doch wieder zu seinen Gunsten ein (Nr. 83/84).
Bezeichnenderweise tritt uneingeschränkt für Jeremia gerade der afrikanische Höfling *Ebed-Melech* ein, also einer, der nicht zum Volk gehört. Er veranlaßt

beim König die Rettung des Propheten und kümmert sich auch selbst um sie (Nr. 83).
Im Laufe der Lektüre ergeben sich demnach immer wieder wechselnde Konstellationen zwischen Jeremia und seinen Hörern in ihren verschiedenen Gruppierungen.

			Priester
Jeremia	⟷	König	Propheten
		Volk	Älteste
			Beamte

Schließlich ist auch noch das Verhältnis Jeremias zu den Großmächten *Babylonien und Ägypten* zu differenzieren: Die Eroberung Jerusalems durch die Babylonier schien ihm so unausweichlich, daß er dringend davor warnte, sich von den Ägyptern noch eine Unterstützung zu erwarten. Dies brachte ihn sogar in den Verdacht, daß er mit den Babyloniern sympathisiere und zu ihnen überlaufen wolle (Nr. 83).

Werte

Jeremia beurteilt die Lage seines Volkes auf dem Hintergrund der überkommenen *Bundesverpflichtungen.* Er fordert dabei: wahres Zeugnis und gerechten Entscheid vor Gericht, Schutz der Fremden, Witwen und Waisen, des unschuldigen Lebens und des Eigentums, Treue in der Ehe und im Verhältnis zu Gott. Die Gemeinschaft des Volkes beruht auf *Bedingungen* (fünfmal steht in Nr. 81 „Wenn . . .“!).
Jeremia hat auch die *Verheißungen* vor Augen, die dem Volk in der Vergangenheit zuteil geworden sind, aber er kann sich mit ihnen nicht so wie seine Zeitgenossen in Sicherheit wiegen; denn für ihn sind die Verheißungen nicht von den Verpflichtungen ablösbar. Deshalb muß er auch zu den Überlieferungen des Volkes die *realistische Beurteilung der gegenwärtigen Lage* mit hinzunehmen. Nur so sieht er sich berechtigt, Konsequenzen für die Zukunft zu ziehen.
Was der Prophet dabei in *Aussicht* stellt, ist zunächst *düster*: die Zerstörung des Tempels und die Deportation des Volkes (7,14ff: Nr. 81), die Eroberung und Zerstörung Jerusalems (37,8-10: Nr. 83), die Gefangennahme des Königs durch die Babylonier (37,17: Nr. 83) und schließlich den Tod aller, die in der Stadt zu bleiben versuchen und nicht zu den Babyloniern hinausgehen (38,2: Nr. 84). So wird denen, die Jeremia mit dem Tod bedrohen (26,11: Nr. 81, und 38,4: Nr. 84) selbst Untergang und Tod angekündigt.
Andererseits kann aber Jeremia die in der Vergangenheit gestifteten Hoffnungen auf eine *erfüllte Zukunft* nicht aufgeben. Deshalb stellt er seiner Gegenwart im gewaltigen Kontrast *„einen neuen Bund“* gegenüber. Dies bedeutet eine *Verurteilung der Gegenwart* (denn sie wird damit zum „alten Bund“ gerechnet und gilt als überholt); aber die Verheißung ist zugleich auch eine *Zusage der Rettung* (denn in diesen „neuen Bund“ hineingenommen sind wie am

Anfang des Volkes „das Haus Israel“ und „das Haus Juda“ – die Gemeinschaft der zwölf Stämme).

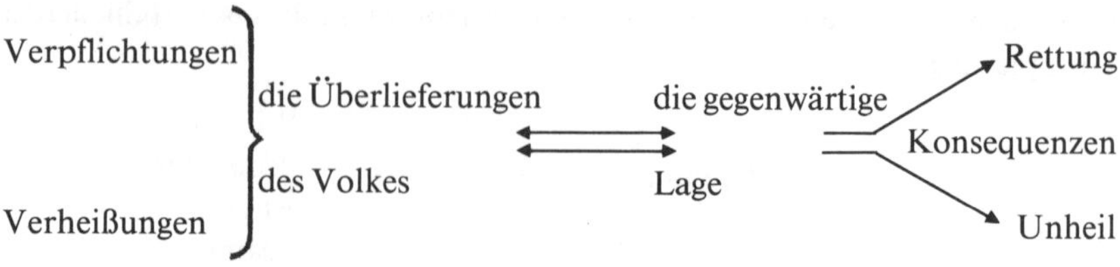

Erwartungen

In Jer 31,31-34 (Nr. 82) kündigt der Prophet nicht nur eine Verbesserung, sondern eine grundlegende Umgestaltung der Wirklichkeit des Volkes an. Es soll einen neuen Anfang geben, wie beim Auszug aus Ägypten, aber nicht als Neuauflage des alten, als weiterer Versuch, doch noch das damals gesetzte Ziel zu erreichen; die zukünftige Gemeinschaft soll von vornherein anders angelegt sein:

alter Bund ⟷	*neuer Bund*
Gott als „Gebieter“ (V. 32)	eigene Einsicht
Gesetze auf steinernen Tafeln	Verpflichtungen im „Inneren“, in das „Herz“ eingeschrieben
Es gibt solche, die andere belehren, und solche, die belehrt werden müssen.	„Keiner wird mehr den anderen belehren, und man wird nicht zueinander sagen: Erkennt den Herrn!“ (V. 34)

Die „Bibel für die Grundschule“ läßt die zwei Stellen aus, die hier mit Versangabe zitiert sind. Dadurch wird leider Wesentliches übergangen: der nachdrückliche Hinweis darauf, daß im neuen Bund nicht allein die Gesinnungen und Handlungen der einzelnen Menschen anders sein werden, sondern auch die gesellschaftlichen Strukturen; man wird niemanden benötigen, der einen über Glaube und Sittlichkeit belehrt; jeder kann sich von seiner eigenen Einsicht leiten lassen. An den Maßstäben gemessen, die hier Jeremia entwirft, steht nicht nur für seine Zeit, sondern auch für unsere letztlich der „neue Bund“ noch aus. Der „Bibel für die Grundschule“ scheint dieser Gedanke zu anstößig gewesen zu sein.
Daß es dennoch berechtigt sein kann, diese Verheißung Jeremias auf die neutestamentliche Geschichte Jesu Christi zu beziehen, soll im folgenden Kapitel mitbedacht werden.

Innerbiblische Beziehungen

Vor allem unter vier thematischen Gesichtspunkten kann der Blick des Lesers über die ausgewählten Abschnitte hinausgehen – in die Vergangenheit Israels und in die Zukunft der neutestamentlichen Geschichte –:

1. Die *Berufung* Jeremias zum Propheten läßt – wie schon bei Jesaja – wieder an die anderen herausragenden Erwählungen denken, diesmal vor allem aber an die des Mose, der sich mit ganz ähnlich lautenden Einwänden der Beanspruchung durch Gott zu entziehen versucht:

Mose	*Jeremia*
„Doch Mose sagte zum Herrn: ‚Aber bitte, Herr, ich bin keiner, der gut reden kann, weder gestern noch vorgestern, noch seitdem du mit deinem Knecht sprichst. Mein Mund und meine Zunge sind schwerfällig.' " (Ex 4,10)	„Da sagte ich: ‚Ach, mein Herr und Gott, ich kann doch nicht reden. Ich bin ja noch so jung.' " (Jer 1,6: Nr. 80)

2. Wenn Jeremia den *Tempel* in Jerusalem als *„Räuberhöhle"* bezeichnet, (7,11: Nr. 81) erinnert dies an das gleiche Wort Jesu bei der Szene der „Tempelreinigung" (Lk 19,46 – die „Bibel für die Grundschule" hat in ihre Auswahl diese Erzählung nicht mit aufgenommen). Bei Jeremia ist es allerdings nicht der Anblick der Händler und Käufer, der ihn zu solcher Scheltrede veranlaßt, sondern das gesetzwidrige Handeln, das er überall im Lande erblickt und von den Menschen in den Tempel hineingetragen sieht. Deshalb kündigt er die *Zerstörung des Tempels* an. Ähnliches sagt auch Jesus voraus – bei Lukas unmittelbar vor der Tempelreinigung –, wenn er gegen Jerusalem ankündigt, daß die Feinde „keinen Stein auf dem anderen lassen" werden, weil die Stadt „die Zeit der Gnade nicht erkannt" hat. (19,44) Gegen Jeremia stellen sich nach seiner Unheilsbotschaft „die Priester, die Propheten und alles Volk" und schreien: „Jetzt mußt du sterben!" (Jer 26,8: Nr. 81). Auch im *Prozeß Jesu* spielt die Rede gegen den Tempel eine Rolle, auch wenn dabei die Zeugen einander widersprechen und ihre Aussage selbst entwerten (Mk 14,58f). Und selbst bei der *Anklage gegen Stephanus* heißt es noch: „Wir haben ihn nämlich sagen hören: ‚Dieser Jesus, der Nazarener, wird diesen Ort zerstören . . .'" (Apg 6,14).

Indem sie den Tempel in ihre mahnende Verkündigung einbezogen, berührten Jeremia wie Jesus einen empfindlichen Nerv des Selbstbewußtseins ihres Volkes.

3. Das Leben des Jeremia steht einerseits unter den bedrohlichen Worten: *„Dieser Mann muß mit dem Tod bestraft werden"* (38,4: Nr. 84), andererseits aber unter der Zusage Gottes, ihn zu *„retten"* (1,8.19: Nr. 80). Darin entspricht das Geschick Jesu dem Jermias. Freilich bleiben die Erzählungen

von dem Leiden und den Errettungen Jeremias hinter dem Zeugnis von der Hinrichtung und der Auferweckung Jesu zurück.

4. Daß die Ankündigung des „*neuen Bundes*" im Kontrast zum *Bundesschluß am Sinai* zu sehen ist, wurde bereits angesprochen. Als Bezugstext legen sich hier die „Zehn Gebote" nahe, die mit der ständig wiederholten Forderungsformel „*Du sollst...*" nachdrücklich unterstreichen, daß die Verpflichtung dem Volk von außen her autoritativ auferlegt wird. (Ex 20,1-17; Dtn 5,6-21: Nr. 49).

Im *Neuen Testament* begegnet uns der Hinweis auf den „neuen Bund" wieder in dem Wort, das Jesus bei seinem *letzten Mahl* über den Kelch spricht: „Dieser Kelch ist der Neue Bund in meinem Blut, das für euch vergossen wird" (Lk 22,20: Nr. 137 – Matthäus und Markus sprechen an dieser Stelle nur vom „Bund"). Im Leiden und Sterben Jesu sahen die Christen nach Ostern das realisiert, was Jeremia ankündigte: die Erfüllung des Willens Gottes, ohne daß es irgendeiner äußeren Verpflichtung bedürfte. Was Jesus auf sich nahm, ist in dieser Sicht ganz *Wille des Vaters* und ebenso ganz *von Jesus bejaht.* Diese Gemeinschaft mit Gott, die die Jünger im Leben und Sterben Jesu verwirklicht sahen, erfuhren sie bestätigt in seiner Auferweckung und dem Geist, der ihnen geschenkt wurde. Damit konnten sie bekennen, daß der „neue Bund" für sie gegenwärtig ist und alle Menschen grundsätzlich an ihm Anteil bekommen können (vgl. Hebr 8,7-13).

Dies darf uns jedoch nicht übersehen lassen, in welchem Maße wir in unserem persönlichen Leben und in unseren sozialen Beziehungen, auch im Aufbau der Kirche, nicht das verwirklicht haben, was Jeremia verheißt. Das Neue Testament sieht die Geschichte auch nach Ostern unter der Spannung von „schon" und „noch nicht"; dies gilt auch für den „neuen Bund": Wir können nicht einfach sagen, daß die Christen den „alten" hinter sich gelassen hätten; sie können sich auch weiterhin noch mit den jüdischen Hoffnungen verbunden sehen, die auf die ausstehende Ankunft des Messias und der Herrschaft Gottes ausgerichtet bleiben.

Anschlüsse an die Welt des Lesers

Religiöser Glaube steht oft unter dem Verdacht, daß er den Blick beruhigend auf eine jenseitige Erfüllung richte, dadurch die Verantwortlichkeit gegenüber dieser Welt mindere und so dazu beitrage, daß sich die Menschen letztlich gelassen mit den üblen Verhältnissen und Mächten ihrer Zeit abfinden. Das Wirken Jeremias macht demgegenüber nachdrücklich deutlich, wie das Vertrauen auf Gottes Zukunft den Menschen gerade im *Unmut und Widerstand* gegen seine Umwelt bestärken kann.

Unzufriedenheit begegnet uns in zwei grundlegend entgegengesetzten Formen: einmal als verdrießliche, selbstbezogene Mißstimmung, dann aber auch als kritische Empörung – wissend, daß die Welt der Menschen ganz anders

sein könnte und sollte. Jeremia steht bei all denen, die in diesem letzten Sinn sich nicht mit dem abfinden wollen, was sie um sich her wahrnehmen. Für den Vorwurf, Religion sei zu harmlos und lähme den Protest, ist hier kein Platz.
Zugleich steht Jeremias Wirken aber auch gegen alle *Zuversicht, daß menschliche Anstrengungen allein schon hinreichten, um die Welt in Ordnung zu bringen.* Erzieherische und politische Programme und Aktionen, die von optimistischem Selbstvertrauen erfüllt sind, bleiben hinter der Kritik Jeremias zurück. Seine Sicht der menschlichen Verhältnisse zwingt ihn, *von Gott zu reden*, wenn er noch tröstend reden will.
Jeremia erfährt auf seine Reden aggressive Reaktionen. Das erinnert an die *Geschichten* aller Zeiten, *in denen Menschen „mundtot" gemacht werden sollen,* wenn sie in ihrer Kritik gar zu deutlich werden. Man muß dabei nicht nur an Situationen denken, die gleichermaßen lebensbedrohlich sind wie die Jeremias. Auch in weniger dramatischen Verhältnissen gibt es „Mächtige", die moralischen Widerstand mit Intrige und Gewalt zum Schweigen bringen wollen.

Strafe und Rettung von Gott

2 Chr 36,14-21 Nr. 85
Die Verbannung des Gottesvolkes

Naheliegende Verständnisvoraussetzungen

In der komprimierten Darstellung der Zerstörung Jerusalems und der Verbannung des Volkes tritt das theologische Interesse des biblischen Erzählers besonders deutlich vor Augen: Die Katastrophe soll als von Gott beabsichtigte Strafmaßnahme erscheinen. Damit unterscheidet sich dieser Text beträchtlich von den Ausführungen eines profanen Geschichtsbuchs oder von den politischen Informationen und Kommentaren unserer Nachrichtensendungen. Dieser Erzähler weiß genau Bescheid, warum die Jerusalemer Bevölkerung so schlimme Erfahrungen machen mußte; er durchschaut die Zusammenhänge der Ereignisse bis in ihre letzte Begründung.
In dieser Überlegenheit kann uns der Erzähler wenigstens ebenso fern stehen wie Nebukadnezzar und seine Babylonier.
Andererseits ist aber das kriegerische Geschehen, von dem er berichtet, trotz seines zeitlichen Abstands unserer Vorstellungskraft sehr nahe.

Strukturen des Textes

Der Raum

Die Erzählung hat zwei Zentren: zunächst *Jerusalem,* die Hauptstadt von Juda; ihr gilt vom Anfang des Textes bis zu seinem Ende das eigentliche Interesse. Aber die Bewegung der Geschichte geht vom entfernten *Babel* aus und führt dorthin wieder zurück: Von dieser Stadt kommt das feindliche Heer, um Jerusalem zu zerstören; sie ist der Zielort für den Zug der Verbannten. Von jetzt an gibt es für die Juden Heimat und Exil.

Die Zeit

Der Text der Schulbibel blickt von der Katastrophe aus nur zurück in die Vergangenheit, in der die Ursache für das spätere Unheil liegt. „Immer

wieder" hatten die Propheten gewarnt, aber kein Gehör gefunden: „So ging das Wort in Erfüllung", in dem nur von Strafe die Rede ist. Einen Ansatz für eine neue Zukunft läßt dieser Text an keiner Stelle erkennen.
Anderes liest man dagegen in der Bibel (V. 21): Sie zitiert nicht das ausweglose Wort aus Jer 19,15, sondern erinnert im Gegenteil daran, daß der Prophet ein Ende der Verwüstung Jerusalems in Aussicht gestellt hat (etwa Jer 29,10). Damit führt der originale Text den Leser bereits an dieser Stelle über die Zeit des Exils hinaus: es sollte nur währen, „bis siebzig Jahre voll waren". (Dies ist freilich eine symbolisch runde Zahl. Der Tempel wurde 587 zerstört; 538 ordnete der persische König Kyros seinen Wiederaufbau an.)

Die Akteure und ihre Beziehungen

Am Anfang (VV. 14-16) steht das *Volk von Juda mit seinen führenden Männern* gegen *Gott und seine Propheten,* teils in direkter Konfrontation, teils dadurch, daß sie sich den Göttern fremder Völker zuwenden.
VV. 17-21 bringen die politische Konsequenz: *Nebukadnezzar* ist der gehorsame Vollstrecker des Zornes Gottes.
In der Skizze ergibt dies folgende Beziehungen:

Gott ↗	1. Drohung: Propheten	⇄	das judäische Volk – mit seinen politischen Führern und Priestern	→ die Götter der Völker
Gott ↘	2. Gericht: Nebukadnezzar	→		

Wie total das Gericht ist, zeigen die absoluten Formulierungen, nach denen Nebukadnezzar *„alle"* besiegt, *„keinen* jungen Mann, *keine* junge Frau, *keinen* Alten und *keinen* Greis" verschonte; an *„alle* Paläste" Feuer legte; *„alle* wertvollen Geräte" mitnahm – *„die großen und die kleinen",* die Schätze *des Tempels und des Königs;* schließlich führte er *„alle,* die dem Schwert entgangen waren" (man sah zuvor eigentlich schon alle getötet) in die Verbannung.
Hier wird niemand und nichts von der Verwüstung und Deportation ausgenommen. (Die historische Realität sah etwas anders aus; ein Teil der Bevölkerung blieb in der zerstörten Heimat zurück.)

Werte

Die Erzählung kennt doppeltes Unheil: *die von dem Volk gewählte Unordnung* und *die durch Nebukadnezzar angerichtete Verwüstung.* Aber dennoch kann nicht beides in gleichem Sinn negativ bewertet werden; denn was die Babylonier tun, ist durch Gottes Willen und das verwerfliche Handeln der judäischen Bevölkerung gerechtfertigt. Die Strafe erfüllt das Wort des Propheten. Sie ist die düstere Konsequenz der besorgten und geduldigen Zuwendung

Gottes zu seinem Volk: damit steht sie trotz der *schlimmen* Folgen auf der positiven Seite:

„böse Taten" („Greueltaten") „Untreue" sie „verhöhnten" und „verspotteten" die Propheten, „verachteten" das Wort	⟷	1. „Mitleid" 2. „Zorn" „Erfüllung" des Wortes

Erwartungen: das vernichtende Ende

In der Mitte des Textes steht der schwerwiegende Satz, „daß es *keine Heilung mehr* gab" (V. 16). Alle Zukunft scheint damit abgeschnitten; denn wo ein Arzt ein solches Urteil fällt, sagt er den Tod an.
Gottes Bemühen, sich auf dieser Welt ein Volk nach seinem Willen zu schaffen, ist damit zunächst gescheitert. (Die Schulbibel hat also nicht einfach unrecht, wenn sie ihren Text – entgegen 2 Chr 36,14-21 – ausweglos enden läßt.)
Wenn die Geschichte weitergehen soll, wird dies ein Neuanfang sein müssen gleich der Auferweckung eines Toten.

Innerbiblische Beziehungen

Unser Text schließt sich an die vielen vorausgehenden Texte an, in denen Gott seinem Volk den Weg weist, dieses aber sich von ihm abwendet, um nach anderen Göttern und anderen Lebensordnungen Ausschau zu halten. Man denke etwa an die Erzählung vom Tanz um das goldene Kalb (Ex 32: Nr. 50), vom Abfall zur Zeit der Richter (Ri 2,6-16: Nr. 54), von Salomos Bundesbruch (1 Kön 11: Nr. 72), von der Unentschiedenheit des Volkes zwischen Jahwe und Baal (1 Kön 18: Nr. 74), von der Ablehnung Jeremias (Jer 37f: Nr. 83 und 84).
Durch die äußerste Zuspitzung der gesamten Geschichte Israels auf die Katastrophe hin, weist unsere Erzählung zugleich aber auch über sich hinaus und läßt die Leser fragen, wie es wohl danach überhaupt noch weitergehen könne.

Anschlüsse an die Welt des Lesers

Vertreibung, Gefangenschaft, Heimatlosigkeit gehören heute wie damals zu den politischen Realitäten.

Auch wenn für uns die Welt mit ihren Katastrophen nicht mehr so rational durchschaubar ist wie für den biblischen Chronisten, so müssen wir dennoch wie er davon ausgehen, daß wir für den Verlauf unserer Geschichte verantwortlich sind; daß wir für Chaos-Erfahrungen nicht den Zufall, die Notwendigkeit, mythische Mächte oder ähnliches in Rechnung stellen dürfen; daß wir schließlich in der Lage sind, uns so zerstörerisch zu verhalten, daß es für uns und unsere Welt ,,keine Heilung mehr" gibt.

Ps 137,1-6 Nr. 86
Klage an den Strömen Babels

Naheliegende Verständnisvoraussetzungen

Dieser Text beginnt einerseits wie eine Erzählung, erscheint in seiner rhythmischen Gliederung und im Druckbild der Zeilen andererseits aber auch als ,,Gedicht".

Da sich die in der ,,Bibel für die Grundschule" ausgewählten VV. 1 – 6 nicht ausdrücklich auf Gott beziehen (nur einmal die ,,Lieder des Herrn" erwähnen), hebt sich der Text in seiner Struktur deutlich von den übrigen Psalmen ab.

Aber auch wenn man die restlichen Verse noch hinzunimmt, stellt Ps 137 ein außergewöhnliches Stück biblischer Literatur dar – anstößig und befremdlich in den abschließenden Flüchen gegen die Feinde.

Das Stichwort ,,Babel" und die beklagte Situation lassen schnell den Zusammenhang mit der vorausgehenden Erzählung erkennen.

Strukturen des Textes

Die Akteure und ihre Beziehungen

Die Sprecher:

In VV. 1-4 hören wir die Gruppe derer, die in der Gefangenschaft waren („*wir*"). Von V. 5 ab spricht nur noch ein einzelner („*ich*"); aber wir können ihn als einen aus der Gruppe ansehen. Immer kommt die unmittelbare Betroffenheit derer zur Sprache, die die Herrschaft der Feinde selbst erfahren haben.

Die Angesprochenen:
An keiner Stelle sehen wir uns als Leser oder Hörer ausdrücklich angeredet. Stattdessen wenden sich V. 5f an *Jerusalem,* V. 7 – nicht mehr in der Schulbibel – an *Gott;* V. 8f an die Feinde *Edom* und *Babel.* Hier ist kein Platz für jemanden, der unbeteiligt außen steht. Wohin die Gedanken gehen, dahin richtet sich auch rhetorisch das Wort. Die eingangs gewählte Erzähldistanz wird nicht durchgehalten.

Die Perspektive:
Dem Anfang können wir entnehmen, daß dieser Text selbst nicht mehr in der Gefangenschaft gesagt wurde; die Zeit, in der man weinend an den Flüssen Babels saß, liegt bereits zurück (grammatisches Tempus: Präteritum; Ortsadverb „dort", Demonstrativpronomen: in *„jenem"* Land).
Aber die dramatisierende Sprache bringt es mit sich, daß auch diese Distanz verschwindet. „Fern auf fremder Erde" zu sein ist das Schicksal, das diese Rede auch jetzt noch durch und durch bewegt (V. 4). Der so spricht, hat die Sache noch nicht hinter sich gebracht.
Die bedingte Selbstverfluchung (V. 5f) und die grausame Verwünschung der Feinde und ihrer Stadt (VV. 7-9) bezeugen die innere Erregtheit.
Der lebhaften Vergegenwärtigung entspricht es auch, daß in diesem Text die Peiniger selbst zu Wort kommen. Die Gefangenschaft wird dramatisch in Szene gesetzt. Der Psalm ist insgesamt gleicherweise Erzählung wie Aufführung.

Die Szene in Babel

Aus den vielen denkbaren Situationen, in denen die Verbannten ihr Exil als bedrückend erfahren konnten, greift der Psalm nur eine einzige heraus: *„An den Strömen"* versammeln sich die Deportierten zur klagenden Erinnerung. Der Ort erscheint als *Gegenbild zum fest gefügten Tempel in Jerusalem:* Dort hatte man ein Haus, um die Gemeinschaft des Volkes und die Gegenwart Gottes zu feiern; hier dagegen trifft man sich im Freien – an den Flüssen, wo sich selbst die Natur unstet zeigt.
Auf das Gegenbild der kultischen Feier in Jerusalem verweist auch der besondere Einsatz der Harfen: Man läßt sie nicht einfach zu Hause, sondern man gebraucht sie, um den Verzicht auf die Lieder ausdrücklich aufzuführen, indem man die Instrumente an die Weiden hängt. Auch hier wird demnach die Natur in die szenische Gestaltung der Trauer einbezogen.
Die babylonischen „Zwingherrn" freilich verlangen Entgegengesetztes: nämlich „Jubel" und „Lieder" (dreimal in V. 3f dieses Wort!). Damit aber überfordern sie die Israeliten, die sich mit gewaltigem emotionalem Widerstand dagegen wehren, den Graben zwischen dem Leben in Jerusalem und dem in Babel spielerisch zu überbrücken.

Der höchste Wert: Jerusalem

Äußerst zwiespältig bezieht sich dieser Psalm auf Jerusalem: die Erinnerung an diese Stadt bringt die Verbannten einerseits zum Weinen und verwehrt ihnen Lieder; andererseits aber müssen sie diese Stadt jederzeit zu ihrer „höchsten Freude“ erheben. Dies scheint seelisch nicht realisierbar zu sein. Aber die Trauer ist hier gerade die Form, in der der Psalmist öffentlich bekundet, wie sehr ihm Jerusalem am Herzen liegt. Auch wenn diese „höchste Freude“ abwesend ist, kann nichts anderes ihre Stelle einnehmen. Die Erinnerung hält die Gegensätze zusammen:

Jerusalem gedenken

weinen ⟶ | ⟵ höchste Freude
keine Lieder
kein Jubel

Theologisch könnte es zunächst anstößig erscheinen, wenn ein Gläubiger in seinem Leben etwas anderes zum „Höchsten“ erklärt als Gott. (Für den Beter von Ps 43,4 ist gerade er der Inbegriff der Freude.) Aber Jerusalem ist das geschichtlich gewonnene, kulturell greifbare Symbol der Gegenwart Gottes in seinem Volk. Wer sich dorthin wendet, richtet sich auf ihn. Auch der Glaube, daß Gott doch „allgegenwärtig“ sei, könnte nicht die Klage derer beschwichtigen, die fern sind von Jerusalem.

Erwartungen

Daraus, daß Jerusalem der höchste Wert in der Welt dieses Psalms ist, ergibt sich auch die beunruhigendste Gefahr:

sich erinnern ⟷ vergessen

Dreimal leiten die Selbstverfluchungen von V. 5f einen Bedingungssatz ein: „Wenn ich . . .“. In beschwörender Eindringlichkeit stellen sie die größte Verfehlung vor Augen, die der Psalmist sich hier denken kann: Jerusalem zu vergessen. Wenn dies geschähe, ginge dem Volk sein Mittelpunkt verloren, um den es sich auch noch in der Fremde versammeln kann, sei es auch nur in der Kraft der Erinnerung. Diese Stadt bürgt selbst zerstört noch für den Zusammenhalt; denn sie zeugt von der Geschichte Israels und von seinen hoffnungsvollen Erwartungen; zu ihr sollten einmal sogar alle Völker ziehen (Jes 2,2f); Gott selbst müßte einstehen für diese Stadt, die er so „fest wie die Erde“ gebaut hat, „für immer gegründet“ (Ps 78,69). Wer Jerusalem aufgibt, sagt sich damit von Gott los. „Vergessen“ ist hier die Todsünde im eigentlichen Sinn. Dies läßt auch die schrecklichen Verwünschungen der Feinde verstehen, mit denen dieser Psalm in seiner vollen Fassung ausklingt. Wer den Bestand Jerusalems gefährdet, bedroht damit in der Sicht des Psalmisten alle Hoffnungen der Geschichte. Die Feinde taten dies durch die äußere Zerstörung der Stadt; schlimmer aber – weil endgültig – wäre ihr Untergang, wenn man sie vergäße.

Esr 1,1-11; 5,14-16; 6,8-22 Nr. 87
Die Heimkehr des Gottesvolkes

Naheliegende Verständnisvoraussetzungen

Wie die Verbannung (Nr. 85) so ist auch die Rückkehr des Volkes zugleich ein politisches Ereignis, in dem sich die Herrschaftsverhältnisse der damaligen Großmächte auswirken, und eine Tat Gottes. Einerseits ist die innerweltliche Geschichte so realistisch erzählt, daß man sie leicht wiedergeben kann, ohne sich auf Gott zu beziehen; andererseits verändert man aber damit wesentlich die Struktur und theologische Aussageabsicht dieses Textes. Er ist eine historische Quelle und ein religiöses Bekenntnis in einem. Wir können das eine von dem anderen trennen; dem biblischen Autor ist dies nicht möglich.

Strukturen des Textes

Räume

Die Erzählung vom Ende des Exils ist die Umkehrung der anderen von der Gefangennahme: Die Verbannung wird rückgängig gemacht; der *Weg* darf jetzt wieder *von Babel nach Jerusalem* führen.
Theologisch bedeutsam ist, daß dieses begrenzte Ereignis in den umfassenden *Rahmen der Weltgeschichte,* ja *des ganzen Kosmos* eingeordnet wird; so stehen nebeneinander:
„Gott des *Himmels"* – „mir *alle Reiche der Erde* verliehen" – „in *Jerusalem* ein Haus zu bauen".

Die Zeit

Auch hier wird wie in Nr. 85 auf die Predigt des Propheten Jeremia zurückverwiesen; diesmal wählt die Schulbibel das verheißungsvolle Wort Jer 29,10 aus, in dem der Gefangenschaft eine Frist gesetzt wird (symbolische *„70 Jahre"* statt der historischen Zeit von 587 – 538).
Die Rückkehr und die Erbauung des Tempels nehmen mehr als zwei Jahrzehnte ein. Unser Text macht dies deutlich, indem er noch von dem Nachfolger des Königs Kyrus spricht. Das erwähnte *„sechste Jahr der Herrschaft des Darius",* das Jahr der Tempelweihe, war *515 v. Chr.*
Schließlich setzt unser Text der ganzen Exilsgeschichte einen glanzvollen Schlußpunkt mit der *Feier des Pascha-Festes,* das *„sieben Tage"* dauert und damit der Zeit der Gefangenschaft symbolisch gegenübersteht.

Die Akteure und ihre Beziehungen

Hier ist zum ersten Mal in der Textauswahl der „Bibel für die Grundschule" von den *„Juden"* die Rede und nicht mehr von den „Israeliten". Dieser Wechsel in der Beziehung verweist darauf, daß das babylonische Exil die politische und religiöse Lage verändert hat. Die „Juden" (so sagten zunächst vorwiegend die Angehörigen der anderen Völker) waren von jetzt ab weit mehr als zuvor von den fremden Großmächten abhängig, bildeten nicht mehr gleichermaßen ein geschlossenes „Volk" (nicht alle kehrten aus der Zerstreuung zurück); man mußte den Zusammenhalt jetzt verstärkt durch religiöse Elemente bekunden: das Sabbatgebot und die Forderung der Beschneidung bekamen herausragende Bedeutung.
Die Geschichte geht ohne Widerstand voran; es gibt *keine Gegner.* Kyrus wie die Juden lassen das hinter sich, was zuvor feindselig oder gefährdend einem solchen Ausgang entgegenstand: einerseits die *gewaltsame Politik Nebukadnezzars* und andererseits *die „Sünden der Heiden".*
Die Bewegung, die von Gott ausgeht, führt in der abschließenden Paschafeier wieder zu ihm zurück.

Graphisch ergibt sich dabei etwa folgende Struktur:

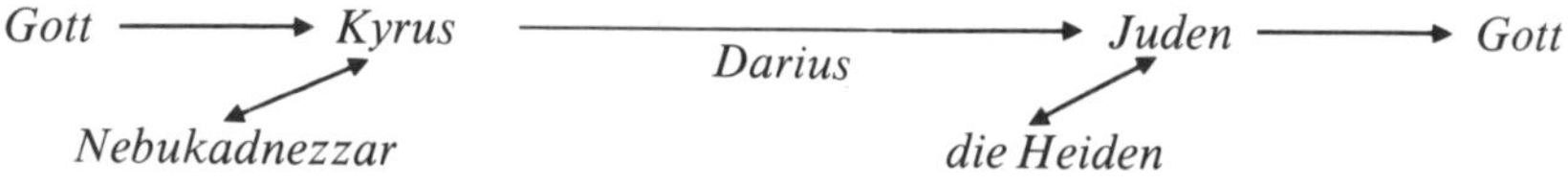

Werte

In dieser Erzählung ist alles Üble überwunden. Die Gegenwart läßt nur Erfreuliches erfahren; nichts Schlimmes steht für die Zukunft zu erwarten. Sucht man im Text nach den dafür bezeichnendsten Stellen, stößt man etwa auf folgende dominierenden Wörter:
am Anfang: besiegt – erobert – erfüllt – zurückführen;
in der Mitte: Heimat/heim; Tempel – wiederaufgebaut;
am Ende: gerettet – Freude – Fest.

Innerbiblische Beziehungen

Der Zusammenhang mit den unmittelbar vorausgehenden Texten wurde bisher schon ständig angesprochen. Im Rückblick auf die Geschichte Israels legt sich aber auch noch sehr Entferntes nahe: *der Auszug aus Ägypten.* Hier wie dort kommt man aus Unfreiheit in das Land, das schon den Vätern verheißen ist und in dem man „Volk" sein darf. „Bahnt für den Herrn einen Weg durch die Wüste! Baut in der Steppe eine Straße für unseren Gott!" ruft Deuterojesaia (Jes 40,3), damit man erkenne: Hier ist wieder *Exodus* (vgl. dasselbe Wort dann in der Predigt Johannes des Täufers Lk 3,4: Nr. 106!).

Unser Blick kann noch weiter gehen: „Der Gott des Himmels" ist es, der den Geist des Kyrus „erweckt". Der Schöpfer der Welt setzt einen neuen Anfang. Was hier geschieht, kann man mit dem Siebentage-Werk der Genesis zusammensehen: „Ich bin der Herr, der alles bewirkt, der ganz allein den Himmel ausgespannt hat, der die Erde gegründet hat aus eigener Kraft ... der zu Kyrus sagt: Mein Hirt – alles, was ich will, wird er vollenden!, der zu Jerusalem sagt: Du sollst wieder aufgebaut werden!, und zum Tempel: Steh wieder da!" (Jes 44,24.28)

Anschlüsse an die Welt des Lesers

Wenn es plötzlich *keine Feinde mehr* gibt, wo sie zuvor gewaltsam geherrscht haben; wenn man wieder *nach Hause gehen* darf, wo zuvor alle Wege versperrt waren; wenn man wieder *froh sein und feiern* kann, wo man zuvor nur klagte – da ist die Welt wie durch ein Wunder verwandelt. Für viele Menschen ist dies alles höchstens ein Wunsch.
Aber dennoch ist unsere Erzählung gewiß keine bloße Wunsch-Geschichte, sondern berichtet uns von einer wirklichen Heimkehr. Doch man kann dagegenhalten, wie damals die Dinge weitergegangen sind und heute noch weitergehen: Es gab erneut Unterdrückungen, Kriege, Elend; die Welt kam letztlich nie zur Ruhe; die erhoffte „Heimkehr" in ein befriedetes Land und das wirkliche Leben als „Gottesvolk" stehen noch aus. Unter dieser Perspektive erzählt unser Text nicht nur davon, „wie es wirklich war", sondern noch mehr, wie es eigentlich sein sollte.

Das Buch Tobit

Einführung

Das Buch Tobit

(„Die Bibel für die Grundschule“ verwendet für diese biblische Schrift die Bezeichnung „Tobias“.)
Das Buch Tobit steht (wie auch das Buch Judit) in der Septuaginta, der Sammlung der ins Griechische übersetzten Bücher des AT, und nicht in der hebräischen Bibel. Es wurde darum als deuterokanonische Schrift von den Reformatoren nicht kanonisiert. Die katholische Kirche hat dieses in der Verkündigung der Juden und frühen Christen beliebte volkstümliche Buch im Anschluß an die Entscheidung des 4. Jahrhunderts in den Kanon der Heiligen Schrift aufgenommen.
Das Buch Tobit dürfte im 2. Jahrhundert v. Chr. von einem frommen Juden mit hoher literarischer Fähigkeit geschrieben worden sein. Es ist in voneinander abweichenden Abschriften überliefert, so daß man in verschiedenen Bibelübersetzungen verschiedene Erzählungen findet bzw. nicht findet.
Für den Schriftsteller liegen die geschilderten Ereignisse ca. 600 bis 700 Jahre voraus. Geschichtliche und geographische Details werden von ihm sehr frei verwendet. Das betrifft vor allem die Ortsangaben und die Zeitangaben. Folgende *Schauplätze* spielen eine wichtige Rolle:

1. Ninive am Tigris. Hauptstadt von Assyrien (heute im Irak). Wohnort von Tobit, Hanna und Tobias.
2. Rages in Medien (10 km südöstlich von Teheran). Wohnort von Gabael.
3. Ekbatana, Hauptstadt von Medien (heute Hamadan im Irak). Wohnort von Raguel, seiner Frau und seiner Tochter.

Der Schauplatz der Geschichte ist in Wirklichkeit weiträumiger, als es sich der Verfasser vorstellt. Von Ekbatana bis Rages sind es 300 km, nicht wie er schreibt (5,6), zwei Tagereisen. Auch liegt Ekbatana nicht, wie er meint, im Flachland, sondern im Gebirge, 200 m hoch. Und Ninive liegt nicht eine Tagereise von Ekbatana entfernt. Auch die Zeit ist gerafft. Zwischen der Teilung des Reiches nach Salomos Tod (931), die Tobit nach der Erzählung miterlebt hat, und dem Tod des Tobias nach dem Untergang Ninives (612) liegen mehr als 300 Jahre. Die für uns erstaunlichen Freiheiten zeigen an, daß die Frage nach der Historizität in neuzeitlichem Sinne für das Verstehen des

Buches uninteressant ist. Der Schriftsteller bediente sich der geschichtlichen Erinnerung, um erzählerisch zu katechesieren. Das didaktische und theologische Interesse ist größer als das historische Interesse.
Die Geschichte spielt in der Zerstreuung unter den in die Gefangenschaft verschleppten Juden. Sie lebten im Wechsel zwischen Verfolgung und wohlwollender Duldung, zwischen Wohlstand und bitterer Armut. Der Autor zeichnet hier ein Bild, das nicht nur die Situation des Exils trifft.

Zur Textauswahl

Eine Auswahlbibel ist immer ein Notbehelf, hierbei stellt sich jeweils die Frage nach der Verantwortbarkeit der jeweiligen Auswahl und Kürzungen. Das Buch Tobit ist in der Grundschulbibel arg amputiert worden. Der erzählerische Charme ist verlorengegangen; aus einem romanhaften Buch sind sechs Perikopen eines zwölf Abschnitte umfassenden Kapitels (Wie Gott gläubigen Juden hilft und den Messias verheißt) mit Elementen aus fünf biblischen Büchern (Tobit, Daniel, 2 Makkabäer, Jesaja, Psalmen) geworden.
Es fehlen viele für den Verfasser und für das Verständnis seiner Absichten wichtige Motive. Vor einer unterrichtlichen Erschließung der Abschnitte 88-93 empfiehlt sich die Lektüre aller 14 Kapitel des Buches Tobit durch den Lehrer. Vielleicht wird er sich im Unterricht dann stärker durch den Volltext leiten lassen.
Weggelassen sind in der Textauswahl u. a.:
– die Erzählung von Saras Schicksal mit dem „Dämonenmotiv“ in den Kapiteln 3 und 6-8. Sara, die Tochter Raguels in Ekbatana, war nacheinander mit 7 Männern verlobt, die alle in der Hochzeitsnacht aus Eifersucht umgebracht wurden. Auf Rat Rafaels wurde der Dämon später durch Tobias „ausgeräuchert“. Ein besonderer erzählerischer Kunstgriff ist die Zeitgleichheit der Verzweiflung und der Todesbitten von Tobit und Sara. Beide wenden sich in ihrer Verzweiflung an den Herrn, beide werden erhört, und beiden wird Rafael, das Gegenstück zu dem tötenden Dämonenengel Asmodäus, als fürsorgender Engel gesandt. Beide erfahren – in umgekehrter Reihenfolge des Auftretens Rafaels – Rettung bzw. Heilung durch Tobias. Durch den Fortfall dieser Teile wird nicht nur die „Engellehre“ des Buches Tobit anders akzentuiert, es fallen nicht nur viele Spannungsmomente fort – die Gewichtung der Hauptrollen wird anders verteilt: Im Volltext wechselt die Hauptrolle im Laufe der Erzählung von Tobit auf Tobias, seinen Sohn. In der Auswahl wird das nicht deutlich.
– der Schluß mit Tobits Lobgesang, seinen letzten Ermahnungen und sein Tod, ferner Tobias' Übersiedlung nach Ekbatana und sein Tod daselbst.
– viele schöne und wichtige erzählerische Details, z. B. das Motiv von dem Böcklein (2,11 ff.), welches sowohl das Charakterbild des Tobit – seine fast bis zur Skrupelhaftigkeit reichende Gerechtigkeit – abrundet, aber auch den Zorn und den Spott Hannas erklärt: So entsteht in der „Bibel für

die Grundschule“ ein falsches Bild von Tobits Frau, zumal ihre Rolle als Ernährerin der Familie unterschlagen wird.
Diese Stelle soll exemplarisch das Problem der Kürzungen in einer Auswahlbibel verdeutlichen:

Bibel für die Grundschule	**Tobit 2,11-14**
	Meine Frau Hanna fertigte zu Hause Webarbeiten an, wie sie Frauen zu machen pflegen, und lieferte sie dann bei den Bestellern ab. Einmal geschah es, daß sie ihr nicht nur den Lohn zahlten, sondern auch noch ein Ziegenböckchen dazuschenkten. Als sie heimkam, fing das Tier an zu meckern. Ich fragte sie: Wo hast du das Böckchen her? Es ist doch nicht etwa gestohlen? Dann gib es seinen Eigentümern zurück! Denn was gestohlen ist, darf man nicht essen. Sie erwiderte: Es wurde mir zusätzlich zu meinem Lohn geschenkt. Aber ich glaubte ihr nicht und verlangte, daß sie es seinen Eigentümern zurückbrachte, und ich schämte mich ihretwegen.
Seine Frau Hanna verspottete ihn und sagte: „Wo ist nun der Lohn für deine Barmherzigkeit und Gerechtigkeit? Was hast du nun davon?“	Doch sie antwortete: Wo ist denn der Lohn für deine Barmherzigkeit und Gerechtigkeit? Jeder weiß, was sie dir eingebracht haben.

– Es fehlen auch manche Ermahnungen, Weisheitssprüche, Gebete und Hymnen, mit denen die Handlung reichlich durchsetzt ist.
Einige, für den Grundschulunterricht m. E. besonders geeignete Weisheitssprüche seien hier aufgeführt:
„Wende deinen Blick niemals ab, wenn du einen Armen siehst, dann wird auch Gott seinen Blick nicht von dir abwenden.“ (4,7)
„Hast du viel, so gib reichlich von dem, was du besitzt; hast du wenig, so zögere nicht, auch mit dem Wenigen Gutes zu tun“. (4,8)
„Gib dem Hungrigen von deinem Brot und dem Nackten von deinen Kleidern.“ (4,16)
„Was dir selber verhaßt ist, das mute auch einem andern nicht zu!“ (4,15)

(Vgl. hierzu die „Goldene Regel“ Mt 7,12: „Alles, was ihr also von anderen erwartet, das tut auch ihnen! Darin besteht das Gesetz und die Propheten.“)
„Besser, barmherzig sein als Gold aufhäufen.“ (12,8)

Strukturen des Textes

Raum und Zeit

In den sechs Abschnitten der Auswahlbibel lassen sich drei Handlungszyklen erkennen:

1. die Tobiterzählungen *in Ninive* (Nr. 88 – 90)
2. die Tobiaserzählungen *auf dem Weg nach Medien und in Medien* (Nr. 90 – 91)
3. die Verknüpfung der beiden Zyklen auf dem *Rückweg nach Ninive und in Ninive* (Nr. 92 – 93)

In dem ersten Zyklus wird die Geschichte des Tobit erzählt, den es auf seinem Lebensweg nach Ninive verschlagen hat, der von dort wieder fliehen muß und schließlich wieder zurückkehren kann.

Weg des Tobit

Galiläa	Verschleppung →	NINIVE	Flucht →	
Heimat		Ort der Gefangenschaft und der Bewährung	Rückkehr ←	ohne Ortsangabe

Ortswechsel erzählen von entscheidenden Stationen eines Lebensweges. *Ninive ist der Hauptort,* hierhin kehrte Tobit zurück. Eine Rückkehr in die eigentliche Heimat, Galiläa, kennt das Buch Tobit nicht. Es geht ihm um Bewährung in Zerstreuung und Ferne.
Der Lebensweg des Tobit wird geprägt durch seinen bedingungslosen Einsatz für die Gesetze des Herrn. Sie geben seinem Leben die Richtung. Durch das Einhalten der Gesetze gewinnt er Ansehen und Wohlstand, verliert er Sicherheit und seinen Besitz und schließlich sogar sein Augenlicht. (Er wollte nicht als einer, der durch die Berührung eines Leichnams unrein geworden war, ohne die vorgeschriebenen Waschungen, sein Haus betreten.)
In größter Verzweiflung wendet sich Tobit an den Herrn, seinem Leben ein Ende zu setzen. In dieser Situation erinnert er sich an Teile seines

Vermögens, die er *in Rages* deponiert hat; er schickt seinen Sohn Tobias dorthin.
Hiermit beginnt *der zweite Erzählzyklus* als Erzählung eines neuen Weges. Es ist der Weg der zweiten Generation in der Gefangenschaft. Er *beginnt in Ninive,* führt in die Ferne zu den zerstreuten ,,Brüdern" und wird wieder zurück nach Ninive führen. Begleitet von dem unerkannten Engel Rafael, der den ,,Weg" schon kennt, kommen die beiden Reisenden an den Fluß Tigris, wo sich Tobias bewährt und auf Geheiß des Engels den bedrohenden und heilbringenden Fisch fängt. Auf dem Weg *nach Rages,* wo das übriggebliebene Familienvermögen deponiert ist, verliert Tobias auf die Worte Rafaels hin sein Herz an Sara, die Tochter Raguels *in Ekbatana.* Die ,,Zwischenstation" Ekbatana wird so zum eigentlichen Zielpunkt der Reise. Es kommt zur Hochzeit in Ekbatana. Rafael setzt allein die Reise nach Rages fort, um dort das Geld und einen Hochzeitsgast zu holen.
Die ausgedehnten Feierlichkeiten in Ekbatana lassen Tobias die Eltern in Ninive nicht vergessen. Er bricht mit seiner Frau Sara, mit Knechten, Vieh und Geld, begleitet von Rafael, wieder auf nach Ninive, wo es zur Heilung des Tobit kommt. In Ninive gibt sich Rafael dem wieder sehend gewordenen Tobit und dem Tobias zu erkennen.

Weg des Tobias

NINIVE ⟶ (Tigris) ⟶ EKBATANA ⇄ Rages

Rückkehr ⟵ (EKBATANA)

Selbst in der Kürze des Auswahltextes läßt sich erkennen, daß das Wegmotiv das ganze Buch durchzieht. Grundlegendes Thema *ist der Weg zum Glück* (in der schwierigen Situation des Exils); er wird konkretisiert in wirklichen Reisen und Ortswechseln. Für den Unterricht bietet es sich an, die wichtigsten Stationen der Lebenswege Tobits und des Tobias bildnerisch darstellen und auf einem Wandfries in eine Abfolge bringen zu lassen.

Die Akteure und ihre Beziehungen

Die wichtigsten Akteure der Handlung gruppieren sich um zwei Familienkreise: die *Familie des Tobit in Ninive* und die verwandte *Familie des Raguel in Ekbatana.* (Beide Familienkreise werden gleichermaßen und gleichzeitig von harten Schicksalsschlägen getroffen, und die Gebete aus beiden Familien werden gleichzeitig – was die ,,Bibel für die Grundschule" ausläßt – von Gott erhört. Beide Familien werden durch die Hilfe Rafaels, des Boten Gottes, miteinander verbunden.) Aus dem gottgewollten Zusammentreffen beider Kreise erwächst Glück für beide Familien. Das eigentliche

Subjekt der Handlungen, der letztlich zum Guten wendende und fürsorgende Herr, betritt die Szene nicht. Er wirkt mittelbar durch den so durch und durch „menschlichen" Engel.
Zu den Hauptakteuren zählt *Rafael*. Er ist in einem doppelten Sinne Mittler: Mittler zwischen Gottes Barmherzigkeit gegenüber den beiden Familien und Mittler (als „Heiratsvermittler") zwischen den beiden Familien in Ninive und Ekbatana.

Tobit, Tobias, Hanna

Tobit ist Gott gehorsam, dem Gesetz treu bis zur Bereitschaft, sein Leben dafür aufs Spiel zu setzen. Seine Liebe zu Gott, mit dem er in Lob, Bitte und Dank im Gespräch bleibt, äußert sich auf der Handlungsebene in seiner konkreten Liebe zu den „Brüdern", bis zur Gefährdung von Leben und Eigentum. Gegenüber dem König reicht Tobits Gehorsam nur bis zu der Grenze, wo dessen Gesetze mit den Gesetzen Gottes kollidieren. (Der Verfasser zeichnet in Tobit, dem Juden in Fremdherrschaft und Zerstreuung, das Vorbild eines gesetzestreuen Juden. Er ist geeignet, das oft falsche Bild von einem Gesetzestreuen im AT zu korrigieren. Tobit ist vergleichbar mit dem Samaritaner im Lukasevangelium.) Als Familienvater ist er für den Sohn Vorbild in Wort und Tat, seine Pädagogik beschränkt sich nicht nur auf die worthafte Belehrung, er schafft seinem Sohn Handlungsmöglichkeiten, in denen dieser sich ebenfalls bewähren kann. Aus der Tobitgeschichte wird eine Tobiasgeschichte.
Seiner Frau gegenüber verhält sich Tobit, den Normen seiner Zeit entsprechend, autoritativ (selbst in seiner Abhängigkeit von ihr). Aber: die durch sie verursachte Verzweiflung (und der Zorn) lassen die Kommunikation mit ihr nicht abbrechen. Bei ihrer Abschiedstrauer tröstet er sie liebevoll.
Tobias trägt nicht nur den Namen des Vaters (Tobit ist eine Kurzform von Tobias); er nimmt die Lebensregeln und Weisungen seines Vaters an. Der als gehorsam und dem Vater untertänig gezeichnete Sohn wird auf seiner Reise zu einer selbständig handelnden und entscheidenden Persönlichkeit, die als solche dem Vater Heilung und neues Glück mitbringt. Sein Gehorsam läßt sich nicht mit Unselbständigkeit und devoter Untertänigkeit gleichsetzen.
Hanna spielt – verstärkt durch die Weglassungen – eine untergeordnete und undankbare Rolle. Sie ist ortsbeständig, reagiert emotional, treibt aber durch ihren Spott den weiteren Gang der Geschichte voran. Hanna repräsentiert im Familienkreis in Ninive am stärksten die Normen der Umgebung. (So wie sie haben auch die Nachbarn Tobit verspottet.) An zwei Stellen der Auswahl die Handlung vorantreibend, erscheint sie insgesamt doch mehr in einer Nebenrolle.

Rafael

Rafael ist Führer und Begleiter, Helfer und Ratgeber, ja er ist sogar Brautwerber. Er stellt Gottes fürsorgende Liebe für die Seinen und die Nähe Gottes in den verschiedensten konkreten Lebenssituationen dar. Rafaels Rollen gegenüber Tobias sind vielseitig und flexibel: Als „Reisebegleiter" von Tobit angeworben, wird er für Tobias Ratgeber, der ihn lehrt, wie man Gefahren begegnet, Heilmittel herstellt und anwendet (er lehrt, den Zauber des Dämons Asmodäus zu brechen), er öffnet das Herz des Tobias für den Liebreiz seiner Cousine Sara, schließlich ist er Brautwerber und Treuhänder in Vermögensangelegenheiten. Nachdem Tobias sich bewährt hat und selbständig geworden ist, gibt Rafael seine dominante Rolle auf: Er führt Aufträge des Tobias aus. Er nimmt sein stellvertretendes Handeln für den noch Unmündigen immer mehr zurück, bis er schließlich „überflüssig wird", sich zu erkennen gibt und entschwindet.
Wie Rafael könnte man sich das Idealbild eines guten Freundes vorstellen (sehr fern dem Idealbild des „Superman" in den vielgelesenen Comics).

Der König von Assyrien

Er ist für Tobit sowohl Widersacher (durch ihn wurde er verschleppt, vor ihm mußte er fliehen) wie auch Gönner. Als Herr über Leben und Besitz stellt er den Anspruch absoluter Macht. Diese aber relativiert Tobit. Für ihn sind das Gesetz des Herrn und die hieraus folgende Liebe zu den „Brüdern" höhere Werte als die Befolgung der strengsten Gesetze des Königs. Die Relativität seiner Macht wird deutlich durch seinen frühen Tod.

Raguel, Edna, Sara

Raguel und seine Famile sind fromme Juden. Sie zeigen sich auf großzügige Weise gastfreundlich. Die für jede jüdische Familie so wichtige Frage der Nachkommenschaft hängt von Sara, der einzigen Tochter, ab. Durch Tobias und sie werden die beiden Familienkreise in Ninive und Ekbatana verbunden. Die Auswahl gibt diesem Familienkreis eine Nebenrolle (anders als der Volltext).

Gabael in Rages erscheint nur als eine Randfigur. Er erweist sich als zuverlässiger Treuhänder. Durch seine Einladung zur Hochzeitsfeier bekommt er die Rolle eines Freundes beider Familienkreise. Seine Nebenrolle ergibt sich aus der Zweitrangigkeit, die dem materiellen Besitz in der Wertskala der Erzählungen zugemessen wird.

Hund und Fisch

Der Hund taucht als Reisebegleiter sowohl auf der Hin- wie Rückreise des Tobias auf. Er ist für Tobias ein Stück Heimat. Wahrscheinlich ist es die

Freude am erzählerischen Detail, die ihn zum Akteur macht. Für das Alte Testament immerhin ist diese Nebenrolle einzigartig.
Der *Fisch* hingegen spielt eine entscheidende Rolle für die Heilung Tobits und für die erste Bewährung des Tobias in der Ferne. Wie in vielen Märchen ist hier ein Tier das Medium, an dem sich die genaue Erfüllung der Anweisungen des Ratgebers durch den Helden erweist. Der Fisch bringt die Wende im Schicksal zweier Familien.

Werte

In den Texten des Buches Tobit geht es darum, was es heißt, in der Fremde und in der Zerstreuung nach dem „Gesetz des Herrn" zu leben. Solidarität, Barmherzigkeit, Gerechtigkeit, Gehorsam sind die entscheidenden Werte; ihnen gegenüber werden Wohlstand und Ansehen zweitrangig. Immer wieder ist es die Solidarität zu den „Brüdern", ja sogar mit den Toten, die Tobit in Schwierigkeiten bringt.
Das *Gesetz des Herrn* steht eindeutig über *königlichem Gesetz,* nur seine Befolgung eröffnet Lebensmöglichkeiten und Zukunft.
Die Geschichten erzählen weiter vom Gehorsam den Eltern und Erfahrenen gegenüber; von der Bereitschaft, von solchen Menschen etwas zu lernen; von Gastfreundschaft, Zuverlässigkeit und Dankbarkeit; von der Fähigkeit, mit anderen zu leiden und mit anderen zu feiern; vom Offensein für Elend und Schönheit; von Verzweiflung und Zuversicht; von Angst und Mut; vom Beten und Handeln; vom Bitten und Danken. Zu der Fülle des Lebens, die in dem Buch Tobit erzählt wird, gehören auch die Tränen, deren sich die Helden der Erzählung nicht zu schämen brauchen.

Innerbiblische Beziehungen

Bezüge hinsichtlich *der Wechselhaftigkeit der Lebensschicksale* lassen sich herstellen zur Josefsnovelle („Bibel für die Grundschule", Nr. 26-36), die ja auch den letztlich zum Guten wendenden Gott verkündet, und zum Schicksal des Ijob. (Die Ijoberzählungen sind nicht in die Auswahlbibel aufgenommen.) Ein Vergleich Tobits mit dem Samaritan (Nr. 124) könnte manche Vorurteile gegen *„gesetzestreue Juden"* im Sinne des AT aufräumen.
Im Rahmen der Eucharistieerziehung wäre die Erzählung vom *Festmahl* im Hause des Tobit (Nr. 89) eine gute Ergänzung zu 1 Kor 11,17-33 (vgl. Nr. 190).
Das Motiv *„Unerkanntbleiben – Erkennen"* verweist auf die Emmauserzählung (Nr. 146).
Schließlich können die Tobiterzählungen als *Kontrast* zum Gleichnis vom törichten Reichen (Nr. 125) gesehen werden.

Anschlüsse an die Welt des Lesers

Selbst in der knappen Auswahl der „Bibel für die Grundschule" findet man eine Vielzahl von Aspekten und Motiven. Es fällt nicht schwer, einzelne von ihnen mit Intentionen und Themen des Zielfelderplans in Verbindung zu bringen.
Tobit und Tobias könnten in Verbindung mit der Intention „Möglichkeiten menschlicher Lebensgestaltung aufzeigen" (Nr. 405 „*Ich kann etwas aus meinem Leben machen*") als *ein* Modell für Lebensgestaltung erschlossen werden.
Im Zielfeld „Zusammenleben und Nächstenliebe" lassen sich die Tobiterzählungen im Zusammenhang mit den Intentionen „Eigentum als soziale Verpflichtung erkennen" (Nr. 315 „*Wir haben mehr, als wir brauchen*") und „Beweggründe aufspüren, weshalb Menschen sich für andere verantwortlich fühlen" (Nr. 207) unschwer auf Lebenssituationen der Kinder beziehen.
Neben anderen in Frage kommenden biblischen Texten könnten die Erzählungen auch als Modell einer Familie im alten Israel (wenn auch in der Fremde) erschlossen werden (Nr. 325 „*Leben einer Familie im alten Israel*"/Besonderheiten altorientalischer Lebensweise kennenlernen).
Weitere Bezüge: Im Rahmen der Gebetserziehung (Nr. 140 „*Wir bitten dich – Wir danken dir*"/Auf Anlässe und Gründe des Betens aufmerksam werden); bei der Gewissenserziehung (Nr. 353 „*Christen fragen: Was will Gott von mir?*" / Verstehen lernen, weshalb Christen Gebote als Richtpunkte des Handelns bejahen); in der Eucharistieerziehung (im Zusammenhang mit 1 Kor 11 zu der Einheit Nr. 449 „*Eucharistie ist Gemeinschaft*"/Bedenken, daß eucharistische Gemeinschaft mit Christus Gemeinschaft untereinander voraussetzt und stiftet).

Tob 1,1-20 — Nr. 88
Tobit wird verbannt

Strukturen des Textes

Die Akteure und ihre Beziehungen

Der Abschnitt der „Bibel für die Grundschule" enthält drei Handlungssequenzen: Die erste begründet Tobits Weg nach Ninive und stellt seine Familie vor. Subjekt der Handlung ist der *König von Assyrien.* Tobit aber läßt sich durch die neue Situation und durch das Ausgeliefertsein an die Macht des Königs nicht hindern (so wie schon vorher in seiner Heimat), streng nach den Gesetzen des Herrn zu leben.

Das Subjekt der zweiten Sequenz ist *Gott.* Er schenkt Tobit Ansehen beim König. Als hoher Beamter des Königs kann Tobit bei einem Verwandten im Ausland sein Vermögen deponieren. Er entzieht damit Teile seines Besitzes dem Einflußbereich des Königs.

In der dritten Sequenz werden *Tobit und der König* zu Subjekten der Handlung. Vermittelt durch Tobit, prallen Gottes Wertordnung und die Wertordnung des Königs aufeinander. Als Beamter verletzt Tobit (im Gehorsam Gott gegenüber) die Gesetze des Königs. Tobit „entmachtet" damit den, der Macht über seine Heimat, seine Familie, seinen Besitz hat. Der mit allen Machtmitteln versehene König kann das nicht dulden. Er setzt sich als die scheinbar größte Macht durch, er beherrscht die äußere Szene: Die *Ortswechsel* der drei Sequenzen sind durch ihn bestimmt: von Galiläa nach Ninive, von Ninive nach Rages und von Ninive ins unbekannte Fluchtland; nur ein Ortswechsel ist durch Tobit bestimmt (vor die Stadtmauer).

Werte

Tobit steht im Konflikt zwischen dem strengen Befolgen der Gesetze Gottes und dem Gehorsam dem König gegenüber. Die Treue zu Gott bringt ihm Wohlstand und Ansehen, aber auch Armut und Todesgefahr.

Gesetz des Königs	⟷	*Gesetz des Herrn*
Hingerichtete dürfen nicht begraben werden.		Achtung selbst den Allergeringsten gegenüber (den Toten)

Tobit entscheidet sich für die Gesetze des Herrn und gegen den König. Tätige Barmherzigkeit und Solidarität bis hin zum Dienst an denen, die in der Welt des Habens und Besitzens keinen Wert mehr haben, prägen seine Wertordnung. Sie leiten ihn zu subversivem Handeln gegen die Herrschaftsmacht.

Dem *Aufbewahren* in der zweiten Sequenz steht sein *Geben* (bis zu seiner Hingabe) gegenüber.

Tob 2,1-14; 3,1-6 — Nr. 89
Tobit erblindet

Die Handlungen des Auswahltextes sind geprägt durch die häufigen *Ortswechsel.* Subjekte der Ortswechsel sind Tobit und – der erstmals als Akteur in Erscheinung tretende – Tobias. Weitere *Akteure* sind Hanna,

Tobits Frau, die Ärzte und die Sperlinge. Als Adressaten spielen der erdrosselte Volkgenosse und der „Herr“ entscheidende Rollen.
Der Text beginnt mit der *Entmachtung des Mächtigen:* Der König verschwindet von der Szene. Die Grenzen seiner Macht haben sich erwiesen. Er hat Tobits Identität nicht antasten können. Tobit ist sich treu geblieben. Er kann „heimkehren“. Die Erzählung könnte mit diesem „Happy-end“ schließen. (Wer zuletzt lacht, lacht am besten.)
Die Handlung geht aber weiter, sie verlagert sich von der politischen auf die familiäre Szene: Tobit, sein Sohn Tobias und seine Frau Hanna werden zu den wichtigsten Akteuren der folgenden Handlungen.
Tobit zeigt beim *Festmahl,* daß er seine Identität nicht verloren hat. Die vielen Speisen auf dem Tisch und die Geborgenheit im Kreis der Festgäste und der Familie machen ihn nicht blind für das Leid ringsum, seine Augen sind offen geblieben. Aus dem Adressaten der Ehrung wird ein Handelnder. Es sind wieder die Bedürftigen, auf die sich sein Handeln richtet. Sein Sohn bekommt den Auftrag, einen bedürftigen Glaubensbruder mit in die Tischgemeinschaft zu holen. Eher soll das Fest nicht beginnen.
In der Erfüllung seines Auftrages zeigt Tobias, daß sein Handeln nicht durch Buchstabengehorsam geprägt ist. Sein *Gehorsam* geht weiter: Er sieht mit den Augen des Vaters ein größeres Unrecht. Statt des bedürftigen Glaubensbruders bringt er eine schlimme Nachricht mit in die Festgesellschaft. Das Unrecht ist Tobias wichtiger als eine Scheinharmonie am Tisch. Auch Tobit tut nicht so, als sei nichts geschehen; er sieht die Nachricht nicht als eine peinliche Störung an, springt auf und macht sich auf den Weg zu dem erdrosselten Volksgenossen. Tobit und Tobias stören die Festgesellschaft. Aus dem Festmahl wird ein Trauermahl. Wieder ist es eine „wertlose Leiche“, die sein Leben verändert: Als „Unreiner“ will er nicht ohne rituelle Waschungen in sein Haus einkehren. Spatzenkot macht ihn blind.
Sein Engagement für andere erntet den *Spott* (seiner Nachbarn und) sogar seiner Frau. Tobit teilt das Schicksal Ijobs. So wird die wiedergewonnene Einheit der Familie schwer erschüttert. Der Spott seiner Frau trifft ihn tiefer als vorher die Sanktionen des Königs.
(„Die Bibel für die Grundschule“ macht nicht deutlich, daß Hanna durch ihre Kritik die Gottgefälligkeit der Taten Tobits anzweifelt; sie sieht das Unglück als Strafe Gottes.)
In seiner Verzweiflung bittet Tobit Gott um seinen Tod. Der, der sein Handeln geleitet hat, wird erstmals Dialogpartner.
(In der Auswahl fehlt die Erhörung seines Gebetes. Der Herr ergreift in der Situation der Ausweglosigkeit die Initiative. Er sendet Rafael, dem Tobit in Ninive und der Sara in Ekbatana zu helfen.)

Tobits Leben zeigt sich bisher in der Spanne von:

Heimat	⟷	Fremde
Beheimatung	⟷	Flucht
Wohlstand	⟷	Armut
Gehorsam	⟷	Widerstand
Freude	⟷	Leid
Offenheit	⟷	Blindheit
Ansehen	⟷	Spott
Aufbewahren	⟷	Geben.

Hier wird nicht das einlinige Bild eines Erfolgsmenschen gezeichnet, das Leben erscheint als Auf und Ab, als Zeitspanne der Bewährung und Erprobung.

Wieder bringt die Sorge um einen Leichnam Tobit an den Rand des eigenen Todes. Wieder handelt Tobit „unklug"; in den Augen anderer hat er offensichtlich nichts aus seinen bisherigen Erfahrungen gelernt. Diesmal aber gerät er nicht in Konflikt mit der Herrschaftsmacht; der Wert-Konflikt verlagert sich in sein Haus; er verstößt zweimal gegen die Erwartungen einer Festgesellschaft; schließlich erfährt er Spott und Kritik dort, wo es ihn am stärksten trifft: in seinem Verhältnis zu Gott.

Für den Unterricht empfiehlt sich ein szenisches Spiel: Nachbarn fragen Tobias aus, wie es zur Erblindung Tobits gekommen ist. Sie verspotten Tobit (oder: Tischgespräche während der Abwesenheit Tobits).

Tob 4,1-20; 5,1-23; 6,1-9 Nr. 90
Tobit schickt seinen Sohn Tobias nach Medien

Tobit, Tobias, Rafael und in gewissem Sinne der Fisch sind die wichtigsten *Akteure* in diesem Text. Hanna bleibt in der Nebenrolle. Sie tritt dort wieder als (wenn auch liebevoller) Widerpart auf. (Im Volltext macht sie Tobit bittere Vorwürfe.)

Die *Handlungssequenzen* gruppieren sich um folgende Erzählungen: 1. Beauftragung des Tobias, 2. Suche und Beauftragung eines Begleiters, 3. Aufbruch und erste Reiseabenteuer.

Der Text schließt unmittelbar an den der Nr. 89 an: Im Angesicht seines von Gott erbetenen Todes erst erinnert sich Tobit an das in Rages deponierte Vermögen. Es wird zum Anlaß, seinen Sohn Tobias fort aus dem Haus auf *die*

Reise zu schicken. Die Ansprache an den Sohn macht deutlich, daß die Reise nicht nur die Sicherung des Vermögens zum Ziel hat. Erst am Ende spricht Tobit von dem Vermögen. Zu Beginn rüstet er Tobias durch das Einschärfen der Gebote, die *seinen eigenen Lebensweg* geleitet haben, für dessen Lebensweg aus. Der Sohn ist noch nicht in der Lage, seinen Weg allein zu finden. Darum sucht er im Auftrag des Vaters nach einem *Reisebegleiter.* Er trifft auf Rafael, der den „Weg" schon kennt. Obwohl niemand um den Auftrag Rafaels weiß, wird er sowohl von Tobias als auch von Tobit intuitiv akzeptiert, ja *der blinde Tobit sieht* in ihm einen „guten Engel".

Auch das Verhalten Hannas betont die Zweitrangigkeit des Vermögens als Ziel der Reise. Sie sperrt sich, weil ihr der Sohn wichtiger als das Vermögen ist.

Mit dem *Aufbruch des Tobias mit Rafael,* begleitet von dem *Hund,* beginnt der Kern des Tobitbuches: *der Weg des Sohnes und seine Bewährung,* die zwei Familien Heilung und Glück bringen wird.

Die letzte Handlungssequenz der Textauswahl zeigt, wie Tobias lernt, zuzupacken und Bedrohungen zu überwinden. Das Fischmotiv bringt märchenhafte Züge in das Buch Tobit; sie stehen in einer gewissen Spannung zu dem realistischen Bild des tatkräftigen, lebensnahen Engels Rafael. Tobias besteht die erste Bewährungsprobe. Er weiß noch nicht, daß er damit den Grund legt, für zwei Familien und nicht zuletzt für sich selbst Glück zu erwerben.

(Unterrichtlicher Tip: Eigene Dialoge bilden lassen und spielen: Tobit unterhält sich mit Rafael, der sich mit einem anderen Namen, mit Asarja, vorstellt. Nach dem Spiel den Dialog aus Tob 5,10-17 vorlesen!)

Tob 6,10-19; 7,1-19 — Nr. 91
Tobias heiratet seine Verwandte Sara

Die erste Handlungssequenz des Abschnittes Nr. 91 zeigt *Rafael und Tobias* auf dem Wege nach Ekbatana. Ekbatana wird – ohne daß Tobias es weiß – das Ziel seiner Reise sein. Rafael wirbt nach dem bestandenen Abenteuer am Fluß bei Tobias für dessen Verwandte Sara.

Sara tritt dann in der zweiten Handlungssequenz als Handelnde in Erscheinung. Sie kommt den unbekannten Männern entgegen und heißt sie willkommen im Hause des Vaters. *Gastfreundschaft* ist in diesem Hause eine Selbstverständlichkeit. Sie braucht noch nicht einmal den Vater zu fragen, ob es ihm recht sei.

Freudig begrüßte *Raguel* Tobias, als er hört, daß er der Sohn seines Vetters Tobit sei. Die Freudentränen werden schließlich zu Tränen des Mitleids um das Schicksal Tobits. Dieses Mitleiden verbindet alle Anwesenden, nicht zuletzt auch das anschließende Mahl.
In diese Situation hinein trägt Rafael den Heiratswunsch des Tobias vor, der ein offenes Ohr bei Raguel findet.
Das vierzehntägige Hochzeitsfest rundet das harmonische Bild dieses Abschnitts ab, der *nur gelungene Kommunikation* kennt. In einem gastfreundlichen Haus treffen Menschen aufeinander, die offen sind für Begegnung, für das Leid anderer Menschen und für die Freude am Feiern. (Der Fortfall von Tob 8 nimmt der Szene in Ekbatana die Dramatik und Spannung des Volltextes.)

Tob 9,1-11; 11,1-19 Nr. 92
Rafael und Tobias reisen heim

Während des ausgedehnten Hochzeitsfestes zeigt *Tobias* wiederum, daß er den Namen des Vaters zu Recht trägt, er vergißt im Feiern und im Glück nicht die Sorgen seines Vaters. Er kann sich in die Situation des Tobit hineinversetzen.
Den Konflikt zwischen den divergierenden *Erwartungen* beider Väter meistert er souverän, indem er *Rafael auf den Weg nach Rages* schickt, um dort die finanziellen Angelegenheiten zu erledigen und zugleich den Treuhänder *Gabael* mit zum Fest einzuladen. *Vierzehn Tage* dauert das *Hochzeitsfest in Ekbatana,* nur *zwei Tage* benötigt Rafael, um das Vermögen zu sichern und abzuholen. Die Zweitrangigkeit des eigentlichen Reiseziels *Rages* wird so hervorgehoben. Tobias zeigt sich zum ersten Male dominant, sowohl Rafael wie auch seinem Schwiegervater gegenüber. Nach dem Hochzeitsfest ist es der nun erwachsene Tobias und nicht sein Schwiegervater oder Rafael, der diesmal zum Aufbruch drängt und so die Handlung vorwärtstreibt. *Tobias hat jetzt eine ebenbürtige Rolle neben Rafael, Raguel und (später) Tobit.*
Auf dem Heimweg ist es dann wieder Rafael, der Tobias zum Vorauseilen drängt und an die Blindheit des Vaters erinnert. Beide lassen den neuerworbenen Besitz hinter sich, um schneller vorwärtszukommen. Sie kommen in *Ninive* an, wie sie es verlassen haben, bis auf die Fischgalle, die Tobit die *Heilung* bringen wird. *Tobit* antwortet auf diese Heilung mit einem Lobpreis Gottes und seiner heiligen Engel, nicht wissend, daß der Reisebegleiter der von Gott gesandte Engel Rafael ist. Auch die Begrüßung der

Schwiegertochter vor dem Tor ist geprägt durch das Lob Gottes. Für Tobit ist klar, daß Gott in und über allen Ereignissen der eigentlich Handelnde ist.
An der Freude des *Tobit und des Tobias* nehmen *alle Juden in Ninive* Anteil. Diesmal kann *ein* ungetrübtes *siebentägiges Fest* gefeiert werden.

Tob 12,1-22 Nr. 93
Rafael gibt sich zu erkennen

Die Handlungen dieses Abschnittes lassen sich in *vier Sequenzen* einteilen: 1. *Tobit und Tobias* unterhalten sich über die Entlohnung Rafaels, 2. *Rafael* gibt sich als Engel zu erkennen, 3. Reaktion auf die Offenbarung Rafaels, 4. Reaktion auf die offenbar gewordene Güte Gottes.
Auf die Ermahnung Tobits hin setzt Tobias einen neuen Lohn fest: Es ist mehr als ein Lohn, es ist die Teilung seines mit Hilfe Rafaels neu erworbenen Besitzes, der gleiche Anteil, den Raguel dem Schwiegersohn als Erbteil gegeben hatte. War schon das Angebot des Vaters Tobit an den Engel vor der Abreise großzügig, so überbietet Tobias das Übliche um ein Vielfaches.
Rafael ist für ihn nicht mehr der bezahlte Reisebegleiter, er behandelt ihn wie einen Bruder. Auch dieses Motiv zeigt, daß in der *Wertordnung* der Familie Tobits das Festhalten von Vermögen keinen Stellenwert hat. Das großzügige Teilen des Tobias wird auch vom Vater akzeptiert.

Lohnangebot vor dem Aufbruch:	*nach der Rückkehr:*
1 Drachme täglich, Lebensunterhalt und eine „Prämie“ nach Rückkehr.	Die Hälfte von Tobits neu erworbenem Vermögen.

Rafael geht aber auf das Angebot gar nicht ein. (Auch als „Engel“ hätte er den Lohn ja als „Opfergabe“ akzeptieren können.) Er offenbart sich als *Engel Gottes,* der schon bei Tobits Einsatz für die „wertlosen“ Toten in Tobits Nähe war. Tobit kann sehen. Hier wird der Vorrang der *Barmherzigkeit* gegenüber dem Erfolgshandeln und *Besitzstreben* deutlich, ja sogar gegenüber der materiellen Opfergabe betont. (Tobits Ermahnungen vor der Abreise des Tobias werden so durch den Engel bestätigt. In Tob 4,7 heißt es: „Wende deinen Blick nicht von einem Armen ab, dann wird Gott seinen Blick nicht von dir abwenden.“) Rafael bestätigt die Wohlgefälligkeit der Handlungsweisen des Tobit.

Tobit und Tobias reagieren auf zweierlei Weise auf diese Offenbarung: Sie fallen in Furcht vor dem Engel nieder, und sie verkünden (nach dem Entschwinden des Engels) das Lob dessen, der für sie Subjekt all ihres Handelns war und ist.

Die Erzählungen aus dem Buch Daniel

Dan 1; 3 Nr. 94-96
Daniel und seine Freunde in Babel

Naheliegende Verständnisvoraussetzungen

1. Von der „Verbannung des Gottesvolkes“ durch Nebukadnezzar ist schon in Nr. 85 die Rede. Damit steht das, was hier erzählt wird, in einem bekannten zeitlichen und sachlichen Zusammenhang. Wird uns aber dort gesagt, daß *alle* Gefangenen als Sklaven dienen mußten, so lesen wir hier von dem außergewöhnlichen Schicksal einiger weniger, die gegenüber den übrigen Israeliten besonders erwählt und ausgezeichnet sind – durch Gott und den babylonischen König.
Wir werden in die Welt abenteuerlicher Wunder geführt. Lesen wir die Texte ausdrücklich als *Legenden,* d.h. als phantastische Erzählungen vom herausragenden Leben gläubiger Menschen, dann tun wir uns mit ihnen leichter, als wenn wir versuchen wollten, ihre Begebenheiten wie geschichtlich reale Ereignisse zu nehmen.
2. Die *Auswahl der „Bibel für die Grundschule“* ergibt keine geschlossene Erzählung. In der zentralen Geschichte von der Rettung aus dem Feuerofen (Nr. 95 und 96) kommt Daniel, auf den vor allem sich Nr. 94 (und schließlich auch der Titel dieses biblischen Buches) bezieht, nicht vor. Andererseits hat aber dieser vorangestellte Text Nr. 94 auch kein erzählerisches Eigengewicht. (Er bringt nur stark gekürzt und gerafft einen Auszug aus Dan 1 und 2). Er ist nicht mehr als eine unbeholfen umständliche Einleitung zum eigentlichen Ereignis. So brauchen wir uns nicht bei ihm aufzuhalten und können unsere Aufmerksamkeit schnell auf das richten, was uns der geschlossene Text von Nr. 95 und 96 (aus Dan 3) erzählt.

Strukturen des Textes

Der Raum

„*Mitten in der Provinz Babel*“ geschieht, was uns erzählt wird; nicht irgendwo entlegen in dem weiten Herrschaftsgebiet des Königs, sondern dort, wo die Fäden seiner Macht zusammenlaufen. Hierher ruft er seine Beamten „aus allen Völkern, Nationen und Sprachen“ (3,4 – in der „Bibel für die Grundschule“ ausgelassen). So erhält das Geschehen in der Welt dieser Erzählung schon durch seine Lokalisierung ein unüberbietbares Gewicht.

Die Zeit

Nur wenige Zeilen benötigt diese Erzählung, um uns in die eigentliche Szene zu versetzen, obwohl doch der Bau des Standbildes, die Einladung aller Beamten des Reichs und deren Anreise eine beträchtliche und ereignisvolle Zeit eingenommen haben müssen. Aber diese Vorgeschichte wird belanglos, gemessen an dem, was jetzt ansteht: entweder folgen alle sofort dem Befehl, das königliche Monument anzubeten, oder es werden „noch zur selben Stunde“ die Widerspenstigen in den Feuerofen geworfen. Was auch sonst noch an Feierlichkeiten zur Einweihung des Denkmals vorgesehen sein mag, es spielt hier keine Rolle. Das Ereignis ist zeitlich äußerst komprimiert.
Allerdings sprengt der Ablauf des Geschehens am Ende diesen engen zeitlichen Rahmen: einmal richtet sich abschließend der Blick des Erzählers noch auf das von nun an gesicherte Leben der Geretteten. Vor allem aber ist das Lob Gottes nicht auf heute und jetzt begrenzt, sondern zeitlos gefaßt: „Es gibt keinen anderen Gott . . .“. Damit erzählt unser Text einerseits von einem *punktuellen* Ereignis und deckt andererseits doch das auf, was für ihn *immer* gilt.

Die Akteure und ihre Beziehungen

1. Am Anfang steht eine eindeutige, geschlossene und ungestörte Verteilung der Rollen:

der König	⟷	*die Untertanen*
dokumentiert seine Macht im goldenen Standbild, beruft die Beamten, läßt den Befehl und die Androhung der Todesstrafe verkünden.		befolgen den Befehl und beten das Standbild an.

Dieses extrem asymmetrische Machtverhältnis wird – wie in dieser Skizze – so auch im erzählerischen Aufbau des 1. Abschnittes deutlich: der Aktion der Untertanen kommt nur ein einziger Satz zu.

2. Die Erzählung könnte mit dem Vorausgehenden (V. 7) zu Ende sein, käme nun nicht eine Störung dazwischen. Die Gruppe der Untertanen erweist sich nicht als so geschlossen, wie dies zuvor erschien: ,,Es sind da einige Juden ...". Von jetzt an hat es der König mit *Anklägern* und *Angeklagten* zu tun; die ersten stehen auf seiner Seite, die anderen ihm gegenüber; die ersten sind in großer Zahl, die anderen nur zu dritt. Damit wird das Gefälle von Macht und Ohnmacht nocht mehr gesteigert.

der König mit *allen, die ihm gehorchen*	⟷	drei jüdische Männer

3. In einem Dreischritt drängt nun das Ereignis zur Katastrophe: Der König stellt noch einmal die entscheidende Frage – die drei jüdischen Männer bekennen sich zu ihrer Weigerung – der König befiehlt die Hinrichtung.

Mehrere Momente der Erzählung verweisen hier nachdrücklich darauf, daß an dieser Stelle eigentlich das Ereignis zu seinem Ende kommen müßte: ,,siebenmal stärker" als es sonst üblich war und ausreichte, ließ Nebukadnezzar in seiner Wut den Ofen heizen; ,,einige der stärksten Männer" sollen die Hinrichtung ausführen (3,20 – in der ,,Bibel für die Grundschule" ausgelassen); obwohl diese sich nur dem Ofen nähern müssen, werden sie dennoch von den Flammen getötet; die drei Männer aber fallen gefesselt in das Innere des glühenden Feuers. Das Kräfteverhältnis zwischen der vernichtenden Macht einerseits und den Verurteilten andererseits ist bizarr.

Aber gerade an dieser Stelle, an der der Text *zum zweiten Mal an einen vermeintlichen Abschluß* kommt, schlägt das Geschehen in die *wunderbare Rettung* um.

4. Im Folgenden hat die Szene eine *Innen-* und einen *Außenraum*: im Inneren des Ofens ist es – in Verkehrung aller Realität – kühl, außen dagegen erfassen die Flammen jeden, der sich nähert. (Daß damit die Knechte des Königs eigentlich den Ofen nicht immer noch weiter heizen könnten, kümmert unseren Erzähler nicht.)

die Absicht des Königs	⟷	*die Verurteilten*
richtete sich auf den *Tod;*		fanden *Freiheit* und *Gemeinschaft,* im Lob Gottes vereint mit einem *„Engel des Herrn"*.

Der Ort der Vernichtung im Feuer wird damit wunderbar verwandelt in einen himmlischen Ort der Rettung.

5. Mit dem Erschrecken Nebukadnezzars wendet sich auch die äußere Szene in wenigen Zügen zum Guten. Der König ruft die drei aus dem Ofen heraus (der Engel entschwindet ebenso geheimnisvoll, wie er gekommen war); der Befehl ist nicht mehr der eines wütenden Herrschers, sondern bereits Anerkennung des „höchsten Gottes" und seiner Diener. Die Geretteten werden zum öffentlichen Beweis der wirklichen Machtverhältnisse: „Nun drängten auch die Satrapen, Präfekten, Statthalter und die königlichen Räte herbei. Sie sahen sich die Männer an und fanden, daß . . ." (V. 27 – diese Kontrolle durch die Umstehenden ist in der Schulbibel ausgelassen).
6. Die Erzählung endet mit dem ausdrücklichen Lobpreis Gottes durch Nebukadnezzar und einer doppelten Maßnahme des Königs in der Folge seines neuen Bekenntnisses: 1. droht er allen, die vom Gott dieser drei Männer noch verächtlich reden sollten, eine grausame Hinrichtung an (diese erneute, wenn auch umgekehrte Tötungsabsicht wird in der „Bibel für die Grundschule" ausgelassen; dies ist zwar verständlich, verändert aber den Ausgang des Geschehens erheblich); 2. sorgt er für das zukünftige Wohlergehen derer, die er vernichten wollte. Die Erzählung hat damit ihr Happy-End.

Werte

Die Welt unserer Erzählung ist zunächst beherrscht von einer offensichtlich und uneingeschränkt *dominierenden Postion*: der *des Königs.* Seine Überlegenheit zeigt sich in dem Glanz seiner Umgebung und der Selbstherrlichkeit seiner Maßnahmen:
das Standbild ist „golden" und von kolossalen Ausmaßen (30 m hoch, 3 m breit); „hohe Beamte" sind zu seinen Diensten; ein Herold verkündet seine Befehle „mit mächtiger Stimme"; eine Vielzahl von Instrumenten schafft einen prächtigen Klangraum. Dies alles erfährt seine höchste Anerkennung durch die geforderte *Anbetung.*
Die Machtposition des Königs sehen wir in einem *doppelten Kontrast.* Der *erste* gefährdet die königliche Überlegenheit nicht, sondern bestätigt sie weitgehend: Der erhabenen *Würde* steht komplementär die *Verworfenheit derer* gegenüber, *die sie nicht anerkennen*: der „siebenmal stärker" als gewöhnlich geheizte Ofen und die „haushohen Flammen" sind die negativen Entsprechungen zum Glanz der königlichen Macht.
Zugleich aber ist in diesem Kontrast die Stellung Nebukadnezzars eingeschränkt; denn wenn auch die drei Männer vernichtet werden sollten: sie haben die Anbetung des Königs verweigert; Grenzen seiner Anerkennung wurden offenbar.
Die *zweite,* entscheidende Gegenposition aber erfährt der König durch das Eingreifen *Gottes.* Ihm gegenüber ist seine Verfügungsmacht am Ende. Stand am Anfang die Forderung des Königs, ihn anzubeten, so muß er schließlich selbst bekennen: „Es gibt *keinen anderen* Gott."
Diese beiden Positionen, die der Anerkennung des Königs entgegenstehen,

werden erzählerisch durch den *„Engel des Herrn"* miteinander verbunden. Wir können diese Verhältnisse demnach in folgender Skizze festhalten:

die Überlegenheit des *Königs*	⟶	die höchste Macht des rettenden *Gottes*	der Engel des Herrn
	⟵	die äußerste Ohnmacht der *Verurteilten*	

Erwartungen:
Der wirkliche Gott und die mögliche Rettung

Unser Text macht an zwei Stellen deutlich, daß er nicht nur erzählen will, was war und ist, sondern auch von dem, womit wir rechnen sollten, selbst wenn es nicht geschieht. Am deutlichsten kann man dies in V. 17f erkennen, wo die drei Männer zu Nebukadnezzar sagen, daß ihr Gott sie retten *„kann"* und daß sie auch dann bei dieser Zuversicht bleiben, „wenn er es *nicht tut*". Dieses Bekenntnis übernimmt schließlich am Ende auch Nebukadnezzar selbst: „Es gibt keinen anderen Gott, der auf solche Weise retten *kann*".
Man hat demnach den Text noch nicht hinreichend verstanden, wenn man nur wahrnimmt, was in seiner Welt bei dieser Gelegenheit einmal geschah; er legt sein Schwergewicht vielmehr vor allem auf das, was grundsätzlich und immer *möglich* ist und worauf sich die Erwartungen der Menschen richten dürfen, obwohl sie auch wissen müssen, daß Gott nicht jederzeit so das Martyrium verhindert.

Innerbiblische Beziehungen

Zunächst kann man einmal eine Verbindungslinie zurück in die Vergangenheit Israels ziehen: auch den *Auszug aus Ägypten* hat das Volk als eine Rettungstat Gottes gegenüber der gefährdenden Macht des herrschenden Königs erfahren (in der Auswahl der „Bibel für die Grundschule" vor allem Nr. 38, 42, 43 aus dem Buch Exodus mit Nr. 44: Ps 124). Allerdings führt dort Gottes Eingreifen nicht so weit, daß sich auch der ihm entgegenstehende Pharao schließlich zu ihm bekennt; allein das Volk Israel wird durch seine Erfahrungen zum Lob Gottes hingeführt. Aber *Ägypten* wie *Babel* sind Widermächte gegen das Volk Jahwes; ihrer Gewalt gegenüber bezeugt sich Gott als Retter.
Wir können auch auf die *Josefsgeschichte* schauen: Wie Daniel im Ausland, unter fremder Herrschaft, zunächst verworfen, dann aber durch das Eingreifen seines Gottes von Nebukadnezzar anerkannt und in eine bevorzugte Stellung gehoben wird, so geschieht es auch Josef, der vergessen im ägyptischen Gefängnis liegt, schließlich aber vom Pharao erhöht wird, da offenbar der Geist Gottes mit ihm ist (Nr. 28-30).

Auch die *Geschichte Jesu* läßt sich mit der Erzählung von den drei Männern im Feuerofen verbinden. In der Passion stehen dem Gefangenen die Mächtigen seines Volkes und der Statthalter des römischen Reiches gegenüber, um ihn zu vernichten. Wohl bleibt er nicht wie die jüdischen Gerechten des Danielbuchs unversehrt, sondern wird schmerzvoll zu Tode gebracht; aber Gott rettet ihn wie jene aus dem Verderben.

Anschlüsse an die Welt des Lesers

Wir leben nicht in der Wirklichkeit dieser Legende mit ihrer wundervollen Rettung. Gerade in unserem Jahrhundert haben Menschen, die die Macht innehatten, für andere, die ihnen im Wege zu stehen schienen, Feueröfen aufgestellt. Aber von denen, die in diese hineingeworfen wurden, konnte man später nicht sagen: „nicht einmal Brandgeruch war an ihnen".
Dennoch darf man nicht nur diesen Abstand zwischen dem Text und unserer Wirklichkeit sehen; versucht die Erzählung doch gerade, solche erschreckenden Erfahrungen zu verarbeiten. Die Frage ist demnach nicht, ob es in unserer Welt genauso wunderbar zugeht wie in dieser Erzählung, sondern ob man mit dem Bekenntnis, daß es bei Gott Rettung gibt, auch dann noch übereinstimmen kann, „wenn er es nicht tut". Dies läßt sich nicht allgemeingültig beantworten. *Wir erfahren aber von Menschen, deren Glauben auch auf dem Weg in die Feueröfen nicht zerbrach* – im Vertrauen darauf, daß der Gott, der retten kann, mächtiger ist als die, die jetzt in den Tod schicken.
So verbindet sich diese Legende des Danielbuchs mit allen bitterernsten Geschichten von der tödlichen Bedrohung der Gerechten und dem Leiden der Märtyrer, auch wenn wir *deren Geschichte nicht auf ein derart handgreifliches Happy-End hin* erzählen können. Wir finden noch den in äußerster Gefährdung bewährten Glauben, wenn sich ihm auch kein so offenbar ungetrübter Ausgang anschließt.

Vereinzelte Texte von Hoffnung und Rettung

2 Makk 6,18-30 Nr. 97
Die Juden leben und leiden unter Fremdherrschaft

Zum Text der „Bibel für die Grundschule“: In einem Vorspann gibt die Schulbibel einen gerafften Überblick über die jüdische Geschichte von der Rückkehr aus dem babylonischen Exil (6. Jh.) bis zur syrischen Fremdherrschaft unter Antiochus IV. (2. Jh.). Dieser Abschnitt ist erzählerisch bedeutungslos. Er gibt die erklärte Absicht des 2. Makkabäerbuchs, seine Leser „zu unterhalten“ (2,25) und wie ein „Dekorateur und Maler“ (2,29) die Überlieferung schmuckvoll auszustatten, völlig auf. Außerdem ist dieser Vorspann für das Verständnis der nachfolgenden Geschichte um Eleasar weitgehend überflüssig. Es genügt zu wissen, daß sie in einer Zeit spielt, als ein fremder König über das jüdische Volk herrscht.
Bei der Erzählung vom Martyrium des Eleasar läßt die Schulbibel alle die Elemente aus, in denen der Erzähler das Ereignis noch einmal zusätzlich zu den Äußerungen seines Helden verallgemeinernd und moralisierend kommentiert. Dadurch wird der Text erzählerisch einheitlicher und dem Leser gegenüber etwas weniger lehrhaft aufdringlich.

Naheliegende Verständnisvoraussetzungen

Dadurch, daß Eleasar seine eigene Einstellung ausführlich rechtfertigt, ist sein Heroismus offengelegt; der Text entbehrt jeder Hintergründigkeit.
Einzig die Tatsache, daß das Essen von Schweinefleisch eine so gravierende Rolle spielt, muß erläutert werden, da hierzu der Text keine Auskunft gibt: Die Einhaltung der Speisegesetze ist den Juden ein Ausdruck dafür, daß sie ihr Leben nach einer von Gott gegebenen Ordnung ausrichten wollen.

Strukturen des Textes

In dieser Erzählung ist der Ablauf des Geschehens äußerst einfach und verlangt keine besondere Aufmerksamkeit: Eleasar wird auf die Probe gestellt und lehnt die Übertretung des Gesetzes ab – man schlägt ihm einen taktischen Ausweg vor, den er wiederum ablehnt – er wird hingerichtet. Entscheidend ist aber, welche Ordnungen seiner Welt er dabei offenlegt:

Werte

a) *Die sittlich-religiöse Wertordnung*
Eleasar sieht sich in seiner Situation nur vor zwei Möglichkeiten gestellt:

die Beachtung des Verbots, Schweinefleisch zu essen, d.h. sich öffentlich zu Gott zu bekennen	←→	Schweinefleisch zu essen, d.h. die Treue zu Gott und zur eigenen Lebensgemeinschaft aufzugeben

Diese Grenzziehung ist äußerst einfach und eindeutig. Sie bleibt es für Eleasar auch dann, wenn man die Konsequenzen hinzufügt, die sich in dieser Situation religiöser Verfolgung daraus ergeben:

Hinrichtung ←→ Straffreiheit

Kompliziert wird die Entscheidungssituation erst durch den Vorschlag der angeblichen „Freunde", das Feld der Entscheidung durch eine neue Möglichkeit zu erweitern:

die *private* Beachtung des Verbots, Schweinefleisch zu essen	unter dem *öffentlichen* Anschein, das Speisegesetz zu mißachten.

Straffreiheit

Für Eleasar ist es nicht möglich, dieses Verhalten noch der Gottesverehrung zuzuordnen. Seine sittlich-religiöse Ordnung verträgt die Aufspaltung in eine private und eine öffentliche Dimension nicht.
Damit ist er genötigt, diesen Vorschlag auch als Verrat an Gott zu bewerten. Die ursprüngliche Eindeutigkeit der Entscheidung ist damit wiederhergestellt.

b) *Die anthropologische Ordnung*
In der Sicht Eleasars ist der Mensch ein Gebilde aus Leib und Seele. Diese Unterscheidung macht es ihm möglich, sich dem Zugriff derer, die ihn bedrohen, zu entziehen. Er ist nie als Ganzer ausgeliefert. Man kann dies in folgender Skizze veranschaulichen:

Leib	←→	*Seele*
irdische Strafe: Folter, Leiden		göttliche Strafe
irdischer Vorteil: am Leben bleiben		göttlicher Lohn: Freude

Bezeichnend ist dabei, daß Eleasar jetzt bereits – und nicht etwa erst in einem Jenseits – sagen kann, daß seine Seele von Freude erfüllt ist. Die menschliche

Wirklichkeit hat für ihn einen Kern, den alle Folter nicht berühren kann. Damit bleibt ihm die Grausamkeit letztlich äußerlich.

c) *Die gesellschaftliche Ordnung*

Ein entscheidendes Motiv seines Verhaltens sieht Eleasar in der geforderten Wechselbeziehung von *Alter* und *Jugend*: die an Lebensjahren Gereiften haben *Beispiel* zu sein; die jungen Menschen haben die ältere Generation zu achten und ihrem Vorbild zu folgen, soweit sie sich nicht „Schimpf und Schande" zugezogen hat.

In dieser dreifachen Ordnung ist die Welt Eleasars absolut gefestigt; auch die aggressivste Bedrohung kann sie nicht erschüttern.

Innerbiblische Beziehungen

Wenn man auf die (in der „Bibel für die Grundschule" vorausgehende) Erzählung von den drei Männern im Feuerofen schaut, erkennt man (bei aller Unterschiedlichkeit der Ereignisse) dort wie hier denjenigen, der sich trotz der angedrohten Todesstrafe an Gottes Gesetz hält, so beschützt, daß ihm niemand etwas antun kann. Gott beläßt in beiden Fällen den Bedrohten einen Raum, in den Angst und Schmerzen nicht eindringen können. Im Grunde bleiben die Märtyrer jedesmal der Marter entzogen.

Wenn man demgegenüber auf die Passionsgeschichte Jesu schaut, so greift hier das Leiden tiefer. Im Garten Getsemani hat die „Freude" keinen Platz mehr, sondern die „Angst" (Lk 22,44: Nr. 138).

Anschlüsse an die Welt des Lesers

Wenn wir leidende Menschen sehen, können wir kaum den Menschen so in einen für Schmerzen anfälligen Leib und in eine unbetroffene, gar freudvolle Seele aufteilen, wie dies in der Geschichte von Eleasar geschieht. Unser Leben erscheint im Glück und in der Qual viel stärker als eine leib-seelische Einheit.

Aber wir müssen nicht unbedingt nach der psychologischen Glaubwürdigkeit unserer Erzählung fragen. Entscheidend ist vielmehr, ob dieses Vertrauen, von dem sie durchzogen ist, Menschen auch in realer Gefährdung bestärken kann. Damit stehen wir wieder vor derselben Überlegung wie bei der vorangehenden Erzählung von den drei Männern im Feuerofen: Gibt es die Gelassenheit derer, die selbst in äußerster Lebensbedrohung noch auf Gott vertrauen, nur in solchen Erzählungen oder auch dort, wo das Leben tödlich ernst betroffen ist?

Der Glaube braucht, wenn er sich durchsetzen soll, gelebte Zeugnisse, auch heroische. Wir müssen sehen können, wie jemand in der Treue zu Gott treu ist auch zu sich selbst und zu der Gemeinschaft, in der er steht. Bloße Glaubensbekenntnisse reichen nicht aus; wir müssen von Menschen erzählen können.

Jes 32,1-2; 35, 4-6.10 Nr. 98
Ein König wird kommen

Naheliegende Verständnisvoraussetzungen

Zunächst kann dem Leser auffallen, daß die „Bibel für die Grundschule" die ausgewählten Abschnitte aus dem Buch Jesaja nicht dort einordnet, wo zuvor vom Propheten Jesaja und seiner Verkündigung die Rede ist (Nr. 77-79). Dies geschieht aber literargeschichtlich zu recht; denn diese Texte stammen aus späteren Jahrhunderten und wurden nachträglich in die Sammlung der Reden des Propheten eingetragen. (Die „Bibel für die Grundschule" läßt dies freilich nicht erkennen, wenn sie einfach sagt, daß wir „beim Propheten Jesaja" lesen . . .)

In der Komposition der Grundschulbibel, die zwei Abschnitte aus verschiedenen Kapiteln zusammennimmt, legen die prophetischen Worte zweierlei nahe:

Erstens, der hier angesprochene König sei schlechthin „*der* Gesalbte des Herrn"; auf ihn richte sich die ganze Hoffnung Israels; und in dieser intensiven Erwartung des Messias sei die Nähe zur neutestamentlichen Geschichte Jesu von Nazareth angezeigt. Dem steht aber entgegen, daß in Jes 32,1f nicht wie im Einleitungstext der „Bibel für die Grundschule" von *dem* „Messias", *dem* „Gesalbten des Herrn", die Rede ist, sondern von „*einem König*" und darüber hinaus noch von „*Fürsten*, die herrschen, wie es recht ist". Hätte die Grundschulbibel diesen Vers voll übernommen, wäre die vermutlich angestrebte enge Hinordnung des Textes auf das Neue Testament weniger leicht gefallen.

Zweitens scheint es, daß man im Blick auf diesen König ausrufen kann: „Seht, hier ist euer Gott" (35,4 – „Er selbst wird kommen"). Aber in diesem zweiten Abschnitt ist (trotz der Überschrift des Kapitels!) überhaupt nicht von einem König die Rede. Die suggerierte Vorstellung, daß der Messias zugleich Gott sei, liegt dem alttestamentlichen Glauben völlig fern. Die Schulbibel geht bei ihrer Auswahl hier sehr leichtfertig vor (und doch wohl absichtlich; denn auch die redaktionellen Einleitungen zu den Kapiteln Nr. 98 und 99 lassen deutlich das Bemühen erkennen, einen schlüssigen Übergang zum Neuen Testament zu erreichen – das dann bezeichnenderweise mit der vollen Kapitelzahl 100 einsetzt.)

Doch trotz der fragwürdigen Komposition von Nr. 98 verdienen die einzelnen Texte Aufmerksamkeit; denn in ihrer Bildkraft sind sie nachdrückliche Zeugnisse biblischer Hoffnungen.

Strukturen des Textes

Die Kommunikationssituation

An mehreren Stellen enthalten die Textabschnitte sprachliche Signale, die darauf verweisen, daß hier *Zuhörer vehement angesprochen und aufgerufen* werden. Dreimal erscheinen Imperative, die die Aufmerksamkeit auf die Rede selbst richten: „Seht“ (32,1), „Sagt“ (35,4), „Seht“ (ebd.). Das, was für die Zukunft in Aussicht gestellt wird, soll die Hörer jetzt schon gefangennehmen und sie selbst wiederum zu Verkündigern werden lassen.
Dieser Ausrichtung auf die Hörer hin entspricht auch die dreifache pronominale Anrede „euch“ bzw. „euer“ in 35,4.
Zugleich aber ist die Zusage insgesamt *nicht auf die unmittelbaren Adressaten begrenzt;* von den Geretteten, Geheilten und Befreiten wird auch in der dritten Person gesprochen.
Der prophetische Rufer selbst wird in diesen Texten nicht erkenntlich. Wer solches anzukündigen hat, kann von sich ganz absehen.

Die prophetische Mitteilung

Die Zeit

Die verheißungsvollen Worte blicken fast ausschließlich in die unbegrenzte Zukunft („ewige Freude“, 35,10). Zwar werden die „Verzagten“ angesprochen (35,4) und ist von der Rückkehr der „Befreiten“ vom Zion die Rede – damit auch von vorausgehender Not („Kummer und Seufzen“, V. 10). Im übrigen sind die Verse aber derart von Begeisterung über die kommende Heilszeit erfüllt, daß für die Wahrnehmung von Gegenwart und Vergangenheit darüber hinaus kein Platz bleibt.

Der Raum

So unbegrenzt wie die heilvolle Zukunft erscheint, so unbestimmt weit ist auch der Raum. Nirgends ist ein Land oder eine Region im Blick, in der kein Grund zu jubeln wäre. Die Welt schlechthin scheint in Ordnung zu kommen.
Zwar heißt es, daß *„hier“* Gott selbst sein wird (35,4), aber damit wird auf keinen abgegrenzten Ort verwiesen, sondern nur auf die Anwesenheit dessen, der den Verzagten beistehen wird. Dennoch ist in dieser umfassend geretteten Welt eine Stelle herausgehoben: *der Zion* (35,10). Der Tempelberg Jerusalems ist der Sammelpunkt aller Befreiten und das Zentrum der Freude.

Die Akteure und ihre Beziehungen

Einerseits ist in den Texten von einem *Retter* die Rede (nicht immer von demselben), andererseits von den *Geretteten.* An keiner Stelle werden etwa darüber hinaus noch *Feinde* erwähnt, gegen deren Widerstand die heilvolle Zukunft durchgesetzt werden müßte. Es ist überflüssig geworden, auf sie auch nur noch ein Wort zu verwenden. (Allerdings hat die „Bibel für die Grundschule" in 35,4 den Hinweis auf die „Rache Gottes" und „seine Vergeltung" getilgt. Doch selbst hier werden die Widersacher nicht erwähnt.) Der erste Text Jes 32,1f richtet seinen Blick so intensiv auf den *König*, daß selbst die Untertanen, die von seiner friedvollen und gerechten Herrschaft Gewinn haben, unerwähnt bleiben.

Anders ist es in den folgenden Versen: obwohl hier *Gott* selbst der Retter ist, kommen vor allem diejenigen zur Sprache, die gerettet werden. Aber dies ist nur scheinbar eine Änderung der Blickrichtung. Denn vom Helfer wird gesprochen um derentwillen, denen geholfen wird; von diesen wiederum kann man nicht reden, ohne des Helfers zu gedenken.

Daß dieses Kapitel insgesamt von zwei Helfern spricht – einem *König* und *Gott selbst* – läßt nach deren wechselseitigem Verhältnis fragen. Beide dürfen jedenfalls nicht miteinander identifiziert werden. Aber offensichtlich gleichen sie einander in ihrer Funktion. Der irdische Herrscher kann als derjenige angesehen werden, der die Macht Gottes gegenwärtig setzt.

Werte

Was die Menschen erschrecken könnte und worüber sie sich freuen, wird in diesen Zeilen nicht einfach nüchtern gesagt, sondern in einer Vielzahl von Bildern entfaltet. Die lassen sich in einigen *sprachlichen Feldern* zusammenfassen: dem des *Naturerlebens*, dem der *physischen gesundheitlichen Verfassung*, dem der *emotionalen Betroffenheit* und schließlich dem der *politisch-sozialen Verhältnisse*. (Eine eigene *religiöse* Dimension läßt sich nicht gesondert danebenstellen.) Der *politisch-soziale* Bereich kommt am wenigsten ausdrücklich zur Sprache; auf ihn beziehen sich aber gerade alle übrigen Bildfelder.

Listet man den Text unter diesen Gesichtspunkten auf, ergibt sich folgende Zusammenstellung:

	Unheil		*Heil*
	Sturm		Zuflucht
natur-	Gewitter	↔	schützendes Dach
haft	Dürre,		Wasser, Schatten
	trockenes Land		
	Blindheit		sehende Augen
menschlich-	Taubheit	↔	hörende Ohren
physisch	Lähmung		Fähigkeit, zu springen „wie ein Hirsch"
	Stummheit		jauchzende „Zunge"
	Kummer		Freude
emotional	Seufzen	↔	Jubel
	Verzagen, Furcht		Mut
politisch-	Ungerechtigkeit	↔	gerechte Regierung
sozial			

Erwartungen: Der Umbruch der Wirklichkeit

In den hier ausgewählten prophetischen Versen wird nicht nur ein beiläufiger Trost gegeben, sondern eine radikale Wende zum Guten in Aussicht gestellt. Man könnte alles Gesagte in dem einen Wort zusammenfassen: Seht, es wird nicht mehr so sein wie bisher! Daß diese Umkehr der Verhältnisse nach menschlichem Ermessen äußerst unwahrscheinlich ist, wird dabei ausdrücklich mitgesehen; denn daß der Lahme springt „wie ein Hirsch", gibt es sonst nur in Märchen und Wundergeschichten.

Innerbiblische Beziehungen

Von dem *königlichen Retter*, dem „*Messias*", ist schon in den Verheißungen des Propheten Jesaja von Nr. 79 die Rede. Das dort Gesagte sollte hier mitgesehen werden (wie auch die Ankündigung eines „neuen Bundes" durch Jeremia (Jer 31,31-34: Nr. 82).

Durch den Hinweis auf die „*Befreiten*" und ihre *Rückkehr zum Zion* (35,10) werden wir an das Ende der Gefangenschaft in Babel (Nr. 87) erinnert.

Selbstverständlich stehen die Jesaja-Zitate in Nr. 98 auch in einer sachlichen Beziehung zu dem, was die „Bibel für die Grundschule" im Vorausgehenden von Israels Bedrängnis erzählt (nach 2 Makk 6,18-30: Nr. 97) und im nachfolgenden Psalm von den geschichtlichen Hoffnungen des Volkes mitteilt (Ps 72: Nr. 98).

Die Beziehung zum *Neuen Testament* ist vor allem durch die *Rede Jesu* selbst gegeben, mit der er *auf die Frage Johannes des Täufers* antwortet, ob er derjenige sei, „der kommen soll" oder ob wir „auf einen anderen warten" müssen (Lk 7,18-32, in die „Bibel für die Grundschule" nicht aufgenommen). Indem Jesus darauf verweist, daß „Blinde wieder sehen, Lahme gehen . . .", stellt er sich als denjenigen vor, in dem die Hoffnungen des Propheten an ihr Ziel kommen. Zugleich ist dadurch Jes 35,4-6 mit den neutestamentlichen *Wundererzählungen* verbunden.

In der endzeitlichen Perspektive steht die Verheißung „eines neuen Himmels und einer neuen Erde" aus der „Offenbarung des Johannes" nahe (Offb 21,1-5: Nr. 193). Hier wie dort wird Gottes Gegenwart angekündigt, die alle Trauer und Klage tilgen wird.

Anschlüsse an die Welt des Lesers

Die prophetischen Zusagen können in Anbetracht der Verhältnisse, unter denen die Menschen nach wie vor leben, leicht als bloße *Illusion* erscheinen. Endlos sind die *realistischen Geschichten*, in denen „Kummer und Seufzen" ihren Platz haben. Wer von der Welt anders redet, redet *phantastisch*.

Aber auch *Wünsche* sind schon Realität. Wer sich wenigstens danach sehnt, daß die Welt so werde, wie der Prophet sie sieht, hat sich schon ein kräftiges Stück auf seine Seite gestellt. Er übernimmt diese Texte vielleicht auch als *Forderungen*, daß es so sein sollte, wie es der Prophet ansagt.
Aber dies ergibt noch nicht die Zuversicht, die wir lesen. Sie kann nur für denjenigen glaubwürdig werden, der – mit den Augen der Bibel – in der Geschichte (auch seines eigenen Lebens) *Versprechungen* einer erfüllten Zukunft erfährt. Wer sich darauf einläßt, hat Grund, auch *phantastische* Texte für „*wahr*" zu halten (selbst wenn er nicht weiß, wie sie je mit seiner Welt zusammenpassen werden).

Ps 72 — Nr. 99
Der gerechte Herrscher

Naheliegende Verständnisvoraussetzungen

Die „Bibel für die Grundschule" macht schon durch ihr Schriftbild auf den poetischen Charakter dieses Textes aufmerksam. Meistens sind zwei Zeilen zu einer Einheit zusammengefaßt, gelegentlich drei. Dadurch kommt das Stilmittel des *Parallelismus*, d. h. der sinngemäßen Entsprechung benachbarter Zeilen, deutlich zum Ausdruck. Der Psalmist greift zu Variationen, die einander bestärken oder ergänzen, um das, was er sagen will, nachdrücklich zur Sprache zu bringen.
Durch diese poetische Gestaltung des Textes steht der Psalmist mit seiner eindringlichen Bitte und seiner freudigen Gestimmtheit dem Leser deutlich vor Augen.
Nicht genau ersichtlich ist dagegen, in welcher Situation und aus welchem Anlaß dieser Psalm wohl gesprochen worden ist; vielleicht bei der Krönung eines Königs (dann nicht bezogen auf einen noch ausstehenden Messias, wie es die „Bibel für die Grundschule" in ihrem Vorspann zu Nr. 99 nahelegt).

Strukturen des Textes

Die Kommunikationssituation

Von den ersten Zeilen her zeigt sich der Psalm deutlich als ein Gebet: Jemand wendet sich unmittelbar Gott zu, um ihm seine Bitten vorzutragen. Von sich selbst kann der Beter dabei völlig absehen; kein Element des Textes läßt auch

nur erkennen, ob hier ein einzelner spricht (vielleicht gar der König selbst, wie die Bibel mit ihrer nachträglichen Überschrift „Von Salomo“ nahelegt) oder die ganze Gemeinde. Der Text ist in dieser Hinsicht so offen, daß grundsätzlich jeder die Rolle des Sprechenden übernehmen könnte.
Die Hinwendung zu Gott ist formal jedoch nur in den ersten beiden Versen gegeben, hier eindringlich unterstrichen durch das viermalige Possessivpronomen ,,dein". Dann aber richtet sich der Blick ausschließlich auf das, was für den König erbeten wird. Auch wenn damit die anfängliche Grundhaltung nicht einfach aufgegeben wird – schließlich ist es nach wie vor Gott, auf den alle Erwartungen zurückgeführt werden können –, so ist die Aufmerksamkeit doch deutlich verlagert.
In den letzten zwei Versen schließlich wird von Gott (und nicht mehr vom ,,Friedenskönig") nur noch in der 3. Person gesprochen als demjenigen, der in aller Welt gepriesen werden soll. Dieses hymnische Schlußstück gehört formal nicht mehr zum vorausgehenden fürbittenden Königslied.

Die Mitteilung

Der Raum

Der Psalm ist von der Spannung erfüllt, daß der Beter einerseits für *sein Volk und sein Land* Friede und Gerechtigkeit ersehnt, aber gerade deshalb andererseits die Herrschaft des Königs auf *die ganze Erde* ausgedehnt sehen will (so weit, wie im letzten Vers auch das Lob Gottes). So stehen einander folgende räumliche Perspektiven gegenüber:

das Volk (3mal), die Berge und Hügel des Landes	das Gebiet ,,vom Meer bis zum Meer", vom Strom bis an die Grenzen der Erde, die Städte und Regionen Tarschisch, Saba und Seba (die in Spanien, Arabien und Nordafrika gelegen haben könnten), ,,die Inseln" (wohl des Mittelmeers), alle Völker (2mal), die ganze Erde.

Der Binnenraum des eigenen Volkes und der Außenraum der ganzen übrigen Erde stehen dabei nicht statisch nebeneinander, sondern sind dynamisch aufeinander bezogen: von dem einen Land geht die Herrschaft des Königs über die ganze Erde aus; von den entfernten Ländern ,,kommen" die Könige und ,,bringen" ihre Huldigungsgaben. Die Welt ist durchzogen von einer wechselseitigen Bewegung – von einem Zentrum aus und auf dieses Zentrum hin.

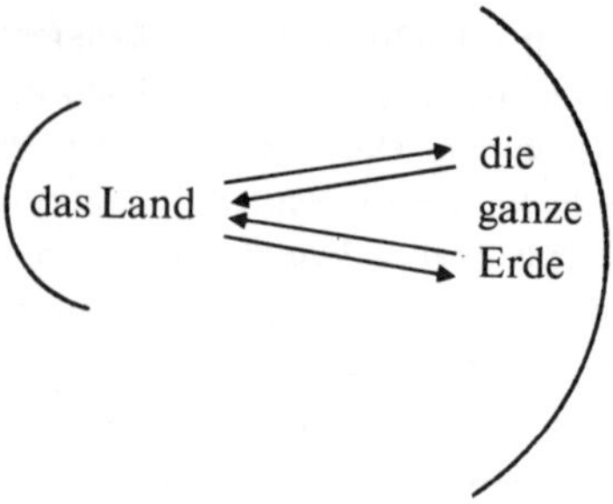

Die Zeit

Der Psalmist blickt hoffnungsvoll in eine grenzenlose Zukunft. Dies wird in dem vollständigen Text noch intensiver gesagt als in der ,,Bibel für die Grundschule" (was in ihr ausgelassen ist, steht in der folgenden Auflistung in Klammern). Mit einer ganzen Reihe sprachlicher Elemente hebt der Psalmist alle zeitlich absehbaren Beschränkungen auf:
(solange die Sonne bleibt und der Mond, bis zu den fernsten Geschlechtern); bis der Mond nicht mehr da ist; (allezeit); (stets); ewig; solange die Sonne bleibt.
Dennoch gibt es hier eine entscheidende zeitliche Grenze: nämlich zwischen der Gegenwart des Psalmisten und der von ihm erbetenen Zukunft. Er erwartet nicht die Fortsetzung dessen, was für ihn schon erlebte Realität ist, sondern tritt für das ein, was noch aussteht, ,,dann" (V. 3) aber kommen soll. Auf eine genauere zeitliche Festlegung läßt sich dieser Psalm nicht ein.

Die Akteure und ihre Beziehungen

Der Text zeigt insgesamt drei Positionen:
An oberster Stelle steht *Gott*, der den *König* in seine Herrschaft einsetzen soll. Das Verhältnis zwischen diesen beiden Akteuren wird nur im ersten Vers kurz angesprochen und ausschließlich in der Zuwendung Gottes zum König gesehen, nicht etwa in einer wechselseitigen Beziehung.
Dem König gegenüber stehen *mehrere Gruppen:* einmal das eigene Volk, dann die fremden Völker und deren Könige; schließlich werden aber auch besonders die herausgehoben, die seiner Hilfe bedürfen (zumeist sogar im Singular: der König wendet sich dem einzelnen zu), sowie diejenigen, die der König um ihrer gewaltsamen Ungerechtigkeit willen „zermalmt" (oder „niedertritt", jedenfalls nicht nur – wie es in der „Bibel für die Grundschule" heißt: „schlägt").
Diejenigen, auf die sich der König bezieht, beziehen sich ihrerseits wieder auf ihn zurück. Bezeichnenderweise werden dabei fast ausschließlich Aktionen genannt, die von den fremden Völkern und Königen ausgehen; nur einmal heißt es allgemein, daß ,,man" für ihn beten solle (V. 15 – nicht in der ,,Bibel für die Grundschule"), und wenn ihn ,,alle Völker" (V. 17) preisen, wird das eigene sich selbstverständlich daran beteiligen.

Die Ausdrucksformen, mit denen sich die dem König Unterstellten auf ihn anerkennend zurückbeziehen, reichen von dem königlichen Geschenk bis zur Selbsterniedrigung der Gegner, die unterwürfig „Staub lecken“ (V. 9 – in der „Bibel für die Grundschule“ ausgelassen).
Von besonderem theologischen Gewicht ist die Aussage, daß alle Völker „in ihm sich segnen“ sollen (V. 17); denn hier greift der Psalmist auf die Verheißungen zurück, nach denen durch Abraham alle Menschen der Erde gesegnet sein werden (Gen 12,3: Nr. 16) bzw. mit den Nachkommen Abrahams „alle Völker der Erde“ „sich segnen“ werden (Gen 22,18: Nr. 23). In dem erbetenen König soll diese Verheißungslinie, die von den Patriarchen bis in die Gegenwart des Beters reicht, ihre Erfüllung finden.
Wie reich der Psalm die Beziehungen entfaltet, deren zentrale Gestalt der König ist, zeigt sich in der folgenden Auflistung:

Gott

verleihen
geben

der König(ssohn)

regieren	(sich beugen)
Recht schaffen	(Staub lecken)
Hilfe bringen	Geschenke bringen
schlagen (bzw. zermalmen)	mit Gaben kommen
herrschen	huldigen
retten (2 mal)	dienen
beschützen	(beten)
sich erbarmen	(Segen erflehen)
befreien	glücklich preisen
	in ihm sich segnen

das Volk, die Völker (und ihre *Könige);*
die Unterdrücker, die Gegner;
die Kinder der Armen, der Gebeugte (2mal),
der (die) Arme(n), der, der keine Hilfe hat,
der Schwache

Man könnte die Liste dieser Akteure noch erweitern; denn in der ausdrucksvollen Sprache dieses Psalms sollen auch „die Berge“ für den Frieden fruchtbar werden (V. 3), „die Gerechtigkeit“ und „großer Friede“ wie sonst die Blumen des Landes aufblühen. Die sprachlichen Grenzen zwischen den Ereignissen der Natur und denen des politischen Handelns werden verwischt. (So kann auch vom König gesagt werden, daß er „wie Regen“ auf die Felder herabströmt, „wie Regenschauer“ die Erde benetzt, V. 6 – nicht in der „Bibel für die Grundschule“.)

Werte

Der zentrale Begriff für die ersehnte Welt, die der König mit seiner Macht durchsetzen soll, ist *„Gerechtigkeit"*. (Man beachte die massive Häufung der von „richten" und „recht" abgeleiteten Wörter in den ersten Versen!) Es ist leicht zu erkennen, daß in diesem Psalm „Gerechtigkeit" mehr meint als eine unvoreingenommene Verteilung der Güter, bei der niemand bevorzugt ist und jeder das bekommt, was ihm zusteht. Weit über unseren gewöhnlichen Sprachgebrauch hinaus bezeichnet „Gerechtigkeit" hier die machtvolle Ordnung, in der alle „richtig" leben können. Fast dasselbe besagt das Wort, das in Vers 3 parallel steht: *„Frieden"*. Gott und die Menschen finden zu der Gemeinschaft, die durch kein Unheil mehr gestört oder gar ruiniert werden kann.
Die Lebenskraft, die von dieser Ordnung ausgehen soll, wird letztlich auch die Natur erfüllen: das Land wird fruchtbar sein und reiche Ernte bringen (V. 16 – nicht in der „Bibel für die Grundschule").
Angesichts dieser reichen Zukunft müssen alle, die der „Gerechtigkeit" und dem „Frieden" entgegenstehen, als äußerst verwerflich erscheinen. Wenn die Feinde „sich beugen" und „Staub lecken" sollen (V. 9 – in der „Bibel für die Grundschule" ausgelassen), dann ist dies nicht einfach ein aggressiver Wunsch, der die Macht des Königs uneingeschränkt durchgesetzt sehen will, sondern eine radikale Verwerfung all der Kräfte, die einer gelungenen Gemeinschaft und einem erfüllten Leben entgegenstehen.

Erwartungen

Der Psalm ist deutlich Fürbitte; das, was er ersehnt, ist noch nicht Wirklichkeit. Aber der Text wechselt in der vorliegenden Übersetzung zwischen Imperativen und Konjunktiven des Wunschs einerseits und indikativischen Aussagen andererseits hin und her.

Verleih ...	⟷	Er wird Recht verschaffen ...
Gib ...		Die Könige ... bringen Geschenke
Er regiere ...		Er rettet den Gebeugten
Die Gerechtigkeit blühe ...		...

(Diese Auflistung läßt sich fortsetzen.)
Dieser Wechsel macht deutlich, wie sehr der Beter in seiner zuversichtlichen Erwartung die erbetene Zukunft schon als Realität aussagen kann.

Innerbiblische Beziehungen

Von der *Hoffnung auf einen König,* der die Geschichte Israels und der Menschheit insgesamt aus aller Gefährdung rettet, war schon in vorausgehenden Kapiteln (Nr. 79 und 98) die Rede.

Ebenso wurde schon im Vorausgehenden angesprochen, wie sich die Hoffnung dieses Psalms an die *Abrahamsverheißungen* anschließt.
Um zu begreifen, was „Gerechtigkeit" hier meint, sollten zum Kontrast die Texte mitgesehen werden, in denen von grundlegender *Störung der menschlichen Gemeinschaft* und des Verhältnisses zu Gott erzählt wird: etwa von der Knechtung der Israeliten durch die Ägypter (Ex 1: Nr. 38), von Davids verbrecherischem Ehebruch (2 Sam 11: Nr. 67), vom Zerfall der Einheit des Volkes in ein Nordreich Israel und ein Südreich Juda (1 Kön 12: Nr. 73), von den tödlichen Bedrohungen des Propheten Jeremia (Nr. 81 und 84), von der Verbannung Judas in die babylonische Gefangenschaft (Nr. 85), aber auch etwa von den Katastrophen der biblischen Urgeschichte (der erste Sündenfall Gen 3: Nr. 9; der Brudermord Kains an Abel Gen 4,1-16: Nr. 11; der Turmbau zu Babel Gen 11,1-9: Nr. 15).
Für die biblische Geschichte bezeichnend sind gerade die Erfahrungen, daß der Gerechte von der Ungerechtigkeit lebensgefährdend bedroht wird. In christlicher Sicht wurde dies am eindringlichsten in der Lebensgeschichte Jesu von Nazaret offenbart. Diese bedrückenden Erfahrungen sind aber zugleich der Boden, aus dem die Hoffnungen auf eine endgültige und machtvolle Gerechtigkeit erwachsen.

Anschlüsse an die Welt des Lesers

Die Hoffnungen so wie unser Psalm auf einen *König* zu setzen, liegt bei den politischen Erfahrungen und Wertmaßstäben, die die neuzeitliche Geschichte mit sich brachte, fern. Selbst in der bildhaften Verwendung ist ein König für uns im allgemeinen keine ernsthafte Repräsentationsfigur mehr für machtvoll gelungene menschliche Ordnung und Gemeinschaft.
Aber nahe steht uns nach wie vor die Forderung einer weltweiten Durchsetzung von *Gerechtigkeit und Frieden* – wie uns auch die Kontraste einer ungerechten und friedlosen Welt immer noch ständig eindringlich vor Augen gestellt werden.
In der Zuversicht, daß die menschliche Geschichte einmal von einer mächtigen Instanz an ein endgültig zufriedenstellendes Ziel geführt werde, erscheint dieser Psalm wie ein Zeugnis politischer Ideologie. Aber für ein solches Verständnis fehlt ihm – jedenfalls für uns – jede realistische Grundlage (und es wäre auch schon durch das neutestamentliche Bekenntnis zu einem hingerichteten „Messias" entwertet).
So gibt uns der Psalm Hoffnungsbilder, ohne daß wir schon sagen könnten, wie sie sich für unsere Welt verwirklichen lassen. Wir dürfen sie aber auch nicht auf eine nur „geistige" und „jenseitige" Erlösung hin umdeuten, wenn sie ihren geschichtlichen Erfahrungsgehalt und ihre sprachliche Ausdruckskraft behalten sollen. Der Psalm ist jedenfalls ein nachdrückliches Zeugnis für den Wunsch nach einer Welt, in der „der Gebeugte, der um Hilfe schreit", und der „Arme, der keine Helfer hat", gerettet werden.

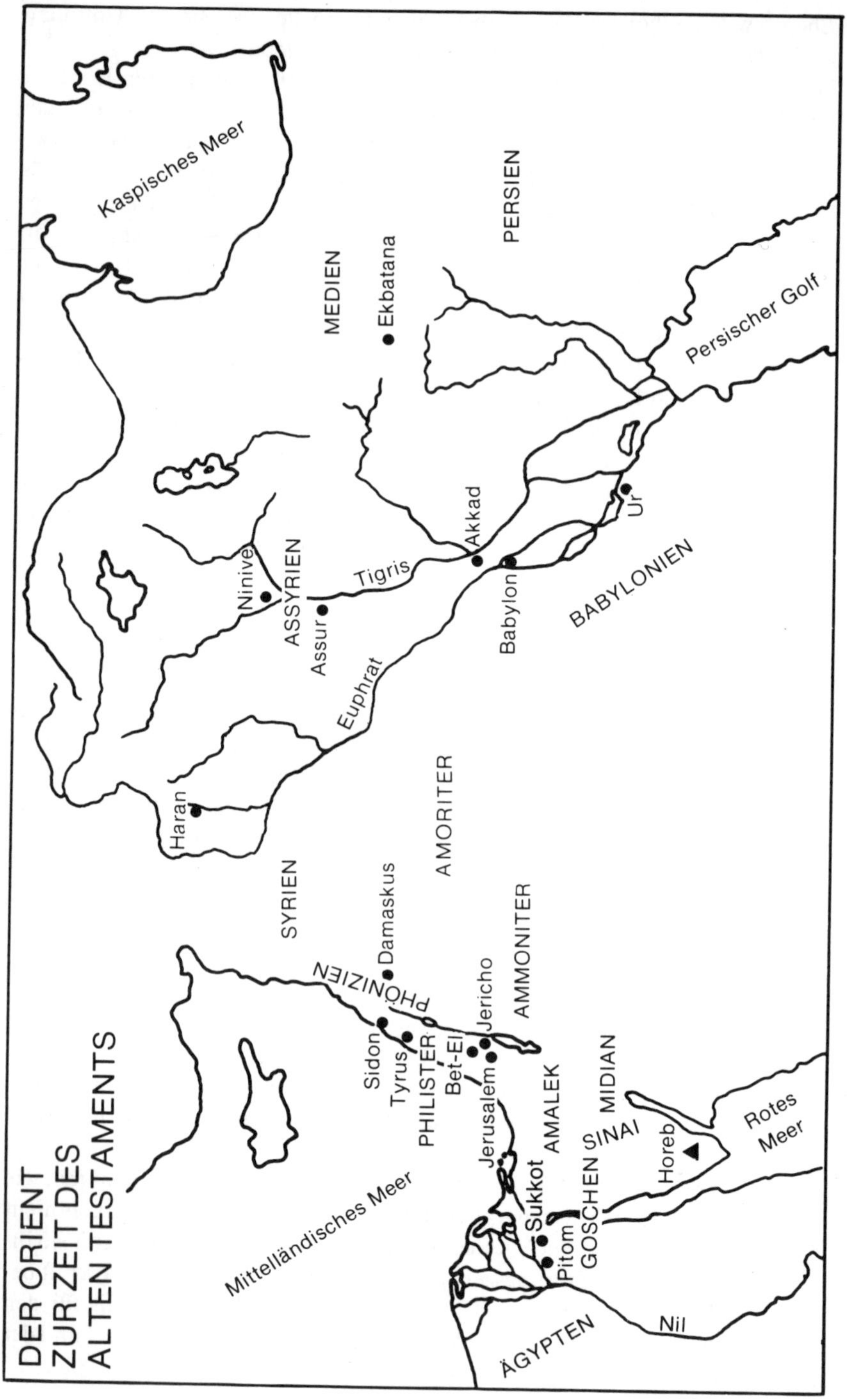
DER ORIENT
ZUR ZEIT DES
ALTEN TESTAMENTS
Kaspisches Meer
PERSIEN
MEDIEN
Ekbatana
Persischer Golf
Ninive
ASSYRIEN
Tigris
Assur
Akkad
Ur
Babylon
BABYLONIEN
Euphrat
Haran
AMORITER
SYRIEN
Damaskus
PHÖNIZIEN
Sidon
Tyrus
PHILISTER
Bet-El
Jericho
Jerusalem
AMMONITER
AMALEK
MIDIAN
SINAI
Horeb
Rotes Meer
Mittelländisches Meer
Sukkot
Pitom
GOSCHEN
ÄGYPTEN
Nil